# 俄罗斯宪法

КОНСТИТУЦИОННОЕ
ПРАВО
РОССИИ

## 第 2 卷

［俄］С.А.阿瓦基扬（С.A.Авакьян）／著
周 珩／译

上海社会科学院出版社
SHANGHAI ACADEMY OF SOCIAL SCIENCES PRESS

本书由中国—上海合作组织国际司法交流合作
培训基地资助出版

# 中文版序言

尊敬的读者,呈现在您面前的是一部规模宏大的科学教程的中文译本,它就是《俄罗斯宪法》教程。本教程于2005年在俄罗斯首次出版,此后,经过了多次再版。本次翻译的是2010年版本。当然了,在过去的时日里,俄罗斯宪法也经过了修改。这些修改并没有在本教材的大纲和内容上反映出来。我希望,在下次出版时,过去几年里俄罗斯联邦宪法那些重要的修改变化能够得以呈现。

但是,本教程的内容已经足够详细地展现了俄罗斯当代规范性法律基础和立宪主义的状况。1993年俄罗斯联邦宪法是本教程的依据。宪法规范在最近的立法中得以发展。总体而言,俄罗斯已经形成了宪法制度、市民社会、公民的权利与自由,以及由国家权力机关、地方自治机关、选举法和定期举行的选举、宪法监督和司法机关代表的公权力组织等组成的足够稳定的结构。

俄罗斯出版了为数众多的宪法方面的教科书和教学参考书,其中的大多数都具有较强的实用性,对研究立法和顺利通过大学及其他教育机构的考试都有所帮助。

本教程的特点在于,这是一部学术性的教科书。在很大程度上,本教程不仅希望帮助读者,首先是大学生,掌握规定了俄罗斯宪法制度、公民的权利与自由、权力机关体系等那些规范性法律文件的内容。这当然非常重要。但更为重要的是,帮助读者理解包括俄罗斯国家和社会当代民主体制、权力的本质、个人地位、财产和经济关系、国家的联邦结构、联邦主体和中央相互关系的原则、直接民主制度(包括公开性、公开讨论法律草案、观点多元等)的基本思想。

正是由于这一特点,本教程成了著名的学术著作。尽管规模宏大,但却引起了广大读者的兴趣。而且,特别令人高兴的是,本教程在学生中,尤其是在那些勤于思考、善于分析并探寻俄罗斯立宪主义完善路径的学生中,获得了良好的口碑。

我希望,本书也能在那些对国家和社会发展的良好民主路径感兴趣的中国读者那里产生共鸣,因为邻居的经验也是知识的来源之一。

С.А.阿瓦基扬
莫斯科国立罗曼诺索夫大学法律系宪法与行政法教研室主任
法学博士、俄罗斯联邦功勋科学活动家
俄罗斯联邦功勋法律人
(龙长海译
内蒙古大学法学院教授
法学博士、法学博士后)

# 序 一

(一)

自从事宪法学教学与研究以来,应学生和部分作者之邀,我写了不少序。因为写序对我来说也是一种获取新知识的过程。要写序,首先需要认真阅读书稿,把握作者的学术脉络,对书中的核心观点进行客观评价,感受作者的学术情怀。可以说,写序是与作者的学术对话,也是进行学术批评与交流的重要形式。在知识的海洋里,无论写得再好的书,在有限的主观认知与无限的知识世界里,总会存在着某种局限性,或者留下需要商榷的观点。这种意义上,写序对我来说并不是一件轻松的事情。

去年12月,我接到《俄罗斯宪法》译者之一的王雅琴教授和哈书菊教授的电话和短信,请我为之写序时,心情是复杂的。我觉得这不是一般的写序。因为最初提议翻译《俄罗斯宪法》的学者是已故的刘春萍教授。她是我的学界同事,也是我最欣赏的学生,一位充满学术理想、追求学术真理、具有跨文化学术视野的优秀学者。她于2002年入学,在繁忙的教学、科研之余,完成博士学位论文,于2005年5月顺利通过答辩,获得博士学位。我还记着,通过答辩后我们聚在一起,庆贺她通过博士论文。当时她讲了自己未来的学术规划,包括对俄罗斯宪法著作的系统研究与翻译。获得博士学位是一个人学术成长的新起点,作为导师,我对她的学术是充满期待的,也开始在学术领域的合作。她组建了俄罗斯法律问题研究所，系统地开展俄罗斯法律，特别是公法制度的研究，推出了系列研究成果。2014年9月，当她追寻自己的学术理想，实现自己的学术规划时，无情的病魔夺走了她的学术梦想，英年早逝，让导师和学界朋友们感到惋惜。她离开我们快10年了，但她留下了宝贵的学术作品，让我们在学术研究中时常感受到她的学术生命仍在延续，特别是在俄罗斯公法领域的学术成果迄今也是我们必读的作品。

（二）

春萍是一位宪法学教授，在研究俄罗斯宪法时，她注重历史主义的路径，把苏联宪法学对中国宪法学的影响作为分析中国宪法学历史逻辑的重要元素。她写了多篇有关苏联宪法学与新中国宪法学历史关联性的论文，提出完整的分析框架与方法论。当学界出现否定"苏联法学"移植的历史时，她以历史事实、实证资料与严密的逻辑强调宪法学历史的客观性，呼吁学界客观地认识20世纪50年代新中国宪法学与苏联宪法学的历史渊源。

宪法与行政法具有共同的学术使命与范畴，都属于公法领域。但如何把宪法与行政法理念加以融贯起来，形成逻辑的自洽性？当时学界仍存在着价值与事实分离的倾向，宪法与行政法要么"分家"，要么"融合"，两种倾向都不利于维护宪法行政法知识体系的自主性。她注意到这种研究范式存在的问题，在研究宪法学时，将行政法纳入宪法学体系，寻求宪法行政法的价值与规范基础，以宪法视角研究俄罗斯行政法基础理论。她发表的《俄罗斯行政法理论基础转换的政治动因》《俄罗斯行政法理论基础转型的经济动因》《"控权—平衡"俄罗斯联邦行政法的理论基础》等论文展现了她综合的公法观，虽以俄罗斯为例，但对我们思考宪法行政法关系提供了有益的学术思路。另外，她在研究宪法行政法问题时，也善于把公法的学术命题提升为法治国家、法治原则的高度，探寻宪法的哲学价值。她发表的《论宪法职能与实现法治国家》《法治原则在中国宪法文本中的嬗变》等系列论文体现了她宪法哲学的思考，力求将公法原则上升为法治国家原则，以提炼其价值命题。

春萍善于把阶段性研究与体系化思考结合起来，以低调内敛的学术风格把相对熟悉的命题加以体系化，希望较完整地展现自己的学术思考，其代表性著作是以其博士论文为基础出版的《俄罗斯联邦行政法理论基础的变迁》。这本书系统地考察了从苏联到当代俄罗斯行政法理论基础的变迁过程，提出了当代俄罗斯行政法理论基础的要素与逻辑结构，论证了影响当代俄罗斯行政法理论基础转换多样化的社会背景与原因。在论证俄罗斯行政法理论基础的变迁过程中，作者注重从行政法与社会变迁的相互关系中分析行政法功能的发展，突出了行政法的社会功能。苏联解体后，俄罗斯的政治制度、经济制度均发生了巨大变革，法律体系也与此相应进行了革新与重构。俄罗斯行政法从结构体系到具体内容与苏联时期相比出现了新特点。通过行政法发展过程的实证分析，作者提出了值得学术界认真思考的重要学术命题，即当代俄罗斯行政法是继续保持其"管理法"的模式不变，还是转向英美的"控权法"模式，或者创立出新的模式？作者的基本结论是：当代俄罗斯行政法既没有简单沿袭苏联的"管理法"模式，也没有效仿英美的"控权法"模式，而是选择了既保留"国家管理"理论中的合理部分，又借鉴"控权"理论中有益因素的"控权—平衡"模式作为行政法的理论基础。俄罗斯行政法理论基础"控权—平衡"模式的形成是处于转型期的俄罗斯宪制、经济、政治、思想等多种因素影响的结果，有其存在的必然性和必要性。同时，对俄罗斯行政法理论基础的研究，对反思中国行政法的理论基础并分析行政法治发展的规律，具有极其重要的启示意义。特别是，本书体现了作者一贯主张的宪法与行政法融贯的思考与方法论。

春萍从宪法与行政法关系的角度，比较系统地分析了俄联邦行政法理论基础变迁的宪制因素。近代意义的行政法从其产生时起，就具有规范和控制行政权的功能。可以说，没有对行政权的监督与制约，就不存在实质意义的行政法；行政法的产生又是以出现法治和宪法理论作为前提的。法治与宪法既有联系又有区别,法治是宪制的核心和基础,宪制以宪法的有效实施作为其外在表现。法治的基本精神在于限制权力,宪制的最高追求在于保障人权,二者在内涵上既有重合又各有侧重。将俄罗斯行政法理论基础的变迁置于宪制背景下,正是基于宪制与法治的包容关系。这样,宪制理论和法治理论所体现的控制权力与保障权利的观念,直接影响了俄罗斯行政法理论基础"控权—平衡"模式的形成。强调宪制价值对行政法发展的指导功能,主张两者功能上的互动是本书的一个重要特色。作者认为,当代俄罗斯行政法理论基础是在宪制理论的指导下形成的,具体表现为:法治国家原则是俄罗斯行政法理论基础形成的基本前提;人权保障原则是俄罗斯行政法理论基础追求的终极目的;分权原则是俄罗斯行政法理论基础转换的制度基础。

中国与俄罗斯行政法在历史上具有一定的渊源关系,当代俄罗斯行政法理论基础所发生的变迁对中国行政法理论基础的发展和定位具有一定的启示意义。春萍提出的学术观点,迄今对于反思中国行政法发展的历史,科学地预测未来的发展趋势具有一定的参考价值。

早在2009年,春萍教授就以敏锐的学术眼光提出翻译阿瓦基扬教授的著作《俄罗斯宪法》的建议。当时中国法学界,包括宪法学界,还是普遍偏重西方国家法制的经验与知识来源,对俄罗斯公法的研究缺乏关注,特别是与中国宪法学发展具有历史渊源的俄罗斯宪法的观察是不够的。作为长期研究俄罗斯公法的学者,刘春萍教授以学者的使命感提出拓展中国比较宪法领域的想法,并组织本领域的专家王雅琴、哈书菊、龙长海、周珩等国内从事俄罗斯法研究的学者,共同把宏大的《俄罗斯宪法》翻译成中文。当时翻译的书还不能算作学术成果,无论是评职称、评奖还是各类学术评价中,翻译作品的评价并不客观。但几位译者在春萍教授的协调下,本着学术责任与专业精神,开始翻译这部著作,持续十多年,付出了艰辛的努力。

据译者们介绍,这套书的翻译经历了艰辛的过程。2014年,春萍教授不幸因病去世，该书出版进程受阻，但春萍教授在临终前将该书的翻译出版事宜托付给了黑龙江大学的哈书菊教授。哈书菊教授接手后，联系几位译者再接再厉，终于完成全书的翻译工作。内蒙古大学的龙长海教授积极与俄方联系，办理了在国内翻译出版的版权手续。时任黑龙江大学法学院院长的胡东教授，也为该书的出版给予了大力支持。在胡东教授支持下，该书得到了2017年度"中国—上海合作组织国际司法交流合作培训基地专著出版资助项目"的资金支持。

虽然出版过程有周折，出版周期长，但译者们始终没有放弃，继续翻译工作，最终完成了翻译与出版。这是很不容易的事情，我真诚地向他们表示敬意。当然，这套书的翻译出版，完成了已故刘春萍教授未竟的学术事业，她的在天之灵也会感到欣慰的。这套书的出版是对春萍教授最好的纪念。

（三）

俄罗斯著名宪法学者、莫斯科国立罗曼诺索夫大学教授阿瓦基扬著的《俄罗斯宪法》是理解当代俄罗斯宪法的经典，体系庞大，内容丰富，方法多元，体现了作者对当代俄罗斯宪法学体系深邃的理论思考。

这本书初版于2005年，再版于2010年，本次翻译是以2010年版本为基础的。虽然本书是以教材体例撰写的，注重知识体系的完整性，但与一般的教材不同，在制度介绍与知识的梳理中穿插学理的分析与学界不同的观点，是一部学术专著性的教材，为学习、研究当代俄罗斯宪法体系及其运行提供了完整的框架与立宪主义原理。

本书作为当代俄罗斯宪法制度的著作，在知识框架上体现了其完整性。第1卷系统地诠释宪法学基础性理论，包括部门法与科学的宪法关系，探寻作为科学的宪法应具有的品质。特别是通过对宪法学说演变的系统梳理，给读者展示了宪法学说与思想的历史脉络，将宪法概念体系塑造为一种思想性的学说与学说史。在这一脉络下，作者详细介绍宪法、宪法渊源、宪法作用、宪法制定、宪法规范等基础性概念，并从人民性、现实性与稳定性等视角概括宪法的特征。第2卷系统地探讨宪法制度基础，从人民主权、民主制度、社会制度、民主原则、公民社会等原理出发，解读俄罗斯宪法蕴含的宪法制度内在机制。在解释国家、社会与个人关系时，作者以"人"的尊严与价值为最高哲学，对宪法文本上的人和公民宪法地位进行分析，区分了人、个人与公民的边界，其分析是非常细腻的。第3卷国家结构中，作者将选举制度作为国家机构成立的基础，从选举民主入手对主权与国家、总统制、议会制的相关原理与程序进行分析。在第4卷中，作者延续第3卷的分析框架，从原理出发系统地分析俄罗斯联邦执行权力活动与组织程序、司法权，以及对宪法法院体制展开理论论证，使读者能够在清晰的框架中了解俄罗斯富有特色的宪法体制。

作者始终以1993年俄罗斯联邦宪法文本为基础，在历史、文本与实践的三位一体中解读俄罗斯宪法图景。作者把复杂的宪法体制以"宪法基础"概念加以类型化，构建了基于文本的宪法教义学的框架。这也是俄罗斯宪法学的基本特色，强调文本在理论演变与现实运行中的作用，将多样化的政治、经济、社会与文化变迁纳入宪法文本中，以文本的解读回应现实对宪法治理的基本要求。

从宪法运行过程看，作者注重运行中的宪法，强调实践性对宪法学的意义。如第4卷宪法法院制度部分，作者以历史的视角梳理宪法监督制度演变的过程，客观地评价设立宪法法院前不同形式的宪法监督机制存在的问题，并从宪法与国家关系中论证宪法法院机制的正当性、权威性与有效性。在作者看来，宪法制度的设计与实践，必须关照其实效性，不能满足于体制本身的构建。基于这种思考，作者运用相关案例、立法以及政治文献，力求使宪法运行不脱离政治现实，包括国际政治对宪法发展的影响。

当然，一部宏大的宪法学教材无法囊括所有的宪法制度与实践活动，作者的学术风格与兴趣也会影响教材内容的取舍。另外，本书的翻译是以2010年版为基础的，有些领域未能充分反映近10年俄罗斯宪法的新变化。近10年国际政治秩序发生了深刻的变化，俄罗斯也处于国际秩序的演变之中，其宪法制度也面临新的挑战。

中俄两国山水相邻。无论是在历史上，还是在今天，对俄罗斯的法律制度，尤其是对宪法制度的系统了解，有助于我们正确认识中国宪法制度的历史方位与渊源，有助于以历史为观照，构建中国宪法学自主的知识体系。

韩大元

中国人民大学法学院教授、博士生导师

全国人大常委会香港基本法委员会委员

中国宪法学研究会名誉会长

全国港澳研究会副会长

中国法学会法学教育研究会常务副会长

2023年

# 序 二

莫斯科国立罗曼诺索夫大学法律系宪法与行政法教研室主任阿瓦基扬教授主编的《俄罗斯宪法》一书,已经由黑龙江大学法学院哈书菊教授、国家法官学院王雅琴教授、内蒙古大学法学院龙长海教授和周珩副教授译成中文。该书出版之际,四位译者托我作序,我欣然应允。

新中国的法制建设与苏联存在着密切联系。新中国成立伊始便借鉴了苏联法制建设的经验,聘请了苏联法学专家帮助新中国制定法律、传播社会主义法律理论。正是在苏联法学专家的帮助下,新中国培养出了第一批社会主义的新型法学人才。自此,新中国的法制建设和法学教育逐渐发展起来。但是,中苏关系恶化、法律虚无主义等一系列原因,刚刚起步的新中国法制建设,更多地关注了20世纪50年代前的苏联法制经验,而对50年代后期苏联成熟的立法和法学理论了解较少。20世纪80年代初,我国实行改革开放,法制建设与法学理论界开始关注英国、美国、德国、日本的法律理论。尽管中苏两国自20世纪80年代末期便恢复了外交关系,苏联解体后俄罗斯第一时间便与中国建立了正式外交关系,但法学界却已经极大降低了对俄罗斯法制建设的关注力度。不仅如此,法学界甚至一度掀起"去苏俄化"的浪潮,有学者不加区分地将苏俄和当今的俄罗斯混为一谈,还有许多学者戴着"有色眼镜"去评判苏俄和俄罗斯的法制实践与法学理论。在全面推进法治中国建设的进程中,我们需要秉持客观中立的立场去审视当今俄罗斯的法制与法学。

苏联解体后,俄罗斯走上了资本主义道路。俄罗斯的法制已经与苏联时期迥异。但是,无论法律制度如何变化,作为冷战时期世界一极的苏联,其法学理论和法制建设的经验,已经被当今的俄罗斯所继承、扬弃。尽管在苏联解体之初的一段时间内,俄罗斯法学界出现过"一边倒"的苏联法制否定论,今天俄罗斯法学界在评判苏联法律制度时,已经少了些许情绪,多了几分理性,能够客观地评价苏联法制建设和法学理论的成败得失。从这个意义上讲,当今俄罗斯学者对苏联法律制度的研究成果更值得我国学界所关注。

苏联时期共通过了四部宪法,分别是在1918年、1925年、1937年和1978年。这几部苏联时期的宪法是与当时特定的政治和社会背景相适应的。法律不能脱离社会生活而存在,任何一项法律制度的制定和实施都需要与特定的社会环境相适应,脱离了法律赖以存在的社会基础,我们将无法理解法律制度因何而立与缘何而变。经济基础与上层建筑的关系,在从昨日苏联到今日俄罗斯的社会转型过程中被展现得淋漓尽致。戈尔巴乔夫的激进改革,导致了苏联的解体。苏联解体引起了俄罗斯宪法制度的改革。苏联解体后的俄罗斯,宪法制定过程就是由一幕幕的政治斗争汇成的。不同思想、不同政党、不同社会力量和利益团体的相互角力,决定了俄罗斯宪法的走向。

俄罗斯现行宪法是由叶利钦主导制定的1993年俄罗斯联邦宪法。尽管当今俄罗斯的宪法法律制度是建立在西方"权力分立、权力制衡"理念之上的,但由于俄罗斯独特的历史文化传统,这种宪法构架在如今的俄罗斯有所调整,这一点从俄罗斯宪法对俄罗斯总统、政府和俄罗斯议会上下两院职权的规定上可以看得出来。从西方宪法理念在俄罗斯的实践看,尽管俄罗斯曾经试想照搬西方的宪法制度,但法律制度的制定和运行需要现实社会的基础,需要特定法律文化背景的支撑,离开了相应的法治土壤,法律制度在移植过程中,便可能会水土不服,正所谓"橘生淮南则为橘、生于淮北则为枳"。俄罗斯当今的宪法规范和实践,恰恰值得我国学者更多地予以关注,为我国的宪法实践提供经验和教训,毕竟中国和俄罗斯都曾经深受苏联法制建设的影响。在中国法治建设的过程中,我们既要借鉴国外的经验和做法,又要考虑到我们的特殊国情和独特的文化传统,应当在坚持走中国特色社会主义法治道路的前提下吸收借鉴外国的有益经验,做到以我为主,为我所用。

《俄罗斯宪法》一书的作者阿瓦基扬教授,是当今俄罗斯著名的宪法学者,而这本专著式教科书是俄罗斯宪法教科书中的精品,在俄罗斯多次再版,备受俄罗斯学界和实务界推崇。这部教科书在立足于现行俄罗斯宪法的同时,对宪法理论学说、俄罗斯宪法的历史沿革和当今俄罗斯宪法实践,进行了详细的阐释,可谓理论与实践兼备,是系统了解当今俄罗斯宪法的佳作。该书的作者在阐述当今俄罗斯宪法规范过程中,特别关注了苏联时期的宪法法律。这为我们了解当今俄罗斯宪法学者对苏联时期宪法规范的态度提供了便利条件,为我们认识苏联解体前后的俄罗斯宪法观念的变化打开了一扇窗户。

黑龙江大学法学院充分利用黑龙江大学的俄语优势,组织本院懂俄语的老师研究俄罗斯法律问题,并将俄罗斯法律研究作为学院的一个特色。1999年,黑龙江大学法学院便建立了俄罗斯法律研究项目组,并在该项目组的基础上,于2001年成立了黑龙江大学俄罗斯法律问题研究所,2014年更名为黑龙江大学俄罗斯法研究中心,至今已有20年的历史。经过多年的发展,黑龙江大学法学院在俄罗斯法律问题研究方面已经获得了8项国家级课题,出版了23部学术著作,发表了231篇学术论文,获得了20项省部级以上科研奖励,为社会提供了大量的涉及俄罗斯法律事务的咨询和建议,组织召开了七届"俄罗斯法制与法学"国际研讨会,在国内外产生了重要影响并赢得了普遍的赞誉。

在国家"一带一路"倡议下,在中国、蒙古、俄罗斯三国共建"中蒙俄经济走廊"的时代背景下,相信黑龙江大学法学院必将继续发挥俄罗斯法律研究方面的优势,充分利用其在俄罗斯法研究方面的雄厚师资力量,加强对俄罗斯法制与法学的研究,为国家向北开放战略、为发展中俄全面战略协作伙伴关系贡献新的力量。

《俄罗斯宪法》最早是由黑龙江大学俄罗斯法律研究所前任所长刘春萍教授领衔翻译。遗憾的是,在该书的翻译过程中刘春萍教授不幸因病去世。刘春萍老师的离去,是黑龙江大学法学院乃至中国的法学界的巨大损失。刘春萍教授去世后,在黑龙江大学法学院的大力支持下,由哈书菊教授继续组织翻译出版工作。经过四位译者的共同努力,终于完成了该书的翻译工作。该著作的翻译出版,既是对刘春萍教授的深切怀念,也是对她在天之灵的慰藉!参与该著作翻译工作的四位译者均是对俄罗斯法律制度有着深入研究的国内一线教学科研人员,都兼具深厚的法学功底和精湛的俄语修为,这也为本书的翻译质量提供了保障。

该书能够顺利出版,要特别感谢上海政法学院的大力支持。上海政法学院负责的"中国—上海合作组织国际司法交流合作培训基地专著出版资助项目"为本译著的出版提供了经费支持,黑龙江大学法学院也为本书的出版提供了部分经费支持。

作为一名从事宪法、行政法教学科研的法学工作者,为《俄罗斯宪法》在我国的顺利出版深感欣慰,相信该书能够为我国学者了解俄罗斯宪法制度提供帮助,为我国宪法学的教学科研工作助力,也必将为我国宪法法律的发展提供有益的借鉴。

是为序!

胡　东

黑龙江大学法学院教授

# 目　　录

中文版序言……………………………………………… C.A.阿瓦基扬　1
序一…………………………………………………………… 韩大元　3
序二…………………………………………………………… 胡　东　10

**第三编　俄罗斯宪法制度基础**……………………………………………1
　第八章　宪法制度的概念…………………………………………………3
　　第一节　基本概述………………………………………………………3
　　第二节　宪法制度、社会结构、社会制度、国体………………………4
　　第三节　宪法制度的基本特征…………………………………………6
　第九章　人民权力（人民主权）作为俄罗斯宪法体制的基础……………12
　　第一节　总体特点………………………………………………………12
　　第二节　国家权力………………………………………………………15
　　第三节　社会权力………………………………………………………18
　　第四节　地方自治权力…………………………………………………18
　　第五节　人民主权和国家主权、民族主权……………………………19
　第十章　俄罗斯国家——全体人民的组织、宪法制度的基础…………24
　　第一节　民主国家………………………………………………………24
　　第二节　联邦主权国家…………………………………………………25

第三节　法治国家……27

第四节　共和政体……28

第五节　分权原则……29

第六节　福利国家……36

第七节　世俗国家……38

## 第十一章　俄罗斯联邦宪法制度中的直接民主制和代议民主制……41

第一节　直接民主的概念和制度……41

第二节　直接民主制中的全民公决……44

第三节　作为直接民主制的选举……76

第四节　召回代表和当选的公职人员……78

第五节　民意测验（咨询性公决）……84

第六节　全民讨论……87

第七节　听证会……90

第八节　公民对社会问题的集体诉求（请愿）……91

第九节　人民的立法倡议……93

第十节　选民委托……95

第十一节　居住地的公民大会……97

第十二节　代议民主的概念及制度……100

## 第十二章　俄罗斯宪法制度中的公民社会制度……103

第一节　公民社会问题是宪法制度的组成部分……103

第二节　俄罗斯宪法制度中的意识形态多样性和政治多元化……107

第三节　俄罗斯联邦的社会院……111

第四节　社会团体地位的宪法基础……119

第五节　宪法调整政党地位的特点……134

第六节　作为公民社会成员的公民个人——社会和职业
　　　　　　联系的制度化 ……………………………………………147
第十三章　宪法对俄罗斯联邦经济活动原则和财产形式的规定……150
　　第一节　宪法规定的俄罗斯联邦多种所有制形式 ………………150
　　第二节　俄罗斯联邦经济活动的宪法基础 ………………………152

**第四编　俄罗斯联邦个人的宪法地位** ……………………………………159
第十四章　俄罗斯联邦人和公民宪法地位的基础与原则 …………161
　　第一节　现有的规定 ………………………………………………161
　　第二节　俄罗斯联邦人和公民的宪法地位之原则 ………………164
第十五章　俄罗斯联邦国籍 …………………………………………174
　　第一节　一般原则 …………………………………………………174
　　第二节　俄罗斯国籍的取得：总则、新旧规定、进程 …………195
　　第三节　根据出生取得俄罗斯联邦国籍 …………………………199
　　第四节　加入俄罗斯联邦国籍的普通程序 ………………………201
　　第五节　加入俄罗斯联邦国籍的简易程序 ………………………210
　　第六节　俄罗斯联邦国籍的恢复 …………………………………215
　　第七节　驳回加入国籍申请和恢复俄罗斯联邦国籍
　　　　　　申请的理由 ………………………………………………217
　　第八节　俄罗斯联邦边界改变时国籍的选择
　　　　　　（选择国籍）………………………………………………220
　　第九节　俄罗斯联邦国籍的终止 …………………………………221
　　第十节　有关国籍问题决定的撤销 ………………………………224
　　第十一节　国籍、婚姻、子女 ……………………………………225
　　第十二节　俄罗斯联邦国籍事务的有权管辖机构 ………………229

第十三节　关于国籍问题的决定：形式、期限和日期、
　　　　　　　执行、申诉……………………………………231
第十六章　俄罗斯联邦公民的基本权利、自由与义务…………234
　　第一节　综述……………………………………………234
　　第二节　基本的个人权利与自由………………………239
　　第三节　基本的政治权利和自由………………………283
　　第四节　基本的经济、社会和文化权利………………307
　　第五节　保护公民其他权利和自由的基本权利………334
　　第六节　公民的基本义务………………………………345
　　第七节　对权利、自由和义务进行限制的问题………348
　　第八节　公民基本权利与自由实现及义务履行的
　　　　　　保障和保护……………………………………351
第十七章　对国内外因冲突受害的俄罗斯联邦公民，以及在
　　　　　国外的俄罗斯同胞政策的宪法基础……………359
　　第一节　被迫移民………………………………………359
　　第二节　国外的俄罗斯同胞……………………………362
第十八章　俄罗斯联邦外国公民和无国籍人地位的宪法基础…371
　　第一节　俄罗斯联邦外国公民和无国籍人地位的一般
　　　　　　原则………………………………………………371
　　第二节　俄罗斯联邦部分外国人状况的特点……………389

# 第三编

# 俄罗斯宪法制度基础

# 第八章
# 宪法制度的概念

## 第一节 基本概述

俄罗斯宪法的概念始于第一章《宪法制度的基础》。宪法一词既来源于它的内容，又来源于这条科学准则：宪法制度是宪法中规定的国家和社会生活的基础。

宪法和客观实际可以是相一致的，也可以是有分歧的，但正如大家所说的，我们应该追求一种理想的情况。

以上我们把宪法的概念放到社会和国家生活的基础上来理解，那么这个关于宪法制度简短定义的表达是否正确呢？如果只谈国家的宪法制度是不是会更好？相反，国家存在于社会之中，它是一个负责大多数社会事务的专门体系，这些社会事务在国家的掌控下转变成了国家事务，因此只谈社会宪法制度是否更好？

毫无疑问，任何社会的基础大体上来说同时也是国家的基础；反过来说，国家的基础也同时是社会的基础。但是两者不可能百分之百重合。比如，在政治多元化的国家中建立自由政党和其他社会团体是宪法基础和社会以及国家的表现之一。这在一些国家里会直接在宪法中声明，但是实际上创建一个社会团体，特别是在国家中创建一个政党时，是要受到现存政治制度的限制的。在其他国家的社会生活中，通常存在2—4个政党，还有一些不会对政治生活造成影响的小党派。此外，有的国家中存在很多党派，从几十个到上百个不等，他们没有什么影响力，但或多或少地试图积极参与政治生活。这些例子大部分是社会的缩影。但是多元化政治原则乃是社会和国家的特性。

其他的民主制度也是如此。比如社会措施，议会和总统的活动，以及其他国家权力机构的制度都具有公开性原则。一般用游行示威（集会等）来表达对国家政策的态度，可以在纪念日和纪念周年进行非国家性的政治运动。议会议员是国家公职人员，同时也是社会活动家，他们参与各种政治措施，但这些措施不体现权力机构的意志。牢固的宪法基础在所有类似情况中都具有正面意义，有时候也推动相关的社会生活和国家制度的发展。

## 第二节　宪法制度、社会结构、社会制度、国体

过去很多年，在本国的宪法及法律法规中使用"社会结构"和"社会制度"两个概念。比如，苏联1936年宪法第一章为"社会结构"。苏联1977年宪法第一部分名为"社会制度基础和苏联政策"（1978年俄罗斯苏维埃联邦社会主义共和国的宪法也是如此——仅将苏联更名为俄罗斯苏维埃联邦社会主义共和国）。

因为需要回答一个问题：这几个概念之间有什么相互联系？它们和宪法制度又有什么关系？我们认为原则上"社会结构""社会制度"和"宪法制度"没有什么区别，总的来说他们是同一概念。但是总有一些因素可以解释概念的更换现象。

首先，社会结构，社会制度的类型在俄罗斯（这一点需要强调）具有更为明确目的性的社会含义。在社会主义制度的初级阶段，一些社会阶层是根据宪法规定存在的，可以说是"政权组成的"，其他与初级阶段敌

对的则不能参与政权。

俄罗斯苏维埃联邦社会主义共和国1918年宪法中宣布"俄罗斯共和国是俄罗斯劳动者所有的自由的社会主义社会"(第10条)。而权利宣言中劳动者和被剥削者同时规定在宪法中:现在,当无产阶级与其剥削者进行决定性斗争的关头,在任何一个政权机关中都绝不能有剥削者的一席之地。政权应当完全独属于劳动群众及其全权代表机关——工农兵代表苏维埃(第7条)。

1936年苏联宪法第一章"社会结构"中指出,苏维埃劳动者代表是苏联政治基础,他们推翻了地主和资本家的政权,夺取了无产阶级专政,苏联的一切权力都属于城市和农村的苏维埃劳动者(第2、3条)。

在接下来的阶段里相互和睦的阶级组成了社会。这表明,苏联1977年宪法中已经提到苏联是一个全民的社会主义国家,它代表了工人、农民、知识分子和全国劳动者的意志和利益(第1条)。

除此之外,经济因素也是社会结构即社会制度的组成部分。

经济因素与社会相联系,这种社会建立在经济体系基础上,来源于全民所有制的优先权——首先表现在国家所有制上。

在这种规划中宪法制度的类型与发展社会关系的现行阶段更加适合。它象征着我们生活中人、社会和建立于宪法基础上的国家的统一。

正如前面所提到的,宪法制度的类型也不能脱离社会国家的经济基础而存在。平等的国家保护和发展机会逐渐成为宪法的原则,而不是某种所有制形式的优先权,虽然宪法有一个毫不隐藏的专门目的——为私人所有制和企业家的事业创造条件。

需要补充的是:概念的更换可以用宪法的缺陷来解释。如果我们谈到社会结构或者社会制度,自然而然地会想到一个问题,即为什么要提到结构和制度?我们说"社会的社会结构"或者"社会的社会制度",这不仅是重复而且是观念上的错误;如果社会制度反映在国家宪法之中,它则协调了社会生活。我们说"国家的社会结构""国家的社会制度",

这种说法也不是很好，因为社会生活没有渗透到国家之中，国家所表现出的是国家政治类型而不是社会政治类型。

国家宪法制度的概念包含了国家的物质特点和结构特点，这不仅是机关的权力象征，也作为一种存在的社会现象与社会紧密相连。尤其，因为"宪法制度的基础"的概念存在于俄罗斯联邦宪法之中，所以使用"俄罗斯宪法制度"这一概念是完全可以的。但是最好的概念方案的说法来源于：宪法既是国家和社会的章程，又应该被认为是社会国家类型的"宪法制度"。它们具有共同的物质发展基础。除此之外，"宪法制度"类型首先反映出了作为国家"生存环境"甚至是国家本身的基础。

但即使这样，我们也还是用到了"宪法制度"类型。

在文献中和"宪法制度"概念同时出现的还有"国体"这一概念。在通常意义上它们常常被用作同一概念。但如果试图把两者分开，那么适合国家的特点，它的内部结构、领土结构、国家机关体系及其组成秩序、事业机构、公民的国家地位及权利自由和义务、参与国家机构的形成和工作的方法、包括政党的执政方式和国家政治秩序，以上这些都包含了"国体"这一概念。换言之，"国体"概念是关于国家结构、国家机关的活动、社会团体和国家的相互作用的概说。"宪法制度"的概念更接近于社会和国家的物质基础的存在，它包括了所有关键的政治关系基调，"国体"发源于此。

## 第三节　宪法制度的基本特征

社会和国家制度均应建立在坚实的基础上。

以前它们意味着"国家政治基础""国家经济基础""国家社会基础"。这些基础作为与社会结构和社会体制相适应的要素反映在以前的宪法中。

比如，1936年苏联宪法和1937年俄罗斯苏维埃联邦社会主义共和国宪法中提到，苏维埃劳动者代表组成了苏联政治基础，社会主义经济体系和社会主义生产方式的所有制组成了经济基础。在苏联1977年宪法中提到，人民通过作为苏联政治基础的组成部分的苏维埃人民代表来行使政权（第2条第2款）。"社会主义生产资料所有制以国家（全民）所有制和集体农庄合作社所有制的形式来组成苏联经济体系的基础。"（第10条第2款）"牢固的工人农民和知识分子的联盟是苏联社会的基础。"（第19条第1款）当然，在1978年俄罗斯苏维埃联邦社会主义共和国宪法之中也存在类似的标准。

1993年俄罗斯宪法中使用了更为广义的"宪法制度基础"的概念。国家和社会都应该有自己的基础，这可以反映国家、社会和社会关系的特点，反映政权、自然人和公民的特点，反映政治秩序、所有制和管理形式的特点。正是这些基础反映在基本法之中，才确定了社会和国家的宪法制度，决定了所有社会和国家政治生活所处的阶段。

俄罗斯宪法制度的基础，或称为基本特点，包括：

(1)人民政权（人民主权）；

(2)作为包括全体人民的组织的俄罗斯国家的存在；

(3)承认人的权利和作为最高价值的自由；

(4)作为俄罗斯生活的基础的民主制度和政治秩序；

(5)思想和政治多元化；

(6)管理自由和多种所有制形式并存。

让我们注意一下俄罗斯宪法制度的特点。

俄罗斯社会和国家宪法制度首先建立在此基础上，即所有社会关系结构前提是政权完全属于人民。这是现代俄罗斯思想意识上的一条定律。一切社会生活、国家、政权制度都服务于人民的利益。因此，国家的政权和社会的政权一样都是人民政权的不同表现手段。在现实中这种模式不是总能成功实现的，但应该追求这种模式，宪法和宪法制度应该促进这种模式的发展。

另外,宪法制度建立在国家是一个统一的组织的基础上,这个统一的组织是全体人民的组织。它应该参加所有的社会活动,每个阶层都有权在国家中拥有自己的维护者。国家是为了决定社会重大问题而建立的,建立规范的法律基础,为人民谋取福利。

承认人的存在,承认人的权利和自由的最高价值——这个俄罗斯宪法制度的特点表现在俄罗斯宪法中。"人、人权和自由具有最高价值,承认、尊重和保护人的权利和自由是国家的义务。"(第2条)

俄罗斯考虑到国际经验和文明程度,反映在1948年10月联合国大会人权公共宣言中:承认人类家庭中所有成员的尊严和平等的不可剥夺的权利,是自由公平和整个世界的基础。

由于宪法承认个人利益的权威性,俄罗斯应该建立自己的政权,不仅仅靠口头宣布而是靠实际来保障个人及公民的权利和自由。所有的民族法律体系均应服从这一宗旨。国家和所有管理机构应该建立物质基础和实现权利、自由的先决条件。这些制度的实现不仅取决于基础条件,还往往取决于国家运行的细节。所以要鼓励和支持非国有机构的积极性,促进保障个人自由,促进个人创造和自我表现,培养适应社会的人才。

宪法第2条的一些解释观点提到,近年来出现了一些担忧——有些说法中提到个人的权利和利益高于国家,国家隶属于个人利益。结果导致宪法的价值被个人与国家之间不必要的对立问题所替代。

事实上,国家的优先权高于个人是无可置疑的。国家是全体该国公民的组织。国家是唯一代表全体公民的政治组织。尊重每一位个人是毫无疑问的,但是并不能因此认为个人就高于国家。1948年10月的人权公共宣言的第29章第1条指出:"每个人都对社会有义务,只有在社会中才有权自由发展个性。"

因此,还应补充指出宪法的价值:个人对国家有义务;个人的利益与国家利益相结合。我们的宪法中没有类似的普遍规则,但不见得是正确的。宪法要求公民遵守俄罗斯宪法和法律(第15条第2款),制定了一系列具体义务要求(纳税、保护国家等)。但这还不够,一些国家(如白俄罗斯共和国)在自己的宪法中写入:国家有义务为公民创造自由和优越的个人发展条件,公民有责任无条件地履行自己对国家的义务。

民主制度作为俄罗斯生活方式的基础和政治(国家)秩序,这是宪法制度表现在我们国家环境中的一个特点,在宪法中被称为民主。民主作为宪法制度的一个开端有着更广的含义。所有的生活方式,社会关系特点,存在方式,人的心理,国家政治制度都充满了传统的(理想的)民主精神。

第一,民主是一种当人民可以自行掌控自己国家和社会时的制度和生活方式。谁也不能超越人民,人民是管理的主体。立法机关和机关中的领导者行使的权力来源于人民并且对人民有责任。

第二,民主作为宪法体制的基础不仅表现在国家之中,还表现在社会之中,应该保障公开原则、自由、信息完整、讨论重要问题的权利、表明观点,以及在与国家机构相适应的活动中获得法律自由。

第三,民主也是一种公民自身对社会带来贡献的内在意识,在生活中是必不可少的,所有的制度(政党、其他社会团体、法律方案商讨、普查、全民公决等)都是民主的外在表现,而内在表现为对社会意识的操控。民主是人们可以看到的,"民主的参与对国家运转起着重要的作用,由于民主的存在,社会才有变革"。

第四,当法律与现实完全相符的时候民主就成了国家政治制度。政治制度的产生使相应的意识形态与国家机关运行的结果相结合,与当权的政治力量相结合,与执政党相结合。如果国家希望民主,必然应该有统一的国家制度,统一的个人及公民的自由标准。

政治(国家)制度必须完全适应社会环境。

第五,民主作为宪法制度基础表现为纪律性、组织性,个人对国家和社会的责任(不仅仅是国家和社会对个人的责任问题)。民主不能与无政府状态、违反法律和对他人利益的藐视并存。

思想和政治多元化作为宪法制度的一个特点,在我们的基本法中越来越重要(第13条)。为了表达和体现不同的政治观点而建立的政党和其他社会联盟组织,都在法律规范下运行,并且遵守法律面前人人平等。这种存在于国家和社会中的情况,其特点就是思想和政治多元化。在解决宣传不同的思想观念,建立社会联盟组织的问题同时,宪法中规定禁止强行改变宪法制度、破坏国家主权完整、破坏国家安全系统及有意在国家中制造紧张局势而引起人民敌对的行为。

俄罗斯宪法制度的一个重要特点是管理自由和多种所有制并存。经济发展有自己的规则,并对国家法律起到支柱作用。很多观点认为经济关系反映在法律规范之中,或者说经济关系转化到法律关系之中,同时不丧失自身的经济实质。宪法巩固了经济生活的初始规则,巩固了所有制形式,一切国家社会经济关系都取决于此。从自身方面来看,宪法在国家政治发展和国家机关职权行使中起着很大的作用。

**参考文献**

C.A.阿瓦基扬:《宪法经济问题》,圣彼得堡,2005年。

阿夫托诺莫夫·阿:《俄罗斯所有权的保护》,《宪法法律的宪法保护:东欧审查》2002年第3期。

安德烈耶娃·戈·恩:《18世纪到20世纪外国宪法所有权》,莫斯科,2009年。

安德烈耶娃·戈·恩:《财产在外国的宪法和俄罗斯联邦宪法的体系》,莫斯科,2009年。

巴伦博伊姆·普·弗:《宪政经济学:在俄罗斯联邦宪法和法律范畴内创业的自由》,圣彼得堡,2005年。

别斯史丹尼克·阿·弗:《私有财产在俄罗斯联邦宪法的法律基础》,维涅季克托夫,阿·弗:《国家的社会主义性质》,莫斯科,1948年。

瓦多拉吉·斯·弗:《宪法和法律保护私有财产》,莫斯科,1996年。

喀德热耶夫·戈·阿:《俄罗斯联邦和国外的企业家保护基本权利》,莫斯科,

1995年。

喀德热耶夫·戈·阿:《市场经济的宪法原则——俄罗斯联邦宪法法院制定公民基本权利的决定》,2002年。

卢舒克·弗·弗:《俄罗斯宪法所有权体系》,莫斯科,2003年。

戈卢别尼科夫·弗·弗:《俄罗斯法律框架和前景》,莫斯科,1995年。

戈列别尼科夫·弗·弗:《国家市场经济及所有制体系》,莫斯科,1996年。

古宾·耶·普:《国家调控市场经济和企业相关法律问题》,莫斯科,2005年。

达洛申科·耶·恩:《宪法调整经济关系》,莫斯科,2004年。

兹切科·斯·阿、邦达利·恩·斯:《所有权是权力和自由》,1995年。

卡瓦列夫斯基·姆:《宪法保护私有权联邦立法调整分析——宪法》,《东欧论述》2002年第3期。

戈·恩·安德烈耶娃:《宪法经济方案时事研究》,莫斯科,2008年。

卡基科娃·恩:《保护经济自由的方案——俄罗斯新的立法体系形成的宪法和政治结构》,《宪法:东欧论述》2003年第3期。

库兹涅措娃·尔·尤:《当今俄罗斯经济建设的宪法基础》,萨拉托夫,2006年。

库里洛夫阿·耶:《俄联邦宪法经济基础建设》,罗斯托夫,2004年。

玛扎耶夫·弗·德:《俄罗斯公共财产》,莫斯科,2004年。

毛佐里弗·普:《俄联邦在市场经济阶段的所有权》,1992年。

莫洛佐娃·尔·阿:《国家及所有权问题》,《国家与法》1996年第12期。

穆哈切夫·伊·弗:《所有权及俄联邦宪法的稳定性》1998年第7期。

涅尔谢·弗·斯:《公民所有权方案》,《国家与法》1989年第10期。

涅尔谢·弗·斯:《公民的财产所有权是公民不可剥夺的权利》,《国家与法》1992年第12期。

萨拉玛吉娜·恩·恩:《俄联邦所有权私有的宪法基础》,法律教研社,罗斯托夫,2003年。

达拉皮娜·艾·弗:《俄联邦宪法规范调整国家所有权》,莫斯科,2000年。

法尔彼勒·伊·耶:《在苏联社会宪法调整所有制问题》,《苏联立法文献》1970年第21期。

契切林·布·恩:《所有权和国家》,1882年。

# 第九章
# 人民权力（人民主权）作为
# 俄罗斯宪法体制的基础

## 第一节　总体特点

俄罗斯宪法第3条：

1. 俄罗斯联邦主权的体现者和权力的唯一源泉是其多民族的人民。
2. 人民直接并通过国家权力机关和地方自治机关行使自己的权力。
3. 全民公决和自由选举是人民权力的最高直接表现。
4. 任何人不得攫取俄罗斯联邦的权力。夺取或窃取权力将依照联邦法律予以追究。

从民族观念看，人民是该国所有公民的总和。包括大部分人口，但不是所有人口，因为"人口（居民）的概念"很广，它不仅包括本国公民，还包括外国人、无国籍人士和长期居住在该领土上的人口。

从宪法和国家法律的角度来看，"人民"这一概念范畴的主要特点是，人民是拥有实现公开政权能力的国家公民的总和。但是这种能力不是很快就能拥有的，需要培养才能拥有这种特定的素养和意识。在此之前只有让特定社会阶层来行使权力。但很遗憾，就算当人民拥有了这些必要的素养，他们（特定社会阶层）也不会让人民群众参与政权。但这只是时间的问题，早晚会实现的。自然而然地，由此产生了一个重要的宪法和国家法律因素：实现人民的统治能力和实现公开政权会使人民比国家的其他居民更具优势地位,因为其他居民没有这样的能力。(在这方面人民就不必担忧由于外国人在本国找工作而导致居民人数上升)

宪法第3条指出,俄罗斯联邦人民是主权的载体,是唯一的执政根源、实现政权的主体、其他机构获得并实现政权的来源。

从人民主权理论基础和宪法基础可以得出:第一,人民主权完全属于本国人民;第二,人民通过直接方式或通过国家政权机构和地方自治机构来行使权力(政权)。

所有这些表明:

(1)只有在主权完全属于人民的地方才能谈到人民主权。

(2)人民主权的准则——社会和国家政权来自人民,也就是谁也不能全权代表人民(直接的或者通过人民建立的组织)来行使国家政权。

(3)授权机构不能专权,不能忘记自己的权力来源于人民。可以更加明确地说,授权机构实现的是人民政权(部分政权)而不是自己的政权(当然也不否定其权力的权威性)。

(4)人民主权不允许按"统治而非治理"的原则来评议人民的作用。就是说,人民行使自己参与政权的权力,直接实现一系列重要的权威性职能,成为任何一个社会和国家的政权的根源。

(5)人民决定了国家政权的性质和国家机构及地方自治机构的工作方向。

人民主权是人民自己的组织,意在自行管理人民事务,通过做出人人都应遵守的决定和利用组织机构来参与人民和其授权机构的权力职能的实现。

俄罗斯联邦人民政权的行使有三种基本方式:国家权力;社会权力;作为社会国家政权的混合体的地方自治权力。

关于每个权力形式的特点我们后面再谈。先谈谈人民权力的几个特点:

第一,人民权力是公开的政权,它意味着:

人民权力的实现在于为全体人民谋利，目的是带来社会福利（或者说为公众利益）；

社会和国家是实现一切人民主权形式的地方。换言之，国家机构的管理反映在社会中，社会权力（政党的形成，政治力量对社会发展道路的影响等）反映在国家之中并且成为国家严密关注的对象；

人民权力面向全社会和每一位个人；

这种权力是人人都可以参与的，也就是说，每个人都有权参与各种政权形式职能的实现；

人民权力通过部分人来实现，他们居住在该国领土上，是被选举出来的人民代表，他们组成了权力机构，最后，又从这些建成的机构中派生出来；

人民权力使用信仰、教育、鼓励、组织居民等手段，如果必要的话，也会使用强迫手段；

权力的实现建立在公开性基础上，其一切政策都应该引起社会共鸣；

实现权力就是管理社会、国家、不同的区域、人民团体的事务，采取行动，完成社会任务，达到人们为了一定目标所希望的状况（结果）。

第二，人民权力的实现都会用到政治权力。人民权力行使时总是带有政治目的，拥有政治基础，我们从中可以看到一些政治机制和政治方法：

人民权力在政治组织的社会中行使，并应该考虑到其所有组成部分的政治基调，然后平衡各集团的不同目的；

政治观点、政治形式和政治方式（也就是统治方式）的组成是行使政权的基础；

权力的行使具有组织性和固定性，通过一定的政治程序及机制讨论制定方案，确定并且执行；

公民通过政治组织或社会团体来对政权的实施产生一定的影响。

第三，人民权力存在于上述方式之中。这里有一种错误观点，即人民权力仿佛永远指的是国家权力，同时认为只有人民权力才具有公开性和政治性。这些人显然认为权力就是命令、委派、施压及制裁。但如果这些权力的首要职责是公民为了自身存在而进行自我组织,则显而易见的是,各种社会组织和国家政权并存都与公民自治形式相关。人民权力具有自己的组织方式,如果需要的话可以实行制裁,但这与严格的国家权力没有关系。我们谈到人民权力时,它是社会自治职能的浓缩,是所有具有国家性质的政治基调的浓缩。

## 第二节　国家权力

国家权力是人民权力所有形式中最为首要的。国家政权的活动会涉及每一位该国公民,是每一位公民都应遵守的,也就是说国家权力的活动面向一切国家机构、社会团体以及官员和公民。国家政权采取建立信仰、宣传、培养等方式,必要时会采取强制和国家制裁(惩治)来使人民服从其意志。

只有人民或专门的国家机关可以行使国家权力。

全民公决,国家权力机关立法代表(联邦会议国家杜马代表)选举,以及国家官员(俄罗斯联邦总统,以前还包括共和国总统和省长)选举,是人民直接行使国家政权的最高表现形式。

本书第三章有一段专门讲述全民公决的问题。在俄罗斯,全民公决分为三级:俄罗斯联邦(可以称为国家或联邦)全民公决;俄罗斯联邦主体全民公决;地方投票选举。由国家政权举行俄罗斯联邦全民公决和俄联邦主体全民公决,而地方投票选举是人民权力的第三种实现形式,即地方自治权力。

国家生活的重大问题都与全民公决相联系。公民们提供几种决议的提案并将其写在选举清单中。收到选举清单后,公民们投票给较好的方案，投票结果代表公民的集体意愿。

有的全民公决具有命令性，有的具有协商性。在采取命令性全民公决时，人民的决议具有必须遵行的法律效力。也就是说，在俄罗斯联邦层面上具有联邦法律效力。在采取协商性全民公决时，其结果由相应代表机构所决定。但是相应机构不能做出与全民公决结果对立的决定。协商性全民公决也叫民意调查。

除了人民自身，国家权力机关在固有规则的基础上也授权人民行使国家权力，人民有必要定期参与政权。

国家只能授权给一些或某个人，即国家机关来完成某一任务；政权的组织是被特定的宪法法律所授权的机构，在法律所规定的秩序内行使职权，在国家和人民面前对自己的行为负责。

我们这里用的"国家机关"和"国家权力机关"是一回事。

苏维埃时期国家法律科学对国家机关有两种理解。

一部分作者使用"国家机关"的广义含义，把它再分为四种：国家权力机关、国家管理机关、法院、检察机关。这种对国家政权机关的理解与权力机关代表相关，也就是说机关是直接由人民选举的。

另一部分作者认为所有国家机关都属于人民国家政权机关，他们的分类是：人民政权机关代表、权力执行机关（国家管理机关）、法院、检察机关。

这时，国家机关的权力机关代表居首要地位。

在苏联解体之后的时期对于国家机关的解释发生了改变。首先，国家权力机关承认一切国家政权，虽然它们发挥的作用是不同的，但终究是国家政权的作用。第二，代表机关不再发挥领导作用，目的是在分配权力时，其所有分支都可处于平等地位。第三，立法者虽然不反对相关机构实现国家管理任务，但仍然常用"执行权力""国家权力执行机关"来替代"国家管理机关"这一概念。第四，立法者将法律机关和检察机关的"司法权力"相结合，至今仍没有清楚的科学认知。

实现人民权力的国家权力机关在俄罗斯联邦宪法中分三种：立法机

关、执行机关、司法机关。

立法机关有两种主要职能：代表人民，通过法律。（这种机关还有其他职能，但主要职能是代表人民和制定法律）

在执行权力时应该了解俄联邦宪法（第10条）国家政权（国家机构）的分支，其主要职能是执行法律（由此最初产生了"执行权力"这一概念，该概念的产生是为了执行法律）。

完成专门的活动，比如国家事务的管理。

为了这些目标所使用的一些职能，有效的操作管理和立法一样，都在宪法及国家法令的范围之内。权力执行机关在国家权力机关体系中拥有自己的一席之地。它们的活动受到国家政权的立法机关的监督，这与执行法律和参与国家政治有关，因为其基础是国家法律。与此同时，权力执行机关在其法律权限（独立于立法机关）的范围之内行使自己的职能。

国家机关包含俄罗斯联邦司法权力机关的概念，后者通过民事、行政和刑事诉讼程序来实现其法律执行职能。

将国家机关在中央一级划分为三个部分有不少问题，在下一章权力划分原则中将作重点讲述。

在俄联邦，根据国家权力的级别可以划分为两部分：国家权力联邦机关和俄联邦主体国家政权机关。

在联邦层面上来看，根据俄罗斯联邦宪法第11条，俄罗斯联邦总统、俄罗斯联邦会议、俄罗斯联邦政府和其他联邦权力执行机关、俄罗斯联邦法院有权行使国家权力。俄罗斯有统一的司法体系，包括宪法法院、最高法院和最高仲裁法院。

俄罗斯联邦各主体组建国家权力机关来行使国家权力。其中包括：各主体的立法（代表）机关（即立法会议、杜马等）；各主体的执行权首脑（最高行政长官）——总统、共和国首脑、州长、莫斯科市长；各主体的执行机关（政府、管理机关和专门执行机关）。各主体的宪法法院作为宪法监督机关也属于各主体的国家权力机关。普通法院和仲裁法院都属于联邦法院,在各主体范围内工作。

## 第三节　社会权力

　　社会权力是人民权力的第二种形式。不是所有人都知道这种人民政权形式。因为大部分政权不是人民自治组织,而是命令方式、义务、强制、采取制裁的总和。对于国家和国家政权来说这是当然的。于是当谈到社会权力的时候就有一个问题:这些指令,包括哪些强制性的活动?

　　社会权力是各种公民团体的权力。政党、职业协会和其他社会团体、宗教组织,还有作为一般劳动岗位的公民团体的劳动集体,这些是最典型的例子。它们自身的活动服从某些文件所规定的秩序,服从团体规章及集体会议规定等。规则对团体中的成员具有强制性。他们应该完成共同会议机构的决定,遵守程序。否则的话,将面临训诫、警告和开除等制裁。

　　社会权力依靠社会影响、风俗习惯和传统。社会权力不能为了达到自己的目的而依靠国家施加影响并进行强迫。(不要和国家政权和官员在有人破坏法制团结和社会秩序时进行必要的干预相混淆)

## 第四节　地方自治权力

　　俄罗斯联邦人民权力的第三种形式是地方自治权力(宪法第3条、12

条、130—133条），这是人民权力的社会与国家的混合形式。地方自治权力存在于城市和农村、城市区域、城市周边，联邦意义上的城市地区范围之内。该人民权力保障居民进行自治，解决地方问题，管理自己在该地区的生活和事务。居民自己实行地方公民会议或地方投票，通过此方式选出地方自治权力代表（杜马，会议代表）和地方自治官员（市政组织领导等）。

在解决地方性质的问题时，具有地方权力的社会（非国家）性决议一定是为了该地区的居民所做出的。与此同时，根据俄联邦宪法（第132条第2款），地方自治机构可以拥有独立的国家职权。国家强制力为地方自治机关行使职权提供保障。

实行两种任务联合，使地方自治权力成为人民政权的国家与社会的混合形式。

## 第五节　人民主权和国家主权、民族主权

说到人民主权（人民权力），这里也顺便提一下它和"国家主权"、"民族主权"的关系。

国家主权表现为国家权力的最高地位，包括主权的统一、独立和自主。

国家主权的最高领导地位在于，只有它可以在宪法和其他法律活动中全面反映社会关系结构，制定法律，规定自然人和法人的权能，制定其实现程序和法律责任措施。这项职能只属于国家主权。

国家主权的统一性指的是，在所有层面上的政权的掌握是通过活动的一致形式和方法来实现的。所有的国家政权机关之间是有联系的，权力分配、规则、隶属关系、相互制约，包括国家机关之间的相互对抗。在

实现主权职能时对国家主权的影响既表现在国家内部又表现在外部，但是不可能因为国内或国外机构的干涉而限制国家主权和改变国家职能。

一些撰写关于国家主权的作者喜欢区分国家主权和国家权力主权。如果国家具有主权，该国家的机关也应具有主权。也就是说，国家权力主权以国家主权为基础，它产生于国家主权。当然，世界上有不少例子，当一个国家开始存在了，其主权并不像所规定的那样得以实现（一些在经济上附属于他国的小公国）。宪法规定的国家权力机关仍以其独立国家名义工作。自然，不能在理论上建立国家政权机构的主权。至于在实现自己职能时相互独立（自主）的国家机关所表现出的不是主权，而通常是权力划分。

因此，国家主权覆盖了其内部以及外部事务，在空间关系上来说，覆盖了国家所有的领土范围。国家主权的宪法原则反映在俄罗斯宪法的很多章节中。根据第4条"俄罗斯联邦主权在其领土范围内的扩大"（第1款）；俄联邦宪法和联邦法律在俄联邦全部领土范围内具有最高地位（第2款）；俄罗斯联邦，俄联邦负责保障领土完整不受侵犯（第3款）。根据第67条，各主体的领土，内水和领海、领空均属于俄罗斯联邦领土。俄罗斯联邦拥有主权权力，在联邦法律和国家法所规定的大陆架和专属经济区范围内具有司法权。

民族主权表现为民族的权利，一方面解决自身生活问题，如内部问题（语言、文字、习俗、传统、文化等），另一方面解决与其他民族关系问题，此外，还解决国家的建立问题，要么以自治单位的形式成为某一国家的组成部分，要么作为独立国家而存在。

这三种主权形式相互依存并各自独立。但是原则上来说，人民主权作为人民权力的一种全面实现，应该认为人民主权是国家主权和民族主权的先决条件。

正如前文说过的，人民主权具体表现在人民政权和国家政权以及国家政权的各种形式之中。自然，人民主权只有在国家组织下才可能以国家政权的形式来实现，只有这样，人民的意志才被赋予国家强制力量。但是在国家允许的范围内人民还是具有主要的决定性的力量，而不是国家的附属品。

从自身来看，人民主权作为全体人民的权力，团结全体公民和居住在该国领土范围内的居民，不论他们的民族属性（国籍）是什么。很少有人民在民族关系上完全一致的情况。移民过程使得居民的民族成分混合化。甚至在那些被认为是同类的民族中，也有各自的人种特点、生活特点和语言特点。但是所有居住在该国领土上的公民都有平等的参加解决地方问题的权利，这时人民主权高于民族主权。民族是一片领土的根基，在表达自己意志的时候应该和该领土上生活的其他民族的利益联系起来。如果民族主权导致只有该民族宣布国家成立的情况，那么这可能损害其他公民的利益，甚至发生冲突。这里，人民是指生活在该国有关地区的与其组织生活机能利益相关的公民，不论其民族属性如何。

国家主权和民族主权总是与人民主权相关的，人民是指该国全体公民的总和，不论其民族属性是什么。国家主权在与人民主权相对应的同时，也对应着民族主权。也就是说，国家在体现人民（即全体公民的联合）的利益的同时，也体现主要民族的利益（主权）。没有任何国家主权和民族主权可以高于人民主权，它们是就国家机构或民族关系来表达人民利益的形式。

**参考文献**

阿斯塔维切夫普·阿：《人民主权：概念、内容、宪法表现形式》，《宪法和自治市政府法律》2004年第4期。

巴拉诺夫普·姆：《人民权利主体性问题研究》，《宪法和自治市政府法律》2005年第9期。

别祖格洛夫阿·阿：《苏联人民主权》，莫斯科，1975年。

《公权力理论和实践问题》，叶卡捷琳堡，2005年。

格里戈良尔·阿:《苏联人民政权》,莫斯科,1972年。
古尔维奇戈·斯:《苏联体系中人民,人民主权和人民代表机构》,《苏联国家和法律》1958年第7期。
杰米多夫阿·伊:《存在统一和多种方式中的权利》,《国家和法律》1995年第3期。
德米特里耶夫尤·阿:《政治和国家权力概念在公民社会形成条件中的对比》,《国家和法律》1994年第7期。
德米特里耶夫尤·阿:《苏联时期人民政权的范畴》,博士论文,莫斯科,1994年。
叶梅利亚诺夫恩·阿:《国家和权力:通过自我管理实现人民政权》,图拉,1997年。
卡贝舍夫弗·特:《社会主义制度发展中的人民政权》,《宪法性问题》,萨拉托夫,1979年。
基姆阿·伊:《公共权利作为社会权利的一种》,《苏联时期国家和法律问题》(第8卷),伊尔库茨克,1975年。
基洛夫弗·茨:《公民社会中国家权力悖论》,莫斯科,1992年。
科奇卡罗夫尔·姆:《人民政权和统一民族俄罗斯国家机构》,副博士论文,莫斯科,1997年。
列别杰夫弗·阿、基列耶夫弗·弗:《民主主权成为当代俄罗斯宪法思想》,车里雅宾斯克,2007年。
马穆特尔·斯:《法律国家中人民》,莫斯科,1999年。
奥谢伊丘克弗·伊:《俄罗斯人民是建设民主法律国家的主体》,秋明,2007年。
拉德切恩科弗·伊:《公权力和俄罗斯联邦完整性的保障》,萨拉托夫,2003年。
拉奇恩斯弗·弗:《社会法律范畴中的公权力:理论实例特征》,副博士论文,叶卡捷琳堡,2003年。
斯库拉托夫尤·伊:《社会主义制度发展过程中的人民主权:宪法性问题》,克拉斯诺亚尔斯克,1983年。
斯库拉托夫尤·伊:《人民主权范畴和现行宪法法律——个人和权利(宪法性问题)》,科学作品汇编,1995年。
斯捷帕诺夫伊·姆:《苏联国家权力》,莫斯科,1970年。
苏德尼齐恩尤·戈、斯库拉托夫尤·伊:《苏联国家人民和人民主权》,《法律学》1979年第4期。
苏德尼齐恩尤·戈、斯库拉托夫尤·伊:《苏联国家人民主权宪法性保障》,《苏联国家和法律》1981年第1期。
捷涅恩巴乌姆-穆希恩斯基弗·奥:《国家权力和国家所有权》,萨拉托夫,1984年。

季霍米罗夫尤·阿:《社会主义生活中权力和管理》,莫斯科,1968年。

法尔别勒伊·耶:《苏联时期国家人民主权——苏联联盟国家50周年》,萨拉托夫,1973年。

福米切恩科姆·普:《俄罗斯联邦人民权利保护(宪法性法律观点)》,莫斯科,2005年。

奇尔基恩弗·耶:《政治和国家权力》,《苏联时期国家和法律》1988年第1期。

奇尔基恩弗·耶:《公权力(存在的问题)》,《国家和法律》2003年第10期。

沙普苏戈夫德·尤:《人民政权(历史和现在状况)》,莫斯科,1991年。

埃布泽耶夫布·斯:《俄罗斯联邦宪法体系中人,人民和国家》,莫斯科,2005年。

尤戈夫阿·阿:《公权力是宪法的开始》,《俄罗斯法律杂志》2005年第1期。

# 第十章
# 俄罗斯国家——全体人民的组织、宪法制度的基础

俄罗斯国家是宪法制度的国家基础和宪法制度在全国范围的表现形式。其正式名称是俄罗斯联邦和俄罗斯。根据宪法第1条:"国名俄罗斯联邦和俄罗斯意义相同。"

根据宪法第一章,第1条规定:"俄罗斯联邦——俄罗斯是具有共和制政体的民主的、联邦制法治国家。"宪法还规定了一系列俄罗斯国家的基本特征。这个国家是:(1)民主国家;(2)联邦制主权国家;(3)法治国家;(4)共和制政体;(5)以分权原则为基础的国家;(6)社会的国家;(7)世俗的国家。

## 第一节 民主国家

民主作为宪法政治制度的特点之一,我们已经讲过。而这一切在某种程度上都可能与国家有关。规定国家是民主的,但宪法(第1条)并没有揭示该概念的含义。概言之,可以说:作为民主国家的基础——国家任务和活动的预先确定应符合人民利益,国家职能需要公开履行,公民享有政治自由和个人自由,政治制度取向人性化并禁止恣意。

为全民服务、体现人民的利益、保障人民直接或者通过国家机关行

使国家权力的国家,称为民主国家。形象地说,首先,作为民主国家特点的公开性意味着国家生活、国家机关的活动"透明化",即在完全开放的状态下进行。公民和社会团体能够获得有关国家事务、规划和通过的规范性文件、国家公职人员的详细信息。

其次,被称为民主的国家是能够保障本国公民权利和自由的国家。在这种民主国家中执行国家职能不分种族,允许任何公民参与,权力受公民和社会舆论监督。

再次,在民主国家,一方面有统一的国家法律和制度,另一方面也有统一的国家政治生活实践,尊重个人权利和自由。

只宣布承认但实际上完全忽视上述价值的国家不能认为是民主国家。

## 第二节 联邦主权国家

作为联邦国家,俄罗斯由共和国、边疆区、州、联邦直辖市、自治州、自治区——俄罗斯联邦的平等主体组成(宪法第5条)。正如所指出的,俄罗斯具有国家主权,即其权力可以在其全国领土上行使并不受任何人,来自任何国外、国内的限制。俄罗斯联邦宪法和联邦法律应在全国各地得到严格遵守和实施。俄罗斯联邦具有领土主权,即保障本国领土完整和不受侵犯。

俄罗斯的联邦性质是指:其所有主体,不分名称、领土大小、居民数量、经济状况及其他因素,均享有平等的宪法地位。这一规定在宪法第5条中通过两个方面表现出来:第1款规定,俄罗斯联邦由平等主体组成,即其地位原则上是一样的;根据第5条第4款,这些主体在与联邦国家权力机关的相互关系中平等。

同时,联邦国家也是联邦整体与其组成部分之间有着特殊关系的复杂国家。一方面，这是俄罗斯联邦本身与其主体的特定权力；另一方面，对事务的规定可能相互影响。也就是说，不仅影响联邦一级对事务的规定，而且影响各联邦主体对事务的规定。

但是关系的复杂性在联邦国家不会损害其作为主权国家的特征。主权是内在的，即俄罗斯内部固有的、不可剥夺且不可分割的品质。

这个问题前不久在国内建设的实践中并非完全明确。许多作为俄联邦主体的共和国宣称自己同俄罗斯联邦一样，平等地拥有国家主权。为了巩固联邦、保障国家统一，有关如何处理共和国主权的问题，Б·Н·叶利钦在鞑靼斯坦共和国的一次演说中是这样说的："能消化多少主权，就拿去主权。"当然，他是指，（联邦）主体在领导各自事务上的独立性能够提高并赋予它们在这方面尽可能多的权力。但是一些（联邦）主体理解叶利钦的话过于机械，以各种方式"强调"其享有国家主权，要求自己享有独立的国际法主体地位，并在与中央签署的有关划分国家权力机构管辖范围和权限的双边条约中，许多（联邦）主体都试图为自己争取一些特殊的权力，包括想要俄罗斯联邦宪法中标明的俄罗斯联邦的权限。

既然俄罗斯联邦主体不可控制，鼓励区域分裂并破坏俄罗斯国家主权性质的情况可能不会无限期地持续下去。1999年联邦法律《俄罗斯联邦国家权力机关和俄罗斯联邦主体国家权力机关管辖范围与权限的划分原则和程序法》《俄罗斯联邦主体的国际关系和对外经济关系协调法》《俄罗斯联邦主体国家权力立法（代表）机构和执行机构的一般组织原则法》促进了俄罗斯联邦主体的内政外交活动方针的调整。

在其2000年6月7日［就阿尔泰共和国宪法和联邦法律《俄罗斯联邦主体国家权力立法（代表）机构和执行机构的一般组织原则法》个别条款的违法性审查案件］的决议中，以及在2000年6月27日就一些国家杜马代表有关"阿德盖共和国、巴什科尔托斯坦共和国、印古什共和国、科米共和国、北奥塞梯共和国—阿拉尼亚和鞑靼斯坦共和国宪法的个别条款是否符合俄联邦宪法的审查"质询的决定中，俄罗斯联邦宪法法院有关俄罗斯联邦主体主权的说法较为准确、完整。宪法法院在其决议中明确写道：只有俄罗斯联邦拥有国家主权，而俄罗斯联邦主体不具有国家主权，尽管其决定在涉及管辖范围的问题上保留独立性。

## 第三节　法治国家

俄罗斯国家的这一宪法特征是指以下内容：

（1）国家的整个生活都应当以宪法、法律及其他法律规范性文件为基础，即法治（广义）。各机构和公职人员、社会团体的活动，以及公民个人的行为都应当符合规范性法律规定。谁也不能违反法律规定制定自己的调整公民生活、公民共同体、领土等的规则。

（2）在宣布自称法治的国家里，拟订对那些需要这种规则化的社会关系全部通过法律调整。而如果必要的法律规范得以颁布并得到及时修改，这就意味着它们确实会成为社会和国家发展的基础。

（3）法律等所有规范性法律文件的创建对它们调整的对象都应当遵守公平和人道原则。世界历史和本国经验证明，虽然法律数量足够多，但却以限制公民权利、放任恣意忽视公民权利来代表法治国家的意志，则是不适当的。

（4）问题在于不仅要有必要的规范，而且要是公正且人道的规范。并且组织法律的执行同样重要。这说明，公民、社会团体、国家权力机关和地方自治机关的基本活动需是合法活动，且能在法律规范基础上产生法律关系。除此之外，在国家中形成一定的法律秩序。依笔者所见，在其基础上，应该确立"法律允许皆可为"原则。一些学者认为，在法治国家存在另一种原则——"法无禁止皆可为"。在对社会关系的法律调整绝对完整且社会关系稳定的条件下，也可以认同这个原则。但是在对社会关系的规范性法律调整中存在着缺陷和问题以及其他不足时,"法无禁止皆可为"原则的作用可能导致其利用法律调整的弊端损害国家、社会、其他公民的利益。

(5)在法治国家当不履行义务或违法时应当承担责任,且该责任同样应当依法追究。据此,个人、社会和国家利益获得支持和平衡,有权机关作出公正惩罚的决定得以保障;禁止独断专行、违法和越权;保障对有关机关和公职人员的决定和行为进行控告的权利。

(6)在法治国家应该建立法律主体和法律规范的保护体系。该体系由下列因素构成:保护机构(法院、其他国家机关以及地方自治机关);引进公民自我保护的保障机制,即向他们提供通过一切法律途径和手段保护自身利益的权利;建立诉讼保障机制。

有时候可以看到,法治国家的主要标志是存在司法保护形式。毫无疑问,公民权利与合法利益在法院受到保护是法治国家的首要条件。这种保护又以某种形式要求所有的公权力机关予以保障。它们的行为能力能够发挥建设性的作用,有助于避免诉讼,诉讼上的保护建立在双方辩论基础上。

(7)法治国家保障合法性原则的作用。其表现为这样一些原则的总和:存在法律规范,即社会关系的规范性基础;有对违法行为即不守法、违法的法律责任的规定;保护任何法律主体的权利与合法利益不受无理限制,也不受无理的责任追究。

(8)法治国家还应当具有一定的社会共识。公民应当坚信,法律会保障他们的利益,法是公正的且法律面前人人平等。

## 第四节  共和政体

俄罗斯作为拥有共和政体的国家具有以下特点:

（1）国家的主要公职人员、地方自治体系、国家权力代表机关和地方自治机关的代表是选举产生的，也就是说通过普选由该国公民选举出来的。

（2）避免按继承制度取得权力。

（3）权力不能"赠与"，不能由上级委托实施权力（除非发生紧急状态、军情、事态在某一地区导致分裂或者财政破产），更不能由其他国家或者国际组织进行托管。

（4）承认夺取或攫取权力是违宪的（俄罗斯联邦宪法第3条第4款）。

俄罗斯国家元首——俄罗斯联邦总统由人民直接选举产生。

国家杜马——俄罗斯联邦会议即联邦会议的下议院，是选举产生的。居民选举俄罗斯联邦主体国家权力的立法（代表）机关。地方自治的代表机关也应由居民选举，而市政机构的首脑或者由居民选举，或者由地方自治代表机关选举。

共和政体是以人民有权直接实现权力职能为基础的。这些机构本身的产生正是人民意志通过选举形成的结果。

## 第五节　分权原则

### 一、原则内容

分权是组织管理国家生活的宪法原则，体现在以下两方面：

一是源自人民的国家权力统一划分为立法权、执行权和司法权，且它们之间的权限分明；

二是根据国家机构系统的级别来划分权力职能。例如，根据俄罗斯联邦的情况划分为联邦一级、俄罗斯联邦主体一级和地方自治一级。尽管这种划分并非国家范畴，但其参与社会管理，局部地区还根据国家授权管理国家事务。

1992年4月21日对俄罗斯联邦1978年宪法进行的修改和补充就反映了上述两点分权原则。新的修正案第3条规定，俄罗斯联邦国家权力体系是建立在立法、执行和司法权力分立原则基础之上的，也是建立在俄罗斯联邦、俄罗斯联邦组成主体和地方自治机构之间管辖和职权划分基础之上的。

1993年俄罗斯联邦宪法只反映了第一点。根据第10条："俄罗斯联邦国家权力根据立法、执行和司法权分立的原则来实现。"立法权力机关、执法权力机关和司法权力机关是独立的。的确，在一些隶属俄罗斯联邦的共和国的宪法中，第二点也有所反映。例如，乌德穆尔特共和国1994年宪法第5条（截至2003年的修改与补充）规定，共和国的国家权力根据立法权、执法权和司法权分立的原则以及俄罗斯联邦和乌德穆尔特共和国国家权力机关之间管辖和职权划分的原则来实现。哈卡斯共和国1995年宪法第7条也规定有同样的内容。而印古什共和国1994年宪法第6条则规定：在我国国家权力根据立法权、执行权和司法权分立并相互制约以及共和国权力机关与地方权力机关职权划分的原则来实现。

正如从俄罗斯联邦宪法第10条所看到的，分权原则只适用于国家权力机关。在地方自治制度下，分权原则未被正式采用，但实践中代表机关（杜马、会议）和地方自治的执行机关（以市政组织和地方行政机关首脑为代表）仍有区别。如果1995年联邦法律《俄罗斯联邦地方自治组织的一般原则法》指的就是这种划分，那么取而代之的2003年联邦法律不仅使用了"代表机关"这一概念，更是直接将地方行政机关称为"行政管理机关"。

分权原则的主要精髓有以下体现：

权力的每一个分支（每一级别）都负责自己被法律授权的事务；

权力各支（各级）各自独立，无权相互干涉活动或互相替代；

权力的每一个分支（每一级别）都有影响其他两个分支权力的手段，以使其作出该权力分支（级别）关注的决议来保障权力平衡并保证行为的合法性。

一个国家的国家权力组织可以建立在两个不同的原则之上。一个是我们熟悉的，可以称为代表机关至上原则（"苏维埃至上"），就所有级别而言，在全国范围更是如此，代表机关处于主导地位。这意味着，首先，它们有权受理审议涉及国家、相应区域管辖的任何问题，不论这一问题是否已被提交给某一机关作出了永久性决定；其次，所有其他国家机关都由代表机关产生，并向其负责。

所以，最高代表机关产生国家政府，并随时可以调换或者完全改组其组成。它有权听取政府工作报告，建议政府撤销其决定，或者在必要时自己可以撤销政府的决定。尽管宣称法官独立，法官只服从法律，但相应的代表机关可以听取有关法院的工作报告，了解法院在加强法治斗争中如何履行国家政策（不干预司法职能），也可以改组法院的组成。

1917年十月革命后直到90年代，代表机关——苏维埃至上的观念曾是我国代表制度乃至整个国家制度的宪法基础。实际上，代表机关的活动，包括最高（即苏联、各共和国的）机关的活动都是由共产党决定的；不仅如此，苏维埃反而还受由其正式产生的执行机关控制。但根据宪法规范却是苏维埃在国家中具有最高领导地位。

国家权力的另一个模式建立在分权原则基础上。根据该原则，代表机关只审议并决定那些在国家机关之间权限划分基础上属于自己管辖的问题。当然，在这种模式下，代表机关仍然具有影响其他机关首先是执行机关的手段。它们有权对其执法程序进行监督。为此，代表机关可以采取影响的手段有：听取执行机关的工作报告和通报，对执行机关表示信任（或导致后者辞职的不信任）。但其他机关，即执行机关和司法机关，也有自己影响代表机关的手段，防止其做出没有根据的决定或可能被撤销的决定。于是，这些机关都能相互影响，这种影响被称为"制衡机制",在这一机制下,它们看似相互平衡。

当然,这种模式在不同国家有不同体现。因此,对于这些机关是否相互平等或者哪个机关比其他两个机关更有优势的问题,很难给出一个明确的答案。但原则上应考虑到,代表机关也好,执行机关也好,甚至是司法机关,都在制度中占有一席之地,不能利用互相影响的机会而将自己置于其他机关之上。

因此,俄罗斯联邦引入三权分立会有下列主要表现:

(1)代表机关丧失了最高领导地位,失去了审议属于执行机关管辖的问题、取代执行机关、将代表机关和执行机关特点集于一身的可能性。

(2)不允许借助降低代表机关的作用来提升执行机关。执行权以及处于三权之外并高于所有权力分支的俄罗斯联邦总统,不得取代立法权。原则上执行权要通过执行立法权通过的文件——法律发挥效力。当然,执行权可以对立法权的活动、法律内容施加影响。但执行权不能攫取代表权的职能。在许多方面(贯彻法律、执行预算、某些管理国家事务的方针)执行权的活动都是在立法权的监督之下进行的。

(3)在分权体系中,司法权不仅根据自然人或者法人的起诉履行直接的司法职能,而且在许多方面可以对立法权和执行权的活动进行评价,解决其争议。司法权通过自己的裁判促使其他分支权力增强活动的合法性,有权确认其违法(违宪)的行为(文件)丧失效力(废止、无效)。

## 二、分权的若干问题

俄罗斯联邦的分权问题是复杂的。这一复杂问题有许多观点,我们试对某些观点作出阐释。

俄罗斯几乎不存在如何划分管理国家和社会的职能问题,而这也是分权问题的一部分。这种划分不仅对于防止过度"引导"国家影响社会是必要的，而且对于防止社会权力取代国家权力也是必要的。

分权的重要意义不仅在于权力主体之间的权力分配，还在于确定其相互影响、相互作用的方式和手段。一方面，这意味着每一权力主体独立行使其被授予的权力；另一方面，每一权力主体又受到其他方面的特别监督，后者可以（或说应当）表达自己的评价。

正如宪法第10条所规定的，统一的国家权力分为三部分——立法、执行和司法。宪法第11条第1款规定："俄罗斯联邦的国家权力由俄罗斯联邦总统、联邦会议（联邦委员会和国家杜马）、俄罗斯联邦政府和俄罗斯联邦法院行使。"

这种做法忽略了人民本身也在行使国家权力。正如俄罗斯联邦宪法第3条所规定的，全民公决通过俄罗斯联邦宪法或法律本身就是人民在行使国家权力的结果。

此外，在俄罗斯存在或者可能存在着并没有严格地写入上述三类国家权力机关的国家机关。因此，要通过新宪法应当召开立宪会议。立宪会议可以审议甚至通过新宪法，或者批准草案并提交全民公决。立宪会议是否为国家机关？其是否属于国家权力机关范畴？我们对这些问题的回答是一致的：是。

如果人民通过全民公决或立宪会议来通过宪法，这可否被称为行使立法权？也许可以这样说。但考虑到宪法在国家生活中的特殊作用，当在其基础上新的生活阶段或社会关系发展的新阶段开始时，说他们行使的是作为国家权力独立分支的制宪权，是否更好？而且这不仅在形式上是独立的权力，而且在国家权力分支中的历史角色也是首要的。

接着，俄罗斯联邦总统属于哪一权力分支呢？他仿佛更接近于执行权部分，而且在以前的宪法中，总统曾被正式归于这一部分，而1993年宪法的许多规定也与执行权有关。但该宪法仍然规定总统是国家的首脑，并且法定独立于执行权。也很难将其归于立法权，虽然其也参与立法过程，可能会提出法案，签署并颁布法律，而在某些情况下——当需要进行规范调整而法律又滞后时——也可以通过总统令对社会关系进行调整（这类文件带有临时性并且随着法律的产生应当予以废除或使其符合法律）。总统也不能归于司法权。总统地位的研究人员和俄罗斯联邦宪法的注释者们建议将总统的权力从传统的三权中分立出来，称之为国家权力的特殊形式——总统权。那样的话，俄罗斯就应当称为国家权力五权分立了。

但这并不是全部。俄罗斯联邦宪法在其司法权一章中对检察官作出了有关规定。显然，检察官不属于司法权，而在该章中设置有关检察官的规范，可以被认为是制宪者们的失策。如果再划分出检察权，考虑其特殊职能和任务，则在俄罗斯联邦将有6个国家权力的分支。

从具有专门职能的一般机关中进行权限划分来类推，致使许多学者还划分出其他一些权力分支。

例如，有关俄罗斯银行是否属于俄罗斯联邦国家机关或者经济主体的问题，一直有热烈讨论。认为俄罗斯银行是国家机关的人，根据其独立于其他国家机关，尤其是政府，得出结论：还存在一个国家权力分支——银行权。

俄罗斯建有专门的国家金融监督机关——俄罗斯联邦审计院；俄联邦主体也有类似的机构。可能还有其他具有监督任务的专职国家机关。考虑到这类机关的存在，有人会说是国家监督权。

国家中负责组织各种形式选举的选举委员会体系开始发挥积极作用。法律将该体系的最高环节——俄罗斯联邦中央选举委员会和俄罗斯联邦主体选举委员会称为国家机关。如果是这样，那把它们归于哪一国家权力分支呢？有建议说是选举权。

我们举的都是最简单的例子，还有一些更复杂的模式。比如，有人建议把金融执行权力机关、国家银行和审计院合并为金融权，把检察官、执行权系统的监督机关合并为监督（监督—监察）权。

因此建议划分出下列国家权力的不同类型不是偶然的：制宪权（由

人民或者立宪会议制定俄罗斯联邦宪法);人民权(人民进行全民公决通过法律或者决定国家意义上的其他问题——如果我们谈的不是新宪法的话);总统权;立法权;执行权;司法权;检察权;选举权;金融—银行权;监察权(监察—监督权,如果在此理解为那些诸如矿业监督、核监督等监督机构,联系权力分支的检察监督的话)。

但就算在所有这些模式下,有些机关,如俄罗斯联邦人权代表机关和俄罗斯联邦主体的类似授权机关,应该归属于哪个机关还是不清楚。

这些机关与权力分支关系的复杂性,导致在规范性文件中某些机关被简称为国家机关。由此个别行政法教材建议,将国家权力机关和未进入俄罗斯联邦宪法明示的权力体系的国家机关进行区分。但这并不能解决问题,反而引发了更多难题。因为未被称为国家权力机关的国家机关也有权力职能,其也以国家的名义进行活动,诸如此类。

在有"国家机关"分类的情况下潜在地存在着这样的风险:可以创建一些机关,其形式上置于因分权制度而产生的关系之外,不属于执行权力机关,却与其平行地发挥着作用,同时又不属于议会监督范围。

此外,当立法者将独立的机关——如俄罗斯联邦中央选举委员会、俄罗斯联邦主体选举委员会称为国家机关时,对其还是可以理解的。但是,有时国家机关的概念被用于分权再细化,其宗旨在于要保障宪法规定的有关机关的活动。比如,在俄罗斯联邦总统管理机关条例中,管理机关就被称为国家机关。这些规范的目的即在于提升分权细化的作用。

俄罗斯联邦主体层面上分权原则的实施具有以下特点:如上所述,俄罗斯联邦主体领域内的一般管辖权法院和仲裁法院不是俄罗斯联邦主体的法院,并未进入分权体系。如果一主体国家建立了宪法(宪章)法院,则其作为该主体的法院应当加入分权体系。

最后,如果2003年联邦法律允许分出地方自治的代表机关和执行管理机关,那么实际上就是在这一级别上执行了分权原则,尽管其具有自己的特点。从合理组织代表机关、市政机关领导和地方行政机关之间关系的角度来看,也可以在地方正式推广分权原则。

综上所述,希望读者能宏观考虑分权问题,并注意以下几点:

(1)虽然分权主要是国家和国家权力范畴,但原则上还是应该看到国家和社会管理中权限的划分,应当限制国家参与社会的管理,限制社会组织干预国家管理;

(2)国家的分权不是存在多种国家权力,而是只有一个源自人民的统一的国家权力及其分支。这意味着要在严格意义上说"一个权力"的分立,而不是"多个权力"的分立;

(3)统一的国家权力不仅源自人民,还以人民参与实现权力为前提;因此,国家分权包括直接的人民政权和通过国家的专门机关实现的国家权力;

(4)其他国家权力机关及其权力的运行——制宪权、国家元首、检察机关、选举委员会、银行—金融机构等,可以补充传统的三权分立体系中的立法、执行和司法机关;

(5)一个国家中可以存在横向和纵向的分权体系,该体系包括中央、区域和地方自治机构之间的权力职能的划分;

(6)权力职能的划分不仅存在于国家权力体系中,也存在于地方自治体系中。在这一级别上,问题的决定权在居民和各地方自治机关之间如何配置。

(7)分权不仅必须在权力活动主体之间进行职能和权限的划分,还必须以其相互影响即形成制衡制度为前提。

## 第六节　福利国家

根据俄罗斯联邦宪法第7条:

1. 俄罗斯联邦是一个福利国家，其政策目的在于保障人的体面生活与自由发展的条件。

2. 在俄罗斯联邦，人的劳动与健康受到保护，规定有保障的最低限度的劳动报酬，保证国家对家庭、母亲、父亲、儿童、残疾人和老年公民的支持，发展社会服务系统，规定国家退休金、补助金和社会保护的其他保障措施。

在国外尤其是德国的影响下，俄罗斯宪法中出现了"福利国家"这一概念。

根据俄罗斯联邦宪法第7条，国家被认为是社会的国家，其主要表现为：

第一，创造必要的条件，以使每个人都能通过自己的劳动保障其享有必要的经济生活水平；

第二，关注人们的健康（在社会道德和精神文明建设中，身体健康应放在首位）；

第三，为个人的自由发展创造先决条件（换句话说，努力使人能够有条件来生活、休息、满足精神和文化利益、从事体育活动，等等；或者自己组织相应的行业，或者支持个人和法人的相应倡议）；

第四，对那些靠自己的工资无法体面生活的公民提供全面的照顾，或者给予帮助，包括物质上的和组织上的帮助。

任何一个国家都可能是社会性的，这不以其经济和思想本质为转移。

社会主义国家和当代福利国家的本质区别在于以下方面：

俄罗斯存在过的社会主义国家曾是家长式的国家，其给予所有公民以充分关怀：实际上整个经济是国营的、工作岗位是国家设置的、国家支付工资报酬、提供公寓（保留国家所有权）、组织医疗救护、提供儿童设施（是国营的）、通过国营贸易组织从事居民的食品供给，等等。

俄罗斯目前的福利国家拒绝家长式统治。的确，在多种所有制形式下，特别是在 2/3 的经济已成为非国有成分并在私有制基础上发展的情况下，家长式统治也是不可能的。无疑，这个国家还应当考虑建立新的工作岗位，消除失业者，但其要完成此项任务不能依赖指令性方式，而是要促进经济的发展。国家继续保留一些企业、住房设施、社会机构为国家所有，与此同时，鼓励非国有形式的发展以满足人民的需求，何况这些形式已经变得越来越多。

所以，福利国家正在考虑为所有的俄罗斯公民创造平等的条件，形象地说，对那些弱势群体，即没有国家扶持就会处于困境的人给予特别支持。

正如对待其他宪法概念一样，对于福利国家在俄罗斯可以从应然的和实然的角度来谈。从上述宪法条文中可以发现，存在着与其相符的国家政策，并且国家正在采取一些措施促进人过上有尊严的生活。但不得不看到，俄罗斯目前经济境况非常困难，我们距"真正的"福利国家尚远。所以宪法第 7 条所写的更可以被看作不仅是未来几年甚至是几十年社会和国家的一项战略任务。但是在宪法中加强俄罗斯国家的这一特性本身，其观念上是正确的。国家意识到，只有那些在社会和经济关系中能够体面地生活且以此为人生目的的人，才是真正自由的人。

## 第七节　世俗国家

根据俄罗斯联邦宪法第 14 条：

1. 俄罗斯联邦是世俗国家。任何宗教不得被规定为国教或必须服从的宗教。

2. 宗教团体与国家分离并在法律面前平等。

所以，宪法源自世俗国家，且该国家与宗教团体是分离的。其不给予任何宗教以国教之名,所谓国教即受到国家正式支持并对国家政治的存在施以影响的国教等级。国家赋予公民选择宗教信仰或拒绝信仰任何宗教的自由。这在宪法第28条和1997年联邦法律《良心自由和宗教团体法》中都有体现。

上述法律确立了国家与宗教团体之间关系的具体规则:

国家不干涉公民对宗教的态度和公民的宗教派别,不干涉父母或监护人根据自己的信仰和考虑到孩子对良心自由与宗教信仰自由的权利而对孩子进行的教育;

不能赋予宗教团体履行国家权力机关和地方自治机关的职能;

如果宗教团体的活动不违反该联邦法律,不予干涉;

保障国家和市政教育机构教育的世俗性。

国家调整为宗教机构提供的税收及其他优惠政策,为宗教组织恢复、维修和保护历史文化古迹的建筑物和设施提供财政、物质及其他帮助,保障宗教组织根据俄罗斯联邦教育立法建立的教育机构中一般教育课程的教学。

国家权力机关、其他国家机关、地方自治机关的公职人员以及现役军人不得利用自己的公职地位与宗教团体建立任何关系。

根据宪法有关宗教团体与国家相分离的原则,宗教团体应:

根据自己的等级结构和体制结构开展并从事自己的活动,根据自己的章程选举、任命、替换自己的工作人员;

不履行国家权力机关、其他国家机关和地方自治机关的职能;

不参加国家权力机关和地方自治机关的选举;

不参加政党活动和政治运动,不为其提供物质或其他资助。

宗教团体与国家的相分离并非意味着限制宗教团体成员与其他公民一样平等参加管理国家事务、参加竞选国家权力机关和地方自治机关、参加政党、政治运动及其他社会团体活动的权利。

根据宗教组织的要求,俄罗斯联邦有关国家权力机关有权宣布有关地方的宗教节日为休息（节假）日。

因此，在世俗国家，所有的宗教在法律面前都是平等的。至于国家对宗教团体的政策，大致有两方面的内容。一方面，国家应当平等地对待所有在其境内依法定程序活动的教会；另一方面，国家又对那些在国内拥有众多信仰者的宗教予以更多关注，以突出这些教会（但是非常谨慎）在其宗教自由的基本法律中的历史作用，积极与他们合作，邀请这些教会的代表参加国家活动和仪式。

所以，国家的世俗性不排除其与宗教组织的建设性合作，而且并不干涉他们的活动尤其是参加国家活动。同时也没有排除国家对宗教的物质支持，主要是提供房屋和其他财产，划分土地和提供税收优惠。

在早期俄罗斯，国家的世俗性在宪法上得到强化，强调学校与教会分离，其中包括在国内取得普通教育（既包括中等教育，也包括高等教育）的世俗性。而且，这样的政策一直在继续，并在许多高等院校，尤其是人文学科，开设了无神论研究。目前宪法（第14条）虽然没有规定学校与教会分离，但在1997年联邦法律《俄罗斯联邦良心自由和宗教团体法》（第4条）规定，国家保障国家和市政各教育机构的世俗性教育。与此同时，该法规定："根据父母或其监护人的要求，取得在上述教育机构学习的孩子们的同意，这些机构的管理部门经与有关地方自治机关协商，才能为宗教组织提供机会对孩子们进行教育大纲框架外的宗教教育。"（第5条第4款）

# 第十一章
## 俄罗斯联邦宪法制度中的直接民主制和代议民主制

### 第一节 直接民主的概念和制度

"直接民主"概念的基础是人民直接管理,是在社会事务和国家事务中人民自我管理的一种形式。直接民主是宪法法律制度的综合体,通过直接民主,人民表达自己的意愿,自己行使国家权力或地方自治权。

"直接民主"概念的同义词还有"直接民权"。

在某些情形下,人民意愿的表达可带有义务性(强制性)和最终性,即人民做决定无须某人批准。相关制度可称为强制性直接民主制。以下即是这类制度:强制性全民公决(即全民公决的决定是最终性的,无须办理国家权力机关或地方自治机关文件);选举代表和选任公职人员;人民(选民)召回自己的代表。

在其他情况下,人民意愿带有所谓的协商性。在这种情形下,协商性要求国家主管机关或地方自治机关做出最终正式决定。但这些机关不能无视多数意愿的表达,并做出与该意愿相抵触的决定。协商性还意味着,主管机关有权选择决定的具体方式(但要反映人民意愿,而不是歪曲)。

以下的相关制度可称为直接民主协商制:民意测验或协商性全民公决;全民(公民)讨论国家权力机关或地方自治机关法律文件草案,讨论的问题可以是国家事务,有时也可以是社会政治生活的其他重要问题草案;公开听证是公权力机关与居民沟通(对话)的方式之一;公民就社会性问题集体请愿;人民的法律动议;选民的委托。

强制性和协商性特征相结合可以成为混合性直接民主制。居住地公民大会(村民大会)是这种直接民主制的范例。

直接民主制的建立、制度形式和强制性程度在很大程度上取决于国家的政治体制和政权观念的性质。直接民主制并非任何国家的宪法法律体系所特有,在一个国家有,在其他国家某种程度上就可能缺失,比如,并非在所有国家都举行全国性公投(美国、独联体国家就没有)。

制度将来可以更替,既表现为强制形式,又表现为协商形式。比如,公民就国家生活问题的表决就是这样。在此,既存在强制性全民公决,也存在协商性公决。

某些制度产生时是强制性的,事实上自身带有协商性基础,将来就变成协商性制度。比如,在苏维埃政权体系时,立法上存在直接民主制,如选民给代表的委托书,现在俄罗斯联邦和大多数联邦主体的法律均未规定委托书,但某些主体实行过委托书制度;此外,也就是委托书逐步由强制性直接民主制转变为协商性的。

直接民主制存在的可能性有时不仅是学术讨论的对象,而且是意识形态讨论的对象。比如,苏维埃时期存在的选民可召回代表制度,不久前还被视为社会主义制度下直接民主制和代议民主制的重要特征之一,但对召回的态度逐渐开始改变。现在俄罗斯没有这种适用于联邦一级政权机关的直接民主制,而在某些俄罗斯联邦主体曾施行过召回代表及选任的地方自治公职人员的制度。后来,这项针对俄罗斯联邦主体和地方自治政权机关的制度体现在联邦立法中。但是,这里没有什么变化。比如,在通过居民直接选举选出俄罗斯联邦主体行政机关首脑时,其召回制度就出现了。自2004年起,这些人根据俄罗斯联邦主体立法会决议履行职责,居民召回他们的可能性被取消。

苏维埃时期代表向选民报告属于直接民主制。如今，代表和选任的公职人员并不是必须向选民做报告，尽管他们经常会见选民并向其通报自己工作情况、代表机关和其他机关活动的情况。当前，也不排除将报告作为宪法制度进行法律性上的恢复。

法律曾经规定，人民有权讨论法律和其他重要决议草案（1988年现行有效的官方法律）。现在该制度仍存在，比如根据1998年国家杜马章程第119条第6款，国家杜马可以决定全民讨论一读通过的法律草案。

原来立法未规定如集体请愿、人民的立法建议等这些直接民主制，现在联邦一级和地方一级规定了这些制度。

总之，直接民主制的种类及其适用范围问题在任何一个追求民主的国家都存在。在俄罗斯，这还与公民社会的建立问题有关，从而将人民政权制度、直接民主制度与国家和社会的发展紧密联系在一起。严格来讲，这就产生了一个全球性问题，即"公民管理"和"政权管理"的相互关系应如何确定。

**参考文献**

巴尔巴什夫·戈·弗、舍列梅·克·夫：《苏联直接民主政治》，莫斯科，1984年。

果尔拉契夫尔·尤：《俄罗斯联邦直接民主政治的宪法法律保障》，副博士论文，莫斯科，2003年。

格里戈里扬·尔·阿：《苏联人民政权》，莫斯科，1972年。

卡贝谢夫·弗·特：《苏维埃政府的直接人民政权》，萨拉托夫，1974年。

科瓦列夫斯基·姆·姆：《从直接人民主权到人民代表和从古代君主制到议会制》，《政府的发展和在历史政治学说方面的影响》（第Ⅰ—Ⅱ卷），莫斯科，1906年。

科夫列尔·阿·伊：《民主制的历史改革》，《政治法律理论问题》，莫斯科，1990年。

卡玛洛娃·弗：《俄罗斯直接民主的形式》，莫斯科，1998年。

卡玛洛娃·弗·弗：《现代俄罗斯直接民主政治体制（体系和程序）》，莫斯科，2006年。

科托可·弗·夫：《苏联直接民主中人民代表制形式的发展》，《苏联国家与法》

1960年第12期。

科托可·弗·夫:《苏维埃国家直接民主政治发展的问题》,博士论文,莫斯科,1965年。

米什·阿·阿:《全民民主投票的观点》,《苏维埃国家与法》1972年第6期。

穆拉什·阿·戈:《社会主义人民自治体制中的直接人民主权》,基辅,1989年。

穆拉什·阿·戈:《直接法律创制》,《直接人民主权颁布法令的特点》,《国家与法》2001年第2期。

努波涅科·尔·阿:《俄罗斯直接民主和地方自治》,巴尔瑙尔,2000年。

努波涅科·尔·阿:《民主政治理论》,莫斯科,2001年。

鲁宾克·弗·恩:《直接民主政治:政权形式、宪法法律体制》,叶卡捷琳堡,2003年。

## 第二节　直接民主制中的全民公决

### 一、规范性法律基础

全民公决(公民表决)问题具有理论和实践意义。这项制度在俄罗斯联邦得到宪法性法律的确认,应用于国家建设实践,该制度用以通过新宪法、解决国家生活中的重大问题。全民公决在俄罗斯联邦主体一级、地方自治一级都适用。

俄罗斯联邦宪法规定了有关全民公决的基本原则:

全民公决和自由选举是人民权力的最高反映和直接表现(第3条第3款);

参加全民公决的权利是公民的基本权利,是作为公民直接或通过其代表参与管理国家事务的一种机会(第32条第2款);

俄罗斯联邦总统依照联邦宪法规定的程序(第84条第3项)确定俄罗斯联邦全民公决。显然,联邦全民公决问题应在专门的联邦宪法法律中规定;

公民以全民公决、选举、其他直接表达意愿的形式,通过选举和其他地方自治机关进行地方自我管理(第130条第2款)。

全民公决是现行宪法修订程序的重要内容(第135条)。正如前文指出,如果提议修订第一章"宪法制度原则"、第二章"人和公民的权利和自由"、第9章"宪法增补和宪法修订",俄罗斯联邦会议上、下议院各3/5表决权赞成,则召集立宪会议。立宪会议要么确认不修订联邦宪法,要么拟定新宪法草案,该草案由立宪会议全体成员2/3以上表决通过或提交全民公决。在进行全民公决时,如果半数以上的选民参加表决,且参加表决的半数以上选民赞成,则俄罗斯联邦宪法通过。

俄罗斯联邦纳入新主体、在俄罗斯联邦建立新主体、变更俄罗斯联邦主体的宪法法律地位,均依照联邦宪法(第137条第1款)进行。2001年联邦宪法性法律《关于俄罗斯联邦纳入新主体,在俄罗斯联邦建立新主体的程序法》规定了在俄罗斯联邦主体境内进行全民公决,据此解决了成立俄罗斯联邦新主体的法律问题。

属于专门调整全民公决问题的联邦宪法性法律包括:

所有全民公决的关键性文件,即2002年6月12日的《俄罗斯联邦公民选举权和全民公决权基本保障法》(后进行修订和增补);

2004年6月28日联邦宪法性法律《俄罗斯联邦全民公决法》(2008年修订)。

俄罗斯联邦宪法法院命令对举行全民公决具有重要意义。其中,2003年6月11日审查2002年9月27日关于对1995年的联邦宪法性法律《俄罗斯联邦全民公决法》进行修订和增补的联邦宪法性法律合宪性的案件;2007年3月21日审查2004年联邦宪法性法律《俄罗斯联邦全民公决法》第6条和第15条某些规定合宪性的案件等具有代表性。

在联邦各主体的宪法和章程中包含全民公决条款,还有俄联邦主体全民公决法和地方(自治)全民公决法。在地方自治一级,地方全民公决规定列入自治地方组织章程。

此外,在研究问题时必须考虑先前通过的调整全民公决程序的法律规范,即1990年10月16日苏俄最高苏维埃通过的苏俄全民公决法;1993年10月15日俄罗斯联邦总统批准、根据1993年12月12日俄罗斯联邦宪法草案制定的全民公决条例;1990年12月27日的苏联全民投票法。

在任何一个国家围绕每次全民公决都会掀起政治浪潮。俄罗斯也不例外。没有进行过全民公决实践,常常很难理解其现实作用。

## 二、全民公决的本质,人民表达意愿、投票、结果的确定

将全民公决称为直接民主或直接民权时,必须指出,它不仅是一种制度,而且在这一制度中占有极其重要的地位,并在俄罗斯联邦宪法中称之为人民权力最高直接体现者(第3条第3款)。

全民公决的意义和实质取决于三个问题,即人民意志的表现、表决、结果。人民意志的表现,是指在全民公决时,国家或相应地区成年公民表达自己的意志;意思的表达方式就是表决。如果全民公决时有几种解决方案,那就需要选民选出哪一种解决方案较好;如果只提出一个解决方案,选民以"同意"或"反对"来表达自己的意思。第三个问题最为重要——结果。公决所以被宪法称为人民权力的表现,因为表决结果所形成的是大多数公民的意志。联邦宪法性法律第83条在2004年的全民公决时指出:"全民公决所通过的决定人人都应遵守,无须再进行补充确认。"

这看起来很简单,但远非如此。让我们从"全民公决"一词的起源说起。从拉丁文的翻译来看,它的意思是"必须通知的事"。历史上,全民公决是统治者号召人民就已经发生的问题表达自己观点的一种形式。这就是一种"询问",而询问的结果对于统治者来说具有协商意义,并表现为统治者的行为。通常,统治者要尊重询问的结果,但形式上并不受其严格约束。

当然,这不能令所有人满意,尤其对反对派而言。全民公决具有正

反两方面的特征。全民公决可以明确提出问题，但在协商性的表决制下可能会带来某些不良的后果。同时，也可以按照全民公决的结果来进行强制约束，但这又将掩盖政治斗争所有参与者可以按照自己的方式去诠释的事实。这样的情况在今天也经常出现。

全民公决终究还是被认为是人民主权的强制形式。它不仅是人民对某一问题发表的意见，也是人民对该问题所做的决定。这种说法被公众认可，即全民公决这一概念的意思与原始含义已经不相符了。

这样，对于全民公决来说，结果非常重要。有时"全民公决"与"全民投票"被理解为同义词。如果理解为两者的程序一致，那也可以。但问题是在表决制里还存在着一个与全民公决相近的制度——人民询问，它可以被看作是直接民主制中一个独立的部分。

两者的区别在于结果。全民公决时表决有终结意义，即人民就提议事项做出决定。而询问和投票只有咨询意义，即依据投票结果政权机关做出最终决定，以文件通过。此时，得到多数参加人投票赞成的权力机关尽管无权歪曲人民的意思，但仍可以在表达方式上自由选择，即使这看起来是对表决结果的轻视。

因此，就有强制执行的全民公决和协商意义的全民公决（民意测验）。从程序上来看，两者是相同的，但两者的结果不同。

在某些国家，两者的区别在于人数的多少。全民公决要求参加者不少于成年居民的一半，否则无效；而在民意测验中，权力机关是想了解人们对权力机关即将做出的决定是否支持，一般立场比较清晰，表决时参与人数较少。

俄罗斯2002年的联邦法律只规定了强制性的全民公决，但也没有禁止协商性的全民公决。在某些联邦主体内也通过关于协商性全民公决（民意测验）的法律。

在概念上，必须明确区分全民公决和全民讨论宪法草案或者国家生活问题两个方面。讨论，一般在表决之前，是弄清舆论对某些草案的态度并加以总结使其成形。当然，在这种情况下公民有可能对草案提出自己的建议，而权力机关或其建立的委员会总结这些建议并据此修正草案。

(一)全民公决——全民投票制

与全民公决同时使用的，在理论和实践中还有"全民投票制"这个概念。拉丁文中被译为"人民的决定"。这两个术语均指的是一个强制性服从的表决。我们只能根据表决对象区别两个概念，这种方法只是一个偏好问题。

全民公决常理解为人民就内政问题投票表决，而全民投票制则是对外政而言。从这个角度来看，国家宪法的通过、领土结构的变更、总统制或议会制的选择等都以全民公决的方式来决定。而诸如某片领土是否划归某一国家或者从某一国家划分出去，以及国家是否加入某国际条约或国际组织，就由全民投票的方式来决定。

这种分类非常受条件局限，因为有很多问题同样有两方面的细微差别：比如，对国家是共和制还是君主制进行表决，对把领土从一个联邦主体分出并归入其他主体进行表决，对从该主体分出并变成新的独立联邦主体进行表决，对与其他联邦主体合并形成新的主体进行表决，对放弃主体的独立地位并将其作为其他主体的一部分进行表决，等等。俄罗斯立法中不使用"全民投票制"这一概念。2004年联邦宪法性法律规定，可以把俄罗斯联邦签署的国际条约规定的事项，即可能具有对外政治性并与国家司法有关的事项，提交联邦全民公决。这样做既可以在某种程度上将"全民公决"和"全民投票制"这两个概念进行区分，也可以使这两个外来词中的第一个在俄罗斯得到推广，并且作为"全民投票制"概念的同义词来解释。

(二)人民公决事项(问题的范围)

全民公决事项首先是国家生活问题。那么，社会生活问题能否是全民公决的事项？

首先，根据俄联邦宪法第3条的规定，人民权力并不归结为国家权力。人民权力的社会形式也存在（如政党、社会运动以及不针对国家的民间措施等）。

其次，全民公决作为一种国家采取的措施可用来解决社会性质的问题，如果这同时对国家利益也十分重要的话。换言之，不能将纯粹的社会性问题提交全民公决。如果问题有极大的社会意义，同时又与国家利益有关，那么该问题就可以因其是国家性问题而成为全民公决的对象。比如，对于激进的伊斯兰人，女性戴面纱的问题以及未用头巾遮头的女人拍护照相片的问题，既是道德问题，又具有国家意义，从这个角度看应提交全民公决。在一些天主教国家禁止离婚，这在很大程度上是社会问题，但在某种程度上也是国家问题，所以也可以成为全民公决的事项（比如意大利）。

再次，除国家和社会权力外，还有第三种形式的人民权力——地方自治权力。按法律特性，这首先是社会权力。某些学者认为它是公民社会的组成部分。但是地方自治权力的运行是受国家权威保护的，所以对公民而言，公民必须遵守。此外，地方自治机构也有个别国家级权力，使其法令具有必须执行的性质。

因为地方自治机关是相应地方自治组织的居民机构。全民公决是地方自治政府权力体系中的有机部分。依据俄罗斯联邦宪法第130条第2款，地方自治由公民通过公决、选举、直接表达意志的其他形式并经过选举产生的地方自治机关和其他地方自治机关来实现。人民投票并不经常进行，但根据投票提出境内居民生活的重大问题，严格来说这应当是社会意义的问题。

1993年的俄联邦宪法未指明什么问题是全民公决事项。1978年苏俄宪法（第5条）规定国家生活最重大的问题，按苏俄宪法和法律规定的程序提交全民讨论，还可以提交全民投票（全民公决）。但1990年苏俄全民公决法第1条规定其对象是国家和社会生活最重大的问题。具体来说,应当指那些在新阶段涉及新俄罗斯国家建设道路的社会政治发展问题。

1995年的宪法性法律《全民公决法》规定"就法律草案、现行法律和具有国家意义的其他问题"进行全民公决(第1条第1款)。2004年的联邦宪法性法律第1条规定得更为简单:俄罗斯联邦全民公决是俄联邦公民"就国家意义上的问题"进行投票。它们都确定联邦公投是国家性的。但问题仍存在,哪些问题应具体提上公投日程?这对国家建设而言是个难题。

一些研究者采用惯用语句"国家生活的最重要问题"。但什么是更重要或不太重要的问题呢?这常常既具体又主观。

另一些研究者则认为划定问题的范围更好,据此进行全民公决要比议会或总统做出决定好。

很多国家经常将下列问题提交全民投票——在这里并不具体区分是全民公决,还是全民投票:通过新宪法;改变国家管理方式;改变国家结构形式(联邦制、单一制或新的行政区划);设定国家总统职位;国家及权力机关的对内政策;加入国际组织;与其他国家缔结国家法律条约。

对于何时应进行或不进行全民公决的问题,俄罗斯立法者限制得较为严格。比如,2004年联邦宪法性法律(第6条)规定:宪法会议可以通过决定将俄罗斯联邦新宪法草案提交全民表决。这是根据俄罗斯联邦宪法第135条得出的。而如果俄联邦的国际条约规定需要举行全民公决的,则这就是必须要履行的程序。宪法第66条规定边疆区、州、联邦直辖市、自治州、自治区的地位由俄罗斯联邦宪法和俄罗斯联邦相应的主体立法(代表)机关所通过的章程决定。换句话说,这方面禁止出台章程以调整联邦主体的公投;而同样作为俄罗斯联邦主体的共和国宪法草案则可以由共和国的代表机关通过,也可以提交共和国公投。2001年的联邦宪法性法律《俄联邦新主体加入和组成程序法》要求与邻近主体联合为新的主体一事必须举行全民公投。

在其他立法中则列举了不进行全民公决的事项范围。

实践证明，相应的调整不是固定不变的。如2004年6月18日宪法性法律的2008年4月24日修订版中有关不可提交公投的事项如下（第6条第5款）：

改变由俄联邦宪法所确定的俄联邦主体地位问题；

提前中止或延长俄联邦总统、国家杜马权力问题，以及提前选举联邦总统，国家杜马议员，或延期举行相关选举问题；

选举、任命、提前终止、中止或延长代行国家职务者的权力问题；

国家权力机构或其他联邦国家机构的编制；

选举、提前终止、中止或延长根据俄联邦国际条约组建的机构的权限，根据俄联邦国际条约选举或任命的公职人员的权限，以及俄联邦国际条约中未规定的其他相关机关的组建和人员的任命；

居民健康与安全的保障事项；

俄联邦宪法、联邦宪法性法律认为属于联邦国家权力机关特定权限范围内的事项。

在列举的上述事项中除最后一点外，所有事项均以其最初规定的法律文本形式保存。但有几点需要说明：

法律禁止将俄罗斯联邦主体地位变化的问题只提交联邦全民公决，但他们可以（否则就应该）在俄罗斯联邦相应主体的全民公决中解决；

就总统或国家杜马任期举行全民公决的禁令只涉及现任总统和国家杜马，全民公决不得缩短或延长其任期。但一个原则性问题是，比如：想延长总统或国家杜马任期，可以提交俄罗斯联邦全民公决投票。另一个问题是，必须修订俄罗斯联邦宪法第4章和第5章，为此应通过修订宪法的法律（如我们所见，2008年12月30日已通过修订俄罗斯联邦宪法的法律）。可见，当时不是强制性全民公决，而是协商性的。

无须将选举目的、变更选举期限等相关问题提交全民公决，也无须将建立机关、任命具体人员、延长或缩短其任期等提交公决,因为这些事务有规定的程序。违反程序将导致紊乱,还将破坏机关和公职人员隶属关系以及权力划分原则的要求。确切地说,与机关及公职人员及俄罗斯联邦签署的国际条约有关的问题无须提交全民公决,因为建立这些机关和更换人员的程序通常由类似的条约规定;

有关保障居民健康和安全的非常紧急措施不提交全民公决是合理的,因为筹备和举行全民公决需几个月时间,而这些措施常需要立即采取。

由上述观点最终得出——属于国家权力机关专属职权的事项,即2008年4月28日法律包含的事项,不得提交联邦全民公决。我们还应注意到2004年联邦法律的最初文本第6条第5款还包含三项禁止——不提交俄罗斯联邦全民公决的事项:通过或修改联邦预算,执行和变更俄罗斯联邦内部债务(第6项);实行、修改和取消联邦税费以及免予支付(第7项);大赦和赦免(第9项)。

2008年4月28日的法律已经确认这些条款失效。

禁止将财政预算提交全民公决,是因为普通公民很难理解大量财政预算文件的复杂性。但这种说法不能让所有人信服。于是有人向宪法法院起诉,质疑2004年法律的某些规范的合宪性,包括第6项。

2007年3月21日宪法法院命令确认第6项规定符合俄罗斯联邦宪法,根据该款不能将通过或修改联邦预算提交全民公决。法院确认第6项后面的规定未与俄罗斯联邦宪法相抵触,根据该款不能将执行和变更俄罗斯联邦内部债务提交全民公决。实际上,该解释就是——因为就宪法本义,在现行法律调整体系中该法令不允许将与俄罗斯联邦预算债务有关的问题提交全民公决,且未要求在这种情况下禁止将这些问题提交全民公决;对这些问题的答复可改变俄罗斯联邦债务支出,这些支出在编制联邦预算支出和通过债务支出时在联邦预算法有效期外已经考虑到了。

但是立法者在2008年从该法中删除了第6项；同时，也删除了该法的第7项，即不得将实行、修改和取消联邦税费以及免予支付问题提交全民公决，尽管没有人就该项向宪法法院提出异议。将税负问题提交全民公决可引起国内紧张，因此，笔者认为，应由国家议会做出决定。

没有人对第9项，即将大赦和赦免问题提交全民公决提出异议，但其立法者仍确认失效。

这样就可以解释为何某些涉及国家权力机关专属权力的事项禁止提交全民公决的规定了。立法者似乎表明：尽管有关预算、债务、税收、特赦和赦免的规定在全民公决法中已失效，这也不意味着可将其提交全民公决。因为这些问题属于相应的俄罗斯联邦会议、总统和其他联邦机关管理，所以不能将其提交全民公决。

根据这个具体理由提出异议是没有根据的。上述问题实际上最好由国家机关解决，但可以对法律规定进行扩大解释。这意味着，任何职权都可以立法表明是某个机关的专属权，这本身就是有意限制人民意志。其实，人民意志常常高于国家机关意志。此外，全民公决的意义恰恰在于，尽管国家机关有决定权，但国家机关想求助于人民的智慧并把文件草案交给群众征求意见，包括立宪会议可通过俄罗斯联邦新宪法，举行全民公决解决提议问题。议会的权限是通过法律，但难道就不允许议会将立法草案提交全民投票？

2004年联邦宪法性法律的最初文本中规定："提交全民公决的问题不得与俄罗斯联邦宪法相抵触，不得限制、取消或贬低人和公民的公认权利和自由，宪法保障该权利和自由的实现（第6条第6款）。"宪法法院未对该规定提出异议，但2004年4月24日的法律也被确认失效。可以看出原因在于，上述规定准许自由解释，这一点也可用于限制全民公决提议。

2002年的联邦法律《俄罗斯联邦公民选举权和全民公决参加权基本保障法》针对俄联邦主体的公投和地方性公投的可能性和范围问题做了

很多规定。根据该法第12条，如果俄罗斯联邦宪法、联邦法律未调整属于主体管辖的问题或俄罗斯联邦和主体共同管辖的问题，才能将上述问题提交俄罗斯联邦主体进行公投。只有地方意义的问题可提交地方人民公投。必须提交主体公投和地方公投的问题可由俄罗斯联邦宪法（章程）、联邦主体法、地方自治组织章程规定。

2002年的法律还规定公投问题不应受限制，不应取消人和公民的权利和自由，不应取消宪法对这些权利和自由的保证（第12条第5款）。2004年联邦宪法性法律取消了这类规定。

此外，俄联邦主体的人民公投问题不可与俄联邦的立法相矛盾，地方人民公投问题不可与俄联邦及主体的立法相矛盾。

地方人民公投不可以针对下列属于俄联邦主体的问题作出决定（第12条第8款）：

（1）联邦主体和地方自治的国家权力机构权限的提前终止或延长期限，以及提前或延后联邦主体的国家权力机关、地方自治机关的选举；

（2）联邦主体的国家权力机关、地方自治机关的人员组成；

（3）议员及公职人员的选举、批准、任命和免职；

（4）联邦主体和市政有关预算的通过或改变，以及财政义务的履行和改变；

（5）保障居民健康安全和紧急措施的通过。

（三）抉择，全民公决的表达方式及问题的范围

全民公决的优点是对提出的决定进行抉择。如前所述，权力机构可以筹备和提出公决的某些文件，居民可以接受也可拒绝，即此时公民不改变决议内容，只决定是否通过。为此，在公决票上包括这样的问题："您是否接受该文件（宪法、法律等）"和答案"是"（赞成）与"否"（反对）。两者必须取其一，否则该票无效。

公决时也可能提出一个问题的几种答案，看投票人各自的选择，可留其一，划掉其他的问题。也可在某格上作记号表示同意。并不排除，

对每一种方案都划上"是"和"不是"("赞成"和"反对"),公民在一种情况下划"是"("赞成"),相应地在其他情形下划"不是"("反对")。票数最多的方案即可通过。

提交全民公决的事项,可能是非常简洁的,例如:公民是否支持废除死刑。但是,全民公决的事项也可能是非常庞杂的,例如:宪法可以将整个文本提交表决:选民可以"赞成"整个文本,也可能投反对票。还会有另一种情况,某人不喜欢文件中某一部分,而另一部分他同意。良心和思想认知会告诉他选择什么样的决定。

最关键的困难是把重大文件,比如宪法提交人民公投。公民的不满往往在于他同意或不同意个别地方。但公民也不能按宪法每一条款进行表决。第一,大多数公民确实不能应付大量问题——宪法有130条之多(而且很多条是由多款组成的)。第二,这将使宪法的其中一部分条文通过了公投,另一部分未获得人民赞成。宪法条文是有机的整体,割裂其内容无法保证文件的统一性——即使对多数条文投赞成票的情况下也不例外。

既然如此,可以将文件的提纲提交公决,如居民同意它,就可授予议会权力在此基础上加工成文获得通过。一经通过,基本原则等不可改变或破坏。但议会可以发展它,可以选择在条款的内容和形式上进行完善等。

运用该方法通过公决好处不多,也容易引发大量问题。它更像宪法公决,而不是必须无条件服从的公决。问题在于它们如何体现在具体的规则上。比如,看似谁都不反对在宪法中规定权力分配原则。如果将相应的方案提交公决,也会获得通过。但是作为原则的权力分配和具体限制议会、总统、政府、法院的权能在很多管理形式中都相差甚远。

再比如表决基本法律、原则时,还是存在原来的问题:一个笼统的"是"与"否"针对的是全面的法律、原则,还是单个的法律、原则呢?如果是后者,在表面的民主性下面还是出现了不完整的内容。

（四）是否需要全民公决？如何经常使用它？

无论从政治角度还是从宪法法律角度看，全民公决是人民权利的高度体现，这在俄联邦宪法第3条中规定得很清楚，其依据如下：

第一，问题的重要性——将人们特别担心的问题、将规定国家的社会经济关系和国家政治关系各方面的文件草案和法律文件草案提交全民公决；

第二，公决的范围——18岁以上并在相应俄罗斯联邦、俄罗斯联邦主体、地方自治组织境内居住的，参加投票的所有俄罗斯联邦公民都可以表达自己的意志（意见）；

第三，活动的政治组织内容——将认真准备与多样化宣传解释活动相结合，确实能够为大多数成年居民集体、自觉地参与权力行使提供机会；

第四，政治的合法性——在社会生活和社会意识中全民公决有极大意义；

第五，后果的效力——由人民或居民做出决定，而此决定必须予以执行。

以上是全民公决的正当性，可以高度评价公决是政治宪法的表现，可以定期采用。但实际上还存在问题：比如要不要采取人民公决？如果举行，是可以经常举行还是偶尔举行呢？

在很多国家，这是法定的，但很少举行。其逻辑很简单：为解决问题，选出议会、总统和政府不就可以了吗？让他们去作应该做的事吧！当然，在一定情况下立法不赋予他们解决问题的权力，必须让他们举行全民公决。然而这是少数情况，而且权力机关也不会把事情搞到非进行公决的地步。其他情况下权力机关自己会考虑如何解决，没有必要把问题提到公决上。

不管权力机关如何引导，总会有矛盾。反对者认为他没有能力，才把责任加在人民身上；支持者会说，问题重要，必须让人民决定。每一方都有自己的逻辑。

但是，如果可以避免举行公决却还是举行了公决，这可能出于以下两个动机：

首先，权力机关希望通过全民投票得到结果，而这种结果往往是议会想得到但得不到的。这种情况也让大多数人满意：当局并不是简单地让人们提建议，并由人们自己做出决定。全民公决的"灵魂"就在于此。因为相关的机关、政治力量、社会团体和新闻媒介都想在公民中培育这样一种意识：正是公民通过自己在全民公决中的参与才实现了国家权力、地方自治权力的运行。的确，不论当权者还是反对派，都想让人民支持自己。

其次，不排除操控人民意愿的情况。因为你通过宣传鼓动，还外加恫吓迫使公民按一定方法表决。

这使人们不得不考虑：(1)是否还需要全民公决；(2)如果需要，多长时间进行一次呢？

公决当然不可能经常举行：一方面不得不举行公决的情况非常少；另一方面，举行公决要花费大量的人力和财力。如果不是硬性规定必须举行公决不可，那就让权力机关自己去解决问题。

当然，首先要明确：哪些问题必须由全民公决来解决？比如，是否必须将国家宪法提交全民公决？以前我们讨论过全民公决的事项问题。但这些事项只是"可能"，并不是"应该"。按照这一思路的话，全民公决就不是必需的了。所以，还是应当考虑到现实社会经济和政治环境，权力机关提出问题并做出进行全民公决的决定。

不要将公决当作保持社会关系的工具，不论你是否自觉这样做。明摆着的一个事例——现行宪法。如前所述，现行宪法的部分条款内容不能通过当前的宪法改革予以改变，哪怕社会关系已经发生变革或者表明某些宪法规范已经失效或落后；而是应该制定更新宪法有关内容，按联邦会议付诸公决。

不这样做就会落入怪圈，使国家陷于困难的处境，成为公决的抵押者，花费巨大钱财。

但是问题不仅在于组织方面的花销，还可能发生其他情况。如果围绕公决和被提交的文件问题进行着残酷的斗争，公决和与它有关的宣传活动会导致社会分裂，导致社会团体、运动、政党的对立。很多大国放弃全国性的全民公决绝非偶然。

全民公决的支持者认为：经多数表决通过的决定通常是民主的，那些反对的人应服从决定。表面上来看一切正确。但如果51%公民赞成决定，而49%的反对，与最初的热情相比优势可能并不明显。而且总不去投票的人可能比例很高，无论是提交公投决定的追随者还是反对者都未把他们当成自己的盟友。关于公投结果作弊的讨论也一直存在。在这种条件下，由政权机关解决问题较为合理。

### 三、俄罗斯历史上的全民公决（概述）

在俄罗斯历史上，苏联时期举行过一次全民公决（1991年3月17日），在俄联邦时期举行过三次全民公决（1991年3月17日、1993年4月25日、1993年12月12日）。

（一）苏联的公民公决

苏联1977年宪法第5条规定，凡国家中最重大问题要交付全民讨论，并且提交全民表决（公民公决）。1990年12月27日苏联法律《关于全民表决（苏联公民公决）法》经苏联人民代表大会第四次会议通过并仅涉及全联盟的全民公决。法律大部分观点是尝试整体编纂该宪法法律法规。在这方面，该法成为共和国和地方全民公决法律的表率。

该法旨在规定提交苏联全民公决的问题。该法第4条规定，建议提交全民公决的问题是由联邦条约和苏联宪法规定的。公决事项可以是：(1)通过苏联新法律；(2)改变或废除苏联法律或其个别的条例；(3)通过苏联法律基本内容和其他法令;(4)表达苏联管辖下重要问题的社会意见。

1990年的法律实质上确定了两个法律法规——公民公决和询问,两者各有自己的用途和效果。第4条的第1—3项谈的是接受人民决定,第4项谈的是表达社会意见。该法第29条规定表决后果:通过苏联公决得出的决定是最后的、在苏联全境必须执行的决议,只有通过人民公决方能取消或改变。人民公决得出的与该法第4节第4条相关的社会意见,必须在相关国家机构制定决议时予以考虑。

《决定预先确定苏联法律和其他文件基本内容法》第4条第3项内容很有趣。一方面,这是人民做出的决定;另一方面,这个决定应在苏联有关规范性文件中得到进一步体现。当然,一切取决于问题的提法:如果在全民公决征求意见——您赞成公民权利完全符合国际人权公约吗?则得到的答案"是",接下来不能保证的是,相关机关在将其转化为苏联法律和其他文件时是完全受到该限制的。

不可以提交苏联全民公决的问题有:(1)边界问题;(2)共和国领土完整,自治州和自治区领土完整;(3)国防及国家安全;(4)通过有关社会秩序、健康、公民安全等迫切问题;(5)有关苏联人民代表大会、最高苏维埃领导人员任免;(6)有关执行苏联国际条约规定的义务。

法律也规定了有权倡议进行全民公决的人员的范围。首先,苏联公民(不少于200万人签名);其次,苏联人民代表大会,最高苏维埃及其两院——联盟院及民族院,共和国总统。

人民代表大会及最高苏维埃举行全民公决要通过如下决议:(1)确定公民公决日期及方式;(2)关于通过要求举行或不举行公投的法律等决定。后者使得收集签名和其他进行公投的倡议变得毫无意义。

如果投票名单中的公民半数以上参加投票,且参加投票的半数以上公民同意公投结果(法律第24条),则法律或其他列入全民公决的决定就通过。

1991年3月17日举行的苏联人民公投是有一定原因的。1985年，在全苏的民主化过程中，改革苏维埃联邦以及中央与共和国的关系问题被尖锐地提出来；同时，在一些地区离心力明显加强了。一些共和国表现为争取独立地位、脱离国家领导的倾向，试图使苏联脱离集权式的国家领导和事实上的一元集权。其他共和国也反映出同样的要求，尽管私下决定脱离苏联，但是未正式提出，担心苏联会使用强制手段，将他们留在联盟中。这种企图后来变得公开，汇成一股脱离苏联的力量，他们要求扩大权力、实行分立主义政策。绝大多数的老百姓主张在改革的基础上保留苏联，将管理职能最大限度地转移给地方，中央保留联邦制国家最重要的权限，保留统一的领土和经济空间。

在这种局势下决定对苏联的未来举行全民公决，苏联第四次人民代表大会决定于1990年12月27日《全民公决法》举行公投。代表大会委托最高苏维埃负责提出问题并印在选票上。问题如下："您是否认为必须保留由平等的主权国家组成的苏维埃社会主义共和国联盟以充分保障每个民族的权利和自由？"

全民公决在下列共和国举行：俄罗斯苏维埃社会主义联盟共和国、乌克兰、白俄罗斯、乌兹别克斯坦、阿塞拜疆、吉尔吉斯斯坦、塔吉克斯坦、土库曼斯坦、哈萨克斯坦，而且改变了问题的行文："您是否认为必须保留苏联作为平等主权国家的联盟。"同时，哈萨克斯坦最高苏维埃主席团请求将本国的公决结果写入全苏公决的最终结论中。

15个加盟共和国中，有9个共和国进行了公投。并且，在俄罗斯、乌兹别克斯坦和阿塞拜疆进行的公决也涵盖了其自身的共和国。应当说，（无论是加盟的还是自治的）共和国参加苏联的公决都不被认为是共和国本身通过决议。换言之，苏联人民代表大会关于举行公决的决议足以保证公决在全苏境内举行（并未规定某个苏联主体可以改变问题的表述形式）。

但是国内局势是：一些共和国国家机关未执行该决定，或者按照自己的意志来执行决定。这也反映出一些共和国领导人的分离主义情绪。

在立陶宛、拉脱维亚、爱沙尼亚、格鲁吉亚、亚美尼亚、摩尔达维亚并未正式建立共和国公投委员会，也不举行公投。在这些共和国有些势力对政权持强烈的分离态度。他们担心投票的最终结果会加强中央的地位并因此被继续保留在苏联共和国的身份，因为公投的参加国里居住着90%以上的苏联居民，所以公投的结果很难预测。

拒绝参加公投的其他理由是怕该国大多数公民表示保留联盟，那时就很难达到自己的民族主义和脱离联盟的目的。并且，赞成保留苏联的大多数人还是非俄罗斯族。要知道只有在立陶宛和爱沙尼亚这些共和国居民中俄罗斯人的比例明显很低，任何公投决定都是该民族的决定。

这些共和国不举行公民公投的决定，在很多当地居民中引发了抗议。作为对抗行动，在这些共和国的部分领土上举行了公投。例如，格鲁吉亚的阿布哈斯科自治共和国根据其权力机关的决定就举行了全民公投。在其他拒绝举行公投的加盟共和国领域内，例如苏维埃、劳动集体和社会联合企业、机关军队领导也组织了地方公投。

总体来看，全国公投参加者有1.47亿人。主张保留苏联的有1.12亿人，占表决参与者的76%。按法律规定，公投结果是最后的必须实行的并只能通过重新公投才能改变或撤销。但这一结果并未妨碍俄罗斯苏维埃联邦社会主义共和国、乌克兰和白俄罗斯的领导人在1991年12月份通过与联盟法律相悖的解散苏联的决定。

（二）1991年3月17日俄罗斯苏维埃联邦社会主义共和国公民公投

这次公投的法律依据是俄罗斯苏维埃联邦社会主义共和国1990年《关于俄罗斯苏维埃联邦社会主义共和国的全民公决法》。按照其第1条第1款："全民公决"的概念是指"就国家及社会生活最重要问题举行的全民投票。全俄公投结果具有最高法律效力，不需要再做任何肯定，必须在俄罗斯苏维埃联邦社会主义共和国全部领土上实施"。该法第1条第2款指出,在全民公决上不得提出改变联邦主体领土完整、税收、预算、大赦、特赦、保护社会秩序、居民健康安全等问题。

决定进行全民公决的权力属于苏俄人民代表大会,在两次代表大会期间举行全民公决的权力属于苏俄最高苏维埃。举行全民公决的决定可由人民代表大会或最高苏维埃提议,也可根据苏俄100万以上有权参加公决的公民的要求做出;还可根据苏俄全体人民代表1/3以上代表的要求做出。

举行公决的提议可以由国家机关和社会组织、企业团体提出,还可以由苏俄公民提出。在这种情形下,这些提议要经过有权机关或人员来实现。换言之,那些提议没有法律意义,因为要收集百万签名或向苏俄人民代表提出要求或直接给人民代表大会、最高苏维埃写信,因为它们才具有实质性的决定权。

总人数1/3以上的俄罗斯苏维埃联邦社会主义共和国人民代表也可提出。1/3的概念是356位代表,因为代表大会由1 068位代表组成。投票方式是在代表大会上记名表决,也可以通过收集代表签名的途径。其签名经最高苏维埃主席团核准。

关于通过收集签名而举行公民公决的方式,根据该法第12条,公民可以通过收集签名要求举行全民公决,这是每个公民或有权参加公投的公民集体的权利。

该要求应向最高苏维埃或人民代表大会提出。要求必须要有依据。问题、法律草案或其他提交公决的事项的行文必须简洁。

依照法律第18条,人民代表大会或苏俄最高苏维埃根据举行公投的要求作出如下决议:(1)确定举行公决、公决日期和保障措施;(2)如公决提议违反现行法律,则拒绝举行公决的要求;(3)对不举行公决的事项通过法律或作出其他决定。

正如前文介绍的有关就苏维埃联盟未来走向举行的联盟公决一样,俄罗斯法律第18条第3项实际上使必须进行公投(在合法提出要求的情况下）的规定变得空洞。如果人民代表大会或最高苏维埃委员会能自己通过相关决议来取代公民所要求的公决，后者对人民代表大会或是最高苏维埃委员会就没有约束力。

决定公决后，人民代表大会、最高苏维埃遵守下列期限：自做出举行公决的决议之日起1个月后、4个月之内举行公投。如果在近两个月内规定举行其他公决或选举苏俄人民代表，则该期限可由决定公决的机关延长。在全民公决的选票上应复述提交公决的问题或决定草案的原文和投票人表达意愿的方案，即"赞成"和"反对"。如果提交公决的有几种可供选择的决定草案，则所有草案都应列入一张选票，依次编号，用水平线划分并单独投票。

应特别注意1990年法律的规定，它涉及全民公决的结论。根据该法第35条，如果表决人数不足有公决权人数的一半，则公决无效。那时，就该问题再次公决的时间不得早于两年之后。如参加公决的公民超过一半，就可认为公决有效。如就俄罗斯苏维埃联邦社会主义共和国宪法提出通过、改变和补充问题，表决人数必须超过录入名单的一半以上。上述第二个情况引发不少争论。因为所指的是法律是直接改变宪法还是补充宪法，以及是在决议以后要求改变或是补充宪法等问题都是含糊不清的。这些矛盾都是在俄罗斯公民公决时发生的。

如果可供选择的决定草案提交全民公决，却没有一个达到必需的票数，则所有草案都未通过，再次将其提交全民公决至少要在一年之后。

根据该法第36条，公决结果由全民公决中央委员会的传媒机构告知居民，时间为投票结束之日起10日内。对中央委员会决定的诉讼自决议通过之日起一星期之内提交俄罗斯苏维埃联邦社会主义共和国的最高法院。

公决通过的决定自对提交公决的问题做出最后表决之日起7天之内公布。决定自公布之日起生效，另行规定的除外。此外，还有一个重要的法律规定与说明公决决定义务的第1条相似，由该法第37条规定："全民公决通过的决定需改变或撤销时,只能由全民公决的方式来进行。"

正如已经指出的,第一次全俄公投与1991年3月17日苏联公投同时进行。举行全民公决的命令由苏俄最高苏维埃于1991年2月7日做出。将"你认为有必要设置民选的苏俄总统职位吗?"的问题提交全民公决。

据负责召集苏联和苏俄公投的苏俄中央委员会报道,总共101 776 550个公民列入苏俄投票名单。75.42%共和国选民参加对公投问题的投票。其中,参加投票的69.85%"赞成",27.89%"反对"。结果表明,苏俄全民公决通过设置苏俄总统职位的决定。

把统计全民公决选票作为普通问题,而非宪法性问题。尽管很多人明白,设置总统职位属于宪法性问题,必须将该制度列入俄罗斯联邦宪法(1991年4月24日通过的苏俄总统批准,1991年5月25日对宪法进行相应修订和增补)。可见,应该是选民名单上的半数选民而非参加投票的半数选民。

(三) 1993年4月25日的全民公决

这次全民公决无论在确定和举行,还是在公决结果的诠释上都成为俄罗斯历史上悲剧的一页。在本书第二篇中我们曾涉及过,在这里不再赘述。只想提醒读者,俄联邦第十一次非常代表大会于1993年3月29日通过《关于1993年4月25日全民公决及其结果的确认程序和执行机制》的决议。提交公决的4个问题是:

(1) "您是否信任俄联邦总统 Б·恩·叶利钦? —— '是'、'否'(不需要的,划掉)";

(2) "您是否赞同叶利钦总统和俄联邦政府自1992年以来执行的社会经济政策? —— '是'、'否'(不需要的,划掉)";

(3) "您是否认为有必要提前选举俄联邦总统? —— '是'、'否'(不需要的,划掉)";

(4) "您是否认为有必要提前选举俄联邦人民代表? —— '是'、'否'(不需要的,划掉)"。

决议提到,就每一个问题备有单独的选票。全民投票——全民公决是按照俄罗斯苏维埃联邦社会主义共和国《关于俄罗斯苏维埃联邦社会主义共和国全民公决法》进行的。如包括在选民名单中有表决权的半数以上公民参加表决,公决提出的问题即可被认为通过。

决议中看不到如何实施公决中的第1个和第2个问题。就算选民"不信任"总统,"不赞成"他和政府执行的社会经济政策——那接下来怎么办呢?这是说总统和政府要自动下台吗?还是他们自己提出辞职申请?还是这只是公民在表达意思?考虑到这一点,他们就应该好好工作,今后再取得公民信任和赞成吗?如果是最后一个答案,我们就可以认为公决只是询问,而不是绝对服从决议的事了。

事情还远不仅如此。公决的4个问题可能会导致矛盾的情形。就算公民对第1个和第2个问题投了"不赞成"票,而第3个问题提前选举总统票没有结论。那么,显然第1个和第2个问题的表达只有参照性质,对任何人任何事都没有约束力。再说,如果大多数人对第1个问题投不信任票,对第2个问题投赞成票,该怎么办?不喜欢总统,而他的政策完全能接受,这很荒谬。那么,选民对第1个、第2问题都肯定,可是支持重选总统(第3个问题)——选总统与是否信任又有什么关系呢?

1993年3月29日代表大会决议立即引发一个问题:公民公决的问题是否具有宪法意义?需知代表大会决定第2款规定,如果选民名单一半以上选民投票赞成,则提交公投问题的决定即通过。换言之,1995年苏俄全民公决法第35条第4款规定的针对通过、修订和增补俄罗斯联邦宪法的统计方案,要求的恰恰是这种大多数。

鉴于最新情况,部分人民代表立即上诉联邦宪法法院,请求承认决议的这部分内容违宪,理由是:就提交全民公决的一个问题投票并不意味着通过、修订或增补宪法。

从代表们的请愿书中可以看出,对这次公投的计票应该按照第35条第3款进行,即如果参加公投公民中一半以上的人对公投的决议投了赞成票，就可以认为公投决议通过。

宪法法院应该高效地审查该申请。1993年4月21日的宪法法院决议承认代表大会就全民公投的第3个、第4个举行的公投符合宪法的规定；公投的第1个、第2个问题被宪法法院的决议认定为在计票的程序上违宪。

因此，第1个和第2个问题应按照选票的人数统计，而第3个和第4个问题，应该按照名单中确定的人数统计。宪法法院的决议逻辑何在？问题在于当时的宪法根本没有规定在公投的基础上，提前终止总统和代表大会的职权问题。因此，对第1个和第2个问题的公投，并没有导致宪法的变化。

如前所述，根据本次公投的结果，总统认为信任自己的表决结果是关键，进而迅速地公布了自己的俄罗斯联邦宪法草案，并开始了新一轮的与议会的斗争，结果是1993年9月解散了议会，12月就新宪法和联邦会议代表举行了公投。

（四）1993年12月12日全民公决

应该指出，这次全民公决不是根据1990年的《俄罗斯苏维埃联邦社会主义共和国全民公决法》举行的，而是根据1993年12月12日《就联邦宪法草案举行全民投票的规定》举行的。根据1993年10月15日《关于俄联邦宪法草案举行全民投票》的总统令确定了全民公决，并在此明确了1993年12月12日规定，表决票上加上了"您接受俄联邦宪法吗？'赞成'或者'反对'"这一问题。

从规定的内容上看，它与有关公决问题的其他法令类似，但与1990年法律的本质区别在于，如果有半数以上参加投票的选民赞成通过俄联邦宪法，则该俄联邦宪法被视为在全民公决上获通过（而1990年法律要求选民名单的半数以上选民投赞成票）。

这次公投结果为：登记选民总数的54.8%参加了公投；参加投票的58.4%选民赞成通过宪法。

## 四、确定、筹备及举行全民公决的现行程序

（一）如何确定全民公决

1993年宪法规定俄联邦总统有权确定全民公决（俄联邦宪法第84条3项）。2004年6月28日联邦宪法性法律《俄联邦全民公决法》规定了确定全民公决的程序：

举行公决的倡议必须收集到200万公民签名，或宪法会议通过必须就新宪法草案举行公决的决议，或者联邦国家权力机关就某规范性文件的草案或国家意义上的问题通过倡议全民公决的决议，但前提是依据俄联邦的国家条约提交的问题属于全民公决的范畴；

在公民倡议环节要求该倡议的提出要有特定的程序，由俄联邦中央选举委员会检查签名和签名纸的准确性，由该委员会通过关于全民公决有效签名数量足额的决议，并将该决议上报俄联邦总统（2004年法律第20条第2款）；如果有效签名数量不足，或者不实签名数和无效签名数占签名总数的5%以上，中央选举委员会可以通过相关决议，之后全民公决倡议程序停止；

如倡议来自宪法会议或相应的国家权力联邦机构，则将决定上呈总统；

总统将证明文件及材料交往宪法法院，并附上询问，由法院做出是否认定公决倡议符合宪法的决议；

总统决定全民公决。

综上所述，俄罗斯联邦总统在确定联邦公民公决上是受到法律限制的。应当指出，1995年联邦宪法性法律《俄罗斯联邦全民公决法》的最初规定已成历史。总统无权提议确定全民公决，他仅能对公民的倡议、宪法会议的决定或俄罗斯签署的规定必须就某问题进行公投的国际条约做出反应。

甚至不是总统而是宪法法院预先决定是否要举行全民公决。因为如果宪法法院认为未达到宪法要求,则联邦宪法性法律规定的所有程序终止。

总统为决定某些国家大事,绕过议会的可能性被剥削了。俄联邦第一任总统在1995年签署了联邦宪法性法律,这说明他或许不企图利用公决来刁难议会,或许他知道这种方法在联邦会议上通不过,无法使他接受某法律,在其他情况下总统还是可以牢牢地坚守自己阵地的。第二位总统签署了2004年联邦宪法性法律,说明他对议会设置的俄联邦全民公决确定程序也没有异议。

客观地说,俄罗斯议会在相关法律上的作用也不大。这可能与有关新宪法进行公决的倡议有关,但该倡议也仅仅是为了启动宪法会议的工作。议会与全民公决的签名收集工作没有直接关系。至于因国际条约引发的公决,总统与议会的作用不相上下,因为总统先签署,然后是议会批准。在这种情况下,由哪个机构倡议公决——这属于附带性的问题。

在俄联邦各主体的宪法和章程中对确定公投的机关做出了不同的规定。有的是由立法会议决定,有的地方受到俄联邦宪法性法律《全民公决法》的影响,由俄联邦主体的共和国总统、州长来决定。而1997年的联邦法律《俄罗斯联邦公民选举权和全民公决参加权基本保障法》做出了统一规定,俄联邦主体的全民公决由各主体的国家权力机关确定。

1999年10月6日联邦法律《关于俄罗斯联邦各主体的国家机构立法(代表)机关和行政机关基本组织原则》赋予国家机构立法(代表)机关优先权。法律中规定,在联邦主体法律(第5条第3款第4项)规定的情形下,联邦主体的全民公决由立法机关的决议确定。在规定了俄罗斯联邦主体行政机关首脑的主要职权后,法律并未赋予其确定俄联邦主体全民公决的权力。这样的话,确定联邦级全民公决的模式并未在此建立。

2002年6月12日联邦法律《俄罗斯联邦公民选举权及全民公决参加权基本保障法》更加明确,其第15条第4款则直接规定俄罗斯联邦主体的全民公决由主体国家立法(代表)机关依照本联邦法律、其他联邦法律、宪法(章程)、俄罗斯联邦主体法律决定。

地方自治一级的全民公决也同上。依照2002年联邦法律第15条第5款,地方全民公决由地方自治组织代表机关决定。2003年10月6日联邦法律《关于俄罗斯联邦地方自治组织的基本原则》第22条第3款也包含这种规定。

具有代表性的是,在主管机关未决定选举时,通常可由有关地方主要的选举委员会(即俄罗斯联邦中央选举委员会、俄罗斯联邦主体选举委员会、地方自治组织选举委员会)决定并举行选举。如果地方选举委员会不通过必要决议举行选举,可由相应级别的一般管辖法院审议,法院可命令一定的机构举行选举,如无选举委员会,则成立临时委员会。

而对全民公决则有另外的规定。2002年联邦法律《俄联邦公民选举权及全民公决参加权基本保障法》并未规定由选举委员会确定俄联邦或联邦主体的公决,或者由法院来确定上述单位的公决。只对地方自治有所规定:如城市政府代表机构缺位,或不在规定期限内公决,法院可以确定地方公决(第15条第5项)。

(二)排除举行全民公决的情况

法律规定某些情况下不可以进行全民公决。

首先,2002年6月12日联邦法律(第13条)规定,在戒严或紧急状态下,在俄联邦领土,或已预备举行公决的地区、部分地区,不可确定也不可举行全民公决,戒严和紧急状态解除后3个月之内也不可举行公决。

其次,对重复公决有限制性规定。1995年联邦宪法性法律就规定,自这次公决结果正式公布之日起,就内容或意义提法相同的问题在一年之内不可再次举行俄罗斯联邦公决。2004年联邦宪法性法律对意义或内容提法相同的问题再次公决的期限扩大了两倍,自正式公布公投结果之日起两年内不得对公投表决过的问题再次公决(第7条第5项)。

根据2002年6月12日联邦法律,联邦主体法律及地方自治组织章程可规定就意义或内容提法相同的问题不举行主体公投、地方公投的期限。该期限自正式公布公投结果之日起不得超过两年。如果按司法程序确认公投决定无效,则两年内不得举行新的俄罗斯联邦主体公决或地方公投。

至于公投日和选举日重合的问题,1995年联邦宪法性法律最初版本第12条第4款规定:"选举联邦总统、联邦国家机关、俄罗斯联邦主体国家机关、俄罗斯联邦主体地方自治机关不得与俄罗斯联邦公决同时举行。"并未明确解释"同时"是什么意思,有可能是指在同一天或之前和之后几天进行。在任何情况下,1995年法律都赋予举行联邦公投优先权。2002年9月27日联邦宪法性法律将该规定从1995年法律中删除。可见,允许联邦全民公决和其他选举活动同时举行。但问题是和哪些选举活动同时举行?

这里必须提及1995年联邦法律第12条中增加的新规定。国家杜马中的反对派企图建议公决在2003年秋举行,即在国会权力(2003年12月)和总统权力(2004年3月)结束前夕。反对派建议提交公决上的问题被认为是对国内形势的负面评价。同时,杜马内占多数的派别同意反对派的意图,把它当作宣传的一步棋,并争取到2002年9月27日以宪法性法律通过,将新改变的内容加进1995年联邦宪法性法律中。

新增内容的实质是:现在不可倡议举行联邦全民公决。如果是根据俄联邦国际条约倡议的全民公决,也不得在选举活动期间举行,该选举专指依据俄联邦机关决议在全国范围内同时举行的选举;在俄联邦总统和其他当选的联邦国家权力机关权限届满前一年内也不得举行全民公决(第12条第4款)。

在总统、国家杜马权限最后12个月里(其他联邦选举产生的机构暂时不在其中)不可倡议,也不可举行公决。

这些新增内容引起国家杜马部分代表向宪法法院的质疑。2003年6月11日法院的决议中承认新增内容符合宪法;但同时确定,在选举周期过半的时间内公民有权倡议举行联邦公决并直接参加（一个选举周期为4年——作者），目的是保证在4年的选举周期内可举行两次公决（必须指出：考虑延长总统权力到6年，杜马——到5年，这结果就是自动延长了可以倡议公决的时间）。

相应的规定也被2004年联邦宪法性法律《俄联邦全民公决法》所借鉴，其第7条第3款规定，在总统、国家杜马权限届满前最后一年，以及根据有权联邦机关的决议在全联邦领土上同时进行的选举活动期间，不可举行全民公决（联邦国际条约规定的公决或宪法会议倡议要通过新宪法的公决除外）。

但是2004年的法律并未禁止在联邦公决之日举行其他投票活动。

对俄罗斯联邦主体一级和地方自治组织一级而言，2002年6月12日联邦法律《俄联邦公民选举权及全民公决参加权基本保障法》准许公决和选举同时举行。其第15条第7款规定，依照主体法律、地方自治组织章程，为了与国家权力机关或地方自治机关指定的大选日或与其他指定的公投日重合，授权机关在指定投票日前25日内可将对主体公决、地方公决的投票期限推迟举行（但不得超过90日）。正如读者从选举这一章看到的那样，现在地方表决的时间统一为每年两次——3月或10月。

（三）倡议、选票、公决的筹备与举行的一般规则

筹备与举行全民公决的规则与选举代表和公职人员的规则相差无几。这些规则集中在本书关于俄罗斯联邦选举制度和选举权一章。在此我们援引的仅是原始信息。

筹备与举行全民公决也同样由选举委员会负责，差别仅在称之为全民公决委员会。

竞选时，为登记候选人，需收集选民签名以获支持，并且要支付保证金。办理全民公决时无须保证金，由倡议小组负责收集签名，该小组应在相应的全民公决委员会处登记。

2004年的联邦宪法性法律使倡议公决的程序复杂化。1995年的法

律规定，公民或全俄社会联盟只要在自己章程中规定参加联邦选举，就可以组成不少于100人的倡议小组来表示支持公决倡议。倡议小组向联邦主体共和国选举委员会提出登记申请，并提出自己的公决问题。签名收齐后交委员会，倡议的登记证明有效期为3个月，故应在此期限内完成准备事宜。同时，在一个主体共和国境内以及俄联邦境外可收集总数的10%以上签名。2004年的法律（第15条）规定，公决筹备小组必须由半数以上的主体共和国中的地区小分组组成（这就是说，至少有45个主体共和国的小组才可以）。每个小组必须有100名以上的成员，并且为本地区居民。故现在倡议者由100人变为不少于4 500人。

每个地区小组需召开会议，会上通过下列决议：（1）确认公决问题；（2）成立公决倡议小组；（3）每个小组中选出自己的全权代表。如果100个以上参加公决的人的住所地在召开会议的主体境内，则会议合法有效。2004年的法律（第15条第5款）可能会打击倡议者的积极性："上述公决小组参与者在其地区登记表上的签名必须经公证处公证。"在此时立法者"忘了"说明该如何去登记。结果变成公证处必须登记。如果收集齐全了签名，拿着这签名册去公证，如何令公证处保证呢？

2004年的法律规定了俄联邦全民公决倡议小组登记的两个阶段：

第一阶段：地区小组在相应的俄联邦主体选举委员会登记。但一切都由联邦中央选举委员会决定。俄联邦主体选举委员会收到地区倡议小组的相关文件后，立即将申请中载明的全民公决问题上报中央选举委员会。中央选举委员会自首次接到通知起10日之内审查公决问题是否符合联邦宪法性法律《全民公决法》的要求，并做出相关决定。如果中央选举委员会认定问题不符合法律要求，应在决定中说明理由。俄联邦主体的选举委员会收到该决定后无权为倡议小组登记。当然，如果倡议小组未按要求提供文件，俄联邦主体的选举委员会也有权拒绝登记。

依照2004年法律第15条第17款，俄罗斯联邦主体选举委员会关于拒绝登记地区小组的决定上诉至普通管辖法院，而对俄罗斯联邦中央选举委员会批准拒绝理由的决定,即认为公决提议的问题不符合法律要求的决定,则向俄罗斯联邦最高法院上诉。有人将关于最高法院的规定上诉到宪法法院,认为最高法院判定公决问题的提法不符合俄罗斯联邦宪法规定的权限。2007年3月21日宪法法院通过决议,同意申请人的理由,认定该法律规定不符合俄罗斯联邦宪法,规定宪法性争议应按宪法诉讼程序解决。2008年4月24日以增补的形式修订了法律的表述,如果俄罗斯联邦中央选举委员会通过的决议与俄罗斯联邦宪法规定的公投事项不符,联邦最高法院可向联邦宪法法院提出询问。如果宪法法院做出认定公决事项不符合联邦宪法的决定,则提议举行公投的程序终止。

第二阶段：由联邦中央选举委员会登记倡议小组及俄联邦的全民公决问题。半数以上的俄联邦主体的地区小组进行登记后,这些小组的全权代表有权自己开会决定为全民公决倡议小组向联邦中央选举委员会申请登记并提交相关问题。申请期限为自第一个地区小组登记之日起2个月内。联邦中央选举委员会审查所有文件,认为合格,在接到申请10日内对倡议小组进行登记,并对倡议小组的全权代表,尤其是财务方面的全权代表进行登记,批准其开设公决基金专门账户,同时颁发登记证明,并告知区小组登记地的俄联邦主体选举委员会。在颁发给全民公决倡议小组的证明文件上注明签名收集工作的最后期限。

倡议小组为获得举行公决的民众支持,必须收集200万以上人的签名;每个联邦主体内不超过5万名参加者的签名;如参加者居住国外,他们签名人数不可超过5万人（2004联邦宪法法律第17条）。

2004年的联邦宪法性法律将收集签名的期限缩短了一半之多。1995年的法律规定为3个月,现在是45天。

2004年的法律规定,只有在联邦主体选举委员会登记的倡议小组成员才有权收集签名。该倡议小组不可到其他没有登记地区小组的联邦主体收集签名。在国外收集的签名必须经相应的俄联邦领事部门证明方有效。

倡议小组的签名单和总结记录提交相应联邦主体选举委员会,选举委员会对收集签名时是否遵守法律要求进行审查，根据审查结果做出决议并将签名单、总结记录和决议寄送联邦中央选举委员会。带有国外公民签名的签名单经相应的俄罗斯联邦领事机构证明，并与倡议小组的总结记录一起由其授权代表转交给联邦中央选举委员会。

如上所述，联邦中央选举委员会审查收到的文件是否符合法律要求，根据审查结果做出决定倡议举行公投。如果真实签名的数量足够多，而不实签名和无效签名未超过5%，中央选举委员会将数据体现在决定中，并于做出决定后5日内寄送俄罗斯联邦总统，同时通知联邦会议和国家杜马（2004年联邦宪法性法律第20条第2款）。如果经审查，有效签名的数量不符合法律的要求，中央选举委员会将在决议中注明，相应程序终止。倡议小组有权在接到联邦中央选举委员会的否决通知复本10日内上诉最高法院。

俄罗斯联邦主体的全民公决、地方全民公决的倡议要考虑到相应水平的要求，但原则上也需成立全民公决倡议小组，收集公民签名，然后需要俄联邦主体选举委员会或市级选举委员会通过决议，认定签名的数量和有效性。如前所述，俄联邦主体和市级全民公决的确定由相应的立法机关做出决议。

如果决定公投，按与大选同样的程序将公民列入参加名单。

全民公决期间，原则上准许按大选期间的宣传规则就公投问题进行宣传。同时，全民公决还带有自己的一些特点。其中，2004年的联邦宪法性法律针对联邦全民公决法（第60—61条）做出规定，为了就全民公决问题进行宣传，政党和全民公决参与者可设立倡议宣传小组。倡议宣传小组可在联邦中央选举委员会全民公决倡议小组登记后设立，但自正式公布确定全民公决之日起不得超过20日。倡议宣传组应由500人以上公投参与者组成。如获准举行公决，公民即可成为公决参与者名单中的一员，其程序同举行选举时程序一致。筹备公决时公决问题的宣传鼓动规则与选举时的规则相同。但有某些区别：参加举行公决倡议小组的成员不可加入倡议宣传小组。

由政党在确定小组成员的大会上做出设立倡议宣传小组的决定。如会议有500名以上公决参与者出席会议,会议方可通过决议设立倡议宣传鼓动小组,同时确定该组人员。会议参加者在登记意向书上的签名经公证处公证。

倡议宣传小组应在俄联邦中央选举委员会登记,获取登记证。

公决投票必须具有选择性。问题的表述应包括问题实质和两个答案("是"与"否")。原则上提示公民解决问题的两个选择方案不得删除,公民应赞成其中一个(比如,"你同意公民只有年满18岁才能结婚吗?""你同意公民只有年满16岁才能结婚吗?""你同意公民只有年满14岁才能结婚吗?")。当然,在这种情况下希望公民赞成其中一种方案。

全民公决在星期日举行。立法机关不准许在节日前或节日期间举行,也不准许在节日后第一天或规定是工作日的星期天举行全民公决。

## 五、全民公决结果的确定及其决议的法律效力

当公决参加者不到名单中人数一半时,公决委员会可决定其无效。如果某项决定未获半数以上参加公决人的赞成,相应公决委员会认定该决议未在公决上通过。俄联邦主体法律不得另行规定公决无效的条件。

公决通过的决定是必须执行的,无须补充。只有在同一级的公决上通过其他决定时方可以改变或取消其决定。

但公决上通过的规范性文件中可以规定该文件的其他修改程序。

有关联邦主体和地方的公决上通过的规范性法律文件,比如,2002年6月12日的联邦法律《俄联邦公民选举权和全民公决参加权基本保障法》是这样规定的:该文件可依据文件本身所规定的程序做出修改;如文件中未规定相应程序,也可将有关修改写进相关的规范性文件中,但

修改时间不得早于公决上通过决定的5年。

任何公决都可能被确认无效,如相关委员会或法院认定在公决过程中发生实质性违法行为,以致不可能对该次公决结果做出肯定的评价。

根据2002年联邦法律规定的下列理由(第73条第7项),法院可撤销联邦主体的公决和地方自治的公决:

违反该法、俄罗斯联邦主体法律、地方自治组织章程规定的举行公决的程序,导致不能表达公决参与者的真实意愿;

联邦主体举行公决时所依据的联邦主体的法律违反宪法和联邦法律的,地方公决举行时所依据的联邦主体法律、市级章程违反宪法、联邦法律、联邦主体法律的,导致不能表达公决参与者的真实意愿;

俄罗斯联邦主体公决、地方公决通过的决定违反俄罗斯联邦宪法、联邦法律,而地方公决通过的决定不符合主体法律。

在公决结果被认定为无效的情况下,组织投票的委员会可确定二次投票。

根据2002的联邦法律《俄联邦公民选举权和全民公决参加权基本保障法》第73条第9项的规定,为实现公决决议,应当补充制定法律或其他规范性法令的,具有管辖权的联邦国家权力机关和联邦主体的国家权力机关及地方自治机关自公决决议生效之日起15日内确定制定和通过相关法律和规范性法律文件的期限。该期限不能超过一年,而根据2005年7月21日的版本,该期限不得超过3个月。

## 第三节　作为直接民主制的选举

在此我们简要讨论选举——仅依次讨论选举的性质和该制度在直接民主制体系中的地位,因为本书有专章讲解选举。

选举作为一种直接民主制度，是用来在国家代表权力机关、地方自治机关的代表以及在国家权力和地方自治中当选的公职人员之间划分权力的方法。其中，当选的公职人员包括国家总统（元首）、联邦制国家中联邦主体的执行权首脑、单一制国家中行政区划单位的执行权首脑、市长等。

选举也是一种带有强制性的直接民主制度，因为选民在投票时表达的意志是必不可少的，同时也具有终局性，它成为代表或者当选的公职人员取得委托的依据。选举委员会或其他组织选举的机构仅有权在参加投票的选民人数太少时宣布或认定选举结果无效。这些机构或者法院也可以因为投票过程中出现严重的违法事件而认定选举无效。

选民在主管机关规定的休息日来到选区，从选举委员会拿到选票，选票上列举的内容大致有：在代表机关的选举中，列举成为代表的候选人姓名或政党、选区提出的候选人名单；在选举公职人员的选举中则列举任职候选人姓名。选民在选举办公室填写选票，就是在候选人或者候选人名单后面的空格内划上标记，此时选民会表现出自己的立场，或是在"反对所有人"一栏后面的空格内划上标记——这一选项不久前还是俄罗斯选举中所必留的选项，但自2005年7月起已被取消。然后，选民走出选举办公室，把填好的选票投进票箱，表明其投票行为结束。

2008年3月在俄罗斯联邦最近一次选举联邦总统时曾在几个选区尝试采取电子表决系统，即选举箱安装电子统计设备，选民按规定方式把选票放在设备上，设备立即记录下投票结果，选票则自动保存在选举箱内。但最后选举委员会还是用手工方式计算了结果，采用电子表决系统，既有技术上的障碍，也受到国家领土范围的影响，还牵涉到人们对这个系统的信任问题，因为任何一种技术设计（尤其是蓄意制造的！）都会使投票结果受到质疑。

对代表或公职人员选举可以是直接的（直接选举），也可以是间接的或多层级的。在直接选举中，选民直接选出相应的代表或者公职人员。

在间接选举中,选民有权选出选举人员,再由选举人员集中选举产生相应的当选人。在多层级的选举中,选民有权选出下级代表机关的代表,然后该代表机关再选出上级代表权力机关的代表;这一层次被选出的代表在会上再选出下一个更高层次的代表机关,以此类推。

俄联邦的各级国家权力机关和地方自治机关全部采用在选区直接选举的方式。

与此同时,在地方自治一级准许特有的间接选举地方自治代表机关。2003年10月6日联邦法律《关于俄联邦地方自治组织基本原则》第35条规定,市区代表机关可以在市政府一级选举中,本着一律平等和不记名投票的原则直接选举产生。它也可以由市区范围的村长和村级代表机关的代表组成,这些代表都是各村代表机关从其组成人员中选举产生的,不论人口多少,各村代表数量相等。

## 第四节 召回代表和当选的公职人员

召回的实质在于代表机关的代表和当选的国家权力机关或地方自治机关的公职人员可以通过投票的方式被选民召回,即这些人的职权可以按选民决定提前终止。

### 一、召回与代表、当选公职人员的委任状性质

召回这一概念在宪法权利理论和政治实践中往往与当选人员的委任状性质有关。通说认为:如果选民不仅有选举权,还有权提前召回被他们选中的人,那么当选的人拥有的是强制委任状。如果选民只有选举权,而无召回被选人员的权利,则当选的人拥有的是自由委任状。

自从有了选举、代表机关、代表和其他当选公职人员以来，有关强制委任状和自由委任状的讨论就一直存在。

强制委任状有三个主要特点：

（1）当选人从自己的选民处获得指示，即指导当选人在权力机关如何行事；

（2）当选人有义务定期向选民报告自己的工作，其中包括所在机关的工作，而选民对汇报做出评价；

（3）如对代表工作及其行为方式不满，通过大多数选民表决可以召回代表，然后再重选代表。

选民意志是对当选人而言是强制性的，该委任状的名称由此而来。

强制性委任状源于中世纪，当时采用的是社会阶层代表体系。各阶层为自身利益将自己的代表派往代表机构，给他下指示，甚至有时会为代表拟定会上的发言稿；代表则必须无条件服从，否则就提前停止其权力。代表各有其主，因此代表之间摩擦不断。地区代表机构也同时存在等级（否则与其融合在一起），当选代表在活动中必须维护相应地区的利益。当然，代表之间的冲突一方面是等级间、地区间的，另一方面冲突在委派的时候就已经产生了，因为代表在未拒绝执行派遣他到权力代表机关人的意志的情况下，仍希望有一定的行为自由。

资产阶级的确立使得这种情况更加明显。代表机关此时更像是一个全民的代表机构，他们要反映公共利益，将各阶层、各地区的利益融合。渐渐发展成代表由居住在相应领域内的全体居民选举产生的普选制。

在这种条件下，代表和其他当选人已不再是选民的傀儡，他们希望有自己行动中的自由，当然也会考虑选民的想法和利益。

这样就产生了自由委任状理论。其主要特征为：

（1）代表与当选的公职人员在工作中考虑到选民利益——并将其与全国（全地区）利益相结合，但不受选民指示的束缚；

（2）他们可以（事实上是必须）定期与选民会见，通报自己的工作情况,所在机构的情况,但所有这些都是在力所能及的范围之内进行的,最重要的是——无须与会者表决对他的评价(对工作表示满意或认可等);

(3)代表及当选的公职人员不论工作质量如何,都不可被提前召回——选民能做的只是在下一届选举中另选他人。

自由委任状的好处是让代表及当选的公职人员不受个别公民狭隘的利益所束缚,从而有利于全国、整个地区的发展;但是自由委任状也有它的不足之处——会造成当选人与选民的脱节。另外,即在代表机关的形成过程中,会有资本的积极加入,以支持选出能维护自己物质利益的代表人物。所以自由委任状和强制委任状可能成为政治斗争问题,这点是很明显的。

一般而言,在一些资产阶级国家,在全国的范围承认自由委任状,而在地方上从过去到现在都采用强制委任状,选民可以召回自己的代表。

在社会主义国家里,强制委任状是更好的选择。首先,因为代表机构必须为选出他的劳动人民服务。所以他必须考虑选民意志,依照选民的指示。这种指示是非常重要的信息,由此苏维埃作为代表机构可以了解居民疾苦和需求。其次,公民必须一贯监督代表行动,而代表则向选民通报其工作情况。再次,如果代表忘记代表选民的利益,不管是在社会生活还是在日常生活中表现得不得体,选民都有权提前召回代表。在本国历史上的社会主义时期认为强制委任状更好的理由就在于此。

现如今,有这样的提法,似乎强制委任状会破坏俄罗斯的议会制。实际上并不完全如此。社会主义时期的俄罗斯原则上拒绝了资本主义制度下的议会制,故试图建立自己的代表体系,但所获甚微。其原因是:通过代表机构实现政权要求一定的水平和准备,这一点代表和政权或机构代表都不具备;很快,代表机构的主导地位就被政权执行机构所取代,尤其是代表机构活动不能经常化。

这时,召回制度就成了政治口号。最明显的就是:1936年苏联宪法写道:"每个代表在自己的和劳动人民代表苏维埃的工作中都有义务向选民报告,并且能够在法律程序内任何时间中依照大多数选民决定进行召回。"(第142条)但是相应的法律到1959—1960年才出台。而法律出台后也很少有召回代表的情况。

1977年苏联宪法也在107条中规定:"在代表辜负了选民信任时可以按大多数选民决定随时被召回。"但在此以后,也没有被召回的情况。

## 二、当前的情况

当前的俄罗斯建立了新的人民代表制度,最开始曾尝试废除召回制度。其原因很明确:召回可能成为政治反对派的斗争手腕,因为代表或当选人的某种政治倾向就可能成为召回的理由。

但是很快在新的代表机关、代表、当选的国家权力和地方自治公职人员的工作中便发现没有任何政治色彩的缺陷。对此应做出反映,而这时召回可以起到积极作用。当然,如代表或者当选的公职人员工作认真,就不必采取召回手段。但是经常会发生下列现象:当选的代表不参加代表机关的活动,不出席各种会议,回避与选民见面,利用自己的地位获取商业利益(如获取高额贷款、政府采购等),逃避法律责任,等等。

1995年8月28日的联邦法律《俄联邦地方自治组织的一般原则》规定了召回代表机构代表和地方自治机关公职人员的情况。在一些俄联邦主体,代表和当选的国家权力公职人员的召回由俄联邦主体的宪法、章程以及法律规定。

俄联邦宪法法院在1996年12月24日决议中明确了召回制度作为直接民主的一种方式而存在的可能性;2000年6月7日的决议中也指出了召回俄联邦主体行政长官的可能性,并指出,召回是人民意志的反映,是一种直接民主制度。但召回不能用来破坏选举法,否则最终导致破坏民主稳定。因此,宪法法院规定,不允许规定简易的召回程序。在自由选举制度下,可以规定某公职人员的当选只需登记选民总数的少数投票即可。同选举相比，如果不增加更为严格的投票要求，召回就可能只为少数人实施。为了避免这种情况发生，宪法法院指出，立法者应当做出规定，有关召回的投票只能在收集到相应公职人员当选时获得的选民签名数量时才能举行，并且是根据登记选民的多数决议，而不是参加投票的选民的多数决议。在民主法治国家，思想和政治上的多元、多党制都要求通过自由普选产生的联邦主体的领导人不应当带有强制委任状，只有当他实施了违法行为引起必要的司法程序时才可能动用召回程序。召回程序应当保障召回的对象有权向选民就有关情况做出解释，而选民也可以就"同意"召回还是"反对"召回进行宣传，同时还要保证在进行关于召回的投票中贯彻普遍、平等、直接和无记名投票的原则。法律程序要保障被召回者的尊严和声誉以及他的公民权利和自由。

以上规定来自宪法法院2000年6月7日关于召回问题的决议，其中还包括1999年10月6日的联邦法律《俄联邦主体国家权力的立法（代表）机关和执行机关的一般组织原则》和2003年10月6日的联邦法律《俄联邦地方自治的一般组织原则》，以及俄联邦主体的其他立法文件。

因此，必须再次强调：俄罗斯立法中没有规定召回联邦总统和国家杜马代表。

应在俄罗斯联邦主体立法中规定召回主体权力代表机关代表和领导人员的代表。因为在2004年取消居民选举主体行政机关首长后，首长根据主体立法会议的决定就职（俄罗斯联邦总统提议的候选人），联邦主体选民投票召回首长也相应取消。如果俄罗斯联邦主体立法有规定，可以召回地方自治组织代表机关代表、其他被选举的自治机关代表、自治组织领导，其召回理由和手续应当由自治组织章程规定。

需要指出的是，俄罗斯选举制度和代表机关的工作程序中新增了一些规定，这引发了有关委任状性质和使用召回制度的一系列问题。首先，按政党名单选举的自由委任状事实上已被代表的无条件服从所取代，因为不遵从党派意愿的代表将被所在党派除名，从而导致他的委任状终止。而且这也扩展到按其政党名单选出的非党代表,就是说他们的委任状也是强制性的,与该政党有着利害关系。其次,选区制投票被按政党所提名单选举代替后,使得召回个别代表就不可能实现,甚至当他严重违法也不被召回,因为要做到召回,必须在代表机构的全部领土上进行选民表决,或者哪怕是在政党提出名单的区域所在地重新进行选民投票。再次,为召回进行投票的话,要求选民出席率极高,但这与取消选举时投票门槛的规定不一致。

## 三、召回的程序

召回代表、当选的国家权力和地方自治的公职人员在一定程度上被视为带有选举特点的后续程序,但又有其自身特点。

(1)召回动议的提出和召回理由的确定。召回动议的提出一般都来自选民(在一些联邦主体,地方自治一级的召回动议可以来自地方自治代表机关、俄联邦主体的权力机关,但这些部门参与召回是否合法,目前仍在讨论中)。一定数量的选民(具体数量由俄联邦主体的立法和市政府的章程规定)到相应选举委员会申请作为召回倡议小组进行登记。如果是召回代表的话,相应选举委员会指的是俄联邦主体选举委员会或市政选举委员会,而不是选区的选举委员会。

倡议人必须提出召回理由。联邦法律允许召回是根据2000年6月7日宪法法院决议,如:2003年10月6日联邦法律《俄联邦地方自治的一般原则》规定,召回代表和选举产生的地方自治机关成员、公职人员,必须以其具体的违法决议或作为(不作为)并有司法程序的确认为依据。

(2)收集签名,以支持就召回问题举行表决。法律规定,收集签名工作由倡议小组负责,而且由小组负责经费问题(此时可以决定成立类似为选举需要的候选人选举基金会)。

(3)确定召回表决。一般规定,召回问题的决定由俄联邦主体或市政相应的选举委员会做出，该委员会在召回阶段成立召回委员会，其负责核实签名的可信程度、数量是否符合要求，在一定条件下委员会有权拒绝进行召回表决。如果倡议者改变提议召回的理由，与收集选民签名时的召回理由不同，委员会也有权拒绝进行召回表决。

（4）支持和反对召回的宣传活动。这个环节倡议者务必通知召回对象和相关的选举委员会。通知也可以在倡议阶段进行。而召回对象有权向倡议者、选民及选举委员会就前者提出的召回理由进行解释。公民有权参加宣传活动，表示自己是否赞成或反对召回代表和当选公职人员。

（5）召回表决。召回表决规则与选举投票相同，包括编制选票、参与者名单，成立召回表决选区委员会等。

（6）表决结果的确定。2000年6月7日宪法法院的决议规定，立法机关应当提高召回的标准，必须有表决编制名单中的半数以上参加者赞成召回。那么应该有多少人参加投票呢？联邦立法中就此项并无材料可查。而在俄联邦中央执行委员会起草的关于召回的法律草案中的规定是75%。这里需说明的是，到目前为止，在选举代表、公职人员时，只要选民名单中的20%选民参加投票，就可有效，候选人之间只要在票数上超过对手即可为胜利者。2006年较低的门槛被取消。那么在进行召回投票时，出席门槛该怎么办？正如我们前面所说，出席门槛的规定是把召回变成一项不现实的直接民主制度。

## 第五节　民意测验（咨询性公决）

民意测验作为一项直接的民主制度是一国人民、地区居民就某一公共问题通过投票来表达意见。通过表决的民意测验也称为咨询性公决。

在民意测验中表达出来的人民、居民的看法是他们意志的流露。在此意义上，民意测验也是人民直接与政权联系的一种方式。民意测验的特点是将能够获得投票参与者多数支持的立场在国家权力机关和地方自治机关的规范性文件中予以体现并发展。

与强制公决相比，民意测验（咨询性公决）更能反映当权者与人民、居民共同协商、了解他们所需的愿望。

俄罗斯联邦立法基本以强制性公决为方向，但在某种程度上立法也不排除咨询性公决，规定主管机关有权通过为实现表决结果所必需的规范性法律文件。

2003年10月6日的联邦法律《关于俄联邦地方自治组织的一般原则》中并未使用"咨询性公决"的概念，但它所规定的公决实质上就是这种公决。比如，根据该法第24条第5款，关于改变市政界限及市政重组问题的公决，由市政代表机关决定并根据地方公决方面的联邦立法及联邦主体的相关立法组织举行。"此时，禁止国家机关、地方自治机关、国家或者市政机关的公职人员进行宣传的联邦法律和联邦主体法律的规定，以及确定公决通过的决议法律效力的规定都不适用。"针对改变市政界限及市政重组问题的投票，必须具有超过半数选举权的该市居民参加才可举行。如果参加投票的半数以上居民赞成这种改变，就认定该项提议获得了居民的认可。市政重组及其地位的改变适用俄联邦主体的法律（2003年法律第13条）。

俄联邦主体也有如何处理相关问题的工作，而且往往对咨询条例不作严格区分。例如，1995年莫斯科市的章程规定，莫斯科市杜马、市长、地方自治机构及邀请公民对城市生活和市政问题有权进行咨询公决、社会民意测验、听证会，并通过媒体讨论城市诸问题（第62条）。

必须区分居民投票和社会民意测验。后者可用多种形式进行，如街头询问、广场上调研、到城市居民居住的地点和工作地点去了解、电话询问、表格调查（上面填写）。然而这一切与我们理解的通过投票形式的人民、居民民意测验有所区别。

从组织角度看,作为表决形式出现的人民、居民民意测验,是根据国家权力机关或者地方自治机关的决定进行的全国性(或全地区)措施;而用询问和填写表格形式了解社会舆论是由不同社会服务机构、研究所、福利基金会、研究中心、大众传媒组织的。这可能是他们自己的倡议,也可以是按国家政权机构或地方自治机构要求做的工作。

这里有一个非常重要的问题。以投票表决形式进行民意测验主要在于公民的参与:公民首先到达指定地点,在名单中找到自己的姓名,拿到选票,并填写选票来表达个人立场。在调研过程中所得出的抽样调查的结果,即将为为数不多的参与人的意见加以总结性预测,被认为可以代表多数人。

相应地,在以表决形式进行的民意测验中,赞成某决定草案的多数意志通常表现出单一性。而通过"形式多样的"民意测验所反映的公众观点总是受到一定条件的限制,偶然性因素很多。

心理因素也应在考虑的范围之内。来参与投票的人意识到自己参与的是大众意志,国家或地方自治机关未来的决定在一定程度上与自己这一票有关。而在街上被询问或填写某种表格的人不会有这种感觉。此外,在投票时有社会监督,不允许歪曲事实。在回答问题或填写表格时对随后的统计结果常常一无所知,而同一事件前夕各种社会舆论机关报道的公民情绪的不同资料也绝非偶然。

因此,结果的正式性有原则性意义。如果以投票方式进行公决,则投票赞成的解决方案有绝对效力,相关权力机关应按此方案统计和实施。而广场询问等方式在归纳总结时总是含糊不清的,也存在不同单位对相同问题做出不同的民意结论,其中会有各单位自己的倾向性,因此有时他们的结论带有推荐性质,相应的结果只是为了得到希望的答案。那些团体的代表常常骗取回答者的信任,并很快从他们那儿得到确定的(希望的)答案。在进行投票时也不排除一种解决方案的拥护者来表明自己的态度。但谁也不能影响其他意见的拥护者投票时表达自己的态度。

当希望得到某地居民就工业利用或住宅建筑规划方案的意见时，询问（协商性全民公决）可能是有益的。

在地方自治一级改组地方自治组织时必须征求居民的意见。而且，在这种情况下地方自治立法准许既可以通过公投表决也可以在公民集会上表决。

同时，2003年10月6日俄联邦法律第31条规定，"民意测验"包含了专门允许在当地进行多种测验的内容，包括社会学内容。地方自治机关及其公务人员和国家权力机关做出决定时，为反映居民意见及其统计结果，这种测验在地方自治组织全境或其部分地区进行。测验的结果带有建议性。

有选举权的公民皆可参加民意测验。民意测验按下列机构倡议进行：（1）市政代表机构或市政机构根据地方有意义的问题举行调查；（2）联邦主体的国家权力机关在为地区或地区间的某一目标而决定改变市土地的专门用途时，应当考虑公民意见进行民意调查。

民意测验的确定和举行程序由市章程和（或者）市代表机关的规范性法律文件规定。民意测验由市代表机关决定。在市代表机关的规范性法律文件中确定民意测验举行的日期和期限，确定民意测验的问题、方法、投票的式样、参加的最低居民数。

在民意测验举行的10天前就应向市居民通告民意测验的日期。

## 第六节　全民讨论

这项直接民主制度应该完整表述为：对法律草案、国家和社会生活的重要问题进行全民（居民）大讨论。

1977年苏联宪法就对全民讨论制度做出了规定。其第5条规定："国家生活中最重要的问题应该全民讨论，并进行全民表决（公决）。"1978

年俄罗斯苏维埃联邦社会主义共和国宪法也包括了此内容,仅在范围上有所不同:对苏联而言"全民讨论"——这是包括全体联邦共和国的讨论,而对后者而言,这是共和国之一的"人民"讨论——亦即在自己领土范围内的讨论。同时,这规定记载在宪法第一章,也就是说,它被认为是政治制度的重要部分。从1987年起就有这方面一系列法律:1987年4月30日苏联法律《关于国家生活重大问题的全民讨论法》经苏联最高苏维埃批准;1988年4月20日俄罗斯苏维埃联邦社会主义共和国法律《关于国家重大问题的全民讨论法》经共和国最高苏维埃批准。

1993年俄联邦宪法对全民大讨论只字未提。但在原则上该制度至少在法律上是存在的。1998年的国家杜马章程(第119条第6项)规定,杜马"可以在法律方案通过的初步阶段决定全民大讨论问题"。1988年4月20日的俄苏维埃联邦社会主义共和国《关于国家重大问题的全民讨论法》在形式上仍然有效。一些联邦主体也确立了全民讨论的制度。

全民讨论制度的意义在于将某种引起国家和社会波动的重大问题、法律草案、政治文件提交全民讨论。这样,就问题实质、对问题总体态度的各种观点就反映出来,公民、公民小组、劳动集体、社会团体、国家机关、地方自治机关就可以针对文件的理念、部分条款和规定提出相应的建议。

公民参加讨论国家和社会生活问题、法律草案等其他文件,可以是集体形式,也可以是个人形式。

集体讨论形式可以是会议,按工作地点或居民地点举行,也可在社团、俱乐部等社交场合举行。参加者畅所欲言,充分表达个人观点,提出建议,经以全体参加者名义总结后送交专门的相应机关、委员会、指定的大众媒体机构或地方自治机构。如果参加者不能归入统一的立场,可以送交全部的材料及辩论时所提出的建议,以便有关机构能了解讨论各种意见的全貌。

个人形式可以是每位公民针对问题和草案形成自己的观点,以书面形式告知有关单位自己的态度,同时也有权就讨论事项补充个人建议。

此外，公民也有权以口头方式向权威机构的接待部门提出个人意见。

委员会、权威机构成员对送来的评价、建议加以归纳总结，在此基础上修改或制定相应条例、文件的内容；然后，在权威机构会议上考虑所提意见，确定最终文本。

这样，从有关文件正式运作的程序来看，全民大讨论有着重要咨询意义。在成百上千份分散的意见集中上来后成为集体的看法并迫使当局倾听意见。不论意见是否被接受，都必须经过论证。

由此可见，大讨论就像某个立法或者政治决定诞生的第一阶段，它能够在一定程度上推动人们表达意愿，并影响决议的起草工作；而全民公决或者国家权力和地方自治的有权机关通过决议，是该立法或政治决定诞生的第二阶段。

在宪法实践中，对全民大讨论制度的态度并不是一成不变的。在苏维埃时期，全民大讨论的组织过于死板，目的是希望"全民都赞成"某个决议方案。但这些讨论还是提供了不少可贵的建议和思想。文件的质量、某个理念和决议的成功都会在当时官方的意识框架内成为公民评价的对象。

现如今，权力机关较少，但仍然适用这一讨论制度，尽管范围较小。一些重要文件草案的公布，如联邦法律或某一领域的联邦计划，都会提交讨论。比如，在草拟俄罗斯联邦1990—1993年宪法的过程中，无论是正式方案还是其他草案都不止一次在报纸上刊载并以单行本公布。

鉴于1993年秋季事件，总统讲话谈到社会民事领域成就的想法。在草拟有关俄罗斯公民一致同意的协议书时，公布了文件草案，然后草拟协议书工作组通过媒体请公民和社会组织将关于协议书草案的意见和建议寄来。

但是，可以说对全民讨论、人民讨论作为直接民主制的作用估计不足，况且这个制度本身也不完善。

首先，对讨论对象没有特殊的态度。那时，当在宪法中规定，对国家生活最重大问题进行全民讨论、公民讨论。则社会生活问题不作为该讨论的对象。事实上，讨论的对象可以是社会（政治）特性或形式上是国家特性，是对社会生活意义极其重要的问题。

其次，讨论机制不完美，甚至可以说缺少相应机制。问题不在于"最重要的问题"这几个字完全赋予权力机构的权限很大，而在于如果根据随便一个理由就组织讨论，就没有意义了。但是宪法的调整在于公布相关草案，由某些公民、公民团体进行讨论，再将建议提交至有权机关及其下属部门和媒体，后者再将收到的建议分类转交。

在相关法律规范中，缺少关于讨论结果的明确规定。参与讨论者表达了自己的建议后，往往得不到来自组织全民大讨论的机关的答复，甚至常常不知道该机关是否已收到参与者的信件。其结果就是让公民们以为讨论只是民主的外在表象，他们的意见是无足轻重的。

这不应该成为拒绝全民讨论的原因，因为现代技术手段可以改善这一过程。

此外，全民大讨论这一制度除了在规模上下功夫以外，还应该让这一制度更加体现专业性，使得专家和学术界参与讨论法律草案。按一般规则，国家杜马相应委员会总是先把法律草案分专业送往法律科学机构和教学机构、部门研究所。国家杜马委员会的工作组再进一步研究他们的结论、建议、意见，修改并在法令中考虑取舍。

# 第七节 听证会

2003年10月6日的联邦法律《俄联邦地方自治组织的一般原则》中规定了直接民主制度——听证会。在俄联邦各主体中更早地得以实施（如1995年莫斯科市纲领第62条）。从来源上说，这与全民讨论很相近，但还是以独立的直接民主制度形式出现。听证会是一种权力机关与居民公开联系的方式。

按该法第28条,市代表机关、市行政首脑就某些地方问题可以举行公开听证,与市民讨论市政立法草案。这倡议可以是居民提出,也可以是地方政府代表机构或地方政府首脑提出。

根据公民提议或地方自治组织代表机关提议举行的公开听证由地方自治组织代表机关确定,而根据地方自治组织行政首长提议举行的听证则由地方自治组织行政首长确定。

听证会上应该提出:

(1)地方政府纲领方案和对纲领进行改变、补充的地方法律草案,但纲领中由俄联邦宪法和联邦法律规定的问题不在讨论之列;

(2)地方预算草案及预算执行情况总结;

(3)地方政府发展计划及纲领草案、土地使用及建房方案、土地计划及划分地号方案等,以及提交解决的许可有条件使用地块和基本建设项目问题,放弃许可建设、改建基本建设项目的边界参数问题,在没有批准的土地使用和建筑规则的情况下,把许可使用土地和基本建设项目的一种形式修改为另一种使用形式;

(4)改组城市政府问题。

该法使用的"应该提出"指的是上述列举事项必须举行听证会。

组织举办听证会的程序按市政府章程及市政府代表机构确定,并应预先通告市民时间、地点,预先使其了解要讨论的法律法令,保证市民参加的途径,最后必须公布听证会结果。

## 第八节　公民对社会问题的集体诉求(请愿)

公民对社会问题的集体诉求是其表达意愿的一种特殊形式。这一制度一直是俄罗斯的一项宪法规定。过去有三种公民意志的表现形式，即控告、申诉和建议。这一制度在很大程度上与第三种形式即建议有关。一般认为，如果控告和申诉反映公民的个人兴趣或利益，那么建议反映的则是公众利益，个人希望影响事态的发展，克服困难，这样不仅对个人、对周围公民、对一个社会都有益处。建议可以由个人提出，但是最好是公民对社会问题的集体诉求。近年来，这类诉求常称为请愿。宪法政治制度也逐渐在立法中予以承认。

集体诉求（请愿）的实质在于：一部分公民认为某种问题十分急迫，国家权力机构或地方自治政府应予以重视或公投。公民组建倡议小组，按规定程序登记，开展签名收集工作，为向政府或地方自治机构表达诉求——希望有权机关将该问题列入议程并予以解决，如上级认为必要，可以进行公投。有权机关收到诉求（请愿）后进行审议并分情况做出决定。

这样集体请愿就有三个特点：请愿事项要有社会意义；应收集不少于一定数量的签名（由相关规范性文件加以规定）；诉求（请愿）能够约束相应机关。

收到该请愿后，相应机关不得再将该事项委托给其他机关或其他公职人员，应该将该事项列入工作日程，做出决定或提交全民投票。

俄联邦的立法机关一直拖延关于公民诉求的联邦立法，最终才在2006年5月2日通过了联邦法律《俄联邦公民诉求审议程序法》。该法第4条对公民的诉求作了递进的规定，在规定了申请、投诉的同时，也规定了："公民就下列问题提出建议：完善法律及其他规范性法律文件，完善国家机关及地方自治组织的工作，发展社会关系和改革政府与社会在社会经济等领域的活动。"然而审议这一类诉求的特殊程序却只字未提。

2006年的法律允许在俄罗斯联邦一级调整审议公民诉求的法律关系，同时也允许联邦主体一级调整审议该法律关系，具体的规定主要集中在该权利的保障方面，即根据该法第3条第2项："俄联邦主体法律及其他规范性文件可以规定保护公民诉求权的相关内容，包括本联邦法律做出的补充保障规定。"联邦主体之前就通过了关于公民诉求的有关法律,现在他们会根据联邦法律来进一步通过新法。比如,2006年10月5日(2008年5月30日修订)《公民诉求审议法》的莫斯科州法律(代替1999年类似法律)。

需要说明的是,在市一级也通过了公民诉求方面的规范性文件。例如,莫斯科州克利莫夫斯克市代表委员会于2005年12月22日以决议的方式通过了《克利莫夫斯克市公民诉求条例》。有意思的是,在这个文件中提到的是审议"公民的申请",而没有界定这个概念的含义,对公民的集体诉求也只字未提,而是规定集会、代表大会、群众大会。

## 第九节　人民的立法倡议

人民的立法倡议就其协商方式而言是一种直接民主形式。在一定程度上可以认为是公民集体诉求的另外一种表现形式。但仍然要把人民的立法倡议看作是一种独立的制度,原因如下:

首先,诉求的对象问题。一般的集体诉求(请愿),其对象可能是日常性问题,对这样的问题国家权力机关和地方自治机关可以通过适用现行法律予以解决或者着手起草新的规范性文件。而在人民的立法倡议中,公民所提出的事项必须是关于规范性文件通过的问题。他们拟定了法令草案,收集签名,为的是权力机关能够审议该份草案——这是人民立法倡议与集体诉求最重要的区别。

其次,人民的立法倡议应当收集更多的公民签名,以支持规范性法律文件的草案,并且签名纸还需有特殊的格式。对于权力机关而言,还需确定一个期限,在该期限内权力机关对立法倡议做出回应。

1995年8月28日的联邦法律《俄联邦地方自治组织的一般原则》成

为规定人民立法倡议问题的首批俄联邦法律文件之一。2003年10月6日替代该法生效的俄联邦法律也保留了这项制度。

根据2003年法律第26条，有选举权的公民可以成立倡议小组，按照市代表机关的规范性文件规定的程序提出立法倡议。倡议小组成员的最低人数也由该法规定，并不得超过该市有选举权居民总数的3%。

由立法倡议小组提交的市政法律文件草案，地方自治机关及其公职人员必须审议并通过相应文件，期限为接到草案之日起的3个月内。应保证该公民倡议小组的代表在有关方面审阅草案时阐述自己的立场。如权威机关准备通过草案，则必须在该机构公开会议上再对草案进行讨论。有关该草案审议结果的决议必须论证充分，并以书面形式正式通报倡议小组。

在联邦主体立法上对公民集体诉求、请愿、人民立法倡议没有统一的说法，有时这几项制度是相互交错的。

比如，1995年莫斯科市章程第65条规定的是"关于公民的诉求和请愿"，鉴于公民个人或小组向城市国家权力机关、地方自治组织机关及其公务人员的诉求权，该条使用了"诉求"的概念。公民通过向莫斯科杜马提交"关于提议通过、修改或取消莫斯科市法律的请愿"实现公民立法提议权。2001年12月14日《关于莫斯科市法律和莫斯科市杜马命令》的莫斯科市法律章程规定并增加了请愿应以1万以上公民名义进行的规定，自正式列入请愿之日起2个月内杜马和市长审核请愿提出的法律草案。这样，莫斯科市的相关规定不仅要求请愿要带有立法倡议性，而且必须附上法律草案。之后的实践证明，收集特定数量的签名并不难，法律草案转给市政府，而在短期内马上就审核法律草案并不容易。上述规范被删除。2002年12月11日通过了莫斯科市法律《莫斯科公民立法倡议法》，其第1条第2项规定，莫斯科居民通过向杜马提交请愿提议通过、修改或取消莫斯科市法律和相应法律草案实现公民立法提议权；而该条第3项规定，请愿应以5万以上莫斯科市居民的名义进行。

在地方上，很多时候是把人民集体诉求和公民立法倡议统一起来通过规范性法律文件。比如，2007年3月21日（2007年12月24日、2008年12月22日修订）莫斯科州多尔戈不鲁德区城市代表委员会《关于多尔戈不鲁德公民诉求和立法倡议》的决议也是如此。该决议规定公民即该市享有选举地方自治机关权利的居民，享有立法倡议权。权利实现的形式是提交相关地方规范性文件草案。200人以上的倡议小组通过向代表委员会或市长提交文件草案可以实现权利。

在一些国家里（如美国个别的州）借助人民的立法倡议来通过规范性文件。某文件草案作为法律草案公布，并开始收集同意者签名。如果签名人数达到要求法律草案即可作为法律获得批准。显然，这种情况下制度已经发生变化。实质上，立法倡议此时让位于全民公决，尽管这种公决的形式很特殊。因为在这种情况下，结果已成定局——即人民通过的法律文件已经诞生。

## 第十节 选民委托

选民委托制度的历史背景很复杂。前文曾提到过，选民委托与代表委任状同时产生。选民将自己的代表送进代表会议时，给他多种委托——在会议上解决什么问题，如何去解决，怎样表决，行为方式应遵循什么标准。这种委托就被称为"选民委托"。

在资本主义国家的议会中，自由委任状的精神占上风，因此，不常采用，现在也不适用选民委托。

在苏维埃时期，选民委托成为代表和代表机关整体的宪法地位的基础。选民委托与代表的汇报、代表的提前召回共同构成强制代表委任状的内容。

新时期，选民委托起初游离于代表活动和代表机关的工作实践之外。但是近年来个别联邦主体通过了关于选民委托的规范性文件,使得这一制度得以复苏。

委托可以理解为选民交给代表和相应代表机关一项社会任务,希望能够由有权机关予以解决。委托中所提到的社会问题,是指应当如何修建体育场所、给居民点开通煤气、街道照明问题等。问题长久以来未能解决,选民希望引起新候选人注意,并通过他让新的代表机关予以解决。

代表候选人与选民见面会上,选民提出委托,该项委托能否通过要经过公开投票来决定,要求是获得出席大会的多数选民同意。

代表机关对委托加以总结并进行分类,如某些委托单靠现有级别即使努力也不能解决的,准备提交上级权力机关的,毫无根据的以及代表机关大会审议认为可以实现的,等等。接下来,该代表机关、执行权机关和相关代表就会努力去兑现选民的委托。

关于选民委托存在着不同的观点。支持在俄罗斯宪法中保留这一制度的人都会被反对派归入复辟苏联权力的辩护之列。

有关强制性选民委托的讨论过于夸张。如前文所述,委托有一个强制性的表现——即不可对委托视而不见,应该去实现它。在苏维埃时期,委托也没有其他强制性的理由。如果说最初的选民委托是一种强制和协商共存的制度,那么随着苏维埃政权的发展,这种委托更多地表现出直接民主的协商作用。

在选民参加苏维埃代表机关时,很长时间都没有竞争,一个选区里只有一位代表候选人,同时也只有一个代表空位。如候选人与选民见面时后者给他委托(这不常有),候选人有权对委托发表个人意见。最后,如他不同意,可以拒绝接受委托。代表被选入的委员会对于委托也比较自由,它可以不通过委托并拒绝执行委托。

随着候选人竞争的出现,单个候选人在选择委托时变得重要得多。立法中增加了如下规定:可在与候选人会见时提出委托,此时候选人有权同意委托或拒绝委托,这也不会导致什么后果,除非选民决定以投票的方式判断委托的重要性。而且只有在候选人真正当选为代表的时候,才谈得上委托的概念。其他情况下,训示只是建议而已,代表可以酌情考虑。这更增强了委托的协商性。

在起草有关委托的规范性文件时,曾有建议使用选民的"建议""请求""诉求""申请""要求""愿望"等词。其中"委托"一词不含有强制意味,也能够引起代表的足够注意。在苏维埃时期末,委托除了表现为选民的愿望外,已经别无其他了。

在恢复选民委托的最新文件中有时常绕开委托的法律定义。此外,为了不把委托变成竞选手段,选举过程和候选人的相关规定中也避免出现委托的规定,只是规定委托是在与选民的见面会上做出的。

委托的反对者认为委托反映的仅是个别群体的狭隘利益,代表应该考虑自己选区全体选民的利益,而代表机关应当考虑相应全部领域选民的利益。因此,应该拒绝接受委托。该理由有一定的正确性,即委托不应把一个选区选民利益与其他选民的利益对立起来。通过或不通过委托的最终决定权归权力机关。这也表明了委托制度的协商特性。

还有一个理由。委托的反对者认为:如果一切需求和问题都很明显,为什么还要通过委托呢?难道代表、代表机关和行政机关没有委托就不知道哪里需要修路?事实上,他们能知道问题所在,尽管不是所有问题。问题在于:委托作为表达社会意见的形式,作为选民唤起当局对他们的疾苦重视的手段,一方面可以对当局起动员作用,另一方面可以将选民们团结起来,促使当局履行其职责。

## 第十一节　居住地的公民大会

居住地公民大会体现了直接民主制度的强制性和协商性特点。在大会上讨论和解决地方事务。有时参会人就行使国家权力问题发表自己的意见。某些时候会议决定具有强制性，某些时候会议决定带有协商性。

俄罗斯居住地公民会议制度早就存在。该制度流传最广的是在农村地区，农村公社是居民团体的合法组织形式，而村民和居民会议被称为村民大会。公社在村民大会上讨论各种问题，这也是地方自治管理的形式。村民大会就一系列问题的决定对村民和居民具有强制性，比如：有关分配土地的决定，有关共同使用地方的维持费决定，有关用于这些目的的收费决定（这就是所谓自愿捐款），有关雇用员工的决定，等等。

苏联时期就有居住地公民会议，并扩展到村民大会和城市小区会议。当时会议常与地方一级公权力的行使结合，都是在人民代表苏维埃的"保护"下召开的。会议就一系列问题做出的决议具有强制力，比如在会上可以提出代表候选人、选举人民陪审员、批准任命乡村教育和医疗机构领导。在社会主义民主体系工作地公民联合会——劳动团体，也就是公民会议也起到重要作用。1977年苏联宪法有专门一条规定劳动集体，规定在第一章政治制度中。

在后苏联阶段，这种会议作为地方自治中的直接民主制度被保留了下来，尽管适用它的机会已经很少了。劳动集体作用及其会议减少了，劳动集体已不被视为俄罗斯宪法体制的标志物了（这个问题在第五部分第12章中有所介绍）。

在立法中居住地公民大会和村民大会作为地方自治体系中的直接民主制规定（尽管有些学者把所有地方自我管理都视为民事团体制度，但这绝不是无争议的）。2003年10月6日的联邦法律《俄联邦地方自治组织的一般原则》中有关公民大会及集会的第25条和第29条规定在该法第5章"居民直接实行地方自治和居民参与地方管理问题"，同时法律反映了集会和会议的不同作用。

根据该法（第25条和第35条）有选举权的村民如不满100人，地方自治代表机构不予建立。公民大会处理地方事务。只要半数以上的居民来开村会，公民会议就有法律权力。公民会议具有市代表机关的权力，也包括城市代表机构的特殊权威。公民会议可以由市政行政长官单独决定举行，也可根据10人以上居民的倡议举行。地方行政机关首长保障举行村民大会。在地方自治体系中当选的公民必须参加公民大会。

公民大会由市政领导或公民大会选出的人担任主席。如与会一半以上参加者赞成某决议，则该决议可被认为通过并予以执行。地方自治机关和地方自治负责人依照居民章程规定的职权保证执行公民大会通过的决定。

根据法律第29条，在市政范围内的公民会议可以讨论具有地方意义的问题，可以通告居民关于地方自治机构及其领导的工作。

此类会议可由居民、市代表机关、市政行政长官倡议举行，或根据地区社会自治章程召开。根据地方自治组织代表机关或其首长的倡议举行的公民大会由相应地方自治组织代表机关或其首长确定。根据居民倡议举行的公民大会由地方自治组织代表机关按组织章程规定的程序确定。任命或召开会议的程序按地区社会自治章程办理。

公民会议可向地方自治机构及其公职人员提出诉求，也可选出全权代表与地方自治机关及其公职人员进行商谈。公民会议的协商意义正在于此。法律强调，对公民大会上通过的诉求，地方自治机关及其公职人员必须认真审议，在其权限内解决问题，并做出书面答复。

法律还规定，为实现地区社会自治功能举行的公民大会，有权在其权限内通过决议，具体权限由地区社会自治章程规定。也就是说，公民大会可以看作是公权力机关。

2003年的法律允许以公民代表会议代替公民大会。第30条规定，如出现市章程、市代表机关的规范性法律文件或地区社会自治章程规定的情况，公民大会的职能可由公民代表会议代为行使。

## 第十二节　代议民主的概念及制度

"代议制民主"这一概念常与代表机关的出现即由代表组成的全国及地方选举代表机关的出现同时产生。有两种组成代表机关的方法：一种是阶级方法，它是按照阶级或职业（贵族、商人、手工业、农民等）在权力机关产生代表；另一种是地域方法，由相应居住地的居民产生代表。两种方法经常一起使用。

还有一种方法是反映君主力量的，当时代表机关曾全部或部分由君主势力组成。比如1810年的俄罗斯，国家委员会作为直属于皇帝并由皇帝建立的立法机关存在；20世纪初，随着国家杜马的出现，国家委员会成了通过法律的参与者，国家委员会部分由沙皇建立，部分由各界代表建立。在某些国家，可以说，这种古老的建立立法机关的方式保留到当代之前（英国上议院）。

随着全体代表机构的建立，"代议民主"概念传统上与推选代表相关——直接推选或通过选举人选举。完全有根据称此机构为人民代表机构，尤其是在他们由人民选出并代表人民的意志的情况下。而权力的另一分支——执行机构过去不由人民推选，而常由君主或代表机关组建。

然而，当出现了国家首脑（他往往也兼执行权力首脑）情况就完全改变了。首脑由人民选举产生。当选的行政长官当然代表人民利益，他的当选资格和条件与代表们相比要高出很多，因为：

（1）代表由个别大区选出，首脑由全国选出，而且选票量要明显超过前者；

（2）代表按政党名单选出，而首脑的当选是每个候选人都要参加并按个人品质最后取胜（不论党派属性），赋予人民代表的权利。比如，

1991年俄罗斯全民公决对这个问题进行投票表决：公民想不想设置全民选举的俄罗斯联邦总统职位？第一位俄罗斯联邦总统叶利钦经常强调自己的高度代表性，称自己是全民选举的俄罗斯联邦总统。

在君主制下，代表机关的代表性也足以表现：议会行使立法权，体现人民的意志，并与君主建立的、常常被视为国家官僚标志的行政机关抗衡。但是，选任的国家首脑（行政机关首脑）一出现，而且议会又获得向首脑反映和通报自己对行政机关被任命者意见的权力，代表机构的特点就发生变化。

在当代，沿袭传统将立法权力机构称为有代表性，亦即人民代表机构。但是领导国家和行政机关的当选者具有代表机构特征（在某些国家当代总统权力的权威和代表性表现出来，其中一点是，他任命议会上院的部分代表，比如，哈萨克斯坦）。居民选举俄罗斯联邦主体行政长官的制度（2004年取消选举制）和选举地方自治组织首长的制度至今存在，相关人员担任代表机构领导。

俄罗斯的代议制民主制度包括：

（1）俄罗斯联邦会议——国会（它有两院：联邦委员会及国家杜马）；俄罗斯总统。

（2）俄联邦主体立法会议（这是其一般称谓，此外还有杜马、国家会议、国家苏维埃等称谓）；2004年以前，俄联邦主体的行政长官由居民选举产生，其任职直至权限终止（但是对他们的代表性存有争议，因为自2005年起，俄联邦主体的行政长官是由俄联邦总统推荐、相应主体立法机关同意而享有职权的——尽管这些行政长官仍然认为自己是俄联邦主体居民的代表，因为毕竟还有联邦主体代表机关的授权决议）。

（3）地方自治代表机构（杜马、代表会议、代表、苏维埃等）；居民选举的地方政府首脑。

仅有人民（居民）选举产生的国家权力和地方自治机关制度并不能囊括"代议民主"的范畴。关键是很多直接民主制度恰好是公民及其团体影响人民代表机关的途径。换言之,代议民主与直接民主是不可分割的。

此外,代议民主还包括一些代议机关得以运行所特有的制度。代议民主首先要确立指导当选者和机关之间、他们与人民之间关系的特定原则,也要明确当选者对人民负有的责任;可以说,这种民主是存在的,在其框架内的议会制是人民主权和人民参与的特殊形式。

如此一来,代议制民主成为俄罗斯宪法制度的有机组成部分。它包括下列制度:

(1)民选产生的国家权力和地方自治的集体性代表机关和个人负责制代表机关的代议机关制度。

(2)代表和当选公职人员与居民长期联络制度,人民代表机关与市民社会之间建立的直接或双向交流制度(会见、发言、通报、总结、受理公民诉求、研究社会意见、邀请居民代表等参加会议等)。

(3)人民代表机构特有的工作形式(公开的代表机关全体会议、反对派的安全保障等)。

(4)人民代表机关对执行权力机关的监督制度(议会询问、信任或不信任投票、质询等)。

# 第十二章
# 俄罗斯宪法制度中的公民社会制度

## 第一节 公民社会问题是宪法制度的组成部分

按我们理解，宪法制度属于社会与国家范畴。没有社会基础就不可能巩固国家基础；反之，社会基础在相当大的程度上是国家运作的前提。

所以，"公民社会"能够引起人们极大的兴趣。俄联邦宪法没有使用这一概念。但是在文献中会提到宪法对公民社会的作用，而俄罗斯也曾尝试在宪法草案中加入个别条款或章节予以规定公民社会。因此，在这里有必要对这个概念做简短扼要的说明。

首先需指出，对公民社会的理解，并不存在通说，这也是宪法中无法对其予以规定的原因。

界定公民社会最简单的方法——我们称之为第一方法——就是它涵盖着除了国家之外的其他一切因素。换言之，"公民社会"这一范畴事实上与社会是同一概念。可理解它是一国公民的总和（除公民外，国内可能还有外国人和无国籍人士）——所以称之为"公民的社会"。社会有自己的生活，很多问题完全或许在极大程度上独立于国家之外。因此，保障这种独立性，保障社会和国家相互关系的基础，就成为一国宪法中必须予以规定的内容，其中就包括要使用"公民社会"这一概念。

这里，不是指国家与社会的交织，而是指社会有自己的生活，社会独立于国家。这种界定方法有个弊端，就是完全将国家和社会划清界限是不可能的，因为对社会的保障无法在社会的独立存在中实现，而只能在它与国家的相互关系中实现。

可能正因如此，在发达社会主义阶段，学者们曾经试图把社会与国家统一起来，回避"公民社会"这一范畴。对苏维埃制度而言，曾经采用"社会的政治制度"这一概念(见1977年苏联宪法)，其组成部分包括国家、执政党、社会组织和公民的劳动集体。资本主义社会提出两个概念：一是政治制度，包括表现统治阶级利益的组织；二是政治结构，既包括前一概念(政治制度)，也包括反对派联盟。既然在发达社会主义社会不存在反对派势力，所以"政治制度"和"政治结构"这两个概念就重合了。

姑且不谈这种界定方法有思想意识动机在内。但需指出，将国家归入公民社会还是有道理的，特别是当我们把国家的出现和存在看作是管理某些社会事务的一种手段的时候，而这些社会事务归根结底又属于国家事务。但也存在一定的危险，因为国家就像是一个"怪物"，一经出现即成为必不可少的东西，逐渐控制越来越多的社会事务。因此，很难评价是应该把它放到社会结构中好，还是将国家和社会进行严格区分比较好。无论如何，那些反对专制制度的人还是认为应该将国家和社会区分一下比较好。

对"公民社会"的另外一种认识指出，"公民社会"不仅仅是社会，而是达到一定发展水平的社会。首先，这样的社会支持思想意识多样化和政治多元化(上面已谈过这问题)。公民有权自由表达自己的观点，组建政治、社会等各类联盟。如果没有组建各种联盟的可能性，而某一思想意识形态又处于垄断地位——那么公民社会就不可能存在。

持这种观点的人认为这种社会具有较为广泛的组成部分。在俄联邦新宪法起草期间，由俄联邦人民代表大会组成的宪法委员会起草的宪法文本中就体现了这种观点。在1990年的草案及1991—1992年修订后的版本中都保留了"公民社会"这一部分，只是在内容上做了调整。对此，我们在本书俄联邦宪法那部分已经做了介绍。在此需要说明的是，"公民社会"概念的内容可包括以下几个方面：(1)财产、劳动、企业活动；(2)社会团体；(3)教育科学文化；(4)家庭；(5)媒体。

所以，用这种方法界定的公民社会可以理解为达到一定水平的经济、社会、组织、道德、人际交往和信息服务等方面都获得保障的社会。这些因素的集合就构成了公民社会；否则，公民社会就不存在。

在这种情况下，公民社会已经发展到一定的阶段。当然，上述各个要素也可能发生在社会的初级阶段。但从最初的简单粗浅阶段到高度精细的现代阶段的社会生活所表现出来的各要素肯定是不一样的。所以公民社会真正的含义应是高度发达的社会。

支持这种观点的人认为"公民社会"是宪法制度不可缺少的部分。问题不在于"公民社会"这一概念是否存在于宪法当中，而在于公民社会的上述要素能否在宪法中得以体现，哪怕是在其他宪法制度中的规定或仅仅是概念上的规定。

界定公民社会的第三种方法指的是，公民社会的本质特征是在社会中逐步生成的，最初由部分公民组成，逐渐扩展至其他公民，最后囊括全社会。这与公民的觉悟和管理社会事务的能力紧密相关。在这种认识的指导下，公民社会就像是一个社会的核心，代表着该社会的"先进"部分。这种方法必然导致社会分裂，缺少进入公民社会的标准。

综上，我们可以得出结论：公民社会的价值在于社会的高度发展或对这一目标的努力。在这个社会中，公民的觉悟很高，并积极参与社会过程；各阶级、团体、政治力量间没有不可调和的冲突，只有战略和政治目的的内部团结；会有大量社会事务的存在，同时也有独立的处理这些事务的社会机制；社会与国家不对立，而是根据需求调节好两者的关系；对人给予最大限度地关注并认真对待他所遇到的问题，从思想上教育公民成为精神利益和社会利益的结合体。

在这个意义上的公民社会，是俄罗斯宪法制度的一个特征（这样的社会在俄罗斯"存在"到什么程度,是我们不能决定的,但我们可以向着这个方向努力,正如我们对待法治国家、权力分立等原则的态度一样)。

公民社会的一个重要标志是思想意识的多样和政治多元,两者是贯穿公民社会始终的(或者说是应该贯穿始终的)。

至于公民社会的内在结构,目前还不是很清晰。在国家的结构中,有一个趋势很明显,就是会产生一个领袖。通常这个领袖就是直接选举产生的国家元首。对于通过革命确立的国家制度而言,以民族拯救阵线、人民阵线等形式存在的集体领导的方式更为普遍。在争取权力的过程中,这类"阵线"会作为一种独特的国家——社会领袖而存在,地位逊于以宪法方式取得政权的国家机关。

这就出现这样一个问题:会不会有个机关独立于国家,自主管理公民社会呢?原则上是不可能的。因为完全独立的公民社会几乎是不存在的,它总是与国家生活相互交织;而国家的旨趣也在于它所通过的决议由公民采纳并付诸实施。所以,不可能有两个管理机构(一个管理国家、一个管理社会)并存。如果某个团体想以管理社会生活为己任,那么结果将是:要么变成一个政党,在管理社会的同时谋求国家公职;要么尝试"全身心地"引导国家机关,但在这种情况下,当局迟早会让其"回归"到社会领域中,而对其实施管理。

也有某些机关想要团结公民社会的力量以影响国家机关,它们并不奢求管理公民社会。这里主要指的是2005年成立的俄联邦社会院,本章第3节将对此详细阐述。从原则上讲,俄罗斯公民社会组织结构可以说是下列成分之总和:作为团结公民社会机构的俄联邦社会院;各种社会联盟;政党;作为公民社会成员的公民,他所参与的个人—社会和职业交往的制度化。

**参考文献**

阿夫托诺夫阿·斯:《俄罗斯公民社会法律形成》,《代表者的权利:监测、分析、信息》1995年第1期。

弗拉兹涅夫弗·恩:《公民社会是宪法性法律研究主题》,副博士论文,莫斯科,2002年。

加夫里列恩科弗·伊:《俄罗斯公民社会中的宪法原则》,《萨拉托夫国家科学院法律·学报·科学杂志》1998年第3期。

加夫里列恩科弗·伊:《俄罗斯联邦公民社会形成宪法性法律保障》,《俄罗斯宪法的发展》(第4卷),萨拉托夫,2003年。

加夫里列恩科弗·伊:《公民社会和法律国家:保障同时发展存在的问题》,《俄罗斯宪法的发展》(第7卷),萨拉托夫,2006年。

《公民社会和法律国家:形成的前提条件》,莫斯科,1991年。

多姆里恩阿·恩:《俄罗斯的公民社会:是历史的必然性还是社会实验的新阶段?》,《代表者的权利——21世纪:立法、解释、问题》2003年第5期。

扎托恩斯基弗·阿:《公民社会和国家:对抗还是伙伴关系?》,《宪法和自治市政府法律》(第16卷),2007年。

库利耶夫姆-普·尔:《公民社会和法律:研究理论经验》,博士论文,莫斯科,1997年。

马戈梅多夫克·奥:《公民社会和国家》,莫斯科,1998年。

马图佐夫恩·伊:《公民社会:本质和基本原则》,《法学》1995年第3期。

斯塔里洛夫尤·恩:《公民社会和国家:谁高于谁?》,《法律报刊》(第20卷),沃罗涅日,2006年。

切尔尼洛夫斯基兹·姆:《公民社会:研究的经验》,《国家和法律》1992年第6期。

舍韦尔佳耶夫斯·恩:《公民社会观点发展的流派》,《宪法和自治市政府法律》2007年第16期。

## 第二节　俄罗斯宪法制度中的意识形态多样性和政治多元化

俄联邦宪法(第13条)规定:

1. 俄罗斯联邦承认意识形态多样性。

2. 任何意识形态不得被确立为国家的或必须服从的意识形态。

3. 俄罗斯联邦承认政治多样化、多党制。

4. 社会团体在法律面前一律平等。

5. 禁止目的或行为旨在以暴力改变宪法制度基础、破坏俄罗斯联邦完整性、破坏国家安全的社会团体的建立和活动，禁止建立军事组织，禁止煽动社会、种族、民族和宗教纠纷。

意识形态和政治的多元是指在一个社会和国家，任何意识形态都不会获得国家官方的认可或强制的法律效力；同时，为了表达不同的政治观点和意见，可以建立政党和其他团体，它们都以法律为活动准则，并在法律面前一律平等。

在这里，意识形态应理解为对社会、国家及两者关系和发展方向等问题观点的总和。意识形态的内容多种多样，基本包括：经济制度、所有制形式、经营方法；国家及其使命、功能、权力实现方式以及部门间的权力分配；人在国家和社会中的地位；公民参与的政治和社会关系，公民团体，关于所有制、劳动和权利的国家制度；社会中现实组织生活的政治制度、管理、人和官方机关的关系氛围。

原则上任何国家没有思想意识就不能发展，要发展就要选择一定的思想意识。一国积淀和发展的意识形态的总和可以说是正式的意识形态，因为不仅在权力机关处于领导地位的人对这种意识形态予以表达和实践，政党和团体里支持前者当选的人也是这样做的。因为在他们后面还有大量选民作为支持者。可以说，这种正式的意识形态代表的就是人民的利益。如果这种意识形态有个名称并被载入宪法或者法律中的话，我们将其称之为国家的意识形态。换言之，是一种强制性的意识形态。

如果是在意识形态多样化的状态下，是不会突出国家的意识形态的。因此，在宪法和法律中确立和巩固意识形态内容的努力仍在继续。目前在宪法中已经存在了相关规定。然而，有观点指出，宪法含有的精神和含义，不能作为要求公民生活及行动的唯一信仰而居于领导地位。

当然，问题出现了：如果社会和国家概念的设置是在宪法或法律中以强制性规则的形式反映出来的，那么我们还能谈论意识形态的多样性吗？能否达到这样一种效果，即存在一种单一的基本立场，而在这单一立场下存在着思想多样性？

这里应区别思想意识单一化和多样化。

单一化最明显的表现是：正式宣布某种意识形态为支配性的、可能是国家的或国家必须履行的。如在一些国家，社会主义和共产主义贯彻在宪法和法律中，并付诸实现；将伊斯兰宣称为社会和国家的基础，等等。政权当局者希望控制某些学说，而这种情况可能在宪法和法律中以特定的形式表现出来，也可能不做表述；强迫人们必须服从某一种思想，以培养他们的意识。

如果在意识形态多样的前提下，政权当局当然也会在一些意识形态下选择一种领导国家和社会的指导方针。但如果宣告了意识形态和政治的多元化，那么首先就要营造一种社会氛围，使普通民众认识到他可以选择是否接受官方的标准。当然，如果是宪法和其他法律规范中明确规定的，人们有义务遵守，但同时他也可以对此表示不赞成，而宣扬其他的思想。

事实上还不止于此。意识形态的多元也指某些个体的自我表达发展为有组织的表达、宣传和捍卫某些思想。它像一座通往政治多元的桥梁，不仅表现为言论自由的形式，也表现为法律上所允许的表达观点的组织形式。

这样就会出现为捍卫某种观点而发生的政治斗争。其对象非常广泛，包括宪法原则。

但这必须有一个前提条件：即意识形态多元下的斗争必须在宪法的框架内。斗争也不允许将某种思想作为国家思想规定于宪法中。否则，意识形态的多元就会走向终结。

从宪法的角度来看，意识形态多样在宪法中有所规定，并尽可能地予以保障。但也不排除制定关于防止某种思想的渗透或禁止宣传某种思想的规范性文件。

我们不能说在思想上还有禁忌，完全可以通过法律文件达到此目的，但收效不大。不能禁止人们去思考某种思想意识的优越性，甚至这种思想可能是误解且危险的错误。

换言之，法律规范的对象不应该是人的思想，而应该是思想指引下的行为。这可以在宪法中找到依据。俄联邦宪法第29条规定，保障每个人的思想和言论自由；禁止从事煽动社会、种族、民族或宗教仇视和敌对的"宣传和鼓动"；禁止"宣传"社会、种族、民族、宗教或语言的优越性。加引号的部分正好印证了我们前面所说的：意识形态多样是随便怎么想都行，但不等于可以自由宣传和鼓动某一思想。这些行为应当符合宪法及其他法律规范。同时，它不仅针对个人的行为，也针对人们有组织的行为。

对某些思想及由此引发的宣传行为的正式评价只能由国家有权机关作出。因此，必须对某些思想中使用的术语和概念作出官方的界定。至于是否将这种界定规定于规范性文件中，这是另外一个问题了。关键是这种界定必须详尽。

因此，针对思想的宪法规范一般都规定得非常笼统，通常会规定在公民基本权利和自由的实现条款和义务履行条款中，也会直接规定在宣传和鼓动某种观点的条款里。这些条款可能由宪法性法律或者部门法予以补充，规定哪些宣传行为是允许的，哪些是被禁止的，以及违法的话将要承担的责任。法律仅允许国家在有组织散布违法信息的情况下（举行示威、印刷并散布传单、组建预备军事团体等）使用强制措施。

正如很多学者所言，政治多样或政治多元（俄联邦宪法13条）有很多表现形式。其中主要包括三个方面：(1)社会团体对保障言论、集会、游行、示威等权利的意义；(2)社会团体的组建程序及其在法律框架内的活动，主要指参与国家的政治活动（选举、全民公决、民意测验等）；(3)社会团体在社会结构和争夺政权的过程中表现出来的相互关系。其中,第一方面关涉公民的政治权利和自由,我们放在后面论述。接下来我们主要从宪法调整的角度来详细论述第二方面和第三方面,而社会团体之间的关系尽量不去涉及,这更多的是政治学和社会学探讨的范畴。

最后我们还要在这部分提出一个重要的细节：宪法第13条规定的政治多元化和多党制与对社会团体的规定交织在一起。不管同意与否,社会团体的组建都带有政治目的。实际上,很多社会团体都是远离政治的。那么问题何在呢？显然在于,在任何时候社会团体都可能面对一些政治问题,它们会对国家政治表明自己态度,对法律草案、选举、候选人一系列问题都有自己的看法,俄联邦宪法不要求一切社会团体都参与政治,但都保留这种可能性。

## 第三节　俄罗斯联邦的社会院

社会院不意味着它是公民社会结构排在第一位的组成部分,但它是公认的社会领袖。问题首先在于社会院的使命是代表全社会,它和其他社会结构机制还不一样,虽然也与其他社会机构紧密相连,但同时它也团结舆论界,吸收他们的意见,结合自己的立场,反馈给国家政权和地方自治机构。

2005年4月4日的联邦法律《俄罗斯联邦社会院法》中已经规定了社会院的地位。根据该法第1条,俄联邦社会院在国家政策的制定和实施过程中通过对联邦执行机关、俄联邦主体执行机关和地方自治机关的社会监督,从而保障俄联邦公民的相互关系,保障社会团体与联邦国家权力机关、俄联邦主体国家权力机关和地方自治机关之间的关系,以满足俄联邦公民的需求和利益,保障俄联邦公民的权利和自由以及各社会团体的权利,并在强制执行部门保证国家政策的相互协调,以保障人权。

社会院以联邦公民、社会团体和非营利性组织的自愿参加为基础。法律规定社会院与政党必须保持距离。法律要求社会院成员必须停止自己在政党内的党籍(第11条第1项)。法律规定政党无权向社会院提名候选人。根据第6条第2项,不允许向社会院提名候选人的有:(1)在社会院现任成员权限届满前一年内登记的团体;(2)政党;(3)因极端行动受到书面警告处分的团体,如果该处分没有被法院认定违法的,自受到警告处分一年之内不允许提候选人;(4)根据联邦法律《反对极端活动法》被勒令停止活动,法院认为禁止活动的决定是合法的。

法律第2条规定了社会院的目的和任务。它的任务是:为解决经济和社会发展,保障人民生活安定,保护俄联邦公民权利与自由,维护联邦宪法制度和人民社会民主原则的发展,社会院会努力做好联邦公民社会团体和国家权力机构、地方自治机关之间就社会重大利益问题的协调工作。其主要途径为:

(1)吸收公民和社团参与国家政策的制订;

(2)提出并支持公民提出的具有全国性意义的倡议,旨在实现公民和社会团体的宪法权利、自由和法律的重要性;

(3)对联邦法律草案、联邦主体法律草案,以及俄联邦执行权力机关的规范性法律文件草案和地方自治机关的法律文件草案进行社会评定;

(4)根据俄联邦法律对俄联邦政府、联邦执行权力机关、俄联邦主体执行权力机关和地方自治机关的工作以及媒体对公民言论自由的保障情况实施社会监督;

(5)在国家支持社会团体及其他旨在发展公民社会的团体领域明确目标,向俄联邦国家权力机关提出建议;

(6)向联邦主体内的社会院提供情报信息等支援;

(7)邀请公民、社会团体及媒体代表讨论公民言论自由的保障问题、公民依法传播信息权的实现问题,并就上述内容提出建议;

(8) 根据本条确定的目的和任务实现国际合作,参与国际组织、国际会议的工作及其他活动。

社会院工作的法律基础为俄联邦宪法、俄联邦宪法性法律、2005年的联邦法律、其他联邦法律及其他规范性法律文件。联邦法律(第4条)规定,社会院批准俄联邦社会院的章程——即该组织工作所依据的基本文件(该章程于2006年1月22日批准,2006年4月15日作了修订)。此外,社会院还制定并批准社会院成员道德守则,要求社会院成员必须执行该法第5条规定(该道德规范于2006年4月14—15日的社会院大会上通过)。社会院的总人数为126人,其中经总统批准42位俄罗斯公民、42位全俄社团代表、42位区际和地区社团代表。

社会院成员必须是年满18岁的公民。法律第7条第2项规定,下列人员不可成为社会院的成员:(1)总统、联邦委员会成员、议员、联邦政府成员、法官、其他国家公职人员、俄联邦主体国家公职人员、主体国家文职人员、市政公职人员、地方自治选举机构任职人员;(2)法院判定为无行为能力者;(3)法院判定为有前科者;(4)曾为社会院成员,但因违反道德规范而被社会院决定停止该成员资格的人(此时的禁止仅针对下届社会院的工作)。

社会院组成程序为:

第一步:在该院权限结束前6个月,联邦总统开始着手下一届新成员的组织。首先总统本人寻找社团、非商业团体、俄罗斯科学院院士、有特殊功绩的社会人士,由总统建议他们进入下届社会院。该42人在30日内书面回复总统表示同意还是谢绝建议。总统在接到书面回复后发布命令,确认该42人为下届社会院成员,如未收到回复,被认为是"沉默就是同意"。

第二步:总统命令发布后30日内,全俄的社会团体向社会院提出自己推荐的代表。推荐申请应包括对该人的评价等各种相关信息。由俄联邦总统批准的社会院成员自批准之日起60日内根据俄联邦社会院确定的选拔程序通过决定,接收来自全俄社会团体选派的42名代表。

第三步:上述两批成员(即84人)在全俄社团代表上任期届满后的30日内作出决定,接收区际和地区社团派出的代表——每一社团派出一名代表。区际和地区社会团体派出的代表由在同一联邦大区的各联邦主体领域内登记的区际和地区社会团体代表大会上选出。该大会自俄联邦总统批准社会院成员之日起30日内举行。大会上的代表规则根据每届同一联邦大区的每个联邦主体举行的区际和地区社会团体代表大会上选出20名代表计算。提请读者注意的是,在俄罗斯联邦建立7个联邦区,这在实践中意味着,一个地区被委派6个社会院的成员,这样的话候选人就非常多。

如果需要更新社会院成员,由俄联邦总统根据他批准的工作小组适用上述咨询程序,只是时间减半。而第二组和第三组补充候选人从以前被提名但没有进入社会院的一部分人中选举产生。

每一届社会院第一次全会必须在其组成后30日内召开。2005年联邦法律规定,3/4以上的社会院成员出席会议,社会院才有权作出相关决议。

社会院成员权限期为自首届全体大会召开之日起两年。

法律规定,社会院可设立自己的机构。在第一次全会上选举院委员会及社会院秘书长。委员会为执行机构,秘书长负责社会院工作(秘书长候选人必须经半数以上成员提出,即64人以上)。此外,社会院有权组成委员会和工作组。只有社会院成员才有权担任委员会成员,社会院成员、社团代表和进入社会院工作的其他公民可以进入工作组工作。

章程中规定社会院设18个委员会。第33条规定的委员会有:社会发展委员会,经济发展和竞争与企业活动委员会,公民社会发展和社会参与国民政策实现委员会,执法机关、暴力机关和司法机关工作监督委员会,健康生活委员会,宽容与善良委员会,国际合作及社会外交委员会,区域发展和地方自治问题委员会,保健委员会,生态安全与环境保护委员会,媒体沟通、信息政策及言论自由委员会,文化发展委员会,民族精神潜能委员会,发展慈善事业、爱心与励志行为委员会,道德、社会院工作与法制完善委员会,保护精神文化遗产委员会,全球化及发展民族战略委员会,创新、高新技术科学及工程委员会。

工作组是社会院临时性机构,基本工作是鉴定规范性法律文件草案,也从事其他工作。社会院共组建了29个工作组,各自负责不同的工作——完善道路交通安全立法工作组,社会外交问题工作组,俄罗斯发展信息社会工作组,俄罗斯公民在境外、国际旅游和国际交流中的权利保障工作组,高等社会奖章——"社会功勋"国家勋章授予工作组,贯彻公众措施合法性监督工作组,等等。

社会院成员应亲自参与全体大会、委员会和工作组的工作。但有一点必须重申:必须脱离政党。此外,也不允许社会院成员组建带有民族、宗教、地区或党派性质的团体。第12条还指出:社会院成员在履行权力时不受社团决议约束。

社会院成员工作是受约束的。但法律第13条为成员在社会院全体会议、委员会、工作组的工作中,以及在出席联邦执行权机关各社会委员会会议时,暂时停止原来的工作并保留工作职务提供保障。社会院有权动用联邦预留的资金为成员完成社会院工作的费用进行补偿。

社会院成员不允许被召回。如社会院成员当选为俄联邦总统、国家杜马议员、俄罗斯联邦主体立法机关议员、联邦委员会成员,或担任地方自治机关职务及其他国家或市政公职,则其社会院成员的权限终止。同样,如果他没有辞去政党的成员身份,社会院的成员权限也告终止。

法律第16条规定,社会院例会每年至少召开2次。由社会院理事会决定,也可召开临时性全会。

为更好地履行自己的职能,社会院有权:

(1)就有关社会重要问题举行听证;

(2)对联邦权力执行机关、联邦主体的权力执行机关、地方自治机关，违反联邦立法和大众传媒言论自由等问题，社会院可作出结论并送交国家权威机构或其负责人；

（3）对联邦关于修改宪法、联邦宪法性法律及联邦法草案、联邦政府及国家各级领导机构、规范性文件草案等工作进行鉴定；

（4）邀请国家及主体各级领导参加社会院全会；

（5）分派社会院成员参加联邦委员会、国家杜马各委员会的工作，按照俄罗斯联邦政府确定的程序出席联邦执行机关的成员大会；

（6）社会院有权询问，在社会院全会闭会期间由社会院理事会发出询问；

（7）参加国际组织，与其签订合作协议书，委派成员参加国际会议，在联邦立法范围内从事其他与国际活动有关的工作；

（8）参与联邦主体内社会院的工作，委派成员参与全俄、区际和地区的社会团体举行的活动；

（9）在法律范围内参与社会监督委员会的组织工作，暂停或终止社会监督委员会成员的工作，赋予和终止社会监督委员会成员的职权。

社会院的结论、建议和呼吁等决定都带有建议性（第17条第1项）。根据章程第19条，社会院要以表决形式（同意、反对、保留意见）来通过决议。根据第21条，准许通过普查表来表决，但此方法在通过有关结论、年度报告和涉及全体人员的决定时不予采用。

国家权力机关、地方自治机关或公职人员收到社会院的信函后必须向社会院通报结果，而且一定在30日之内，有特殊情况下可再延长30日。

社会院有一些非常重要的职权。社会鉴定是其中之一，法律对此作了特别的规定。法律第18条第1项规定：

根据社会院理事会的决定对联邦政府、联邦执行机关的规范性法律文件草案进行鉴定，对联邦主体的法律草案和主体权力机构的规范性法律文件草案进行鉴定，对地方自治的法律文件草案进行鉴定；

根据总统、联邦委员会、杜马、联邦政府的要求对联邦宪法性法律草案、联邦法律草案、联邦政府和联邦执行权力机关的规范性法律文件草案、联邦主体的法律草案和联邦主体国家权力机关的规范性法律文件草案，以及地方自治机关的法律文件草案进行鉴定。

那么，联邦宪法性法律和联邦法律的草案是否只能根据前述"要求"才成为鉴定的对象呢？

通过对法律的分析，可以认为，社会院也可自己对上述文件草案进行评定，但是有限定范围。法律第18条第2项规定，根据社会院理事会的决议，社会院可以对俄联邦宪法修订法草案、联邦宪法性法律草案和联邦法律草案进行鉴定，但仅涉及相关问题：(1) 在社会保障领域的国家社会政策和联邦公民宪法权利问题；(2) 社会安全和秩序的保障问题。由此来看，社会院评审鉴定联邦法律方面有一定限制。

社会院的鉴定结论具有咨询性，通常提交给俄联邦总统、联邦委员会、国家杜马、俄罗斯政府、其他联邦执行机构、俄联邦主体的国家权力机关、地方自治机关。社会院所做的结论必须经过联邦委员会、国家杜马、政府的全体会议以及联邦执行权力机关的委员会审议，上述会议应当邀请社会院的成员参加。

社会院负责收集并研究有关公民社团的倡议，组织公民会议或听证会，就社会生活迫切需要解决的问题进行讨论。

根据法律第22条，社会院每年都要在定期出版物上公布联邦社会院工作报告。

联邦委员会及国家杜马为社会院成员、理事会代表出席其全会和各委员会会议提供保障。俄联邦政府及其他联邦执行权力机关则有义务确保社会院的全权代表出席由其召开的大会（这是总统2005年8月2日作出的《关于社会院成员出席联邦执行机关会议的决定》中专门规定的）。社会院成员出席联邦执行权力机关委员会会议的程序由联邦总统决定。

联邦国家权力机关、联邦主体的国家权力机关和地方自治机关必须按社会院的要求向其提交各种材料以保证其履行职权，但联邦法律规定的机密材料除外。向公职人员提出的询问必须在公职人员收到询问后30日内予以答复，在特殊情况下要求14日内答复。

社会院机关负责该院的一切活动。法律第26条规定，该机关为国家机关，其印章上刻有俄罗斯国徽和自身名称。联邦政府2005年9月30日的《关于组建联邦国家机关——俄联邦社会院机关的决议》中规定了机关章程并确定其工作人员最多为100人。机关领导人的任免由社会院推荐，俄联邦政府决定。受社会院理事会的委托，该机关由社会院秘书长负责。

社会院的活动经费在该年的联邦预算中单列一项。社会院机关开支的经费也包含在联邦预算内的社会院活动经费当中。这项费用在2007年时大约有3.5亿卢布，在2008年略多于3.10亿卢布，2009年为3.14亿卢布，2010年略超过了3.1亿卢布。

社会院有自己的出版物——《社会院信息简报》，创刊于2006年。

通过对法律的分析，我们并不能对社会院的性质作出清晰的界定。根据《俄联邦社会院法》这一文件的名称来看，它属于国家机构。但社会院更应该是一种社会—国家的混合结构。

其国家性质体现于：最初的42名成员为总统任命；有权对规范性法律文件草案进行鉴定；其鉴定结论必须经过相应国家机关和市政机关审议；许多倡议都旨在完善国家政策；联邦财政负责其经费；有自己的机关，机关首脑由总统任命。

其社会性体现于：其成立程序与工作方式；其工作旨在联合公民社会的各个阶层；尽管其倡议和要求会由相应机关进行审议，但仍具有协商性；其监督的方式在法律中指的是社会监督。

在一定程度上，社会院也可能成为俄罗斯民间社会的领导者。这决定了它的目标、任务，包括"为国家权力机关研究建议的权力，都是为了社会团体和其他公民团体提供国家支持,其工作就是为了发展公民社会"(第2条第5项)。

还有一个重要情况:国家一般向非商业组织提供大笔经费。据社会院调查,有1/3以上的组织获得帮助。2007年支给各组织12.5亿卢布;2008年有4 000多社会组织参与竞争获得国家补助金,其中1 224个获得了国家援助。2007年5月16日俄联邦总统在接见社会院委员会成员时指出,有关社会组织运行的经费草案,"可以在你们的参与下进行鉴定。你们在分配这些资源的时候应承担非常重要的工作。也就是说,国家进行了分配,而社会院通过自己的积极参与来决定这笔经费给谁、给多少、用于什么目的"。这已经付诸实施了,在联邦范围内俄联邦总统的全权代表和社会院一起,在社会组织间发起竞争,以决定谁更有优势。

当然,这一点强烈影响着社会院和其他公共团体的关系,使后者更依赖社会院。但是,这并不意味着只有那些获得社会院"青睐"的团体才有权在社会上活动(上述法律规范也适用于社会院的对立面和不支持社会院的团体)。此外,我们决不能忘记,在社会院外还有合法存在的政党,它们也可以在公民社会中争取更多的支持。

## 第四节 社会团体地位的宪法基础

### 一、社会团体的基本特征

(一)社会团体是一种社会组织形式

社会团体是公民表现自身利益和社会积极性的形式之一。公民组成的非国家团体都属于社会组织的范畴。换言之,它们都不具有国家组织地位。社会组织有四种形式:

社会团体,它在公民生活的重要领域内代表公民利益;

宗教组织,其基础是公民个人精神利益的统一体,法律禁止宗教团体参与社会政治生活;

经营协会,它通过共同的经营活动和利润将人们联合在一起;

区域性社会自治组织,按居住地共同讨论、解决城市居民小区或农村居民区中出现的问题,这是地方自治领域的一种社会组织。公民因公共利益和个人利益而相互联系,但这有很强的地域性,以此区别于其他社会组织形式。

因此,公共社会利益是社会团体的基础,而社会团体的活动主要表现在对社会事务和社会生活的管理上。一个社会如果想达到更高的自治水平,就应该保障公民可以创建各种形式的社会团体。

(二)社会团体组建和活动的规范性法律基础

在俄罗斯联邦,除了宪法,1995年5月19日的联邦法律《社会团体法》(2006年2月2日修订)是社会团体组建和活动的一项重要的专门性法律文件。还有一系列重要的联邦法律与此有关:2001年7月11日的《政党法》(2009年修订);1995年12月8日的《工会权利及活动保障法》(2008年修订);1996年1月12日《非商业组织法》(2009年修订);1995年8月11日的《慈善活动及慈善组织法》(2008年修订);1995年6月28日的《国家支持青少年社会团体法》(2004年修订)。

接下来我们研究一下社会团体的地位基础。

(三)社会团体的概念及基本特点

1995年的法律中指出,社会团体是自愿的、自我管理的、非商业形式的、按公民主动精神、基于实现共同目标(见其章程中所指的目标)过程中的共同利益而联合起来的组织。

这一表述可以从下面几个方面展开分析:

第一,社会团体是存在于社会中、独立于国家的非国家性团体。绝大多数情况下社会团体的组建是根据公民的倡议实现的。法律也允许国家倡议组织社会团体,在这种社会团体中国家与之有利害关系。但这倡议必须有公民支持,其组建也正以此为基础。在某种情况下这种组织被认为是国家社会性质社团,但是该社会团体仍独立活动。

第二,社会团体创建的基础是自愿的,任何人无权强迫公民参加。

第三,社会团体是自我管理组织。这是指社团事务、内部组织等问题都由该社团的成员或参加者自己处理。任何人都不能代替,也无权管理该团体。

第四,社会团体是非商业性的。这是指它可以为维持自己活动而从事经营,而不是为获得利润。此时,社会团体与营利性组织的区别在于,社会团体获得的收益不在团体内部的成员或参加者之间进行分配,而是用于公共目的。

第五,组成社会团体的公民应该有共同的利益。公民的个体利益推动社会团体的组建,而之后他们的个体利益就与公共利益不可分割。

第六,社会团体的目标以公共利益为基础,订立于社团的章程中。根据法律的规定,没有共同的目标,也没有章程的话,社会团体是不可能组建的。

## 二、社会团体的组织法律形式

社会团体的形式多种多样。1995年的法律没有根据领域或社会特点而开列社会团体的清单。但法律仍是社会团体存在的基础,即带有政治和社会目的的社会团体、工会、文化、科学、体育等领域的社会团体,以及获得公民和企业的组织及物质支持的基金会、联盟等。

但根据1995年的法律,社会团体运行的组织法律形式仍然使得社会团体类型化。该法第7条称之为"社会团体的组织法律形式"。社会团体可以按下列组织法律形式组建:社会组织;社会运动;社会基金会;社会机关;社会创制机关;政党。

因此社会团体是一个类概念，包括上述所有组织形式和具体的类别。

根据联邦法律，社会组织是"有成员资格的社会团体，为保护结社公民的共同利益、达到章程规定的共同目的而成立的共同活动的社会团体"，社团成员可以是法人也可以是自然人，如果联邦法律和其他法律没有例外规定的话。其中工会、文化、科学、教育和体育协会等属于这类社会团体。

社会运动（第9条）是"由无会员资格的参与者组成的群众性社会团体，该团体以社会、政治和其他社会利益为目标，并为社会运动的参加者所支持"。

社会基金会（第10条）"是非商业基金会的一种，也是一种没有会员资格的社会团体，其目的在于积累捐赠的财产及不违反法律的收入，并将其使用于社会公益事业"。

社会机关（第11条）是"没有会员资格的社会团体，其目的是提供符合参加者利益的具体服务"（公益机关可以是非国有艺术学校、音乐学校、体育学校等）。

社会创制机关（第12条）是"没有成员资格的社会团体，其目标是共同解决各种社会问题，从居住、工作和学习到国民生产能否满足广大市民的需要"（社会活动机关最典型的例子是学校的家长委员会、图书馆理事会等）。

政党，在2002年3月12日修订的联邦法律《社会团体法》中作为社会团体一种独立的组织法形式存在，此前被认为是社会组织的一种类型。这是因为它在政治和国家生活中有重要作用。在建立和活动方面，政党与社团有很多相似之处。两者的区别表现在下列几方面：

政党内只有自然人有个人会员资格，而在社团内法人也有会员资格；

参加政党的只能是俄联邦公民，而社团的章程也允许外国人参加；

政党只能是联邦组织,而社团按活动范围则可以是联邦的、区际的、地区的和地方的(即社团存在于地方组织中);

政党必须在国家登记,而法律允许社团不必进行法律登记。

1995年的联邦法律规定了"社会团体联盟"的概念,它是各社会团体不分组织法形式,在合同或章程基础上建立的新联盟。自进行国家登记之日起,社会团体联盟就像法人一样具有了权利能力,外国的非商业、非政府组织也可以参加。

1995年联邦法律规定的社会团体的分类和组织基础引发了很多问题。具体如下。

其中一点是,法律将成员资格作为社会团体的一个重要特征,它允许自然人参加,也允许法人——即其他社会团体参加(在苏联称之为集体会员资格)。对于后者,大家并不认可,因为它会改变社会团体的面貌而变得不可辨认(如某一政党或政治性社会运动不带任何感情色彩地加入音乐协会)。此外,也不能完全搞清楚,加入相应社会组织的社会团体能不能具有个体的成员资格。

1993年和1995年选举国家杜马议员和选举联邦主体权力代表机构时,出现过这种情况:想竞选上述机构议员的不仅是政党、政治社会运动,还有其他社会联盟,这些联盟的章程中所规定的目的常常是远离政治的。这使选举变得复杂起来,妨碍选民正确判断他们,对团体的了解很少,同时也加大了选举委员会的工作难度,因为很多联盟明知自己没有任何被选中的机会,仅仅借助选举来宣传自己。

因此选举法和社会团体法才引入了"政治性社会团体"的概念。相应规定体现在1998年7月19日的联邦法律《社会团体法》的第12-1条"政治性社会团体"的内容中。根据新的规定,在这类团体的章程中的主要目的之一是必须有通过影响公民政治意愿,组织选举宣传工作来参加国家政权机关和地方自治机构选举。

而很多团体并不是政治性的,如工会,宗教组织,慈善组织,民族文化自治体，社会福利基金会，社会创制机关，以及允许外国公民、外国或者国际组织、团体加入并获得成员资格的社会团体，从事经营活动并在成员间进行收益分配的社会团体，业余爱好者组成的社会团体等。

应该说，"政治性社会团体"的概念也不一定能减轻各类社团参与选举活动的乱象。比如1998年，即下届国家杜马选举前的一年内司法部就收到了139个政治性社会团体的登记申请书。

2001年通过的《政党法》规定，只有政党有权提名候选人参选国家政治机构席位。2002年，从《社会团体法》中删除了第12-1条关于政治性社会团体的内容。政治性社会团体被允许存在到2004年为止，届时《政党法》全面生效。

1995年法律所规定的社会基金会、社会机关等社会团体种类也引发了一些问题。它们更适合归入"非商业性组织"中（具体规定在1995年的联邦《非商业性组织法》当中），因为物质因素决定其活动内容，但他们并不以追求和分配利润为目的。

从活动的区域范围来看，有下列社会团体：

全俄罗斯社会团体：他们在占半数以上的联邦主体的地域范围内开展活动，在那里设有组织、分部和代表处；

区际社会团体：在半数以下的联邦主体（但不少于两个）的地域范围内活动，在那里设有组织、分部和代表处；

地区社会团体：仅限于在一个俄联邦主体的地域范围内活动；

地方性社会团体：在市级地域范围内活动。

《社会团体法》第47条也规定可以成立国际性社会团体。按联邦法，如在俄领土上成立的联盟按自己章程在外国那里有一个分支机构或代表处之类的组织可开展活动，即为国际性社会团体。俄联邦宪法也允许国际社会团体在俄联邦内活动。

社会团体不论其组织和法律形式，在法律面前一律平等。他们根据自愿、平等和法治的原则开展工作。社会团体可以自由地决定其内部结构、目标、形式和活动方法；同时，社会团体的活动应是公开的，关于其设立和程序性的文件也应该是公众可以知晓的。

### 三、社会团体的组建程序及国家登记

（一）社会团体的组建程序和社会团体的创建人、成员及参加者

公民组建社会团体的权利是通过自然人的结合而实现的，也允许已存在的社会团体参加，但后者必须是已登记并取得法人地位的。

社会团体的种类决定了参与其中的是成员还是参加者。成员资格是针对社会组织和政党而言的，而参加者是针对所有其他的社会团体而言的。成员和参加者在团体内部享有平等地位，依据法律享有同等权利。国家权力机构、地方自治机构不可成为组建人、成员或参加者（可能是倡议者）。

满18岁的公民可以是社会团体的组建者、成员及参加者。外国公民及无国籍人士也可以成为社会团体的组建者、成员及参加者，但是不可与联邦法律和俄联邦签订的国际条约相违背。青年联盟成员可以满14岁，儿童联盟成员必须满8岁。获得和丧失成员资格的条件和程序，包括到一定年龄而退出某社团的条件等，都由该社团的章程规定。

不允许要求在官方证件中说明具有某社会团体的成员资格或参加了某社会团体。公民是否加入某社会团体也不能成为限制其权利和自由的根据或获得某些优惠和特权的条件，除非法律有明文规定。

社会团体由3个以上的自然人倡议建立。当然已建立的社会团体作为法人也可进入组建者之列。组建社会团体必须召开代表大会或全体会议（由组建者来决定）。在会上通过决议：(1)组建该社会团体；(2)批准其章程；(3)成立其领导机关；(4)建立检查监督机构。通过以上决议就可以认为社会团体已经成立，其有权实施章程规定的活动，享有法律规定的权利和义务。

（二）登记

1995年的《社会团体国家登记法》第21条最初版本中规定："社会团体有权不在司法机关登记。此时该团体不享有法人权利。"1998年引入"政治性社会团体"的概念后规定，必须进行国家登记，这是不可缺少的程序。对政党也提出同样要求。

2002年对法律进行修改后，有关社会团体可以不进行登记的条款被删除。但法律的其他规定又允许其免于登记。根据该法第18条，自社会团体的组建决议、其章程的批准决议以及领导机关和检查监督机关成立的决议通过之时起，该社会团体即告成立；其有权实施章程规定的活动，享有法律规定的权利和义务，只不过要在该团体进行国家登记后，才具有法人的权利能力。

当然，登记的社会团体权利更多一些。1995年的联邦法律（第27条）同时规定了非登记社会团体的一系列保障措施：它有权自由传播自己活动的信息，召开会议及群众大会，游行、示威，向国家权力机关和地方自治机关申明和保护自己的利益，按照章程确定的目的向上述机关提出建议。

国家登记看起来像是国家对社会团体进行监管的手段，这其实只是其中的一部分。对社会团体本身而言，国家登记是必要的。因为登记后，社会团体有权：

对其合法利益获得来自国家的保护；

防止任何人侵占其名称和标识；

取得法人权利和法人地址，可以有自己财产，在银行开户，以及进行财政收支等活动；

参与选举及全民公投（需要在章程中载明）；

成立自己的传媒机构；

在司法程序中保护自己的利益。

根据下列原因可以拒绝为某些团体进行登记：(1) 其章程违反宪法

及俄联邦立法;(2)国家登记所必需的证件不齐全或不符合程序或提交给了不适当的机构;(3)组建人与法律要求不相符合;(4)社会团体以同一名称登记过,又在同一地域范围内开展活动的;(5)在提交的成立文件中含有不真实信息的;(6)社会团体的名称有损道德、民族和公民的宗教情感的。

如果在国家登记中被拒绝了,该社会团体就不允许创建。

如拒绝登记,国家有关部门应以书面形式通知申请人,并说明拒绝的理由和相关的法律规范。社会团体对拒绝国家登记和不予答复的决定可以向上级登记机关或者法院投诉。当该社会团体解决了前述遭拒绝的问题后,仍可再次提交申请文件,该拒绝的决定对此不构成影响。

## 四、社会团体的权利、义务及财产

### (一)权利

社会团体为实现章程规定的目的,可以有诸多权利,如：自由公布自己行动的信息；在立法允许的程序和规范内参与国家权力机关、地方自治机关决议的制定工作；召开会议、集会、游行、示威、抗议；创办自己的传媒及出版工作；捍卫自身会员、参加者的权利；就社会生活发表倡议,向国家机关提建议；行使社会团体立法中规定的职能；等等。

正如前文已提到,最初的时候,社会团体有权参加选举活动,可以提名候选人(候选人名单),后来这些权利仅仅赋予了政治性社会团体。在2002年,全俄范围内的社会团体又重新获得参加选举的权利,只不过需要与政党组成选举联盟(仅以联盟的形式提出代表候选人)。在2003年社会团体失去参选权,只有政党才有此权。如前所述,根据2008年11月5日总统在向联邦会议所作的咨文中建议的那样,于2009年4月5日对2002年的《俄联邦公民选举权和全民公决参加权基本保障法》进行了补充,赋予社会团体在市级选举中参加推举代表候选人的权利。

根据该法第2条第25小项的规定："在单名制和（或者）多名制选区选举产生市级代表机关代表和选举市级行政长官的选举活动中，其他社会团体（指的是政党以外的）也是选举团体，前提是该社会团体的章程中有参加选举活动的规定，并以社会组织或社会运动的形式创建，同时依法在市级以上的相应机关进行了登记，上述社会团体的相应组成分部也可以是选举团体。在这种情况下，社会团体可以在投票前一年对章程中关于参加选举活动的规定进行修改或补充，如果是地方自治机关由于提前终止权力而举行选举，则要在投票前6个月修改或补充前述规定。"

在苏联时期的社会团体有适当的立法倡议权，可以向苏联最高代表机构、加盟共和国或自治共和国起草和提交法律草案。现在，联邦一级的社会团体已经失去了这一权利。对于俄联邦主体一级来说，1999年10月6日的俄罗斯联邦法律《俄联邦主体立法（代表）机关和执行机关的组织法》将该立法倡议权交给各主体自行规定。根据一些主体的宪章规定，社会团体享有这一权利，例如：乌德穆尔特宪法第82条规定，社会团体的共和国总部有权提出立法倡议；根据雅库特宪法第59条规定，政党和社会团体的共和国总部有这项权利；根据卡累利阿共和国宪法第42条规定，地区性（共和国）社会组织和全俄社会组织的地区分部（组织机构、委员会）以其最高领导机关的名义有权提出立法倡议；根据莫尔多瓦共和国宪法第88条规定，莫尔多瓦人民大会有立法倡议权（这是一个共和国内外居住、属于该民族的公民的社会团体）。

（二）义务

社会团体的义务为：

遵守俄联邦立法，遵守与其活动有关的公认的国际法原则及准则，遵守其创立章程和其他创办文件规定的准则；

每年公布社会团体的财产使用情况或者保证公众有渠道了解该情况；

每年向进行社会团体登记的国家机关报告其活动的进展情况，包括现任领导机关的常驻地、名称,并按照法人统一国家登记表中列举的清单公布社会团体领导者的相关信息;根据登记机关的要求提交社会团体领导机关和公职人员的决定,以及提交给税务机关的相关年度工作报告和季度工作报告;

允许登记机构代表了解其举措;

协助登记机关代表了解社会团体章程确定目标的实现情况和联邦立法的遵守情况。

社会团体具体应当履行哪些义务在社会团体法的最初版本中就作出了规定,2002年进行修订时又予以补充。

2006年1月10日对法律进行补充修改时又增加一项社会团体的义务:"向进行社会团体国家登记的联邦机构通报其接受国际或外国组织、外国公民及无国籍人士的捐款和其他财物的数额、用途及俄联邦政府所确定的实际开销或者使用形式和期限。"(相关规定见2006年4月15日出台的俄联邦政府决议,2008年2月14日修订)在法律中加入这一项是因为在俄联邦某些社会团体的资金来自国外的资助捐款,这就在某种程度上决定了他们活动的性质;同时,不排除这种可能性,即这些捐款的影响会波及一些国家机构,以致影响俄罗斯的一些政治观点和政策,所以要求公开相关社会团体的资金情况。

如社会团体更新了法人统一国家登记表中所列举的某些材料,它应当在做出改变的3日内将相关信息上报。如多次在规定期限内不上报有关材料,国家登记机关就有理由通过法院停止该联盟的法人资格,在登记表中予以除名(此规则于2002年新增,原来的版本规定3年内不提交更新材料的,国家登记机关有权作出相应决定)。

(三)财产

1995年法律规定社会团体作为法人可以拥有自己的财产、土地、房舍、建筑物、运输工具、设备、文化、教育、保健器材、金钱、股票、有价债券等。这些可作为该团体实现其章程目的的物质保证。根据创建章程,社会团体用自有资金设立的机构、出版社、媒体等也属于该团体的财产。联邦法律也可以从国家和社会安全的角度出发,或者根据俄联邦国际条约的规定,规定社会团体不许拥有某些形式的财产。社会团体的财产受国家法律保护。

社会团体的财产包括:章程规定的入会费和成员费;自愿捐款和捐赠;根据章程所进行的讲座、展览、抽奖、拍卖、体育和其他活动的收入;社会团体经营活动的收入;民事交易;对外贸易等其他法律未禁止的活动。

我们看到,法律允许社会团体进行经营活动。但法律同时也规定,社会团体从事经营活动只能符合其法定的创建目的。社会团体的经营活动是由俄罗斯联邦民法典和其他俄罗斯联邦法律规定的。社会团体可以组建合伙型经济组织、协会和其他经济组织,并为其进行经济活动取得相应的财产。社会团体从事商业活动获得的收入不得分配给成员或协会成员,应该仅用于实现其法定目标。社会团体的资金可以用于慈善用途,即使章程中并未规定。

## 五、社会团体与国家的相互关系,对社会团体活动的检查和监督

1995年的法律确立了社会团体和国家的相互关系原则,规定了对社会团体活动的监督和检查。

法律不允许国家政权机关及其公职人员干涉社会团体的活动,正如后者也无权干涉前者工作一样。但法律允许某些互为影响的形式;同时,国家也保证社会团体的权利与合法的利益,支持其工作,从立法角度调整其纳税和一些优惠。国家的支持表现在依据社会团体的申请为其个别有利于社会的计划进行有针对性的拨款;在公平竞争的前提下与社会团体签订合同,包括劳务合同、服务合同及未被禁止的完成国家计划

的订购合同。此外，国家权力机关及地方自治机关在社会团体参加的情况下或征得该社会团体的意见以解决涉及该社会团体利益的某些问题。

俄联邦检察院负责对社会团体遵守法律的情况进行监督。

联邦的金融监管机关、税收监管机关、反洗钱机关负责检查、监督社会团体的资金支出和其他财产的使用情况是否符合章程目的，并将相关结果通报给社会团体的相应登记机关。

登记机关组织对社会团体进行日常的检查工作，检查其活动是否符合其章程规定的目标。检查权限包括：(1)有权向联盟负责人询问其管理文件；(2)有权委派自己的代表参加其举行的活动；(3)一年一次检查其工作，包括资金的支出和其他财产的使用是否符合其章程目的；(4)有权向国家统计、税务、国家监督检查、借贷及其他财务机关询问并获取团体的相关金融经营活动信息。

俄联邦法律《社会团体法》及2002年7月25日的联邦法律《反极端活动法》中规定了一系列针对社会团体的措施，包括对社会团体的警告，对其领导机构的书面警告处分，对社会团体进行终止和清算（禁止其活动）。具体措施如下：

（1）提醒。该措施由2002年的联邦法律《反极端活动法》规定。其第6条："在预先有足够证据证明该社会团体有筹备极端活动的行为，但尚不具备提起刑事诉讼的条件时"，相应的检察官或其助理可向社会团体或宗教团体的领导人也包括其他相关人员提出书面提醒，指出不准许进行这样的活动，并说明提醒的具体根据。如不执行提醒内容，该团体或领导人可以被追究责任。后者也可按规定程序对提醒方提出上诉。

（2）警告。前面两部文件都规定了这一措施。根据《社会团体法》，在发现团体有违反俄联邦宪法或作出违反其章程宗旨的行为时，登记机关即可向其领导机关发出书面警告，指出警告的具体依据（第38条）。团体可以针对警告向上级机构或法院提出诉讼。

《反极端活动法》（第7条）规定，一旦发现社会团体或宗教团体及其他组织,哪怕是其某一分部活动具备极端行为的特征,就会对其发出书面警告,并附有作出警告的具体根据,尤其是其实施的违法活动。如果可能采取措施停止其所实施的违法活动,则在书面警告中规定自发出警告之日起两个月内停止违法活动。警告由检察官或登记机关作出。

这里指的是,如果社会团体的活动不含有极端主义行为,则由登记机关发出警告;如果含有极端主义特征,则登记机关和相应检察机关都有权发出警告。

两部法律都规定,对警告可以提出申诉。同时2002年的法律还补充,如果未向法院提出申诉,或法院认为警告合法,或者在警告确定的期限内未停止违法活动,或者自警告发出之日起12个月内又发现新的极端主义行为的事实,则根据该法规定的程序,该社会团体或宗教团体以及其他组织将被取消,其所从事的非法人活动也被禁止。

(3)停止活动。1995年联邦法律的最初版本规定,如果社会团体在创建和活动过程中违反了法律对其作出的限制,或实施了与其章程目的相违背的行为,有关检察官即可通报该社会团体的领导机关,确定在一定期限内停止相关行为。如在期限内不停止相关行为,在检察官提供证据的基础上,法院可停止社会团体的活动;或者登记机关先向社会团体发出两次书面警告,如果社会团体不向法院申诉或者法院认为警告合法,那么登记机关也有权申请停止社会团体的活动。

2002年7月25日通过反极端活动法对1995年的法律作出了重要调整,主要涉及停止社会团体活动的程序。目前该法第42条规定,如果社会团体违反俄联邦宪法、各主体宪法章程、俄联邦立法,并实施了违背自身章程目的的行为,有关登记机关或检察官将向该社会团体的领导机构发出提醒,指出违法事实和整改期限。如在期限内不改正,发出提醒登记机关及公职人员有权决定在6个月内停止该社会团体的活动。如对该决定不服,团体可以向法院起诉。

与最初的规定相比,法律的现行规定更加严格。以往由法院决定停止问题,现在不必向法院提出,检察官或登记机构自己就有权停止社会团体的活动。

根据2002年的《反极端活动法》,在另一种情况下也可实施停止措施,即向法院申请解散该社团或禁止社团活动。向法院提出申请的机关有权自己决定暂停或解散或禁止社会团体或宗教联盟的活动,不必等待法院审查该申请。在法院对相关申请进行审查前,社会团体可以对停止活动的决定向法院提出申诉。

在停止社会团体活动的情况下,主要是停止下列活动:停止其作为媒体负责人的权利,禁止其召开会议、举行集会、游行及其他公众活动,禁止其参加选举,禁止动用银行存款,但经营活动和劳务合同的开支、赔偿亏损、付清罚款等结算行为除外。

(4)解散社会团体及禁止其活动。这两项措施为宪法性制裁。两者没有本质区别,仅在程序上有差别。解散措施针对已登记的社会团体,而禁止活动是对未经国家登记的社会团体而言的。1995年的联邦法律(2002年和2006年修订)第44条规定,解散社会团体的条件是:违反人和公民的权利和自由,多次或实施了严重违背俄联邦宪法、联邦宪法性法律及其他法律规范的活动,或有计划地实施了与其章程目标背道而驰的活动,不在国家的联邦登记机关或其地区机关规定的期限内停止违法活动。

应该指出,如果这里涉及与极端行为做斗争的话,那么2002年7月25日的法律扩大了向法院申请解散社会团体或禁止其活动的根据范围。可以总结如下:

(1)由检察官或司法部门对有关团体发出警告,不论法院是否提出异议,法院认定警告是合法的;

(2)该社会团体在规定的限期内没有停止其实施的违法行为;

(3)在发出警告后12个月内又实施了新的极端主义活动;

(4)该团体的极端主义活动导致破坏人和公民的权利及自由,危害公民个体健康及周围环境，损害社会秩序、社会安全，侵犯自然人、法人、社会或国家财产及合法的经济利益，或已经构成上述危害的现实威胁（第7条第4款、第9条第2款）。

关于解散全俄或国际社会团体的申请须由俄联邦总检察长上报俄联邦最高法院。关于解散其他社会团体的申请由俄联邦主体的检察院上报俄联邦主体具有一般管辖权的法院。2002年的法律（第9条）规定，相关的登记机构也可针对反极端主义活动的理由和解散社会团体、禁止其活动的理由向法院提出申诉。

## 第五节　宪法调整政党地位的特点

### 一、政党的概念、建立条件及活动

2001年7月11日的联邦法律《政党法》（2009年修订）中规定：政党是一种社会团体，其宗旨为俄联邦公民通过形成并表达政治意愿来参与社会的政治活动，参加选举和全民公决，在国家权力机关及地方自治机关中表达公民利益。

政党必须符合下列要求：

（1）相应的社会组织必须声明自己为一个政党，并在组建和改建时在党章中公开宣布这一点。这样，该党才能在组织上和政治目标上有别于其他社会团体，因为那些社会团体也可能并不否定某些政治目的。

（2）该党必须在半数以上的俄联邦主体中设有地区分部，在一个联邦主体内只能建立一个该党的地区分部；

（3）该党的领导机构、地区分部或其他分支机构都必须设立于俄联邦领土之中；

（4）该党党员人数必须符合本法规定的要求。

自《政党法》实施之日起,上述(1)、(2)、(3)项要求绝对不可以更改。至于(4)项要求,即党员人数,一直处于讨论阶段,相应的变化在立法中能体现出来。

有两个问题存在争议。第一个问题,哪一个方案可行:① 政党没有正式的党员数量,或者即使有,也是为数不多的工作人员,其他时候都依靠公民在选前的积极性,这些公民投该党候选人和候选人名单的票。形式上该党党员数量就会很少;② 该党具有正式的成员数额,同时有意愿的人不仅支持该党,而且加入该党。

如果认可政党应当有正式党员,这时第二个问题就出现了:某一政党的党员最低数量应该是多少,才能认可该党存在并允许登记。

在苏联时期承认多党制,每个政党党员最低不少于5 000人。

《政党法》于2001年通过的时候规定,一个政党人数不可少于1万名;同时,在半数以上俄联邦主体中有地区分部的政党,每一分部不得少于100名党员,在其他的地区分部成员不得少于50名。

2004年12月20日该法律进行修改后,确定各政党不可少于5万名党员;同时,在半数以上的俄联邦主体中有地区分部的政党,每一分部不得少于500名党员;在其他主体内如果有地区分部,则其成员数量不得少于250人。

这些变更对很多政党影响极大,它们无力达到新法规定的党员数量,从而无法继续存在。此外,由于将进入国家杜马的门槛提高到了7%,以前在杜马中有代表的政党现在也成为不可能。

正如本书前文所指出的,这一切多少触动了俄联邦宪法第13条。该条规定了政治多元化和多党制。俄联邦总统在2008年11月5日向联邦会议所作的咨文中提出了一些改革建议以挽回局势:在选举中未达到7%但超过5%支持率的政党可给予1—2个国家杜马代表的名额;分阶段降低政党在国家登记时的最低党员数额。以上建议都被新法采纳。

特别是《政党法》2009年4月28日的新增规定对政党成员的人数作

出了如下规定：政党的成员数量，2010年以前，每一政党人数不得少于5万名，同时半数以上俄联邦主体中所设各分部的成员不得少于500名，在其他地区分部中，各分部成员不得少于250名；2010年1月1日至2012年1月1日，政党成员人数不得少于4.5万名，半数以上联邦主体所设各分部成员不得少于450名，其他主体中各分部成员不得少于200名；从2012年1月1日起，政党成员人数不得少于4万名，半数以上联邦主体所设各分部成员不得少于400名，其他主体中各分部成员不得少于150名。

该法规中关键性的规定：俄罗斯不允许组建区际的、地区的和地方性政党。政党只能是联邦级组织，在俄联邦全部领土上开展活动。

"波罗的海共和党"曾就这一规定向俄联邦宪法法院提出过异议。作为地区性组织，它认为有权保留自身作为"党"这一称谓，并请求宪法法院确认该规定与联邦宪法相违背。然而后者在2005年2月1日的决议中拒绝了该组织的申诉，并指出：区际的、地区的和地方性的社会团体不是政党，无权在自己的名称中使用"党"的概念，自联邦《政党法》生效之日起两年内可以保持其政治性社会团体的地位，之后应当作为一个社会团体以自己的章程为基础展开活动。这样，联邦立法者在通过《政党法》的时候，的确授予（保留）一些社会团体以政党的地位，因为其表达的是大多数公民的利益而撇开了居住地区的因素，并且是在俄联邦的全部或大部分的领土上开展活动的。这样的政治空间结构是为了制止政治力量的分散，防止人为地建立大量成员数量极少的政党（尤其在选举期间），这些政党并不期望能运行多久，甚至常常因此无法完成自己作为一个社会团体所应担负的使命。

该法所称的政党地区分部指的是根据政党领导机关决议设立的在某一联邦主体领域内开展活动的组成部门。如果一个联邦主体中有自治区，那么在该主体中成立统一的政党地区分部。由此可见，在某些情况下，法律禁止创建包含两个以上俄联邦主体的政党分部。但政党可以在分部下设地方和基层的党组织，设立的条件和程序由党章规定。

法律规定，政党的目标及任务应见诸其章程与纲领（这些文件是每一政党必备的）。而且政党的基本目标已在法律中提及（第3条第4项）：了解社会舆论；公民政治品德教育；表达社会政治中对各种问题的民意并将其推广或通报给国家权力机关；提名联邦总统、国家杜马及各联邦主体国家立法权力机关代表、地方自治机关行政长官、市级代表机关代表的候选人，参与上述选举活动和选举机关的工作。

　　对政党而言，建立及活动必须受到以上限制，对任何社会团体也如此。此外，还有某些社会性的限制，如不可按职业、民族、种族或宗教信仰建立政党（法律规定，在政党的章程和大纲中不得以保护职业、种族、民族或者宗教利益为目的，不得在政党的名称中表现出上述目的）；政党不可由从事同一职业的人士组成。

　　俄联邦宪法法院曾对可否按民族、宗教属性建立政党的问题作出过评估。2004年12月15日的宪法法院决议指出，世俗国家的原则是指在带有单一信仰或单一民族组成的国家内保有宽容的宗教传统和多元的思想（由于这种宽容和传统，在某些国家里政党就可以以基督民主思想为基础，"基督教"这一概念此时已远远超出信仰的范畴而表现为欧洲式的价值观及文化观），不能将这一原则机械地适用于俄联邦。

　　多民族、多教派的俄罗斯是几个主要宗教（一方面是基督教的主要派别东正教，另一方面是伊斯兰教）相互作用的结果，它们对社会生活施加影响，在政治意识形态中得以运用，并长期与民族宗教信仰因素密不可分。在社会意识方面，诸如"基督教""东正教""伊斯兰教""俄罗斯教""鞑靼教"等词，与其说是与具体的宗教和民族联系在一起，不如说和整个俄罗斯人民的价值观相连。

　　此外，在现阶段的俄罗斯社会，包括政党及宗教组织，尚未取得成熟的民主经验。在这样条件下，以民族或宗教为其特点建立的政党不可避免地表现为要捍卫民族或宗教团体的利益。具有上述特点组建起来的政党在选举中为争取选票，表现必然极为突出，他们不顾社会团结的大局,瓦解俄罗斯多民族,使民族与宗教价值观相对立,无限抬高自己或贬低别人,最后导致个别民族或宗教思想占优势,而置全民族价值观于不顾的情形,这一切皆不符合俄联邦宪法第13、14条的规定。

以宗教为特点的政党使宗教及其团体政治化,导致政治原教旨主义和教权扩大化,这样将把作为社会和谐形式之一的宗教分离出去。以民族为特点的政党将在选举机构中的代表占优势,反映的是大民族团体利益,但有损规模小的民族集团利益,如此一来必然违背俄联邦宪法中不论民族属性一律平等对待的原则(第6条第2款、第13条第4款、第19条第2款)。

因此,从俄联邦是多民族、多宗教国家这一具体的历史现状出发,原则上不允许组建有民族宗教属性的政党。

宪法法院也指出,如政党的党章、党纲不明确提出党的宗教或民族特征,则党的名称上也不允许有民族或宗教倾向性,否则就会被故意指责其政党的建立在意识形态上具有这样的倾向性。

政党的组织分部按照地域特点来建立。在国家权力机关和地方自治机关、俄联邦武装部队和护法机关及其他国家机关、国家和非国家组织内不允许组建政党分部,不允许政党在其中开展任何活动。

禁止政党干预教育机构的教学过程。

禁止在俄联邦领土上组织外国的政党及其分部并进行活动。

《政党法》规定,不允许政党及国家权力机关及其领导人干涉彼此的活动。在涉及党派利益的问题上,可以协调合作各自的活动,但绝不允许公职人员利用自己在国家或市政上的权势,为政党开方便之门。这些公职人员,除各级议员外,在执行各自职务时不可与政党的决定有任何瓜葛。法律没有要求上述人员必须退党或终止政党的成员资格。法律还专门以较为缓和的形式提到俄联邦总统:他有权在任职期间内终止自己的政党成员资格。针对国家杜马议员,2005年规定,如他们提交退党申请,会导致失去议员权力。

一个政党的成立无须国家机构或公职人员的允许。它可以召开成立大会组建，或者通过全俄社会组织或者全俄社会运动在其大会上改组为政党。

自成立大会通过下列决议之日起，就可认为该政党已创建：政党创建决议；在半数以上的联邦主体内成立地区分部的决议；组建领导机关和检查监督机关的决议。如果有半数以上联邦主体选派的代表参与了成立大会的工作，且这些代表多半是这些主体的居民，则可认为成立大会有决定权。

从建立之日起，政党即可开展与组建政党地区分部和获得国家登记批准相关的组织活动和信息宣传活动。

政党及其地区分部应进行国家登记，自登记之日起即可开展自己的工作，包括以法人身份开展的工作。政党成立大会举行后6个月内提交登记文件。而半数以上联邦主体的地区分部的登记应于政党登记之日起6个月内完成。根据2001年国家法人登记法（第8条）的规定："登记手续自向登记机关提交相关文件之日起5个工作日内完成。"拒绝为政党及其分部进行登记的，可向法院提出申诉。

法律规定，向登记机关提交党员个人信息时，必须征得党员本人同意，否则政党要负相关法律责任。

法律相当详尽地规定了党内组织及其活动的一系列问题。不仅要求各政党要有自己的党章，而且要求政党在党章中表明其基本立场。法律同时指出，政党必须有党纲，其中明确规定党的活动原则、宗旨及任务，也须写上实现宗旨及任务的方法。

此外，入党不仅是自愿的，还是个性化的。年满18岁的俄联邦公民可以成为党员。外国人、无国籍人及法院认定为无行为能力的俄联邦公民无权成为政党的成员。

法律规定，政党党员平等参加政党组织及活动；同时还规定，联邦公民只可参加一个政党，按固定居住或常住地点参加该党某一分部的活动。

　　法律禁止要求俄联邦公民在提交有关自身的正式资料中表明自己是否具有某个政党的党员资格。是否具有党员资格不能成为限制公民权利和自由的根据，也不能成为他获得任何优惠的条件。党员在执行职务及公务时，不受该党决议的约束，但政党及其地区分部的领导机关和检查监督机关的工作人员除外。

## 二、政党的权利和义务

　　整体上看，政党的权利和义务与社会团体相似。政党享有下列权利：自由传播自己活动的信息，宣传自己的观点、目标及任务；根据政党法及其他法律确定的程序和范围参与国家权力机关及地方自治机关的决议制定工作；根据俄联邦的法律规定参与选举和全民公决；与其他政党和社会团体共同创建团体和联盟。

　　法律允许政党从事商业活动，但必须符合法律及党章规定，其所得可用于政党的开销，不得在党员中分配钱物。

　　政党是唯一一种有权独立提出议员候选人（或议员候选人名单），并在国家权力机关中竞选公职的社团。2004年12月出台一项新的规定：不再由居民选举联邦主体的执行权首脑，而由联邦总统提名担任该职的候选人。2005年12月31日及2009年4月5日又补充规定，在联邦主体的立法机关中获得最多席位的政党有权向联邦总统提出担任此职位的人选。

　　2009年4月23日的总统令批准了《关于俄联邦主体最高领导职务（国家权力最高执行机关领导人）候选者的提出及审查程序的规定》。按此规定政党可提出担任该位置的3人以上的候选人。政党提交候选人之前，总统（或受总统委托的俄联邦总统行政主管负责人）与政党的全权代表进行有关候选人的磋商。这样，政党提名联邦主体执行权领导职务候选人的立场可进一步得到强化。

如果党章中已明确规定，则政党及其地区分部，包括其他的组成部门有权参加其登记后正式公布举行的选举和全民公决。如前所述，法律最初规定政党有权独立参加选举和全民公决，也有权根据选举法确定的程序与其他政党和选举团体组成选举联盟参加选举和全民公决。但是2005年取消了选举联盟，只允许政党单独参选。2009年的法律规定，在市一级的选举中，政党与其他社会团体可签订协议组成联盟以选举大区代表或地方自治的公职人员。

政党在提名代表和国家权力机关、地方自治机关公职人员的候选人（候选人名单）时，应当根据选举法确定的程序和期限公布自己的党纲。

政党在下列情况下可认定为参加选举：其提出的国家杜马议员联邦候选人名单已获登记；其提出的俄联邦总统候选人已获登记；其提出的在不少于20%的联邦主体的立法（代表）机关代表候选人（候选人名单）已获登记；其提出的参加半数以上联邦主体地方自治机关选举的候选人（候选人名单）已获登记。

只要符合以上一个情况，即可认定该政党参加了选举。如连续5年未曾参与任何选举，则该政党应予解散。

政党应履行以下义务（《政党法》第27条）：

（1）在自己的活动中遵守俄联邦宪法、联邦宪法性法律、联邦法律及其他规范性法律文件以及党章的规定；

（2）每年向相应机关提交各地区分部的政党成员数量信息、活动的开展情况、现任领导机关的常驻地信息，提交各组织机构的信息；虽然各组织机构不具备法人资格，但根据党章却有权参加选举或者全民公决；向俄联邦中央选举委员会提交一个财政年度资金收支报表的复印件；

（3）允许有权机关的代表参加政党、地区分部及其他组织机构组织的公开活动（如全体大会、代表大会或者公众集会）；

（4）提前向相应级别的选举委员会报告有关提名代表候选人（候选

人名单）及其他国家权力机关和地方自治机关领导职位候选人所举行的活动，并允许选举委员会代表了解相关活动。

政党每年须向有权机关提交本党、其地区分部及其组织机构推出的已经登记的代表候选人及参与国家权力机关和地方自治机关选举职位的候选人名单，同时提交在选举委员会已登记在册的代表候选人信息。

根据法律的规定，政党及其地区分部应向有权机关提交《法人国家登记法》中列举的信息变更情况，期限为变更之日起3日内，但获得许可的信息除外。有权机关自得到政党及其地区分部相应信息之日起的一个工作日内向登记机关通报该信息，以便后者将变更情况记载入法人国家登记表。

每年政党应于下一会计年的4月1日前向俄联邦中央选举委员会（以前规定向登记机关和税务机关提交）提交该会计年度的资金收支财务综合报告，内容包括：存入政党、地区分部及其他已登记组织机构的账户里资金的来源和数额，所获捐赠的财产总值及捐赠人信息，政党、地区分部及其他组织机构的支出数额。

## 三、政党财产及钱财

政党拥有自己的财产和经费。经费来源：(1)党章规定的党费；(2)根据政党法的规定由联邦预算提供的资金；(3)捐赠；(4)政党、地区分部及其组织机构举办各项活动所得收益，及从事经营活动所得收益；(5)民事交易所得收益；(6)其他不违法所得。

政党及其地区分部有权接受自然人和法人捐赠的现金和财产，但条件是必须确认并指明该捐赠的来源。给政党及其地区分部的现金捐赠可以直接转账，自然人的捐献可以是现金。每位自然人每年的捐赠现金数额不得超过433万卢布（2008年7月22日的新增规定）。

政党及其地区分部不得接受下列捐赠：外国和外国法人的捐赠；外

国公民的捐赠；无国籍人的捐赠；未满18岁的俄联邦公民的捐赠；捐献当天其国外股份占注册资本30%以上的俄罗斯法人的捐赠（如果是开放式股份公司，则以上一年股东名单编制的日期为准）；国际组织及国际社会运动的捐赠；国家权力机关和地方自治机关的捐赠；国家和市立组织的捐赠；捐献当天国有和市政财产占注册资本30%的法人捐赠；部队、军队单位、护法机关的捐赠；慈善组织、宗教团体及他们成立的组织捐赠；匿名捐赠；捐献日期前注册未满一年的法人。

2008年7月22日修订的政党法规定，政党及其地区分部一年内从一个法人处所得捐赠不得超过4 330万卢布。一年内从一个自然人处所得捐赠不得超过433万卢布。

政党及其地区分部每年所得捐赠总额不得超过43.3亿卢布。同时，政党的一个地区分部每年所得捐赠总额不得超过8 660万卢布。

法律规定，政党可以获得国家支持。也就是说，俄联邦及其主体的国家权力机关、地方自治机关保障各政党公平使用媒体，在国家和市政所有权范围内为各政党提供场所和通信工具等。

国内就是否由国家财政拨款给政党的问题进行了很长时间的讨论。2001年的联邦法律顺利解决了此问题。法律第33条指出：由国家预算拨款给政党。其办法是根据政党在参与选举活动中经费消耗的总结报告，从国家预算中拨款给予补偿。这笔钱，在国家预算分类中注明专项费用。

根据2008年新的规定，国家预算拨归政党的总数额为20卢布（2005年规定为5卢布，这之前规定为当时最低工资标准的0.005倍）乘以登记在册的参加即将开始选举国家杜马代表或总统的选举人数（提请注意：俄联邦选民最多为1.08亿人）。联邦财政部门将款项每年或一次性拨入政党结算账户。

在下列情况下，政党有权接受联邦财政部门资助（政党法第33条第5项）：政党提出参选国家杜马候选人名单获得联邦选区参加投票选民不少于3%的选票；政党提出的已登记在册的俄联邦总统职位候选人获得参加投票选民不少于3%的选票。

对政党进行资助的联邦财政资金是有区别的：根据国家杜马代表选举结果——自正式公布选举结果之日起3个月内进行资助，并在该届国家杜马权限期间内每年进行资助；根据联邦总统选举结果，自正式公布选举结果之日起一年内实行一次性资助。

法律允许政党不接受国家财政拨款，此时该款项将仍存放于联邦财政。

2005年7月21日《政党法》新增规定（第34条），俄联邦中央选举委员会和相应的联邦主体选举委员会对政党、地区分部及其组织机构所得财产的来源和数额进行监督，主要包括会费和来自公民、法人的捐赠；相应的联邦和各地的税务机构负责监督政党、地区分部及组织机构的其他收入来源、数额及税金缴纳情况。过去由税务机关检查政党的各项收入来源。

## 四、监察及暂停政党活动、取消政党

2001年法律调整政党暂停活动和清算关系中的检查监督问题。

监察工作由负责政党注册的国家机关执行。尽管该法第38条是关于检查政党活动的，从其内容看，是指监督政党及其各分部分支是否遵守俄联邦法律，其活动是否与党章规定的目标及任务相符合。换言之，不直接插手以上提及的党的活动。

在监察范围内，国家注册机关有权进行下列工作：

（1）每年一次了解政党并核实有多少分部及党员数量的文件；

（2）委派自己的代表参与政党及其下属单位的各项公开性的措施，如：通过修改和补充党章党纲，推选领导及检查部门，提名国家、地方自治各级选举职位议员候选人，改组或取消政党及其区域分部等工作。

监督机关在起监察作用的同时，有权向政党及下属分部分支提出书面警告，如果他们的行动不符合其党章规定的地位、目标及任务。就此警告，党及下属分部等可以向法院申诉。一旦对政党地区分部或已经登记注册的分支机构提出警告，地方机关必须立即上报联邦注册部门和该政党的领导机构。

如政党违反俄联邦宪法、联邦宪法法律、政党法律以及其他联邦法律，那么就将出现特殊的局面。届时联邦注册部门将依据《政党法》第39条向政党提出书面警告，指出其所犯错误并规定在不少于2个月的限期内改正。如在规定期限内不修正错误，也不向法院申诉，则俄联邦最高法院将根据联邦注册部门的声明，暂停为期6个月的政党一切活动。

对相应的俄联邦主体内党的下级分部分支提出的警告为1个月内改正错误。如当地政权提出申请，联邦主体的司法部门将可能暂停6个月的党分支分部的活动。

在正式公布国家杜马议员及联邦总统选举结果的前一天，《政党法》不会暂停政党活动，但也有例外情况，如政党采取了过激的做法，或政党破坏领土活动和违反不干涉国家及其单位部门的工作的规定。对位于相应的联邦主体中的政党所属下级各部也如此处理，即自公布开展议员选举工作之日起至正式公布选举结果的当天，此期间不会暂停上述分部分支的活动。

如政党在选举国家杜马议员上取得成就，其联邦名单可获得议员委任书，则根据党在联邦一半以上的各个主体中没有少于500名党员的区域分部，或者自上述选举投票之日起4年过程中缺少必要的党员名额，那么也不会暂停该党的活动（必须提醒一点：在最近的将来，对党区域部分的党员名额数量将另有要求）。

联邦法律还提出宪法法律责任的另一措施，即取消政党。当政党及其下属分部分支被暂停活动后仍不改正错误，联邦注册部门将向法院提出取消政党及其下属各级分部分支。依据该党最高权力领导机构——

代表大会或由俄联邦最高法院裁定,该政党即可被取消。俄联邦最高法院决定取缔某政党只在下列情况下(第41条第3项):

(1)不执行俄联邦宪法第13条第5款和联邦《政党法》(进行极端性质的活动),第4、5项(违反规定成立分支,严禁干涉国家机构的活动);

(2)法院判定有关暂停活动后,仍不改正错误;

(3)政党不参与选举活动;

(4)超过半数以上的俄罗斯联邦主体的分支机构未达到法律要求的数量;

(5)党员数量不足;

(6)政党每次在规定的期限内向联邦全权机构提交有关下列更改的必要信息,如在国家登记表上该党法人有所变动的信息,但有关获得许可证的信息不在其中。

取缔某一政党的申请提交到俄联邦最高法院和联邦注册部门。

上面所引的(4)、(5)项情况,但凡政党的参选国家杜马议员名单获得议员委任书在选举投票之日起4年之内将不会被取缔。

自正式公布开始选举国家杜马议员和联邦总统之日起至正式公布选举结果之日止,如政党没有过激行动,俄联邦最高法院将不会取消该政党。

按照政党最高权力机构的决定,以及法院的决议,可以解散政党属下的各级分支机构等。法院作出解散决定的依据,与上述列举的情况相类似;由联邦登记机关或者其地方分支部门向俄罗斯联邦主体的普通法院提起诉讼。

应该指出,因2002年7月25日通过了《反极端活动法》,2001年《政党法》按照上述法律进行了修正。在对《政党法》的补充中规定(第41条第7项),按照《反极端活动法》规定的程序和依据可以解散政党。

在此法律条文中包括解散社团的各种理由,上面我们已谈过这类问题。这就是说,在必要时根据《反极端活动法》,可以提出取消某个政党的问题。

在政党被取消的情况下,其财产清算后该如何处理?首先,如党代表大会决议取消该党,财产按照党章党纲规定的要求处理;其次,如果法院决定取消该党,则党财产归入俄联邦的收入中。

## 第六节　作为公民社会成员的公民个人
### ——社会和职业联系的制度化

公民社会不可能必然表现为社会团体形式,尤其是政治性的组织机构。公民们完全有可能聚集在一起讨论各种有关切身利益的问题,或者社会和国家生活等问题,这是公民社会固有的特征。俄联邦宪法明文规定公民有自由集会的基本权利(俄联邦宪法第31条)。

公民这种可能性的制度化有两方面:第一个可以称作"超地区性的";第二个可以称作"职业性"或"生产性的"。

至于第一方面,应该强调公民有权相互到一起(在街道、院子、俱乐部等)交流、讨论所关心的公众性问题。

这类接触可能表现为通过集会或大会来宣称自己的权利,或许就在自己的居住地点开会,但不能将所有的形式都归结为组织措施。人们除了政治或生活利益外,还有其他交际活动。例如,热衷体育俱乐部的人,热衷不同消遣活动的人,如摩托车手、汽车迷、爱读书的人等都会在一起讨论或交流信息。再说,即使一群政治爱好者也完全不必非在会议、大型集会、游行等场合碰面,如果他们仅仅愿意和自己有同感的人们就相应问题进行交流。

近来,政府对待非正式交往的态度是各异的。首先,可能持有赞赏的态度,如果这种交流有助于从智力体力角度培养人(业余文艺剧团、文学小组、军事爱国主义俱乐部等)。其次,持有可以容忍的态度,如果某种非传统的行为尚不会违背法律(某些"小头目"和少数另类交往),如果这些人较少聚会,不严重违反法律,那也可容忍(过去的伞兵在空降陆战兵日集会、喝酒,在城市喷泉里洗澡,与其他人寻衅惹事等)。再次,大批非正式群体,如足球迷,不仅支持所喜爱的球队,破坏社会治安,如损坏物品。除了必须惩罚闹事者,政府要切实强制国家体育领导、体育俱乐部组建社团——球迷联合会,借此让他们与球队一起接受教育,得以尽快取得理想结果。

第二方面是在同一职业生产上的公民交流机制的制度化。很遗憾,在我们的时代,无论如何也没能使这方面和公民社会相结合。

我们曾提到在苏联时期,特别是在最后阶段,有一个宪法法律概念:"劳动集体"。团结国家思想教育劳动者,在管理生产单位和机关等问题上,希望这个集体能发挥极大作用。劳动集体在总体上曾是组织相当好的共同体,共产党的基层支部和领导下的工会在集体中起带头作用。

在通过1977年苏联宪法时,曾在宪法中肯定劳动集体的崇高使命,并规定这个集体是政治体系中的组成部分之一。在宪法"政治制度"一章第8条中规定了下列内容:劳动集体参加下列工作,如讨论和决定国家和社会事务;参与制定生产和社会发展计划;培养和分派干部;讨论和决定企业和机关管理工作;改善劳动和生活条件,讨论并决定如何使用发展生产的资金,以及用于社会文化措施和物质奖励的款项。

劳动集体开展社会集体竞赛,促进先进工作的传播,加强劳动纪律等,用共产主义道德精神教育自己的成员,关心提高他们政治觉悟、文化和职业水平。

现在,在私人生产和市场经济条件下,劳动集体首先消失了带有政治色彩的作用。至于其管理,参与何种组织形式则全部由雇主决定。在这种经济体制下工作者自己开会是有可能的。工作者自己倡议,尤其是带有抗议成分的会议,绝不可以取消。

在总体上，民主生产会议和劳动者会议的作用，在私有经营方面大幅度地受到压缩，而且常常荡然无存。法律制定者和学者倾向不使用"劳动集体"这一概念。同时俄联邦劳动法律规定，工作者可以开会确定代表自己的机构（如工会、解决劳动纠纷委员会），以便对雇主提出要求，通过罢工决议等。

总而言之，作为公民社会成员的公民，其职业和生产联系的制度化表现为如下几个方面：

（1）工作者可以采取保护自身权益的有组织的措施。

（2）这种措施可以成为劳动者和雇主基于社会利益开展的共同行动。在很多国家，私有者召开工作者会议，讨论工作质量及提高劳动生产力问题。这种会议象征雇主与雇工的相互理解及和谐，防止罢工事件发生。同时，这也是政府对经济步骤作出反应的形式之一。

（3）企业工作者开会讨论社会及国家的政治问题，通过政治性决议。这类会议不可取消。

（4）不可排除劳动集体有关干部问题的建议，如选举委员会代表人、选举观察员等。既然相应措施在劳动时间之外实施，所以决不会妨碍基本的生产任务。

# 第十三章
# 宪法对俄罗斯联邦经济活动原则和财产形式的规定

我们已经指出,承认各种所有制形式和承认经济活动、经营管理的自由是俄罗斯宪法制度的特征之一。在巩固宪法制度基础的同时,宪法赋予的权利应当成为社会—国家有机体的组成部分。

在法律规范内,首先要规定不同所有制存在的前提和与此相关的经济关系的类型。宪法恰当地执行这一任务:社会关系的所有经济问题都将取决于宪法规定了哪些所有制形式,确定了哪些基本原则。所有制形式和经济活动相互联系、相互制约。

## 第一节 宪法规定的俄罗斯联邦多种所有制形式

所有制的宪法调整是指在国家基本法中对某些所有制形式实施许可、对某些所有制形式实施禁止。总体而言,是确定国家对所有制形式的态度,这种调整在不同所有制形式的宪法规范中表现出来。

存在为数不少的、类型各异的实例,并且有时与宪法调整的所有制形式相违背。当然,从总体上看,所有制关系是作为国家经济体系的重要基础而存在的:

对私有制的不同态度——从鼎力支持到彻底禁止,或者允许它在有限范围内存在；

试图将全部所有制形式皆转换为国家所有制（国有化），或者允许国家所有制的"副产品"——集体所有制的存在；

努力将国家财产最大限度地私有化（去国有化、非国家化）；

准许存在私人的、国家的、市政的、集体的及其他形式的所有制，规定国家对各种类型所有制形式平等对待，并将之上升到宪法的规定。

俄罗斯联邦承认并一律平等地保护私人的、国家的、市政的和其他各种形式的所有制（宪法第8条）。宪法没有给各种所有制下定义，但考虑到一般的规则和民事立法的规范，可以使用下述对所有制形式的理解：

私有制是指财产既作为生产资料（广义上的，也就是企业、贸易公司、银行、宾馆、住宅、非居住性建筑、拖拉机、载重汽车等），也作为个人需求和消费物品（住房、住宅、郊外小房子、汽车房、小型汽车、家具等——以前这些通常称作是公民的私有财产）掌握在公民或者他们的联合体（合伙、股份公司等）的手中。

国有制——俄罗斯联邦所有制（联邦所有制）或俄罗斯联邦各主体所有制。在国家所有制中，既可以包括上述的物品，也包括其他的对象（尤其是生产性的和公共使用的，如厂矿、交通运输、教育文化机构、土地、自然资源等）。

市政所有制是指市政机构所有制（俄罗斯联邦民法典第215条）。有观点认为，市政所有制是生活在该市政地区的居民的所有制。这种观点的依据在于俄联邦宪法第130条第1款。该款规定："俄罗斯联邦的地方自治保障居民独立地解决地方性的问题和对市政财产的占有、使用和分配。"从字面意义上理解这一条款就会得出市政财产的所有者是居民。当然，事实上，市政所有制不是集体所有制的变种，也不能满足每个居民对该财产觊觎份额的要求，这一点对于宪法和民法典而言是相同的。市政机构实际上是以居民的名义对市政财产进行管理。

宪法第8条规定的其他形式的所有制是指社会团体、宗教组织、外国人所有的财产形式，还有某些混合的所有制形式。

以前，部分财物曾被排除在国有制之外（如土地、工厂）。今天，除了某些禁止性的规定外，各种不同的所有制形式之间对财产对象的原则性限制已经没有了。不仅是个别财产，连土地和自然资源也可能同时由私有制、国有制、市有制等分别掌握。

某些特定的财产对象只能采用联邦所有的所有制形式。这是法律规定的，但是很清楚，这是指一系列的军队财产（飞机、坦克、火箭等）和宇宙制品和核产品等。

俄罗斯联邦宪法在确认各种所有制形式的同时，几乎未提及所有权的内容、实现途径及界限。问题可能在于：所有权的内容是建立在对财物的占有、使用和处分的范畴之上或者是以物权的方式实现的；实现所有权的途径无论如何都和国家允许的经济活动的流转和形式有关，所有权的界限与对这些权利的保障直接相关，这些问题由民法典所规定。但是，部分概括性的规范在俄罗斯联邦宪法上规定也不是多余的。正如本书所指出的那样，希望国家扩大就该部分问题的宪法调整（就像瑞士宪法规定的那样）。

## 第二节　俄罗斯联邦经济活动的宪法基础

这部分要继续谈上一节的问题，同时需要指出，宪法对国家的经济活动和经济生活的作用可能是多元的，而且经常是积极的。这一点在宪法学的研究还不够深入，经常是从实用的角度来探讨经济的法律基础问题，而经济的法律基础在很大程度上是由部分部门法规范调整的。因此，这里我们试着阐明创建经济活动宪法基础的主要因素。

（1）概括地说，宪法首先规定的是国家经济体系的基础。此时，"国家经济体系""国家经济基础""国家经济体系基础"等这些概念可能在宪法上并没有被规定。例如，在苏联1936年宪法中提到了"苏联经济基础"这一范畴，在1977年苏联宪法中提到了"苏联经济体系的基础"。在现行宪法中没有相应的概念，但是并不是说没有涉及。

为了确定国家经济体系的基础，宪法会体现出：一是经济的相应类型；二是国家存在的（允许的）所有制形式；三是经济活动的基本规则。

在确定经济类型方面，对国家宪法而言没有特别的选择——或是市场经济，或是计划经济。被称作混合经济的方案有市场—计划经济或者计划—市场经济（这里词序具有重要意义，并且预先规定了某种经济类型的主导地位）。这种混合经济在过渡阶段会被特别采用。但是，或早或晚其中的某种经济类型将成为主导的，尽管对另一种经济类型而言，合理的管理方式还会被某种程度地使用。1977年苏联宪法中这样规定："对经济的领导是在经济和社会发展的国家计划基础上实现的。"（第16条）苏联1978年宪法也规定了这一条（第16条）。

1990年11月1日宪法改革时将这一条从苏联宪法中删除了。在1990年12月15日进行改革时，在宪法的另一条文中规定，国家调整经济活动，"保障市场机制的发展"（第17条）。

1993年俄罗斯宪法，不但没有使用这一概念，而且其全部内容集中在发展作为俄罗斯联邦经济主导类型的市场经济上。

（2）宪法中确认的所有制形式（这一点前面已经提及）和国家对何种所有制形式采取何种政策，与国家经济体系基础及经济类型有关。如果说在对所有制形式的规定中，国家基本法可以规定独特的"确认"任务（规定有什么），那么宪法的作用可能更加积极，会保障某些确定类型的所有制形式的优先权，并鼓励它们发展。

（3）宪法调整的下一个任务是确认经济活动的基本原则。在解决该问题方面，宪法集中在下列几点上：第一，人在经济活动中的地位；第二,整体经营组织;第三,国家准许(鼓励)的经济活动的形式和方法。

对个人而言,这意味着宪法确定了物质领域的一些原则或者自由,同时也确定了劳动的义务,这里不仅仅指劳动,而是对社会有益的劳动,也就是为国家或者社会的利益所从事的劳动。1993年俄联邦宪法的基本态度是个人享有下列权利:第一,成为企业经营者,也就是在某种范围内成为生产(经济活动)的组织者,即雇主;第二,仅限于"出售"自己的劳动力,即雇员;第三,既不是雇主也不是雇员,而是从事个体劳动,以此保障个人的需求;第四,不从事任何活动,而是依靠遗产、依靠资本的利息生活,甚至可以作为被赡养的人而生活。

宪法拒绝了将社会利益作为任何经营形式基础的思想。在俄罗斯联邦宪法上确立的原则首先应该是:将个人利益与社会利益相结合作为在我们社会和国家的经济关系体系中个人地位的基础。

至于国家的经济组织,宪法第8条保障经济空间的统一,商品、服务和财政资金的自由转移,支持竞争和经济活动的自由。国内禁止设置壁垒——设置海关的界限、设定海关关税和其他的杂费以及其他对经济自由发展的任何阻碍(第74条)。如果这是为了保障安全,保障人民的生命和健康,保护自然环境和文物,需要对商品和服务的自由流通进行限制时,则只能由俄罗斯联邦进行,而不是联邦的各主体,并且只能以联邦法律作出规定。当然了,从外资流入和对外经济活动的角度看,俄罗斯对其领土享有主权,也就是说要确立相应的规则并监督执行。

有关经济活动的形式和方法,宪法规定,俄罗斯不允许垄断和不正当竞争,要保障土地和自然资源作为生活在相应领域上的各族人民生活和活动的基础加以保护和利用,要确保财产是为居民就业服务的,并能成为人民物质福利的基础。此外,经济活动的自由对于经济流转的参加者而言是平等地进行生产、销售、购买劳动产品和签订合同或者从事其他经济关系的前提。

(4)确定国家财政组织基础也是国内宪法调整经济生活的方式

之一：

首先，宪法确定，国家拥有自己的财政体系，其基石是国家预算以及供给国家和人民需要的主要国家财政支出；

其次，宪法规定，税收和其他法律规定的收入可以填补国家财政；

再次，宪法规定，国家经济体系建立在本国的货币政策和调整既包括本国货币，也包括其他货币的关键机制之上。

（5）上述俄罗斯宪法制度规定的原则所建立的前提是：宪法已经对国家政治的任务和标准、经济组织的权力等级以及这些组织在调整经济关系、确定相应的经济规划、管理各领域、实现监督权等方面都作出了规定。这一点在不同的社会经济体系的国家中都存在。

例如，根据苏联1977年宪法和1978年宪法的规定，对经济的领导不仅仅是建立在国家经济和社会发展的计划之上，还要考虑到部门和地区的情况，要将中央集中管理和企业、联合公司和其他组织的经济独立性和主动性相结合，同时要积极利用经济核算、利润、成本以及其他经济杠杆和刺激（宪法第16条）。国家保障劳动生产率的提高，保障提高生产效率和工作质量，保障国民经济蓬勃地、有计划地和协调地发展（宪法第15条）。这些宪法中的一系列条款已预先规定了有关科学组织生产劳动、提高工资水平和劳动者的实际收入方面的国家政策的核心内容（宪法第22—23条）。因此，经济的基础是国家对整个过程的调控和管理，因为实际上整个经济体系都是国家的。

俄罗斯实行市场经济后，宪法中取消国家强制命令的规定，但仍然保留了反映国家在经济活动中创造性任务的宪法调整功能。如1990年12月15日宪法第17条规定：俄罗斯苏维埃联邦社会主义共和国创造条件以促进生产的健康发展、提高劳动生产率和保障整个社会及每个劳动者的福利待遇；国家调整经营活动，保障市场机制的发展，不允许垄断，保护劳动者利益；保护生态环境；实现统一的税收财政政策；允许经济生活参与者自由辩论，杜绝在经济活动中的滥用职权。

1993年俄罗斯联邦宪法将上述内容分散在几个不同条文中。在宪法的开端就规定了几个关键条文，主要规定的是国家在调整经济、为经济发展创造条件和完成一定组织和监督功能所要实现的任务。

（6）在俄罗斯，对经济活动的调控是以宪法规定的国家保障和保护经济和财产的自由为前提的。这一点是经济自由和所有制形式多元的必要条件。目前，这一点在宪法中的规定非常有限，尽管在部门法首先是民事立法上有类似的规定。但是，扩大宪法保障范围的必要性变得越来越明显，可以说以下是加强经济和财产自由宪法保障的主要方面：

第一，在宪法规范中应当反映出，国家保障实现经济活动参加者合理的职权和机会；

第二，在国家机关和公职人员给财产所有人造成损失的情况下，国家负责赔偿，同时要保障法院和其他国家职能机关审理对其他财产所有人提出赔偿请求的合法程序；

第三，要从宪法上保证，只能在被现行立法所发展的、宪法规定的一般规则的基础上才可能对经济活动进行限制。并且可以在宪法中规定终止经济活动的主要方式：注销、破产，在严重违法的情况下被法院禁止活动，按法院的决定被没收财产，因进行犯罪活动终止经营。

第四，在宪法条文中应当包含对被非法没收财产的保障，而且这不仅仅对第35条规定的私人财产适用，也适用于其他财产形式。财产形式变更的法律途径（放弃财产、出售、私有化、发还私有等）也同样可以在宪法规范中进行规定，其中包括明确主要的条件和程序（根据法院的决定、为了相应的需求，进行必要的赔偿等）。

第五，不应排除国家自己承担保证经济活动的物质义务，这一问题也应在宪法规范中得到反映。具体是指在宪法上可以规定俄罗斯国家在不能预见和紧急情况下创建物质和财政储备，保障公民和法人免受经济危机的冲击，对经济流转活动的参加人提供贷款的财政支持等。

## 参考文献

巴普洛娃·恩·阿:《俄罗斯宪法建设》,2003年。

巴普洛娃·恩·阿:《论宪法的概念》,《法律与法》2003年第10期。

鲍达利·恩·斯:《宪法建设是俄罗斯民主社会法律发展的表现》,《俄罗斯宪法发展》,2003年。

布杜索夫·恩·弗:《宪法调整的体系和对象是俄罗斯联邦基本宪法政治建设》,《莫斯科报》2003年第2期。

德季德佐耶夫,尔·姆:《俄罗斯宪法的发展》,弗拉基卡夫卡兹,1996年。

卡贝索夫·弗:《特俄罗斯宪法的形成、俄罗斯宪法的发展》,萨拉托夫,1993年。

科基金阿·布:《宪法建设是国家法律的一种》,《车里雅宾斯报》2003年第9期。

库达芬奥·耶:《苏联政治和社会建设的宪法基础》,莫斯科,1985年。

勒热夫斯基·弗·阿:《苏联社会政治建设是苏联人民主权的具体表现》,罗斯托夫,1974年。

勒热夫斯基·弗·阿:《社会主义发展建设·宪法内容·结构调整对象》,1983年。

卢米采夫·奥·戈:《俄罗斯宪法基础·问题的形成》,莫斯科,1994年。

## 第四编

# 俄罗斯联邦个人的宪法地位

积极相处：个人和睦关系

# 第十四章
# 俄罗斯联邦人和公民宪法地位的基础与原则

## 第一节 现有的规定

前面已谈到,人的优先地位是俄联邦宪法制度的基础之一,由此可以得出个人地位的原则性特点。人的地位、权利、自由和义务反映其个人利益,也能够反映国家和社会的利益。

俄联邦在评定人的身份地位时,使用了格式化的概念,该概念被国际社会所援引并在国际文件中予以规定。俄罗斯宪法针对个人采用的是"人和公民"的概念。《俄联邦宪法》第二章的名称是"人和公民的权利与自由"。

"人"这一概念反映我们每个人作为一个有思维能力的生物所具有的自然属性,同时也反映地球文明的基础。人,首先是拥有自己的生活、尊严、自然需求和精神需求的个体。由这样的人演绎出复杂的世界和生活,进而形成社会。因此,对于国家来说,它的首要职能是关心人,为人的正常生存创造条件,在干涉个人生活方面须遵守特定的原则。[①]

同时,作为个人也在某种程度上影响着社会和国家生活,甚至有义

---

[①] 文学作品中的"公民",尤其在艺术作品和政论性作品中,常常表现为爱国主义思想,表现为人与生养他的国家之间的关系,表现为对祖国的爱,表现为个人的国家荣誉感。我们可以想一下涅克拉索夫的诗:"你或许不是别的什么,但你必须是国家的公民。"这个词的重要性是由其自身决定的,并不是因为它受到宪法调整,所以不能仅从这个意义上来理解"公民"。

务考虑社会和国家的利益,因为个人的很多行为都是由社会利益和国家利益决定的。"公民"的概念则体现出个人的使命,即他应尽其所能参与社会和国家事务,为追求共同的幸福而努力。

当然,这种分析在一定程度上是相对的。在现实中,"人"和"公民"经常是无法区分的。但有一点很明确,即应当保障每个人能够生存,以自己的劳动获得幸福,融入社会整体(或者至少不会危害社会),影响并参与社会关系的发展和国家政策的形成,以及为此享有权利和自由并承担相应的义务。

从宪法意义上看"个人"这一概念大于"人"和"公民"的范畴,并将两者包含于自身。换言之,我们提到"个人"时,同时具有人的自然属性和社会关系的含义。

当然,"个人"这个概念还有另外一层含义,即它反映人的内在尊严和不可替代性,以及他独有的特质和来到这个世界的"历史使命"。因此对宪法权利而言,"人"和"个人"的概念基本上是重合的。在艺术和政论性的作品中都会使用"个人"和"人"的概念。在高尔基的名剧《在底层》里有个角色的台词中这样说道:"人——骄傲的称谓!"这鲜明地表现出对个体尊严予以尊重的必要性。

作为哲学范畴的"个人"从法律层面来理解,要求在法律规范中为个体的生存创造一系列条件,这些条件构成一个统一的整体并相互交融,具体表现为以下几个方面:

(1)具备一定的地位——这是其自然身份不可或缺的因素之一;

(2)个人地位的存在是社会与国家的固有特征之一;

(3)对个人而言,这一状况表现为享有一定的权利、自由,同时履行一定的义务;

(4)个人有能力(即法律前提)行使自己的权利、自由,同时履行一定的义务;

(5)此时必然发生个人与社会及国家的关系,包括个人可以要求国家为权利、自由的行使以及义务的履行提供必要的制度、途径和保障；

(6)国家有义务保障每个人实现权利和自由,并履行相应的义务,尤其要特别关注那些因主客观因素无法实现的人；

(7)在国家面前,个人必须要有能力对自己的行为负责。

下列因素构成个人在俄联邦的宪法地位：

(1)俄联邦人和公民的宪法地位原则；

(2)俄联邦国籍；

(3)俄联邦人和公民的基本权利、自由与义务；

(4)保障和捍卫个人的地位。

此外,国家还有专门的任务,关注在国内外剧烈的社会政治变革中成为政治牺牲品的本国公民,关注身处国外的本国同胞,以及在俄联邦境内的外国人和无国籍人。这些工作也都有相应的宪法基础。

关于人和公民宪法地位的分类基本上适用于俄罗斯领土内的每个人。与此同时,权利、自由、义务的范围当然取决于具体个人是俄联邦公民、外国人还是无国籍人。

对任何一个人来说,权利、自由和义务的范围受制于其权利能力和行为能力两个方面。

权利能力,是指人具有权利、自由和义务的一般能力。对于俄联邦公民来说,权利能力是指宪法和法律所规定的实现所有权利和自由、履行所有义务的可能性。他始于人的出生,终于其死亡。仅在法律规定的情况下按照相应的程序才能对权利能力作出限制。

行为能力是指公民通过自己的行为获得权利、自由并承担义务的能力。如果权利能力自每个人出生时取得,那么行为能力要求达到一定年龄,不同的权利、自由和义务所要求达到的年龄也不一样(如,18岁才能享有选举权)。此外,还要求满足具体的条件和个人的生理状况(当举行选举的时候,只有行为人的精神正常并且没有因法院判决刑事处罚而被剥夺自由的人才能够行使选举权）。

在一定情况下，公民的行为能力仅表现在其行为中（如思想和言论的自由）。但有时候行为能力也与机关、公职人员和组织的活动有关，因为没有机关、公职人员和组织的活动，个人就不能够实现权利、履行义务。例如，为了行使选举权，公民必须在选民名单中登记，来到投票点，获取选票，填写选票并投入票箱。如果投票点的选举委员会没有做好必要的准备工作，公民就无法实现自己的投票权。

## 第二节　俄罗斯联邦人和公民的宪法地位之原则

人和公民在宪法中的地位是个人地位以及个人在社会和国家中的地位的基础。

### 一、个人自由

个人自由是俄联邦人和公民宪法地位的首要原则。它受到社会和国家结构的保障，也受到俄联邦宪法的保障。

个人自由，是指其在行动上能够自由选择行为方式，自由选择其在人际关系中、群体中以及社会国家关系中的地位的独立自主性。

关于个人自由的著述很多，但也不意味着这个问题已经阐明。从承认绝对的自由，即人独立于家庭、集体（指人在社会团体中工作或是某个社会团体的成员的情况）、社会乃至国家，到宣称在允许的框架内的自由（这个框架是由家庭、集体、社会和国家确定的），观点和看法不一而足。

撇开争论的焦点问题，仅从个人宪法地位的角度来理解的话，个人自由应该包括以下几个方面：

首先，没有绝对的个人自由，也不可能有这种自由。人不是孤立于家庭、集体、社会和国家而存在的，而是与这几方面共存的。当然，如果把一个人投入无人岛或是原始森林中，那么他就可以享有绝对的自由了。但这是一种极其罕见的情形（其实，这里的自由也是有条件的，因为人要想活下去，就不得不适应那里的环境，与野兽们打交道）。所以，不存在脱离家庭、集体、社会和国家的自由，自由只能存在于家庭、集体、社会和国家之中。换句话说，自由存在于人类生活的社会之中。

因此，个人自由表现在个人欲望与社会设定的行为标准之间的协调关系上。个人自由的程度问题由来已久，各个时代的思想家都试图寻找到这个尺度，于是，人和公民自然的、不可分割的甚至是绝对的权利和自由学说就形成了。具体指哪些权利和自由在任何时候、任何条件下都不能被人所生存的社会加以限制。但就是在社会本质相同的制度内，人们也无法列举出那些不受限制的权利和自由的清单，更谈不上对这些权利和自由的理解了。

我们所谈到的制度，不是说国家优于个人，只是国家在这个制度里起到一些决定性的作用，在这样的制度里，个人自由、人和公民的权利和自由及实现的路径完全从另外一种方式来理解。

其次，与个人的宪法自由相关的，有下列几项原则：

（1）社会中的个人行为自由决定了其可以选择自己的行为方式。个人自行决定如何生活、从事什么、在哪居住、与谁交际等。这种自由由国家和社会予以保障，主要的保障途径就是社会和国家通过制定宪法和其他法律规范来营造相应的道德氛围，构建相应的政治制度。在这里，宪法最重要的任务就是针对人和公民享有的基本权利和自由及其最主要的保障方式作出明确的规定。

（2）每个人都要把实现个人自由的外部条件、内心意识以及来自社会和国家的保障措施几个方面结合起来。这一点非常重要，因为如果一个人没有从内心接受这种家庭、集体、社会和国家环境内的自由，就不会有真正的自由。宪法就是帮助个人形成这种意识的规范前提，这也是宪法法律意识的组成部分之一。

（3）每个个体都会对个人行为自由、个人利益和他周围人的利益，以及家庭、集体、社会、国家的利益进行衡量。同样，上述利益的统一应该被认为是与个人利益相一致，并采取措施保障利益的实现。也就是说，个人自由是一种社会氛围，在这一氛围下个人、社会和国家的利益实现了和谐。

（4）个人自由有一定的界限。超过此界限，人所在的共同体就会反作用于个人的自由，从而干涉个人的生活。因此，每个共同体有权对个人施加影响，当然也不能超越界限。为了防止国家机关及其公务人员，以及非国家的社会团体恣意干扰个人生活，宪法构建了相应的保护制度。

（5）个人自由是个人按其意愿参与或不参与，及以何种形式参与社会和国家事务的自由。在这里，参与的形式由法律和各个团体的规范来确定。人可以选择自己劳作，或为相应的雇主干活，不论在哪一个社会团体都可以根据法律和章程来解决生活中遇到的问题，组建家庭或者保持单身，所有这些都表现出个人的自由。

（6）个人自由不仅包括实现权利的自由，也包括为了所在共同体的利益而进行自我限制的自由。在理想的范式里，这种自愿的自我限制应该就是个人在社会和国家中的义务。在对等的关系上履行义务，是由权利确定的；而其中一些最重要的义务则由宪法加以规定。

## 二、人与生俱来享有的基本权利和自由及其不可转让性

该原则由《俄联邦宪法》第17条第2款规定："人的基本权利与自由不可被剥夺并且每个人生来就具有。"

那些最符合人和公民本性、反映人和公民在社会关系体系中的地位并为国家宪法所确认的权利和自由是最基本的权利和自由。也就是说，人和公民的生活不可或缺的权利和自由是基本的权利和自由。如果由于某些原因，个别权利没有被宪法予以规定，或者是在宪法通过后出现的新的权利，那么应将这部分权利规定于法律中，并最终实现由宪法作出相应规定。对此，《俄联邦宪法》的解释是："俄罗斯联邦宪法中所列举的基本权利与自由，不能被解释为否定或贬低人和公民的其他公认的权利与自由。"（第55条第1款）

宪法关于"人与生俱来享有的基本权利和自由"的表述应该理解为，所有的人在法律上一律平等并且基于出生就具有国家立法中已经规定的一系列的权利和自由。

在人类的历史上存在着一个古老的问题：个体是否拥有某些不受制于制度、立法者个人喜好的权利和自由。众所周知，法国18世纪思想家曾提出所谓的自然权利说，认为人生下来就是自由的，因此就具有一定权利，否则人无法生存（如生命权、个人尊严、个人自由、人身不受侵犯及住宅不受侵犯等）。

从这个立场出发，个人享有的具有自然属性的权利和自由属于基本权利和自由（因此自然属性是一个典型特征）。

在科研和学术文献中，关于个人地位和人权问题还有一个理论——将人和公民的权利、自由按时代区分，这是历史进化的反映。

很多国家的立法中都将人的自然权利、法律面前人人平等的思想以及参与国家事务的权利归为第一代人权。换言之，属于个人和公共政治权利。

在劳动者争取自身经济社会地位、保障自身文化精神要求的斗争中，形成了第二代人权。具体在国际法文件和不同国家的立法中，表现为经济、社会及文化权利。学术文献中常使用"实在权利"的概念。

以团体的形式实现、单个人无法实现的人民的权利属于第三代人权,如民族自决权、少数民族自决权、环境权和安全生活权等。

目前还出现了第四代人权的建议,主要指与个人利用科技进步成果和信息空间有关的权利。

这种理论目前来看受到一定的局限。因为随着文明的发展,每一组个人的权利、自由和义务都不是一成不变的,都会有新的内容来加以充实。

目前来讲,不仅那些自然的权利和自由属于人的不可分割的权利和自由,其后出现的权利和自由也具有不可分割性,不仅个人具有的权利和自由具有不可分割性,公民所享有的那些对社会和国家发展产生一定影响的权利和自由也具有不可分割性。

目前比较正确的说法是:每个个体所必需的权利和自由的范围不仅取决于他的自然属性,也取决于他所在的社会和国家是否能够为其创造实现这些权利和自由的条件并满足他们的需求。这些权利和自由都由国际社会加以确认并规定于国际文件中。因此,应把抽象的权利和自由,即人和公民享有的自然的或者不可分割的权利和自由加以具体化,在总结集体经验的基础上将国际社会所承认的某些权利和自由确定为最基本的权利和自由。

但是,不论我们如何谈论基本权利和自由的自然属性和不可分割性,每个国家的人都会享有他所在国的法律规定的权利和自由。在俄联邦,该原则提到的人与生俱来享有、不可转让的基本权利和自由都是在《俄联邦宪法》中予以规定的,至少是现行立法规定的。

## 三、俄罗斯个人地位符合国际社会要求及标准

如将国际文件和国内的宪法性立法相对照,则可看到后者完整地反映出为国际社会承认的人和公民的基本权利和自由。在此基础上,可以这样总结俄罗斯联邦人和公民的地位的下列原则:个人在国家中的地位

符合国际社会的要求及标准——表现在权利和自由的范围及相互关系，相应的解释和法律表述，宪法及其他规范性文件的规定等方面。

这一原则由《俄联邦宪法》第17条第1款予以规定："依据公认的国际法原则和准则并按照本宪法，俄罗斯联邦承认并保障人和公民的权利与自由。"

将公认的国际法原则和准则作为俄罗斯法律体系的组成部分（俄联邦宪法第15条第4款）意味着国际标准的效力就在于人和公民权利及自由行使的保障方面。如果发现国内立法不足以保护权利和义务，而在俄联邦签订的国际条约中有更有效的措施，就可以将相应的规定适用于特定的社会关系中。当然，我们还是希望在国内立法中作出比较完善的规定，以避免公民、法院、公职人员行使权利时出现问题。

## 四、个人利益与他人、社会和国家利益相结合

这项原则是由几个宪法条文予以规定的。《俄联邦宪法》第17条第3款规定："实现人和公民的权利与自由不得损害他人的权利与自由。"根据第15条第2款，不仅国家政权机关，地方自治机关、公职人员、连公民及其团体皆有义务服从俄联邦宪法和法律，因为它反映的是普遍利益。

《宪法》要求大家珍惜自己的权利与自由；它宣称，在俄罗斯联邦，不能颁布取消或贬低人和公民的权利与自由的法律（第55条第2款）；同时规定，"联邦法律只能在为捍卫根本的宪法制度、道德以及其他人的健康、权利与合法利益，保障国防和国家安全所必需的限度内，限制人和公民的权利与自由"（第55条第3款）。我们发现，在个人基本权利和自由的范围及实现领域都要考虑社会的利益。

在实现上述原则时很重要的一点是保障个人立场与社会价值之间的协调。意思是说，个人利益与社会利益的契合应建立在人内心认识到必须这样做的基础之上，为了他人、社会和国家利益也能做出某种牺牲。

换言之,该原则的实现不能仅依靠对个人的外部施压,尽管这也是不可避免的。

## 五、普遍性原则

普遍性原则既适用于个人地位,也同样适用于其权利、自由与义务,它是指宪法中规定的个人地位的基础不是针对个别人或个别团体,而是针对国家的所有公民;同时,根据一般规则和法律所规定的例外情形,这一原则也适用于外国人和无国籍人。这里不允许有任何歧视。

当然,每个人都可以根据自己的实际情况来实现权利和自由并履行义务,如:一个人行使其受教育权的同时完成了中学、大学和硕士的学业;而另一个人则满足于中学教育或者职业学校的教育。这并不影响宪法权利的普遍性原则,因为对所有的公民来说,权利、自由和义务的范围是一样的,只是他们运用的方式不一样。

宪法规定了人们有平等的机会,并不否认每个人有不同的身体和智力状况。普遍性不要求每人一定要在相同范围内实现该权利,人们可根据自身特点来决定。其结果是,人的勤劳和努力确实具有一定的意义,但不会影响到权利、自由和义务的普遍性。

普遍性并不是说人在生命的各个阶段都有一模一样的权利、自由和义务。我们已经谈到权利能力与行为能力的问题。对一个人而言,他可能只拥有潜在的权利,对另一个人而言则是现实的权利。例如,学生不拥有领取退休金的权利,兵役仅对男性和一定范围的女性适用。这样,普遍性是指同等条件下的人所存在的一种可能性。

## 六、公民在法律面前一律平等

这一原则是指所有人在法律面前都是平等的,即享有平等权。他们平等地享有权利和自由，同时平等地承担义务。俄联邦宪法声称，在法律和法院面前人人平等（第19条第1款）。

不能将法律面前人人平等原则与人们生理上的平等和社会平等相混淆。

正如前文所提及的那样，不存在个体生理上的平等。每个人从诞生之日起就有不同特点——健康、智力、外貌、才能、工作能力。大自然有意造化出了人们的差异，并让这个世界上的人以基因遗传为基础生存下来。

在社会平等问题上也不可存在幻想。人们的社会经济水平不同，这是他们劳动、需求、遗产、运气等方面决定的。

国家与社会能够做的就是宣称并尽量保证每个人法律面前的平等。换言之，对每个人来说，法律规定的其生存和发展的基本条件都是相同的。

对于法律面前人人平等这一原则而言，有几个视角非常重要：人与人之间的平等；性别平等；民族平等；国籍平等。

根据宪法第19条第2款，国家保障人和公民的权利与自由的平等，而不管其性别、种族、民族、语言、出身、财产、职务、居住地、宗教、信仰、社会团体以及其他情况如何。禁止以任何形式以社会、种族、民族、语言或宗教属性去限制公民的权利。

根据宪法第19条第3款，男女享有平等的权利与自由和实现权利与自由的平等机会。为了保证不同性别人士的法律平等权，宪法将女性排在前面并不是偶然的。此外，宪法还规定了一些对女性的特殊保障，如国家推行保障妇女平等地位的政策、提高对从业妇女和母亲的关怀度等。

尽管宪法第19条第2款规定了民族平等，但在一个多民族国家，还是应当特别强调民族平等的意义。将有关国家民族政策的规定和保障各民族、各族群自由发展的规定写入俄罗斯联邦宪法还是大有裨益的。

最后，俄罗斯宣布外国人和无国籍人士可以破例和俄罗斯公民一样具有法律上的平等权,但这仅指符合正式规定的情况。宪法第62条第3款规定,外国公民和无国籍人在俄罗斯联邦享受同俄罗斯联邦公民一样的权利,履行同俄罗斯联邦公民一样的义务,联邦法律或俄罗斯联邦签署的国际条约规定的情况除外。

法律面前人人平等的原则与前文讲的普遍性原则在内容上有重合。总体而言,它们都要求在法律面前人人具有平等的法律地位,即不允许在相同的条件下为某人创设特权和给予相对其他人来说更多的权利或免除其应承担的义务。

## 七、个人地位的宪法基础与现行立法和实践调整的一致性原则

俄联邦宪法第18条规定:"人和公民的权利与自由具有直接效力。它们决定法律的含义、内容及其运用,决定立法权和执行权以及地方自治的活动,并受到审判活动的保障。"

这是对任何国家都需要的原则。宪法宣布的民主口号必须体现在当前的立法中,所以不能推迟通过发展这一准则的法律。因为没有这部法律的话,该准则就无法实现(尽管已经有了宪法的直接效力原则),其实对发展宪法规范的法律文件的遵守程度也非常重要。

再补充一点,即使当前的立法准则能够正确地发展宪法规定,适用中也会出现问题。比如,宪法第40条规定了居住权,对贫穷的以及法律规定的其他需要住宅的公民,按照法定的标准免费提供住宅或从国家的、市属的和其他住房基金中为其提供足够的资金。看上去现行立法中规定很人性化。但目前的这两个方案——免费和提供足够的资金这两种方式中,第二种属于模糊不清的情况(什么是"足够的"资金?),它将导致实践中穷人获得免费住宅的可能性会大大低于苏维埃时期。也就是说,现实并没有朝好的方向来"修正"宪法。

必须纠正国家机关、地方自治机关、政党及运动在实践中所犯的错误和偏差。

## 八、个人宪法地位的保障性原则

这一原则表现在为实现权利和自由、履行义务应当提供必要的物质保障,建立程序性机制,保护个人利益。

以上就是完整的内容。要知道,如果不具备经济条件,宪法规定的权利就会成为假象。权利的保护方法能够把人武装起来,去争取自己的合法利益,并同专横作斗争。

**参考文献**

阿夫托诺莫夫·阿·斯:《人权,法律保护和法律保障活动》,莫斯科,2009年。

维特鲁克·恩·弗:《人身法律地位概述》,莫斯科,2008年。

沃耶沃金·尔·德:《俄罗斯的人身法律地位》,莫斯科,1997年。

佐里金·弗·德:《21世纪的宪法和人权》,《俄罗斯联邦宪法15周年和人权宣言60周年》,莫斯科,2008年。

卡莫科娃·戈·恩:《俄罗斯联邦公民权利和自由平等的宪法原则》,萨拉托夫,2002年。

克鲁斯·弗·伊:《宪法权利作用的理论》,莫斯科,2007年。

卢卡谢娃·耶·阿:《社会主义权利与个人》,莫斯科,1987年。

卢卡谢娃·耶·阿:《公民,权利,文明:普遍价值标准》,莫斯科,2009年。

玛牡佐夫·恩·伊:《法律体系和法律地位》,萨拉托夫,1987年。

巴列妮娜·斯·弗:《公民权利体系中的妇女权利:国际观点和本国观点》,莫斯科,2000年。

《人权》,莫斯科,2002年。

艾波泽耶夫·布·斯:《苏联的人身自由的宪法基础》,萨拉托夫,1982年。

艾波泽耶夫·布·斯:《俄罗斯的个人与国家:相互责任与宪法义务》,莫斯科,2007年。

# 第十五章
# 俄罗斯联邦国籍

## 第一节 一般原则

### 一、概念和规范基础

俄罗斯联邦领土上的自然人属于下列范畴之一：

俄罗斯公民——他们是有证件证明其为俄罗斯联邦国籍的人；

外国公民（外国人）——是持有另一国家国籍证件的人（俄罗斯公民也允许有其他国家的国籍——双重国籍；但是拥有双重国籍并不能使俄罗斯人成为外国人——从宪法法律角度看，还是俄罗斯联邦公民）；

无国籍人——他们既没有属于俄罗斯国籍，也没有属于外国国籍的证件。

规定国籍的基本原则在俄罗斯联邦宪法第一章"宪法制度基础"。宪法第6条规定：

1. 俄罗斯联邦国籍根据联邦法律获得和终止，它是统一的和平等的，无论其获得理由如何。

2. 俄罗斯联邦的每一位公民在其境内都拥有俄罗斯联邦宪法所规定的所有权利和自由，并承担同等义务。

3. 俄罗斯联邦公民不得被剥夺自己的国籍或被剥夺改变自己国籍的权利。

此外，宪法第62条第1、2款与国籍有关——它们规定俄罗斯公民可以拥有双重国籍：

1. 俄罗斯联邦公民可以根据联邦法律或俄罗斯联邦的国际条约拥有外国国籍（双重国籍）。

2. 俄罗斯联邦公民拥有外国国籍不损害其权利和自由，也不免除因俄罗斯国籍而产生的义务，联邦法律或俄罗斯联邦的国际条约另有规定的除外。

有关国籍问题的专门的基本法律渊源是2002年5月31日联邦法律《俄罗斯联邦国籍法》（2009年修改）。该法取代了1991年11月28日第一个俄罗斯联邦法律《俄罗斯联邦国籍法》。

另一个专门法律是2002年11月14日俄罗斯联邦总统令批准的《俄罗斯联邦国籍法问题审查程序法》（2008年修改）。

为理解并采用"国籍"这一概念，合法的法令，尤其是早些时候俄罗斯联邦内务部通过的，后来为联邦移民局通过的法令，也具有重要的意义。

总之，俄罗斯联邦国籍是一个人与俄罗斯联邦的稳定的法律关系，表现为其间互有的全部权利和义务（2002年国籍法第3条）。

在文献中也有将国籍定义为一个人属于相应的国家的身份证明。大多数学者拒绝这种对国籍的理解，因为它反映了一个人对国家的依赖。事实上，国籍并未把人当作国家的附属品，未建立个人对国家的绝对服从。在当代对国籍的解释中，其内容包括取得国籍权和根据人自己的意志进行最后改变的可能性，这才是其应有之义。

## 二、国籍和臣民

在俄罗斯联邦立法中，以前在苏联立法中，传统上是使用"国籍"概念来表示人与国家的法律关系，排除"臣民"概念。这很自然，因为1917

年俄罗斯成为共和国,而"臣民"概念与君主制相联系,君主制有沙皇、皇帝、国王,也有其臣民。

当然,说的不只是正式的法律上的区别。"国籍"与"臣民"的概念可以从理论上体现人的两种截然不同的状态。公民——就像是自由国度里的自由人,自己决定自己的事务,自己管理自己;臣民——就像是不属于自己,而服从另一个人——君主意志的生物,君主不是普通的人,而是众人之上的"神"或"半神"。历史上争取自由的斗争常常也是反对国王、皇帝、沙皇,争取共和政体的斗争,共和政体被认为是真正民主的政体。

在建设当时被认为是最先进的社会的道路上,俄罗斯苏维埃联邦社会主义共和国和苏维埃社会主义共和国联盟在确定新制度的立法基础时,清楚地确定了适当的"填写"国籍和国民范畴。因此,全俄中央执行委员会1917年11月23(10)日的法令《取消等级和文职官员令》取消了所有沙俄帝国时期存在的公民的等级和等级划分、等级特权和限制、阶级组织和机构,所有的文职官员也一样被废除了;废除了所有文职官衔和名称,并确定了"一个用于俄罗斯所有人口的共同的名字——俄罗斯共和国公民"。

由于通过第一个关于联盟国籍的规定(1924年10月29日),在苏联执行委员会会议上做报告时,苏联外交人民委员戈·弗·奇契林强调:1789年人与公民权利宣言(法国)取代了臣民概念,这里的臣民即是国家强制权以公民概念将他人意志强加其上的客体,而这里的公民则是以国家权力形式体现的人民集体意志的参与者。但在阶级的经济不平等基础上,国家不可能实现劳动群众的意志表达。十月革命第一次缔造了通过苏维埃国家体现的劳动群众集体意志的表达载体意义上的公民。①

即使在君主制国家本身,情况也在变化。一些国家保持传统,尽管有大量的权利、真正的自由和民主,但其当地居民仍然被称为臣民(如瑞

---

① 参见1924年10月24日苏联中央执行委员会第二届代表大会第二次会议:《第13号公告》,莫斯科,1924年,第69页。

典的立法)。但另一些国家,形式上仍保留君主制,却倾向于采用"公民"范畴(如英国、西班牙等),不仅以此强调民主的程度和公民参与政治生活的广度,而且以此强调这些国家承认君主制作为自己可以接受的(建国)政体。

## 三、国籍是个人的自然状况

具有相应国家的国籍是人的自然状况。世界上绝大多数人都有某个国家的国籍。不具有国籍,无国籍状态——多为例外,而不是规则。各国原则主张缩小无国籍范围。1961年8月30日《国际减少无国籍状态公约》的根据就是,国家决定国籍的取得问题首先考虑个人利益;国家应当给予在其领土上出生的人以国籍,否则其便没有国籍。

俄罗斯遵循一般原则。1991年国籍法第7条"减少无国籍状态"宣称,俄罗斯联邦鼓励无国籍人取得俄罗斯联邦国籍,也不反对他们取得他国国籍。2002年的《俄罗斯联邦国籍法》规定:"俄罗斯联邦鼓励居住在俄罗斯联邦境内的无国籍人取得俄罗斯联邦国籍。"(第4条第6款)如我们所见,首先,俄罗斯实行这样的政策只是针对那些居住在俄罗斯的无国籍的人;其次,没有涉及他们取得外国国籍的问题。这一规定表明,俄罗斯遵守《国际减少无国籍状态公约》。实践中看起来像这样:认真审查无国籍人获取俄罗斯国籍的申请书;当另有决定使其陷入无国籍状态威胁利害关系人时,俄罗斯在所有这些争议的情况下保护自己的国籍;国家不干涉无国籍人作出是否获取其他国籍问题的决定。

1948年12月10日联合国大会通过的《世界人权宣言》规定:

1. 每个人都有权利拥有国籍。

2. 任何人的国籍不得任意剥夺,亦不得否认其改变国籍的权利。

考虑到这一点,可以历数几种俄罗斯保障国籍的方针,即认真审查:获取俄罗斯国籍申请的权利;保留俄罗斯国籍的权利;改变俄罗斯联邦国籍的权利。完全有理由承认,国家决定在该问题上所取立场的权力,符合俄罗斯联邦宪法规定的俄罗斯联邦公民有改变国籍即实际上放弃俄罗斯联邦国籍的权利,但绝不是自动并正式批准放弃。

## 四、剥夺国籍问题

有关俄罗斯联邦公民的国籍不可剥夺的规则,在国家史上第一次载入1991年国籍法。这种可能性曾见诸俄罗斯苏维埃联邦社会主义共和国1918—1921年国籍法,苏联1924年、1930年、1931年国籍条例,苏联1938年、1978年、1990年苏联国籍法,都规定了那种——恰好在很多外国立法中也常见的条件。

取消国籍是以国家主管机构为代表的国家行为,不考虑公民意志通过国家立法终止其与本国的法律联系。正如本书第一部分所述,剥夺国籍是宪法法律责任措施,是宪法法律的制裁。通常情况下,采取的措施违背个人终止自己国家国籍的愿望,虽然有人可能也希望其被剥夺国籍,或者实施一些行为,明显要使剥夺国籍这种措施的采取成为可能。

20世纪20年代的文件涉及剥夺国籍主要与反苏政权的反革命活动有关。苏联1938年国籍法对剥夺苏联国籍根本没有规定任何理由,仅仅指出,它可能会根据法院的判决发生,法院的判决或者是根据法律规定,或者是根据苏联最高苏维埃主席团每次的特别法令(第7条)。根据1978年苏联国籍法,如果一个人实施了诋毁苏联公民崇高称号、有损苏联声誉或者国家安全的行为,根据苏联最高苏维埃主席团决定的特殊情况下,可能会被剥夺苏联国籍(第18条)。这种表述给了主管机关和公职人员评价公民行为的广泛自由裁量权。

根据1990年5月23日的苏联国籍法,可能对居住在国外的人剥夺苏联国籍。换句话说,排除了剥夺国籍附加公民留在苏联居所或者同时驱逐出苏联。该法还删除了剥夺理由应当是"诋毁苏联公民崇高称号"的表述,排除了有关苏联"声誉"的提示,明确规定了被剥夺国籍的人实施了给苏联的"国家利益"或者国家安全造成"实质"损害的行为(第23条)。

考虑到国际性文件,1991年《国籍法》以及随后的《俄罗斯联邦宪法》,首次出现了有关个人改变自己国籍权利的记录。的确,1991年法律的提法扩大了:在俄罗斯联邦"任何人"不会被剥夺自己的国籍或者改变国籍的权利——也就是说,不仅包括俄罗斯人,而且包括任何外国人。但是,整个国家对外国人如何对待自己的国籍似乎并不关心,对其公民的意向却并不漠视。所以,俄罗斯联邦宪法的规范从"俄罗斯联邦公民"开始,对其予以保障。

不过,有关俄罗斯联邦公民"不会被剥夺自己国籍"的宪法条款的一些问题并没有删除。特别是在俄罗斯人如果去外国当兵,到外国警察、司法、安全机构任职的情况下,怎么办?一些国家在这些情况下允许剥夺国籍,虽然说得较为"文雅"——国籍的终止或丧失。

顺便说一句,欧洲1997年国籍公约允许一些情况下根据国家的提议丧失国籍,其中包括:自愿取得另一国家的国籍;自愿在外国军队服役;行为严重损害了国家的切身利益;国家与定居国外的公民缺乏真正的联系。然而,该公约规定,如果有关的人因此而成为无国籍人,国家不能在其国内立法中规定其国籍的丧失,其中包括根据上述理由。

## 五、全部权利、自由、义务的前提

具有俄罗斯国籍是人拥有俄罗斯联邦宪法和现行立法所规定的全部权利和自由的前提,也是履行所有义务的前提。如果人是外国人或无国籍人,对其适用"民族待遇"规则,也就是说,实际上他几乎享有所有的权利和自由,承担与俄罗斯联邦公民同等的义务。

但"几乎"一词说明不是全部。有些机会仅为俄罗斯公民所有,如创建政党的权利,进入国家权力机构、成为公务员的选举权和被选举权等（参见本部分外国公民在俄罗斯联邦地位的宪法法律基础一章）。在开办企业、开设银行账户、从事各种生产活动、在俄罗斯获得工作等方面，存在一些为非俄罗斯人所制定的规则。

## 六、稳定联系

国籍是人与国家的稳定联系。2002年《国籍法》就是这样规定的，这也就是说，国籍永远存在。大多数人根据出生这一事实取得国籍，并终生保留本国国籍。很多人在日常生活中甚至感觉不到自己的国籍，当有某些涉外动机时，才会想起它（如出国旅行、异国婚姻等）。

国籍不受各种外界因素的自动影响。甚至在混合国籍情形下仍然可以说，人与其他国家产生了永久且稳定的联系，尽管取得新的国籍是根据许多参数深思熟虑的一步，并且通常是考虑到人的余生的一步。有时人们会认为，有预先决定异国婚姻所生孩子国籍的某种机制。事实上，这里一切都是清楚的：首先，父母步入婚礼后，根据父母一方的国籍决定孩子的国籍；其次，出于人道主义，国家会允许该子在其成人时声明有权得到双亲另一方的国籍。取得新国籍后，人通常会希望加强其在该国的公民地位，其中包括做一个对其有益的人，成为一个守法的、诚实的纳税人。

2002年《国籍法》对一些特殊情况做了保留规定，以免对它们任意解释而产生误会：

规定了为居住在其境内的人保留俄罗斯联邦国籍，——不论是居住本身，还是其活动都不终止该国籍（第4条第3款）；

俄罗斯联邦公民与不具有俄罗斯联邦国籍的人结婚或者离婚，皆不会引起国籍的改变（第8条第1款）。这意味着，不仅对于俄罗斯人，而且对于与其结婚（结过婚）的外国人或者无国籍人，都不会因此而发生国籍的改变；

夫妻之中有一人改变国籍不会引起另一人国籍的改变（第8条第2款）；

离婚不会引起该婚姻期间所生子女或者夫妻所领养子（女）国籍的改变（第8条第3款）。

## 七、法律关系

根据国籍法，国籍是法律关系。也就是说，国籍状态、国籍的取得、终止问题受俄罗斯联邦立法调整。因国籍而产生的所有关系是法律关系。换句话说，他们应当有这样或那样的法律规范或合法性文件的规范为根据。国家机关和公职人员有关国籍问题的行为应依这些规范而为，与之相称。

国籍状态不得根据自然人之间或者自然人与国家机关之间的"实际协议"进行任何改变。在每种情况下需要的不仅有各方的正式行为，而且还有国家权威机构的正式决定。

这就解释了为什么《国籍法》要对以证件证明国籍作出规定。证明俄罗斯联邦国籍的证件是俄罗斯联邦公民的护照或者其他包含指明人之国籍内容的基本证件（第10条）。

## 八、国籍的统一及平等

《俄罗斯联邦宪法》（第6条）宣称，在俄罗斯联邦，国籍"统一"并且"平等"，无论其取得的理由如何。这一规范在2002年《国籍法》中得到重申（第4条第2款）。这说明了什么？

首先，国籍的统一和平等应当理解为，凡具有俄罗斯国籍的人都有同样的宪法法律地位，平等地享有权利、自由，承担俄罗斯立法规定的义务。

在国籍问题上不存在"资历"，即以俄罗斯国籍状态的长期性（"终身性")为条件为某人设置优惠和特权。在成为俄罗斯公民的同时——根据一般规则——从取得国籍之日起,即与国内其他公民一样,具有同样规范的权利和义务。

这并非意味着立法没有考虑到新取得俄罗斯国籍对履行个别权利、自由和义务规定某些专门的要求。现以示例解释如下:

不仅因出生,而且据申请(所谓的入籍公民;在美国此类公民不得成为总统)取得俄罗斯国籍的公民,均享有被提名担任俄罗斯联邦总统一职的权利。但是对俄罗斯联邦总统一职候选人的规定,要求不仅是俄罗斯联邦的俄罗斯公民,而且要以俄罗斯公民身份在其本土生活10年以上;

在处理退休问题时,将会计算人在取得国籍后"挣工资"的全部劳动资历;但对取得国籍以前的工龄,则是根据立法规定的特别规则予以计算;

成为俄罗斯公民的医生,只有通过法定程序取得其医学证书认证后,方有权从事专业工作;

取得俄罗斯国籍的年轻人享有与他人一样进入高校的权利;但是如果他曾在其他国家的高校求学并想把这段学习列入学历,转入俄罗斯高校,一般会产生是否允许转学及各高校教学计划是否相称的问题。

还可以举出其他例子。但基本的原则要求不是某种对那些新取得俄罗斯国籍的人的歧视。而是会考虑有关法律的意义,考虑其与其他俄罗斯公民机会的可比性。

统一与平等范畴适用于国籍本身,即取得国籍之后开始生效。至于希望取得俄罗斯国籍的人,他们只能要求受到俄罗斯政府平等的关注。

## 九、国籍与联邦制

适用于俄罗斯联邦国籍的统一范畴,迫使我们必须解决一个非常尖锐的、由于俄罗斯联邦性质决定的在某种程度上敏感的问题。俄罗斯有21个作为联邦主体的共和国。在《俄罗斯联邦宪法》中，共和国被称为国家(第5条)。从科学和实践角度看，国籍经常被认为是国家的一个特点。

根据1991年《俄罗斯联邦国籍法》，经常居住在俄罗斯联邦组成部分的共和国领域内的俄罗斯联邦公民，同时也是该共和国的公民。也可以反过来说：该共和国每一公民同时也是俄罗斯联邦公民，上述的国籍平等原则在其身上得到了充分的延伸。

根据《俄罗斯联邦宪法》第71条第3款规定，"俄罗斯联邦国籍"受俄罗斯联邦管辖。对此只能这样理解：俄罗斯首先调整自己的国籍，即联邦的国籍；其次，确定有关调整俄罗斯联邦主体的国籍的一般规则。

在《俄罗斯联邦宪法》和1991年法律的这一解释基础上，各共和国可以通过，而且其中有些共和国已经通过了自己的有关国籍的规范性法令(法律)。由此也产生了明确界定一些情况的必要性，以免这些法令与联邦立法发生冲突。

首先应当确定共和国的国籍通过哪些途径取得。根据1991年《国籍法》第2条规定，经常居住在共和国领域内的事实已经自动使人成为其公民。对此如何看待——取决于该国籍给予什么。在俄罗斯联邦统一国度的条件下，对很多公民来说，居住在哪儿没有区别。大专院校毕业后，他们数十年生活在远离中心的共和国，在那里从事地质、工程师等工作，他们已经融入有关共和国的居民当中。对于他们来说，重要的不是是否称他们为该共和国的公民，而是如何解决他们的居住问题，是否给予当地退休补贴，等等。在得到俄罗斯联邦其他主体公民资格承认的基础上，在俄罗斯联邦的其他地方他们没有被剥夺什么权利也很重要。因此，俄罗斯联邦主体——而这只是作为联邦组成部分的共和国——的国籍，应该算是象征性的，更确切地说，是共和国的居民。

但我们不会忘记，当共和国非常关注自己的主权时，共和国国籍的确定会附有期限。共和国国籍的推行不仅形式上反映了共和国作为国家的特征（国籍只有国家才可有），而且还与要求共和国调整取得其国籍的手续问题有关。这就意味着，某个共和国也可以不允许通过在其领域内居住而"任意"取得其国籍。尽管他们就是想加入本国的国籍。

由此产生了某些难题。首先，在维护本国主权，甚至"联想到"并入俄罗斯联邦的条件下，某些共和国并未反感考虑将其本国国籍和俄罗斯国籍作为共和国居民具有的双重国籍。当然，反对的呼声也很强烈。居住在共和国内，形式上是其公民，所有居民首先是俄罗斯公民。他们未因具有共和国的国籍而产生什么特殊的地位。

困难之处在于，个别共和国规定了与全联邦要求不同的接受加入本国国籍的条件。举一个明显的例子：如果根据俄罗斯联邦1991年的法律规定，要提出申请加入俄罗斯国籍，需要在俄罗斯联邦领域内居住5年；而根据1992年12月21日的《雅库特共和国国籍法》（第13条第2款）规定，要申请加入该共和国国籍，在雅库特经常居住时间需要10年以上。

此外还发生过，如果在外国人或无国籍人取得俄罗斯国籍时，假定他们居住在共和国领域内，应当获得共和国机构的允许取得联邦的国籍，同时也解决了共和国的国籍问题。根据1991年法律，在审查影响共和国利益的国籍问题时，俄罗斯联邦总统国籍问题委员会应当考虑共和国主管机关的意见（第34条）。的确，此处并非表示，某人根据联邦机构遵循该程序作出的决定就可取得共和国的国籍。而且如果共和国普遍反对赋予俄罗斯国籍，情况会变得更加复杂。还有一种情况：以前的法律允许通过登记手续，即根据内务部（当然是作为联邦组成部分的共和国的内务部）的地方机构决定，取得俄罗斯国籍。但不明确的是，这个人此时取得的只是联邦国籍，还是同时有俄罗斯国籍和该共和国国籍，或者在第二种情况下需要共和国的专门决定。关键是：如果共和国不准此人有本国国籍，那么该共和国内务部门可能会拒绝他取得联邦国籍。

不可避免地出现了另一问题：共和国会不会主动把本国国籍授予

给外国人或无国籍人？如果共和国公民自然而然就是俄罗斯公民，事实证明，在积极决定下可以取得俄罗斯国籍，但绕过了联邦主管权力部门。而这是不正常的。

总之，出现了有关拒绝共和国（通常是俄罗斯联邦主体）的国籍的建议，尤其是很多共和国对本国国籍未作规定。统一联邦国籍的思想占了上风。俄罗斯联邦宪法法院就此问题提出了自己的看法。

首先，法院在其一系列判决中确定，共和国作为俄罗斯联邦主体不具有国家主权。某些共和国曾就俄罗斯联邦宪法的一系列规定向宪法法院提出过质询要求解释，并对以前的判决进行澄清，其中包括对国籍有影响的问题。

宪法法院在回应这类诉求时，针对国家会议——巴什科尔托斯坦共和国议会有关解释俄罗斯联邦宪法第5、11、71、72、73、76、77和78条等一系列规定的请求，在2001年12月6日第250-0号裁定中，就国籍问题阐明了自己的立场。

宪法法院指出，以前在2000年6月7日的决议和2000年6月27日第92-0号决议以及2001年4月19日第65-0号决议中，其已作出结论，即除了俄罗斯联邦多民族的人民，俄罗斯联邦宪法不准许存在任何其他的主权和权力之源的所有者，因此，除俄罗斯联邦主权之外不认可任何其他国家主权。俄罗斯联邦宪法第5条使用概念"共和国（国家）"，并非意味着承认这些主体的国家主权，而仅仅是反映其与历史、民族和其他性质有关的宪法法律地位的某些特点而已。

宪法法院以上述方式解决共和国主权问题时指出，俄罗斯联邦宪法从而预先确定了如何解决国籍——这一衍生问题，正是由于是主权国家，才能通过立法授权来确定谁是其公民，从而承认其是权利的合法主体，拥有人与公民的全部宪法权利。根据宪法法院的立场，无论是在确立俄罗斯联邦国籍统一原则的第6条，还是在规定有关俄罗斯联邦主体地位、有关俄罗斯联邦与其主体共同管辖事务的条款中，俄罗斯联邦宪法都未规定共和国或者其他联邦主体的国籍以及对其在该领域的授权。除此之外,俄罗斯联邦宪法第71条第3款规定,国籍在俄罗斯联邦系其专属管辖,与第76条第1款互相联系,意味着国籍制度只能由在俄罗斯全境有直接效力的联邦法律调整。

宪法法院确定了对待共和国国籍问题的态度。相应地,2002年《国籍法》也未规定俄罗斯联邦主体的国籍。在俄罗斯存在的只有俄罗斯联邦统一的国籍。

与此同时,宪法宣称的俄罗斯所有公民国籍统一,并未阻碍在个别的俄罗斯联邦主体境内在实现某些权利和自由方面给予当地居民额外的优惠,其不是要缩小,而是要扩大俄罗斯联邦宪法规定的权利和自由的保障。

## 十、双重国籍

俄罗斯宪法和国籍法允许双重国籍,俄罗斯联邦公民有机会拥有其他——外国的——国家的国籍。

一般讨论时可以说出以下产生双重国籍的方式:

国家可以为自己的公民规定取得第二国籍的机会并允许其取得(即国家有权机关根据每个具体情况作出决定);

公民可以通过任意途径(即根据个人意愿,不经申请国家批准)取得其他国家的国籍,但之后申请本国承认其第二国籍;

国家可以签订有关双重国籍的协议,允许公民根据意愿取得第二国籍;

至少可以抽象地允许两个国家签订条约,根据该公约,两国公民被认为同时是另一国家的公民,从而取得双重国籍;

两国立法可能相互矛盾,因此人取得第二国籍不以自己的意志为转移。

1993年宪法通过之前，双重国籍问题受1991年《国籍法》调整。其中第3条"双重国籍"包括三款，规定如下：允许外国公民取得俄罗斯联邦国籍的条件是其放弃原有国籍，俄罗斯联邦的国际条约另有规定的除外（第1款）；俄罗斯联邦公民根据其申请可能被批准同时具有另一国家的国籍，如果俄罗斯联邦与该国订有相应条约（第2款）；具有另一国籍的俄罗斯联邦公民，不会因此受到权利的限制，逃避责任的履行，或者解除因俄罗斯联邦国籍产生的义务（第3款）。

这样的规定让人以为，如果俄罗斯人可以具有（取得）另一国籍，则对外国人来说，双重国籍似乎也意味着可以取得俄罗斯国籍作为第二国籍。但是根据第一个俄罗斯《国籍法》，却作出了相反的规定：即要与其他国家，首先是组成苏联的共和国达成条约，按该条约，说俄语的人首先成为俄罗斯公民，与此同时，也取得该地方国籍，即双重国籍地位；其余的则是被授予俄罗斯国籍即为放弃外国国籍。

然而，苏联的大多数共和国并未签订类似协议。而且那时的第1款提法，如上所述，1993年6月17日已经被替换。现在的法律规定，不承认有俄罗斯联邦国籍的人还具有另一国家的国籍，俄罗斯联邦的国际条约另有规定的除外。因此，取得俄罗斯国籍并保留另一国家国籍成为可能——但条件是有国际协议。国籍法第3条的其他提法没有变化。

如上所述，俄罗斯联邦宪法第62条第1款规定，俄罗斯联邦公民可以根据联邦法律或者俄罗斯联邦的国际条约拥有外国国籍（双重国籍）。也就是说，在这里，遵循国籍法，侧重于俄罗斯人取得外国国籍。《俄罗斯联邦宪法》通过之后，1991年的法律有关可能取得俄罗斯国籍仍保留外国国籍的新增内容依然有效，而这意味着双边过程的可能性，即不仅俄罗斯人取得另一国家的国籍，而且取得俄罗斯国籍仍保留外国国籍——在俄罗斯联邦与其他国家签订条约的基础上。

的确，实践中这并未解决双重国籍问题。只有土库曼斯坦与塔吉克斯坦与俄罗斯联邦签订了允许双重国籍的协议。俄罗斯联邦与土库曼斯坦之间有关调整双重国籍问题的协议于1993年12月23日签署，俄罗斯联邦与塔吉克斯坦之间有关调整双重国籍问题的条约于1995年9月7日签署。

　　各国承认双重国籍的动机不同。对于土库曼斯坦而言，这更多的是政策问题，因为那里并没有居住着大量的俄罗斯人，也没有看到他们从共和国大量外流，同时也没有太多的土库曼斯坦人住在俄罗斯。据媒体报道，两国总统在2003年年初已决定保留双重国籍。①随后又出现了土库曼斯坦总统拒绝双重国籍的报道。因此，住在土库曼斯坦的俄罗斯人落入外国人的行列，这意味着他们得不到当地立法提供的优惠。对塔吉克斯坦而言，由于国内战争，俄罗斯人的离开变成了一场灾难，因为关涉到很多经济、社会、文化领域。

　　然而，在苏联的大部分共和国，双重国籍被拒绝并被法律禁止。国家的常住居民有机会在具体的期限内决定他们是否保留地方国籍。如果他们超过这一期限仍未提交相应的申请，就被认为保留地方国籍。如果他们不保留地方国籍，也未取得俄罗斯联邦国籍，曾经取得过俄罗斯国籍的人就变成外国公民或者无国籍人。

　　因此，导致俄罗斯保留双重国籍制度并将其提升至宪法高度的，不是俄罗斯人的问题，更多的是俄罗斯联邦的对外政策问题。要知道在俄罗斯境外大约有2 500万俄罗斯人（严格地说，在俄罗斯属于名义上国家的人），其中根据不精确数据，1 150万在乌克兰、630万在哈萨克斯坦、300万左右在后高加索和中亚、140万左右在波罗的海沿岸。

　　当然，俄罗斯立法引用双重国籍这一范畴的目的可以理解。这不是"俄罗斯"在苏联加盟共和国人格化的象征，而是俄罗斯人和俄罗斯联系的保障，这是他们在相应国家中地位稳定的先决条件。既然引用了双重国籍，就不会免除履行对该国的义务。双重国籍对有俄罗斯人生活的国

---

① 《俄罗斯报》2003年1月17日。

家本身可能成为有益的,——至少在这个意义上说,即俄罗斯不得不更好地组织与这些国家的经济关系。

但是对于双重国籍的恐惧、对于俄罗斯可能借口保护本国公民的利益介入这些国家的事务的恐惧,超过了上述优点,尤其是当俄罗斯受到包藏"帝国"野心的有意无意的指责时。

需要指出的是,对俄罗斯本身而言,总的来说,从双重国籍范畴所获收益已经微乎其微。

首先,并未普遍承认俄罗斯人就是相应国家的公民。

其次,如果国籍问题的双边协议的实践得到了广泛发展,根据双重国籍的逻辑,其他国家的公民就可以在取得俄罗斯国籍的同时保留原有国籍。与土库曼斯坦和塔吉克斯坦的协议,对此直接作了规定。例如,1993年12月23日俄罗斯联邦与土库曼斯坦签署的有关调整双重国籍的协议约定:"双方中任何一方承认本国公民有取得另一方国籍的权利时,不考虑本国国籍。"(第1条)从法律的视角出发,有关的人取得双重国籍后,仍然享有俄罗斯公民的所有权利和优惠。俄罗斯能否保障他们的利益?换句话说,来自独联体国家的移民大量取得俄罗斯国籍作为第二国籍,已经对国家造成巨大问题。而通常可以肯定的是:没有发生过这种事才是最值得庆幸的。

2002年法律第6条对双重国籍问题作出调整。根据第6条:

1. 除俄罗斯联邦国际条约或者联邦法律规定的情况之外,俄罗斯联邦的公民虽然也有其他国家的国籍,但俄罗斯联邦规定只是俄罗斯联邦的公民;

2. 俄罗斯公民取得他国国籍不会导致其俄罗斯联邦国籍的终止。

国家对待双重国籍明显变得更为克制。法律不会反对双重国籍的可能性,既然俄罗斯联邦宪法对其作了规定。其措辞更接近生效的宪法文本。显然其也未打算扩大双重国籍的实践。

如上所述,以前的法律规定,俄罗斯联邦公民根据其申请可能会被允许取得俄罗斯联邦与其有协议的他国国籍,即要以公民申请为前提。2002年法律对公民的这种申请只字未提,对国家允许取得其他国籍也未规定(更谈不上对此鼓励)。国家主要是考虑在某种冲突的情况下产生双重国籍的可能下并预计取得双重国籍的事实;允许在俄罗斯联邦国际条约和联邦法律的基础上解决双重国籍问题。

当然这也产生一些具体问题。

例如,如果俄罗斯与某国没有涉及双重国籍问题的国际条约,而公民向俄罗斯提出申请允许其取得该国家的国籍怎么办? 2002年法律没有提及国家由于个人想取得外国国籍而应当表达自己意志的问题,除非这么做的根据是俄罗斯联邦国际条约。因此,国家主管机关对公民的申请有权不予作实质回应。

另外一个问题是:公民未经俄罗斯国家批准取得了外国国籍,而后请求国家承认这一事实并在此基础上承认双重国籍。怎么办?2002年法律没有直接禁止这种行为,同时也未规定将未经俄罗斯批准即取得外国国籍的事实作为违法行为进行审查。但承认这种国籍的申请本身,按2002年法律的逻辑也是得不到实质答复的。

与此同时,也有人认为:如果新法取消了以前法律有关俄罗斯联邦公民可经申请被批准取得外国国籍的规定,这是否意味着,2002年法律允许公民自己裁量是否取得外国国籍的问题?原则上这实际上就是个人自己的意志,取得外国国籍不需要得到批准。但根据俄罗斯立法,他仍然是俄罗斯联邦的公民。

综上所述,同时"拥有"两个(有时有3个、4个)国籍的人,没有在俄罗斯取得特殊地位。根据《俄罗斯联邦宪法》第62条第2款他不仅享有俄罗斯人的所有权利和自由,而且履行所有相应的义务。这第二国籍——在学术上有时称之为"睡眠国籍"——在俄罗斯不会给予任何东西。人到第二国籍的国家时,睡眠的国籍便会"醒来"——但只有在俄罗斯联邦承认该第二国籍的情形下。的确,第二国籍反过来可能也不关注俄罗斯的立场，只将该人当作自己的公民对待。该人将享有该国公民的权利和自由，并履行义务。反过来，他也不能因自己拥有俄罗斯联邦的国籍而拒绝履行那些义务。

既然双重国籍造成了一系列与国家安全、选举、独联体国家的独立性等有关的问题，立法中便出现了促使公民慎重考虑有无必要取得双重国籍的规范。

为此，1994年联邦法律《关于俄罗斯联邦会议的联邦委员会成员和国家杜马议员地位法》在2001年修订时规定（第4条），除有其他情况发生，"联邦委员会成员、国家杜马议员丧失俄罗斯联邦国籍或者取得外国国籍"的情况下，提前终止这些国会议员的权力。说的正是有关议员出现双重国籍的问题。

2004年7月27日联邦法律（2009年修订）《俄罗斯联邦国家公务员法》第16条规定了"涉及公务员的限制"，即除有其他情况发生，在脱离俄罗斯联邦国籍或者取得其他国家国籍、具有另一国家（其他国家）国籍的情况下，公民不得被录用为公务员，而公务员不得保留公职，俄罗斯联邦国际条约另有规定的除外（第6、7款）。为此，当查明在国家行政机关身居高位的个别人同时具有外国国籍时，法律为解决存在已久的问题画上了句号。2005年6月1日联邦宪法性法律《俄罗斯联邦政府法》补充规定，政府总理候选人由俄罗斯联邦总统"从没有外国国籍的俄罗斯联邦公民中"提名。

2002年联邦法律《俄罗斯联邦公民选举权和参加全民公决权基本保障法》起初规定是要求候选人说明具有双重国籍的事实，即一般来说还是允许他们参加选举的。但如果隐瞒这类事实，一经发现即可能成为取消登记的理由。2006年7月25日法律修正案中出现了更严格的要求："具有外国国籍或居住证或者其他证明俄罗斯联邦公民在外国境内有永久居留权证件的俄罗斯联邦公民不享有被选举权。上述公民有权被选入地方自治机构，如果俄罗斯联邦国际条约对此作了规定。"如此一来，禁止的范围扩大了。此外，基于上述理由，被选举人的权利将会提前终止。

上述联邦法律《联邦委员会成员和国家杜马议员地位法》《俄罗斯联邦主体组织国家权力、地方自治的一般原则法》《俄罗斯联邦审计院法》以及其他规范性文件的最新修正案都包括有类似规定（有关外国国籍及证明在外国境内有永久居留权证件的）。

1993年7月21日的俄罗斯联邦法《国家保密法》（2007年修订）对准予具有双重国籍的人接触构成国家秘密的信息的程序作了特别规定（第21条）。为发展该法，1998年8月22日的政府决议制定了《准许具有双重国籍、无国籍的人以及外国公民、移民和归侨接触国家秘密的程序规定》（2008年修订）。

1991年的《大众传媒法》（有许多修改和补充）对具有双重国籍的俄罗斯公民创办某些类型的电视视频节目以及电视广播组织作了限制性规定。

## 十一、保护与庇护。不能驱逐或者引渡

由于存在国籍，俄罗斯对本国公民给予持续支持的保障。在法律框架内这特别表现为两种立场：

提供对俄罗斯联邦境外公民的保护和庇护；

不能将俄罗斯公民驱逐出俄罗斯联邦或者引渡到其他国家。

这两个条款规定在俄罗斯联邦宪法第61条。而2002年联邦《国籍法》规定了第7条"对俄罗斯联邦境外的俄罗斯联邦公民提供保护和庇护"。该条规定：

1. 俄罗斯联邦对处于俄罗斯联邦境外的俄罗斯联邦公民提供保护和庇护。

2. 俄罗斯联邦国家权力机构、在俄罗斯联邦境外的俄罗斯联邦外交

代表机构和领事机关、上述代表机构和机关的公职人员,应当保障俄罗斯联邦公民完全享有俄罗斯联邦宪法、联邦宪法性法律、联邦法律、普遍公认的国际法原则和准则、俄罗斯联邦国际条约、国家的法律和规则所规定的居住或者居留的一切权利,以及保护其权利和合法利益。

庇护——这似乎是俄罗斯政府对公民关怀的一般原则,同时又表现为更加具体和积极的行为。

问题自然会产生:对境外俄罗斯公民的具体要求要预先规定;国家是否在任何情况下都对其予以保护或庇护?

在回答第一个问题时,首先规定了俄罗斯人在境外的具体要求:

俄罗斯公民在另一国家的表现首先是要遵守滞留国家的法律,必要时也要遵守俄罗斯法律(例如,俄罗斯联邦公民不得利用外国允许的机会与多位妇女结婚,因为俄罗斯立法未赋予俄罗斯男人如此"特权")。

再回到国家是否在任何情况下都给予本国公民保护和庇护的问题。应当回答:是的,在任何情况下。然而,还应当考虑到有关国家的监管范围。如果法律规定的某些权利在外国立法中没有得到反映,则未必能够实现。此外,除了国家法律之外,还应当考虑国家的习俗,尤其是宗教习俗——在一些国家中违反宗教规范被认为是更大的亵渎。

如果俄罗斯人不违反当地法律,但对其采取限制其自由、利益的措施,俄罗斯的主管机关即可直接给予该人帮助。但是,在实施明确被惩罚引起诸如剥夺自由的行为时,国家也不会置其公民于不顾。特别是俄罗斯的领事机关协助确保有关被保护人的荣誉和尊严得到尊重、确保有关法律援助的国际和双边协议得到遵守。

在服刑时,领事馆代表可以经有权机关允许对在教养院、监狱里的俄罗斯公民进行探视,与他们进行交谈,带些报纸和书籍,使其保持与祖国的联系。

享有外交豁免权的俄罗斯公民在境外犯罪的情况下,根据国际法规范中体现的一般规则,其在居留国家不被追究刑事责任,通常应当被驱逐回国。但这并非意味着其能避免任何刑事责任的追究。根据《俄罗斯联邦刑法》第12条，在俄罗斯联邦境外犯罪的俄罗斯联邦公民，如果其所实施的行为被实施行为的国家认为是犯罪，并且该人在外国未被定罪，应该根据该法负刑事责任。这种情况下，在俄罗斯联邦的刑罚不得超过实施犯罪地的外国法律规定的制裁的最高刑。

保护俄罗斯公民利益的另一方面是俄罗斯联邦公民不得被驱逐出俄罗斯联邦境外或者引渡给其他国家（《俄罗斯联邦宪法》第61条第1款）。

通过1992年4月21日法律对1978年《俄罗斯苏维埃联邦社会主义共和国宪法》进行改革时，第一个保障——将不得被驱逐提到了宪法高度。当然，产生这样的规范是考虑到20世纪70年代的辛酸经历，当时对制度持批判态度的人，即所谓持不同政见者，按照"主管部门"的决定，被驱逐出国，往往同时剥夺其苏联国籍。国内根深蒂固的政治多元化，各方自由批评制度的可能性，已经取消了有关这种歧视性措施的问题。但为了避免其在将来卷土重来，从国家驱逐俄罗斯联邦公民的可能性本身受到宪法的禁止。

至于第二个保障——不得引渡给其他国家——《宪法》比1991年《国籍法》保障得更为彻底。后者通过某种方式允许这种引渡——第1条第3款宣称，俄罗斯联邦公民"非依法或者俄罗斯国际条约不得引渡给其他国家"。而宪法未规定任何可能引渡的条件，这等同于禁止引渡。

不能把拒绝引渡理解为俄罗斯对其他国家的利益不尊重。可能会这样，俄罗斯联邦公民在境外时犯了罪，但在他离开后才被发现。尽管在这种情况下公民不会被引渡，但俄罗斯联邦政府应当协助对犯罪的调查，包括外国司法人员来传讯的可能性。就其自身而言，如果在俄罗斯联邦刑法典中类似的犯法行为已入刑，政府也应当提起刑事诉讼，追究公民的责任。因此，拒绝引渡并非意味着犯罪豁免或者国家包庇犯罪。

## 第二节 俄罗斯国籍的取得：
## 总则、新旧规定、进程

任何国籍法都会规定有关国家公民的所属范畴。

1991年俄罗斯苏维埃联邦社会主义共和国法律规定，根据本法取得国籍的人是俄罗斯联邦公民。在苏联解体的困难时期，法律不能排除人对国籍的积极意愿：虽说经常居住在其境内的所有人都是俄罗斯公民，但是每人仍然保留决定自己与俄罗斯联邦之间以国籍形式形成关系的权利。该法甚至规定了取得俄罗斯联邦国籍的特殊形式——国籍的承认。

根据2002年联邦法第5条规定，俄罗斯联邦公民是指：(1)本法生效之日(2002年7月1日)即具有俄罗斯联邦国籍的人；(2)根据本联邦法律取得俄罗斯国籍的人。

国籍的取得受2002年法律第11条"取得俄罗斯联邦国籍的理由"调整。取得国籍：

(1)根据出生；

(2)由于加入俄罗斯联邦国籍；

(3)由于恢复俄罗斯联邦国籍；

(4)根据现行联邦法律规定的其他理由或者俄罗斯联邦国际条约。

与1991年法律相比，2002年法律中列举的理由有多处改变。

首先，1991年法律规定了因国籍的承认而取得俄罗斯国籍，对此2002年法律没有规定。

严格地说，国籍的承认不像法定认为其是俄罗斯公民那么多的国籍取得方式。但是，在俄罗斯联邦，有必要认为承认是取得国籍的方式——而且在该法通过时有许多模糊不清的问题。

根据1991年法律第13条规定，苏联所有公民，凡经常居住在俄罗斯联邦境内,在国籍法生效之日起一年内,没有申报退出俄罗斯联邦国籍的都承认是俄罗斯苏维埃联邦社会主义共和国公民。根据第48条规定,法律公布之日即其生效之日。该法于1992年2月6日在官方刊物——《俄罗斯报》公布。如上所述,这即是该法生效之日。

因此,对于曾经在俄罗斯居住并在上述一年期限内声明放弃俄罗斯国籍的人,效果从做出这种声明之时发生。其余经常住在国内的人不必办任何手续,他们就这样被视为俄罗斯公民。而对于住在俄罗斯联邦境外的人,问题就复杂了——1993年2月6日以前他们应该迁到俄罗斯居住,或者面临通过其他方式取得国籍的要求,无论任何情况都比较复杂。

1991年法律第13条继而规定,1922年12月30日(苏维埃社会主义共和国联盟成立之日)出生并于之后丧失苏联国籍的人,根据出生,即如果在俄罗斯联邦境内出生或者在其出生时哪怕父母有一人是苏联公民并且经常居住在俄罗斯联邦境内,即被认为具有俄罗斯联邦国籍。俄罗斯联邦领土指的是按他们出生时的状况(比如,克里米亚地区1954年从俄罗斯苏维埃联邦社会主义共和国划入乌克兰以前,在该领土上出生的人,或者在其他地方出生但父母一方居住在尚且归属俄罗斯苏维埃联邦社会主义共和国的克里米亚地区的人。如果人在以后丧失苏联国籍,其仍可被认为具有俄罗斯联邦国籍——顺便提一句,自己意愿除外)。

其次,1991年法律还规定了取得俄联邦国籍的登记程序。2002年法律无此概念(尽管其也规定了取得国籍的类似程序)。登记的特点在于,如果某人居住在俄罗斯联邦,在一定条件下,可以不向俄罗斯联邦总统本人,而向地方内务机构提出,或者向境外外交领事机关提出,如果人不居住在俄罗斯联邦的话,这些机构、机关也有权作出实质性的决定(加盖有关印章、在原苏联护照中加入插页、国籍证明等)。

根据1991年法律第18条规定,通过登记程序取得俄罗斯联邦国籍的有:

(1)夫妻一方或者直系亲属(即父、母、祖父、祖母)是俄罗斯联邦公民的人；

（2）出生时父母一方是俄罗斯联邦公民，但出生时，或年满18周岁前5年内取得外国国籍的人；

（3）曾是俄罗斯联邦公民的子女，在父母终止俄罗斯联邦国籍之后出生，年满18周岁前5年内；

（4）经常居住在其他根据1991年9月1日状况直接构成苏联的共和国境内的苏联公民，如果他们不是这些共和国的公民，并在本法生效之日起3年内声明愿意取得俄罗斯苏维埃联邦社会主义共和国国籍。

1993年6月17日法律修改时，第18条第4款的规定这样开头："居住在构成苏联的国家境内的苏联公民，以及1992年2月6日以后迁居到俄罗斯联邦境内的苏联公民。"换言之，考虑到苏联的共和国成了独立的国家，并有大量的移民来到俄罗斯的情况。

同时，第4款删除了"如果他们不是这些共和国的公民"的文字。但是很快事实表明：申请俄罗斯国籍的人实际上是源源不断的。为此，1992年4月10日俄罗斯联邦总统令确认的俄罗斯联邦国籍问题审查程序条例进行了修订，在确认1993年12月27日新的修正案时：该法第18条第4款中使用的术语"苏联公民"适用于不是构成苏联的国家公民的人；这一点的效力期限终止后，上述范围的人在俄罗斯境内变成无国籍人；有难民身份的苏联公民，在通过法定程序确定俄罗斯境内的居住地之后，根据该法第18条第4款通过登记程序取得俄罗斯联邦国籍。

1995年2月6日，第4款提到的最初的3年期限，延长至2000年12月31日；

（5）在该法生效之日经常居住在俄罗斯联邦或其他根据1991年9月1日的状况直接构成苏联的共和国境内的无国籍人，如果在该法生效后一年之内声明愿意取得俄罗斯联邦国籍；

（6）外国公民和无国籍人，不论其居住地点，如果他们自己或者其直系亲属之一根据出生已经取得俄罗斯国籍或者如果他们在该法生效后一年之内声明愿意取得俄罗斯国籍（1993年2月6日之后这一点已经失去了现实意义）。

当时很多人都表示不满，他们生在俄罗斯并且按照民族是俄罗斯人，应当证明自己就属于国家并应当通过登记程序取得其国籍。他们认为：如果某人就出生在俄罗斯联邦境内，在苏联存在时期就经常在其境内居住，如果其父母是俄罗斯联邦公民，——他就有权不经登记程序取得俄罗斯联邦国籍，应认定其符合1991年法律第13条。

这样的公民之一——阿·波·斯米尔诺夫——曾向俄罗斯联邦宪法法院起诉，要求对第18条第4款进行合宪性审查。宪法法院在1996年5月16日对该案做出的决议中确认，原告出生于莫斯科州，一直居住到1979年，时因登记结婚迁到经常居住地立陶宛。1992年，他解除了婚姻，并于同年12月8日在莫斯科州希姆基市办理了登记入住手续。莫斯科州内务总局护照处拒绝向阿·波·斯米尔诺夫颁发证明属于俄罗斯联邦国籍的护照附页。斯米尔诺夫起诉到法院，但各级法院没有满足他的诉求，理由是斯米尔诺夫不能被承认是俄罗斯联邦公民，因为在《国籍法》生效时他居住在国外。但作为根据出生享有俄罗斯联邦国籍之人，有权通过登记程序取得俄罗斯国籍。

宪法法院支持了阿·波·斯米尔诺夫，指出，过去根据出生就有俄罗斯联邦国籍的公民，在苏联解体之后仍可保留，直到他基于自己的意愿终止该国籍为止。而且在国外居住并非终止国籍。根据宪法法院的判决，返回到俄罗斯之后，对于这样的公民，所谓通知登记足矣。其与作为国籍取得方式的登记的区别在于，通知登记仅仅具有注册的性质。宪法法院在其决议中写道，作为俄罗斯联邦国籍取得方式的登记不适用于在俄罗斯联邦境内出生、曾是苏联公民、没有自由表示希望终止俄罗斯联邦国籍、以前到俄罗斯联邦境外但是苏联的境内经常居住、不是其他（构成苏联的）国家的公民、后来又回到俄罗斯经常居住的人。

## 第三节　根据出生取得俄罗斯联邦国籍

根据2002年国籍法第12条第1款第1项规定，如果孩子出生之日"其父母或者其中一方具有俄罗斯联邦国籍（无论孩子的出生地在哪儿）"，孩子一出生即取得俄罗斯联邦国籍。

该规则也适用于以前的1991年《国籍法》。在国际法和宪法性法律中，认定这一方法的根据是所谓的"血统原则"——与"出生地原则"不同，根据后者，孩子在哪个国家境内出生就会被认为具有哪个国家的国籍，无论其父母双方是否其他国家的公民。美国采用的就是出生地原则。从历史上看，引用该原则的原因与移民大量流入该国——他们不可能与"真正的"美国公民具有同等的地位，但是，在美国土地上出生并长大的移民的孩子，不应当再受到歧视，从而成为享有全部权利的美国公民。

俄罗斯以父母双方具有俄罗斯联邦国籍来预设新生儿的国籍。但是，当父母一方是俄罗斯公民时，正如我们后来看到的，在某些方面会考虑到出生地原则，并且还要求不允许存在无国籍状态。俄罗斯立法是以父母来确定国家归属，但绝不是仅以他们的民族来对血统原则进行解释。

2002年《国籍法》规定，在孩子的父母一方是俄罗斯联邦公民，而另一方是无国籍人或者另一方父母已经没了的情况下，优先给予俄罗斯国籍；这时孩子在哪儿出生已不重要。根据第12条第1款第2项规定，孩子根据出生取得俄罗斯联邦国籍，如果"其父母一方具有俄罗斯联邦国籍，而另一父母是无国籍人，或者被宣告失踪，或者所处地址不详（无论孩子的出生地在哪儿）"。该法条的第一方面很明显：根据1961年《减少无国籍状态国际公约》，我们不能考虑另一方父（母）的意志，因为这会使孩子成为无国籍人。第二方面也很明确：父母一方似乎有消息，但如所述，在决定孩子国籍问题时其实际上并不存在，这种情况下父母另一方的俄罗斯国籍就具有决定性的意义。

如果孩子的父母或者其中一方——外国人或者无国籍人——居住在俄罗斯，适用出生地原则，并且不准许孩子无国籍。根据第12条第1款第4项规定，如果孩子"出生在俄罗斯联邦境内，而其父母的国籍国又不给予孩子自己的国籍"，则其根据出生地取得俄罗斯联邦国籍。有代表性的是，在这种情况下父母本身的意见根据俄罗斯法律没有决定性的意义（例如，尽管可以设想这种情形，即居住在俄罗斯的外国人，甚至是无国籍人，要经第三国同意他们将其国籍传给孩子）。

如果孩子的父母下落不明，孩子在俄罗斯联邦境内，即出生地原则具有决定性的意义——该法第12条第2款规定："在俄罗斯联邦境内而父母下落不明的孩子，在自其被发现之日起6个月内父母没有出现的情况下，即成为俄罗斯联邦公民。"从国籍的视角出发，这种情况更多地是指，当孩子被遗弃时，根据其皮肤的颜色可以断定，父母或者父母一方具有外国血统。当孩子的父母"被找到"之后，俄罗斯政府当然准备审查他们的申请，包括这是他们孩子的证明。

在当前存在大量跨国婚姻的情况下，父母一方为俄罗斯联邦公民，另一方为外国公民的新生儿的国籍成为迫切问题。2002年法律包含有以出生地主义且不允许无国籍为根据的规则：如果孩子出生之日其父母一方具有俄罗斯国籍，父母另一方是外国公民，在其出生在俄罗斯联邦境内的条件下或者在其他会成为无国籍人的条件下，孩子即取得俄罗斯国籍（第12条第1款第3项）。

1991年法律对此还包含有其他几个规则：如父母另一方有外国国籍，不论孩子在哪儿出生，其国籍问题由父母的书面协议确定；没有这类协议的情况下，如果孩子在俄罗斯境内出生，或者可能会成为无国籍人，孩子即取得俄罗斯联邦国籍。

正如我们所见,现在父母有关孩子国籍的协议已经不是2002年法律的对象。如果孩子在俄罗斯境内出生,法律一般不会赋予其父母进行什么协商的权利。至于在境外出生的孩子,父母国籍不同的情况下,俄罗斯法律关心的仅是孩子不要成为无国籍人——那时就会承认他是俄罗斯联邦公民。如果孩子在外国出生时受到无国籍状态的威胁,根据对2002年法律的字面理解,俄罗斯方面并不关心其父母选择哪个国籍——俄罗斯联邦,父母另一方的国家抑或是一般的第三国家,正如他们这么办理的。这未必是最好的调整方案。此外,在孩子出生于境外的情况下,俄罗斯方面甚至一般可能不会通过书面材料判断孩子具有俄罗斯血统。

## 第四节　加入俄罗斯联邦国籍的普通程序

加入俄罗斯联邦国籍的普通程序是指通过向俄罗斯联邦总统提交申请的途径取得俄罗斯联邦国籍。根据2002年法律,取得国籍的普通程序较1991年法律发生了实质性的变化。反过来,2003年11月11日又对2002年法律作了重要修改。

### 一、一般条件

2002年《联邦国籍法》第13条第1款规定,年龄达到18周岁、有行为能力的外国公民和无国籍人有权通过普通程序提出加入俄罗斯联邦国籍的申请。

1991年《国籍法》规定,有关的人,不论出身、社会地位、种族及民族、性别、受教育程度、语言、宗教态度、政治和其他信仰如何,皆可申请加入俄罗斯联邦国籍。

看来，该规定带来了思想意识上的负担，无异于合法瑕疵——至少涉及信仰，因为回避了那些其活动与俄罗斯联邦宪法原则不相容的政党和其他组织的人提出的加入俄罗斯联邦国籍的申请（第19条第4款第2项）。何谓这些"宪法原则"，尚不清楚。更何况当前国家就加入俄罗斯联邦国籍的条件回避了那些民主的华丽辞藻。

根据2002年《法律》通过普通程序加入俄罗斯联邦国籍的条件扩大了，条件也相对刚性了，的确，在2003年时略有缓和。一切有意取得俄罗斯联邦国籍的人都必须遵守这些规定，虽然对某些范畴确定了优惠规则。

2002年法律规定了加入俄罗斯联邦国籍的5个一般条件：在俄罗斯居住了5年；遵守宪法和法律的承诺；有合法的生活来源；放弃外国国籍；掌握俄语。

让我们具体地分析一下这些条件。

（1）5年居住期。外国公民和无国籍人有权通过普通程序申请加入俄罗斯联邦国籍，根据2002年法律初稿第13条第1款第1项规定，如果他们"自取得在俄罗斯联邦居住证之日起到申请加入俄罗斯联邦国籍之日，连续5年居住在俄罗斯联邦境内，本条第2款规定的除外。如果一个人到俄罗斯联邦境外在一年之内不超过3个月，即认为其在俄罗斯联邦境内居住的期限是连续的"。

2002年法律有关在俄罗斯联邦居住及其期限的这个一般规定，与1991年法律相比，有了一系列的新规。回想一下，那时规定：加入俄罗斯联邦国籍的一般条件是，在提出申请之前，外国公民和无国籍人要在俄罗斯联邦境内直接连续居住5年或者3年。

正如我们所看到的，为了通过普通程序取得俄罗斯联邦国籍，过去与现在都应当在俄罗斯境内居住，但现在连续居住的期限已从3年增加至5年。

此外，1991年法律对计算期限的起点未做任何规定。实践中这意味着要从申请之日起往回计算。而现在5年期限是从取得居住证之日起计算。这是联邦移民事务管理机构（以前是内务机构）发给外国人和无国籍人在俄罗斯境内居住5年期限的专门证件。居住证证明经常居住在俄罗斯。但要申请取得居住证，必须在俄罗斯临时居住一年以上。结果，要申请入籍，居住期限要求更长。

这种调整带来的所有不便使2002年法律生效以前来到俄罗斯的公民感到不便，其中大多数是俄罗斯人和苏联共和国的移民。结果是，他们已经居住在俄罗斯的期限未被计算在内；此外，正是他们需要根据临时居住方案先要居住一年，然后办理经常居住手续，凭居住证再居住一年，而且只有在此之后才有可能申请加入俄罗斯联邦国籍。

因此，2003年11月11日改革时，《国籍法》第13条第1款第1项进行了下列补充规定："对于2002年7月1日来到俄罗斯联邦并且没有居住证的人，在俄罗斯联邦境内的居住期限从居住地点登记之日起计算。"这样，计算的只是办理登记手续后的实际居住期限，也就是说，缩短了加入国籍的申请期限。这与下面将要提到的其他规则一起，使取得俄罗斯联邦国籍变得大为容易。

（2）遵守俄罗斯联邦宪法和法律的承诺。根据2002年联邦法第13条第1款第2项规定，申请加入俄罗斯联邦国籍的人必须遵守俄罗斯联邦宪法和法律。以往的法律未规定类似条件。

2002年11月4日俄罗斯联邦国籍问题审查程序条例规定，申请人应提交经其签名的承诺内容如下："在批准我加入俄罗斯联邦国籍的情况下，我保证忠诚于俄罗斯联邦并自愿根据俄罗斯联邦宪法和俄罗斯联邦法律履行自己的公民义务。"

如果申请人不作这样的承诺，其申请材料将不予审查。

（3）生活的合法来源。根据2002年《联邦国籍法》第13条第1款第3项规定，希望取得俄罗斯联邦国籍的外国人和无国籍人应当有生活资料的合法来源。

2002年11月14日《俄罗斯联邦国籍问题审查程序条例》规定(第10项)，申请人应当提交能够证明存在生活资料合法来源的文件之一，即：自然人的收入证明；有税务机关印章的自然人的收入缴税单；在职证明；工作履历；退休金证书；社会保障机关出具的领取补助证明；收到赡养费的确认；在信贷机关有带账号的存款凭证；继承权证明；申请人依赖之人的收入证明；证明从事法律不禁止的活动收入的其他文件。

条例规定并未穷尽列举，允许提交能够证明申请人财产状况的各种文件。

（4）放弃外国国籍。希望成为俄罗斯联邦公民的外国公民向外国有权机构申请放弃他们所具有的另一国的国籍(2002年法律第13条第1款第4项)。这样，取得俄罗斯联邦国籍的一般条件——是放弃外国国籍。

但2002年联邦法还包含有优惠规则：如果俄罗斯联邦签订的国际条约或者本法作了规定，或者由于人以外的原因，可不要求放弃另一国籍。

2002年11月14日《俄罗斯联邦国籍问题审查程序条例》规定(第10项)规定，如果申请人具有国籍的国家与俄罗斯联邦签有规定在取得俄罗斯联邦国籍时可以保留已有国籍的国际条约，则不要求提交放弃另一国籍的文件。取得政治避难和难民资格的人也不要求提交所述文件。

当然，如果说的是双重国籍，当其取得是在互相承认基础上——即俄罗斯联邦公民取得国籍的国家是与俄罗斯联邦协议的参加国，而这个国家的公民取得俄罗斯国籍时，则不要求放弃另一国籍。例如，在白俄罗斯和俄罗斯联邦的联盟国家有每个国家的国籍，同时还有联盟的统一国籍。当然，双方的公民在取得第二国籍时不需要退出自己的国籍。

至于因之而不能放弃另一国籍的不取决于个人的原因，则更经常说的是国家不允许其退出本国国籍的情况。顺便说一句，就是根据俄罗斯的《国籍法》，也存在一定范围的情况，在这些情况下，退出俄罗斯国籍是可能的。

2002年11月14日《俄罗斯联邦国籍问题审查程序条例》最初规定（第10项），在提交加入俄罗斯国籍申请时，申请人应当出示外国驻俄罗斯联邦的外交代表处或者领事机关或者外国的其他有权机构的文件，以证明申请人以该国立法规定的方式放弃现有另一国籍的请求，或者放弃另一国籍的不可能性，以及经外国有关权威机构认证的该请求的复印件。

显然，这对公民而言，只会引起一些附加问题：外国机关可能会简单地忽略这种申请。因此2003年12月31日条例修改时规定：应当提交证明申请人放弃现有另一国籍的请求或者不可能放弃另一国籍的文件，该文件是外国驻俄罗斯联邦的外交代表处或者领事机关的有关文件，或者是申请人向这个外交代表处或者领事机关提出的放弃现有另一国籍并经公证证明申请人签名的请求复印件。通过邮局向外交代表处或者领事机关寄送请求时，还应出示挂号邮件回执。

原则上，在取得俄罗斯联邦国籍并不提交退出其他国家国籍文件的情况下，俄罗斯立法没有规定任何消极后果。可能会认为，公民不能退出外国国籍是由于不取决于他的原因。但其与所有前述的俄罗斯国籍优先和双重国籍有关。

（5）掌握俄语。2002年联邦《国籍法》第13条第1款第5项还引入了一个取得俄罗斯联邦国籍的新条件——申请人"应掌握俄语"。2002年11月14日《俄罗斯联邦国籍问题审查程序条例》对俄语知识水平的确认方式作了规定，其中规定（第10项），申请人应提交证明其掌握俄语的文件《足以在各种语言环境条件下以口头和书面形式进行交流的水平》。

下列文件可证明在所述水平上掌握俄语：

教育机关（组织）颁发的有关所受教育的国家文件（不低于一般基础教育）：1991年9月1日以前——在组成苏联的国家境内；1991年9月1日以后——在俄罗斯联邦境内；

俄罗斯联邦境内或境外的教育机关（组织）颁发的通过国家俄语测

试证书（范围不低于一般掌握俄语的基础水平），这些教育机关（组织）经俄罗斯教育和科学部批准，对境外国家的公民进行作为外语的俄语国家测试。证书形式和颁发程序得到俄罗斯联邦教育与科学部的确认；

外国境内颁发的教育文件，附件中有学过俄语课程的记录，以及经公证证明的翻译和相当于教育文件的证明。

免交证明掌握俄语文件的有：65周岁以上的男性和60周岁以上的女性、无行为能力人、一级残废。如果申请人参加了国家协助境外同胞自愿回迁俄罗斯联邦计划，那么，其与其家庭成员凭提交的参加计划证明也可免予测试。

## 二、通过普通程序取得俄罗斯国籍时居住期限的缩短

1991年《国籍法》（第19条第3款）规定了一系列情况，赋予缩短"直到取消"居住期限要求的权利。

2002年《联邦法》在规定（第13条第1款第1项）要通过普通程序取得俄罗斯国籍在俄罗斯联邦居住5年一般期限时，也规定了某些允许缩短期限的情况，但没有规定完全取消通过普通程序取得国籍的期限。2002年法律初稿第13条第2款规定了6个理由，具备这6条理由时，第13条第1款第1项的上述5年居住期限——作为提出申请加入俄罗斯联邦国籍的条件——缩短至1年。

同时该法中还有第14条，允许以简化程序并且不遵守有关居住期限的要求取得俄罗斯联邦国籍。2003年11月11日对该法进行修改和补充时，立法者满足了三种人，这三种人以往仍然应当有一定的期限——不少于1年——在俄罗斯居住，即：人出生在俄罗斯苏维埃联邦社会主义共和国境内并且过去曾有苏联国籍；与俄罗斯联邦公民结婚不少于3年；无劳动能力的人，有年龄达到18周岁并有俄罗斯联邦国籍的有行为能力的子女。现在这三种人从第13条"移至"该法第14条。

这样，在生效的2002年法修正案第13条第2款中保留了3个理由，据此可以为申请加入俄罗斯联邦国籍要求缩短在俄罗斯居住的期限至1年。

第一个理由：存在俄罗斯联邦的利益。缩短居住期限的条件，我们的理解是存在俄罗斯联邦的利益。在2002年《国籍法》中全部内容如下："人在科学、技术和文化领域有很高成就；人具有符合俄罗斯联邦利益的专业或者技能。"（第13条第2款第1项）

加入国籍时这一优惠的逻辑未必可被认为只是对过去的"奖励"。最有可能的是，人在取得俄罗斯联邦国籍后能够继续有效地开展工作，所以国家会缩短其在递交加入国籍申请前的居住期限。

世界其他国家（尤其是美国）使用了给予本国国籍的优惠程序，并通过这种途径来吸引许多高素质的科学家、艺术家和其他专业人士。

我们将同一条件纳入立法，一方面，就好像证明类似"回赎"俄罗斯的民族财富是正确的；另一方面，向世界宣告，我们也准备采用同样的方式。但这未必是正确的。

第二个理由：在俄罗斯为人提供政治避难。根据2002年联邦法第13条第2款第2项规定，在俄罗斯联邦境内为人提供政治避难——这是申请加入俄罗斯联邦国籍之前，其在俄罗斯联邦居住期限缩短到1年的理由。

1991年《国籍法》规定了可能缩短——直至取消居住期限的要求——在俄罗斯联邦境内"取得避难"的情况下。2002年法律没有完全取消期限的规定，而且其不仅规定了避难，而且规定了政治避难。准确解释为：现在根据立法（《俄罗斯联邦难民法》）可以得到所谓的临时避难，如果存在危及人的生命和安全的情况，但是这些情况不带有政治性质。临时避难的提供有具体的避难期限，而政治避难则不受提供期限的限制。1991年法律制定期间，"临时避难"的概念尚未出现在立法中，而实际上指的就是政治避难。

第三个理由：承认难民地位。通过联邦法律规定的程序承认难民地位——也是申请加入俄罗斯联邦国籍之前，其在俄罗斯联邦居住期限缩短到1年的理由（2002年法第13条第2款第3项）。

根据1991年法律规定，对于难民来说，提出申请取得国籍之前，在俄罗斯联邦居住的总期限为5年或者连续3年的情况下，指定期限减半。2002年法律没有离开这一优惠方案，对难民规定了一般机会——缩短其在俄罗斯居住的期限到1年。

### 三、在通过普通程序取得俄罗斯联邦国籍时考虑对俄罗斯的特殊功绩

2002年联邦法对俄罗斯有特殊贡献的那类人作了专门规定。"批准对俄罗斯联邦有特殊贡献的人加入俄罗斯联邦国籍，可以不遵守该条第1款规定的条件。"（第13条第3款）第13条规定"通过普通程序加入俄罗斯联邦国籍"，这意味着有关的人要向俄罗斯联邦总统提出申请。与此同时，对其不适用该法有关取得国籍的要求（即居住期限、遵守俄罗斯联邦宪法和法律的承诺、合法的生活来源、放弃外国国籍、掌握俄语等）。不仅如此，有关的人甚至可以没有住在俄罗斯，而是居住在外国。

在1991年法律中，通过普通程序加入俄罗斯联邦国籍时，作为有利于批准并赋予缩短在国内居住期限的权利，直至完全免除对期限要求的情况之一，是"对俄罗斯联邦统一的人民、俄罗斯联邦的复兴、全人类理想和价值的实现做出了贡献"（第19条第3款第4项）。

2002年法律没有揭示"对俄罗斯联邦的特殊贡献"的实质。2002年11月14日国籍问题审查程序条例在一定程度上填补了这一空白。其第12条规定，加入俄罗斯联邦国籍根据联邦法第13条第3款应在向联邦国家权力机构俄罗斯联邦总统或者俄罗斯联邦主体最高公职人员（国家权力的最高行政机构负责人）提出申请的基础上进行，并要求有对俄罗斯有贡献的人本人提出申请。申请中应当写明申请人对俄罗斯的特殊贡献，并阐明批准其入籍的合理性。在科学、技术、生产、文化、体育领域成就突出，对发

展社会和经济、保卫俄罗斯联邦国防和安全贡献重大,以及其他有助于提高俄罗斯联邦国际威望的贡献,即是对俄罗斯的特殊贡献。

对于这类有贡献的人向俄罗斯联邦总统提出批准入籍申请的意愿,有关机构或者公职人员应当书面通知相应的地方移民局或者俄罗斯外交代表处或领事机关(根据对俄罗斯联邦有特殊贡献之人的居住地)。

在决定是否批准这种人加入俄罗斯联邦国籍问题时,为了对贡献进行客观的评价,可能要求联邦权力机构以及俄罗斯联邦主体的国家权力机构提供一些额外的信息和调查结果。请求或申请在提交给俄罗斯联邦总统之前,应由俄罗斯联邦总统附属国籍问题委员会送往联邦安全局征求意见。

## 四、成为俄罗斯军人的外国人加入俄罗斯联邦国籍问题

2002年联邦法第13条(2003年修改并于2007年细化)规定:"苏联组成国家的公民,根据合同在俄罗斯联邦武装力量、其他部队或军事组织服兵役3年以上,有权提出加入俄罗斯联邦国籍而无须遵守本条第1款第1项规定的条件,也无须提交居住证。"

立法者以此批准或者承认了外国人——在俄罗斯的移民——服役的可能性。对于我们称之为外国人——俄罗斯军人的这些人来说,在俄罗斯各级军事单位服兵役3年即可取代5年的总期限,而且这种服兵役不一定非在俄罗斯。众所周知,俄罗斯的军事单位在境外一系列国家都有驻扎。服役按照合同可在这些部队中进行,并且服役算入该法规定的3年(因此就是说,上述军人无须出示居住证即可提交加入俄罗斯联邦国籍的申请,而这个文件只是发给那些住在俄罗斯的人)。

但是第13条第1款规定的其他条件仍适用于这类人(即遵守宪法、有生活资料、放弃外国国籍、掌握俄语)。

2003年《俄罗斯联邦国籍问题审查程序条例》,尤其是2007年《俄

罗斯联邦国籍问题审查程序条例》，补充规定了有关决定这类军人国籍问题程序的一系列重要规则，规定：他们应当与通过普通程序加入俄罗斯联邦国籍的申请一起提交：负责俄罗斯联邦武装力量、其他兵种、军事单位和机构征募问题的中央军管机构的其有效期限和形式由俄罗斯联邦国防部确定的申请；掌握俄语水平的证明文件；以任意形式做出的有申请人签名、经部队领导认证的退出现有其他国籍的承诺。

在俄罗斯联邦境内服兵役的现役军人，向服兵役所在地的地方移民管理机构递交申请和上述文件，而在俄罗斯联邦境外服兵役的现役军人——向俄罗斯联邦外交代表处或者领事机关递交申请和上述文件。

如遇到现役军人不能亲自呈交申请书和上述文件的情况，可以通过他人向有权机构转交或者通过邮局寄送。此时申请书上现役军人签名的真实性和符合原件的申请书所附文件的复印件由部队领导证明。

## 第五节　加入俄罗斯联邦国籍的简易程序

从上面提到的许多规定中可以看出，其允许一定的"宽容"，规则有利于取得俄罗斯联邦国籍，2002年法律第13条规定有关通过普通程序取得俄罗斯联邦国籍。

与此同时，该法第14条规定了加入俄罗斯联邦国籍的简易程序。这一程序有两个主要特点：加入国籍的申请不是向俄罗斯联邦总统提交，而是在俄罗斯国内的向联邦移民管理机构（以前是内务机构）或者在国外的向俄罗斯联邦外交、领事机关提交——取决于申请人居住地。这些机构、机关解决实质问题。这很像以前的注册方案，作为取得俄罗斯联邦国籍的一种方式，《国籍问题审查程序条例》1993年修正案恰好称之为取得国籍的简易程序；适用简易程序时，有些情况下只是无须遵守该法对在俄罗斯联邦居住期限的要求,在另一些情况下——通常无须遵守任何上述条件(即期限、遵守俄罗斯联邦宪法和法律的承认、具有合法的生活来源、放弃外国国籍、掌握俄语)。

取得国籍的简易程序适用于下列人群:

第一类人不适用有关在俄罗斯联邦居住5年期限要求(第13条第1款第1项)甚至住在国外即可以提出入籍申请的人。

联邦法第14条第1款规定,外国公民和无国籍人,年满18周岁,具有行为能力,有权通过不遵守本法第13条第1款第1项规定条件的简易程序(即有关5年期限的要求),提出加入俄罗斯联邦国籍的申请,如果上述公民和人:

(1)有哪怕是一方无劳动能力但具有俄罗斯联邦国籍的父母;

(2)曾有苏联国籍,曾在或者正在苏联所属国家居住,没有取得这些国家的国籍,因此仍是无国籍人;

(3)是苏联所属国家的公民,2002年7月1日以后在俄罗斯联邦教育机构受过中等职业或者高等职业教育。

2002年法律的最初修正案中就有第(1)、(2)、(3)是在2003年写进该法的。实际上这意味着,这类人在俄罗斯的居住期限是在培训期间引起关注的。

第二类人规定在第14条第2款,以该法2003年修正案为根据,对其适用简易程序。说的是居住在俄罗斯联邦境内的外国人和无国籍人。没有遵守有关居住5年期限的条件,即有权提出加入俄罗斯联邦国籍申请的人,只要:

(1)在俄罗斯苏维埃联邦社会主义共和国境内出生并有苏联国籍。以两个条件同时具备为前提——即在俄罗斯苏维埃联邦社会主义共和国境内出生并过去有苏联国籍。

让我们回忆一下,苏联成立于1922年12月30日,当时俄罗斯苏维埃联邦社会主义共和国是苏联所属加盟共和国之一。苏联于1991年12月中旬解体，在此之前，俄罗斯苏维埃联邦社会主义共和国当然一直是一个加盟共和国。

2002年法律（第3条）将俄罗斯苏维埃联邦社会主义共和国领域理解为"根据本联邦法律，与取得或者终止俄罗斯联邦国籍有关的状况发生变化之日，俄罗斯联邦国家疆界之内的俄罗斯联邦领土或者俄罗斯苏维埃联邦社会主义共和国行政区划边界之内的俄罗斯苏维埃联邦社会主义共和国的领土"。

（2）与俄罗斯联邦公民结婚3年以上。取得俄罗斯联邦国籍的这一理由发生了不同寻常的变化。根据1991年法律规定，结婚是通过登记手续取得俄罗斯联邦国籍的理由。即结婚以后，在俄罗斯境内向地方内务管理机构或者境外向俄罗斯外交代表处、领事机关申请即可取得国籍。所以，没有任何在俄罗斯居住期限的要求。

但是出现了为取得俄罗斯联邦国籍而假结婚的有关资料。2002年法律最初也规定了，现在在结婚基础上可通过普通程序取得俄罗斯联邦国籍，即向俄罗斯联邦总统递交申请。但"与俄罗斯联邦公民不少于3年的婚姻状况"只是为取得国籍将在俄罗斯居住5年期限缩短至1年的依据。

2003年新律将此类人归入不要求遵守哪怕是1年期限的那些人中，但应当具备两个条件：一是婚姻维持3年以上；二是要住在俄罗斯。这种情况下，有关入籍问题由地方的联邦移民管理机构决定。

（3）无劳动能力，但有年满18周岁并是俄罗斯联邦公民的有行为能力的子女。这一规则是俄罗斯的人道主义的证据，其基本上是允许上了年纪的人与自己有俄罗斯国籍的孩子团聚。所引规范好像发展了俄罗斯联邦宪法第38条第3款，其中规定："年满18周岁的有劳动能力的子女应关怀丧失劳动能力的父母。"

（4）有身为俄罗斯联邦公民的孩子——如果该孩子的父母另一方是俄罗斯联邦公民且已经死亡或者被法院已判决死刑生效并已执行，或被宣告失踪、无行为能力或限制行为能力，并被剥夺父母的权利或限制父母的权利。该项被写进2009年6月28日的联邦法,也有人道主义倾向：常常发生这种情况,即父母一方没有或已解除俄罗斯联邦国籍时,与父母另一方在一起的孩子(即未成年人)仍然保留俄罗斯国籍；该父母另一方就有可能通过简易程序取得俄罗斯国籍。

(5)有年满18周岁、是俄罗斯联邦公民但被法院生效判决宣告为无行为能力或者限制行为能力人的子女——如果俄罗斯联邦上述公民的是俄罗斯联邦公民的父母另一方已经死亡或者被法院已生效判决死刑已执行,或被宣告失踪、无行为能力或限制行为能力,并被剥夺父母的权利或限制父母的权利。这一新律也被写进2009年6月28日的联邦法,也有人道主义倾向。其允许负责关照不幸的无行为能力或者限制行为能力的成年子女的父母另一方取得俄罗斯联邦国籍。

第三类有权通过简易程序取得俄罗斯联邦国籍的人——无劳动能力人(没说有亲人的存在)。

根据《国籍法》第14条第3款："从苏联所属国家来到俄罗斯联邦的丧失劳动能力的外国公民和无国籍人,按照2002年7月1日的状态已在俄罗斯联邦居住地进行了登记的,有权通过简易程序提出加入俄罗斯联邦国籍申请,无须遵守现行联邦法律第13条第1款第1项规定的有关在俄罗斯联邦境内居住期限的条件,亦无须出示居住证。"

因此,这主要是指,第一,不是任何无劳动能力的外国人,而仅仅是指来自苏联共和国的无劳动能力人；第二,规范只适用于按照2002年7月1日到达的人；第三,第13条第1款的所有其他要求(忠于宪法、放弃外国国籍等)仍然有效。

第四类享有通过简易程序取得俄罗斯联邦国籍的——是有机会在2009年7月1日前决定俄罗斯联邦国籍问题的人。

根据第14条第4款规定："从苏联所属国家来到俄罗斯联邦、具有苏联国籍的外国公民和无国籍人,按照2002年7月1日时的状态在俄罗斯联邦居住地进行了登记或者取得了在俄罗斯联邦临时居住许可或居住证的,可通过简易程序加入俄罗斯联邦国籍,无须遵守现行联邦法第13条第1款第1、3、5项规定的条件,如果他们在2009年7月1日前声明自己愿意取得俄联邦国籍。"

因此,这里指的是那些按照2002年7月1日时的状态已经在俄罗斯居住并登记,或者后来取得临时居住许可的人。他们有权在2009年7月1日以前通过简易程序取得国籍,即根据地方的联邦移民管理机关的决定。此时,任何期限以及有关生活来源和掌握俄语的要求都不产生影响。但是他们必须申明将遵守俄罗斯联邦宪法和法律,并申请放弃外国国籍。

不能忽视该法这项规定的人道主义。从本质上说,其旨在满足那些经过深思熟虑,最终决定要来俄罗斯的人。国内曾有(现在还有)一些激进措施的"坚定"拥护者——指定一个最后期限,逾期则不会以优惠程序批准任何人加入国籍。然而立法者没有采取这种极端措施,而"最后"期限也是一次又一次地向后延长1年。

第五类——是伟大的卫国战争的老战士。这也是2003年法律补充条款规定的新群体。根据第14条第5款规定:"具有苏联国籍并在俄罗斯联邦境内居住的卫国战争的老战士,可以通过简易程序加入俄罗斯联邦国籍,无须遵守现行联邦法第13条第1款第1、4、5项规定的条件,无须出示居住证。"

这些人无须申请放弃外国国籍,但他们应当迁居到俄罗斯。

第六类——是儿童和无行为能力人。根据该法第14条第6款规定,是外国公民或者无国籍人的儿童和无行为能力人,可以简易程序加入俄罗斯联邦国籍,无须遵守该法第13条第1款规定的条件:

(1)父母中一方具有俄罗斯联邦国籍的儿童——根据父母这方的申请并经父母另一方同意,该儿童取得俄罗斯联邦国籍。如果该儿童居住在俄罗斯境内,则不需要这种同意;

(2)单亲为俄罗斯联邦国籍的儿童,——根据该单亲的申请;

(3)确定有保护或者监护的儿童或者无行为能力人,——根据有俄罗斯联邦国籍的保护人或监护人的申请。

第七类——2008年10月1日《国籍法》分出新律，涉及按照国家专门计划安置到俄罗斯的俄罗斯同胞。根据该法第14条第7款规定："在根据国家协助生活在国外的同胞自愿移民到俄罗斯联邦的计划，为长期居住而选择的俄罗斯联邦主体境内有居住地登记的外国公民和无国籍人，可以按简易程序加入俄罗斯联邦国籍，无须遵守现行联邦法第13条第1款第1、3、5项规定的条件。"正如从条款中看到的，该类别的人终究应当来到俄罗斯，取得登记的不是在一般什么地方，而是在他们选择的俄罗斯联邦主体，在那里定居。不要求他们遵守在递交入籍申请之前的居住期限、有关物质财产、了解俄语的规则（提供参加国家计划的证明不仅给予掌握者以优惠，而且也给予与其一起被安置的家庭成员以优惠），但他们必须确认他们有义务遵守俄罗斯宪法和放弃外国国籍。

## 第六节　俄罗斯联邦国籍的恢复

"外国公民和无国籍人，凡过去曾有俄罗斯联邦国籍，可根据联邦法第13条第1款规定恢复俄罗斯联邦国籍。此时，他们在俄罗斯联邦境内的居住期限缩短至3年。"（2002年法律第15条）

要恢复国籍，有关承诺遵守俄罗斯联邦宪法和法律、合法的生活来源、放弃外国国籍、掌握俄语的所有要求都发生效力。但提交人还应该回到俄罗斯，并住在这里，虽然该法对提交入籍申请之前的居留期也缩减到3年。

既然2002年法律第13条规定可能对各种人提交加入俄罗斯联邦国籍申请的期限缩减到1年，而第14条准许很多人一般不必等满1年，这对那些可能提出恢复国籍、利用该方案的人而言，没有意义。更确切地说，他们写入籍申请并利用优惠即可直接取得国籍。看来，恢复国籍可以说是对那些没有任何上述优惠的人而言的。

1991年法律对恢复俄罗斯联邦国籍问题的调整比较广泛。对于大多数受该法约束的人来说，恢复俄罗斯联邦国籍要通过登记的途径进行。的确，1991年法律恢复条款中规范的明确性和无可争议性并不突出。

根据1991年法律第20条第1款规定，俄罗斯联邦国籍可以通过登记程序恢复：(1)因收养孩子、保护权或者监护权的确定而终止俄罗斯联邦国籍的人；(2)满18周岁前5年内因父母国籍改变而终止俄罗斯联邦国籍的人。

该法第20条第1款第2项与第18条第2项有相似之处（后者规定，出生时至少父母一方是俄罗斯联邦公民，但出生时已取得其他国籍的人，在满18周岁前5年内，可以通过登记程序取得俄罗斯联邦国籍）。但毕竟是不同情况。根据第18条第2项，尽管也有出生时父母一方是俄罗斯联邦国籍，但父母另一方也取得了国籍。根据第20条第2项，儿童因为父母的国籍成为俄罗斯联邦公民，但是后来又随着他们取得了其他国籍。

根据1991年法律最初修正案第20条第2款，认为根据苏联最高苏维埃主席团的命令未经其同意而被剥夺国籍的前俄罗斯苏维埃联邦社会主义共和国公民恢复了俄罗斯联邦国籍。形象地讲，说的是"名字"的命令，以剥夺具体人的苏联国籍。1993年6月17日修正案中，这一规范取得了更加普遍性："不经其本人同意即剥夺国籍或者取消国籍的俄罗斯苏维埃联邦社会主义共和国的前公民，可被认为已经恢复了俄罗斯联邦国籍。"总的来说，这个决定涉及的是以前作为不同政见者根据上述命令被剥夺国籍并被驱逐出苏联的人。与此同时，最初修正案规定，上述人员被认为恢复了国籍，"如果他们未做声明放弃恢复国籍"。后面的话在1993年6月17日修改该法时被取消了。结果使这些公民本身的意见好像没有了意义。然而多年以来，他们不仅在新地方站住了脚，而且还取得了其他国家的国籍。如果不问他们是否愿意，就宣布他们是俄罗斯公民，这样做未必合乎道德。顺便说一句，《俄罗斯联邦国籍问题审查程序条例》1993年12月27日修正案的态度证实，这些人要恢复俄罗斯联邦国籍，还是要提交申请和其他一系列文件的。因此，自动恢复俄罗斯联邦国籍在现实中没有发生过。在这方面做出过相应的决定。也发生过没征求本人意见即恢复其国籍的情况。例如，以前被剥夺苏联国籍的著名歌手戈·维什聂夫斯卡娅和音乐家米·罗斯特罗波维奇，后来在后苏联时代，恢复了俄罗斯联邦国籍。《俄罗斯报纸》关于采访女歌手的内容证实了，他们是从媒体了解的事实。

的确，规定有某些措施，证明俄罗斯国家对违反其意志而被剥夺国籍的人持有利的态度。因此，1994年10月24日总统令《关于俄罗斯联邦法律〈俄罗斯联邦国籍法〉修改的若干问题》中讲得相当宽泛：根据该法第20条第2款规定，1992年2月6日以前离开俄罗斯、未经其本人同意即被剥夺国籍、1992年2月6日以后又返回俄罗斯定居的俄罗斯苏维埃联邦社会主义共和国的原公民，被认为恢复了俄罗斯联邦国籍。

现在，取得国籍的普通程序就是立法者据此规定的。

## 第七节 驳回加入国籍申请和恢复俄罗斯联邦国籍申请的理由

驳回加入国籍或者恢复国籍申请是一个相当敏感的问题。

2002年联邦法有一个关于驳回理由的条文，即第16条。如果申请人属于哪怕是该条所列范畴中的一类，其加入国籍申请或者恢复国籍申请就会被驳回。让我们分析一下根据2002年法律驳回的理由及其所适用的人群范畴。

（1）对俄罗斯联邦宪法制度和安全的威胁。根据2002年法第16条第

1项规定，那些主张暴力改变俄罗斯联邦宪法制度基础或者通过其他行为对俄罗斯联邦安全造成威胁的人申请加入俄罗斯联邦国籍会被驳回。

上述措辞与俄罗斯联邦宪法专门规定社会团体的第13条第5款有相似之处。的确，其也规定，禁止目的或行为旨在特别是以暴力改变宪法制度基础、破坏国家的完整性、破坏国家安全的社会团体的建立和活动。该措辞与《俄罗斯联邦刑法》第29章《反宪法制度基础及国家安全的犯罪》也相符。

采取该理由必须要有相应的事实及其权威机构的确认。后者应确认以下事实，即申请人公开实施了积极行为——确实主张暴力改变国家宪法制度基础或者通过其他行为对国家安全造成威胁。

（2）1991年法律规定，主张暴力改变俄罗斯宪法制度的人加入国籍的申请应当驳回（第19条第4款第1项）。正如我们所见，该理由以修改的形式保留在新法之中。但在以前法律的同一条文中还提出一个理由：申请人"参加了其活动不符合俄罗斯联邦宪法原则的政党或其他组织"（第2项）。这条理由很不明确——人们不理解什么是"宪法原则"。再说，俄罗斯联邦权威机构实际上是要对个人不仅公开而且包括秘密活动的事实身份进行广泛的审查（加入某些组织的人们不会大肆炫耀）。而且这应当是在俄罗斯境外进行，因此会变得很困难，还会导致与其他国家的关系复杂化。因此可以说，俄罗斯立法者拒绝2002年法律提出的理由是完全正确的。

（3）以前从俄罗斯联邦驱逐出境。2002年联邦法第16条第2项规定，应当驳回那些"在提出加入俄罗斯联邦国籍或者恢复俄罗斯联邦国籍申请之日前5年之内根据联邦法律被驱逐出俄罗斯联邦"的人的申请。

这里是指几部联邦法律，即《外国公民法律地位法》《难民法》《行政违法法典》《出境入境法》等。

（4）伪造证件或者虚假信息。2002年联邦法第16条第3项规定，凡"使用伪造证件或者提供明显虚假信息"者的加入国籍申请应被驳回。

2002年11月14日《俄罗斯联邦国籍问题审查程序条例》规定（第53项），对俄罗斯联邦国籍问题做出的决定——取得或者放弃——应在通过司法程序确认有关决定的做出是根据使用的伪造证件或者提供的其明知虚假的信息的事实的情况下予以撤销。因此，对国籍问题的决定只能根据司法裁判予以撤销。

至于驳回加入国籍的申请，在这种情况下，文件和资料不可靠的事实可以经直接接受这些申请的有关机构确认。此外，这些机关可以依赖其他俄罗斯联邦国家权威机构以及所交文件或者通报的信息未得其证实的外国的数据和结论。也不排除根据其他理由对有关文件或者资料以其真实性作为对象予以评价的司法裁判。

申请者有权就驳回申请向上级机关申诉或者向法院起诉，其中包括以证件和资料真实为根据。

（5）在外国服役或者特别服务。2002年联邦法第16条第4项规定，"除非俄罗斯联邦国际条约另有规定，正在外国服兵役、在外国安全机构或者护法机构任职的"那些人加入俄罗斯国籍的申请应予驳回。

这意味着根据一般规则，那些希望取得俄罗斯联邦国籍（我们概括性地称之为军人）的人，首先必须从上述机构辞职，回到俄罗斯，最少居住2年（1年为取得居住证，另1年有居留许可），以便申请俄罗斯联邦国籍，还有1年可以等待有关国籍问题的决定。

但如上所述，国籍法2003年的补充内容允许苏联所属的国家公民根据合同在俄罗斯联邦武装力量、其他军队、军事组织中服兵役。服役3年后他们即有权提出加入俄罗斯联邦国籍申请，不必遵守与5年居住期限有关的条件，并无须交居住证。

所以，只对上述类别的人适用优惠程序。第16条第4项规定的禁止适用于其余军人，正如我们在描述外国人的地位时所见，尽管可以在俄罗斯联邦服兵役的不仅是苏联的共和国公民，而且还有其他国家的公民。

（6）实施刑事犯罪。2002年联邦法第16条规定，驳回加入俄罗斯联邦国籍这一动机的提出有3条理由。有关的人：

因在俄罗斯联邦境内、境外实施根据联邦法律认为是故意犯罪而被判刑罚尚未撤销或者尚未服刑完毕的（第5项）；

因实施根据联邦法律认为是犯罪的行为，正在受俄罗斯联邦或者外国有权机构刑事侦查的（法院宣判之前或者对案件做出判决之前）（第7项）；

因根据联邦法律被侦查的行为而被判徒刑并正在服刑的（刑期届满前）（第8项）。

2002年法律原稿还有一条理由——缺乏生活来源。第16条第9项规定，有关的人"在提出加入俄罗斯联邦国籍申请之日或者在俄罗斯联邦连续居住5年内没有合法的生活资料来源，如果现行联邦法没有规定以在俄罗斯联邦境内居住的其他期限作为申请俄罗斯联邦国籍的条件"，也是驳回加入俄罗斯联邦国籍申请的理由。但2003年这一项被该法删除。

根据2002年法第29条第5款规定，俄罗斯联邦总统在有该法第16条第2—8项规定的情形时，有权审查外国公民和无国籍人加入或者恢复俄罗斯联邦国籍问题。只有根据第16条第1项规定的理由，即在确认对宪法制度和俄罗斯的安全构成威胁的情况下，才应无条件地驳回申请。在以上分析的所有其他情况下，俄罗斯联邦总统可以考虑某些减缓情节，甚至在有以上所分析的理由时，也可批准人加入俄罗斯国籍。

## 第八节　俄罗斯联邦边界改变时国籍的选择（选择国籍）

传统上有关国籍的立法也会规定像选择国籍这种取得国籍或者放弃国籍的方法。

当俄罗斯联邦国家的边界改变时，根据俄罗斯联邦国际条约的规定，住在改变了国家归属的地域境内的人,享有根据俄罗斯联邦有关国际条约规定的程序和期限对国籍的选择权(选择国籍)(2002年法律第17条)。

因此,选择国籍是指国籍的选择。选择国籍的本质是,如果某个地域划给俄罗斯联邦或者从俄罗斯联邦划出,则住在该地域内的人有选择国籍的权利(换取另一个国家的国籍或者保留俄罗斯国籍)。选择的程序和期限由国际条约确定。

一般规则通常由下列规定组成。如果俄罗斯领土划归另一国家,则住在那里的俄罗斯公民自动丧失自己的国籍并取得第二个国籍。对此,他们也无须提出什么申请。但是,如果他们不想成为另一国家的公民,则必须在国际条约规定的期限内对此作出声明。在这种情况下,他们仍然保留俄罗斯国籍。如果未能及时做出声明,他们即不再是俄罗斯公民,并在该期限届满之后成为相对我们来说的外国公民。

反过来,如一块地域被划入俄罗斯联邦,住在那里的另一国的公民(与其解决了领土变更的问题)可成为俄罗斯公民,前提是在规定的期限内他们没有做出对此放弃的声明。如果做出了声明,则仍然是本国的公民。

由于国家的选择国籍问题,通常还要解决那些保留以前国籍人的继续居留问题。

## 第九节　俄罗斯联邦国籍的终止

### 一、总　　则

终止国籍是自然人地位的改变,其与该国的法律关系因此而丧失。

终止国籍的方式可能有几种。

最常用的方式是按照个人自己的意愿放弃国籍。他向国家权力机构提出(请求、申请),后者做出相应的决定。

相对少用但仍有可能的方式是有关地域国家归属的改变（选择国籍），届时公民可能拒绝新的国籍。

2002年法律第18条《俄罗斯联邦国籍终止的理由》规定：以下情况俄罗斯联邦国籍被终止：

1. 由于放弃俄罗斯联邦国籍；

2. 根据俄罗斯联邦现行法律或者俄罗斯联邦国际条约规定的其他理由。

根据1991年《国籍法》，俄罗斯联邦国籍的终止（该法第22条）基于：放弃国籍；撤销批准入籍的决定；改变地域的国家归属时以及根据俄罗斯联邦国际条约规定的其他理由，国籍的选择（选择国籍）;《国籍法》规定的其他理由。

2002年法律认为撤销以前就国籍问题做出的决定包括涉及批准的决定是改变国籍的方式。该法第四章"有关俄罗斯联邦国籍问题的决定的撤销"专门对有关问题做了规定。任何根据虚假材料做出的涉及国籍的决定，应当视为无效，也不会产生相应的法律后果。

## 二、俄罗斯联邦国籍的放弃

放弃国籍是终止俄罗斯国籍的主要方式。根据2002年联邦法第19条规定，放弃国籍是指：

（1）在俄罗斯联邦领域内居住的人通过普通程序在自愿的基础上进行的放弃，本法第20条规定的情形除外；

（2）在外国领域内居住的人通过简易程序在该人自愿的基础上进行的放弃，本法第20条规定的情形除外；

（3）父母一方有俄罗斯联邦国籍，而另一方为外国公民，或者单亲是外国公民的儿童，根据父母双方的申请或者根据单亲的申请，通过简化程序进行的放弃。

2002年法律对上述（1）和（2）点放弃国籍的程序进行了实质性的修

改,规定了住在俄罗斯联邦境内的人放弃俄罗斯联邦国籍的普通程序和居住国外的人放弃俄罗斯联邦国籍的简易程序。并特别指出按普通程序批准放弃的决定由总统作出;对住在国外的那些人按简易程序批准放弃的决定由俄罗斯联邦派驻有关国家的外交代表处或者领事机关作出。

根据该法第20条规定,不允许放弃国籍,如果俄罗斯联邦的公民:

(1)具有尚未履行的联邦法规定的义务;

(2)作为刑事案件的被告受到俄罗斯联邦有权机关的追究或者对其有法院已经生效并应执行的有罪判决;

(3)没有其他国籍和取得其他国籍的保障。

2002年11月14日《国籍问题审查程序条例》规定某些放弃俄罗斯联邦国籍办理程序的有关要求。

如果是住在俄罗斯境内的人放弃俄罗斯联邦国籍,申请时应当提交外国有权机构的文件以证明申请人另有外国国籍,或者证明其在放弃俄罗斯联邦国籍时取得另一国家国籍的可能性,以及俄罗斯联邦税务机关的有关不欠税款的证明文件。住在外国领土上的人放弃俄罗斯联邦国籍时,也应与申请一起提交上述文件,以及外国有权机构允许在该国居住的文件;有关撤销俄罗斯居住地登记注册的文件。

住在俄罗斯境内的人放弃俄罗斯联邦国籍时填写的申请是格式化的,2002年11月14日条例的附录中有其式样。除其他事项外,应当写明:

申请人是否有拖欠俄罗斯联邦立法规定的税款(根据提交的文件);

关于军人的职责(义务兵役人员,非义务兵役人员,如果已服兵役,则写明何地、何时、兵种、部队番号);

未被俄罗斯联邦有权机构作为刑事案件的被告予以追究;

法院已经生效并应执行的有罪判决是否与其有关;

申请人与其在申请中写明的子女是否另有一其他国籍(其他多个国籍),或者可能有取得其他一个(多个)国籍的可能(如果有,应写明哪个国籍,什么时候取得,以什么理由取得,证件,证件号码,发证时间和地点;没有其他国籍时——证明取得其他国籍的可能性)。

## 第十节 有关国籍问题决定的撤销

如果能够确定有关取得或者终止俄罗斯联邦国籍的决定是依据申请人提交的虚假文件或者他们明知是虚构的资料作出的,该决定应予撤销。利用虚假文件或者提供明知虚假信息的事实应通过司法程序确定(2002年法律第22条)。

2002年《俄罗斯联邦国籍问题决定程序条例》(比较近期的修正案中)建设性地规定了一系列因素,关系到撤销以前就国籍问题做出的决定。确定的是,撤销有关俄罗斯联邦国籍问题的决定,通过俄罗斯联邦总统法令进行或者以做出上述决定的另一有权机构的结论或上级有权机构的结论形成。俄罗斯联邦总统有权撤销其他有权机构就俄罗斯联邦国籍问题做出的决定。

有权机构关于撤销俄罗斯联邦国籍问题决定的结论应按俄罗斯联邦的联邦移民局或者外交部确定的格式做出。结论中应当写明有权机构对申请人加入俄罗斯联邦国籍或者放弃俄罗斯联邦国籍所做决定的理由、法院对申请人为取得或者终止俄罗斯联邦国籍使用虚假文件或者通报其明知虚假信息之事实的确认判决、复述法院查明的情况,以及撤销以前就俄罗斯联邦国籍问题所做决定依据的联邦法律条文。结论应由相关有权机构的领导或者执行人员确认(签字),与法院的判决一起附在做出原决定所依据的申请人的材料后。

有关俄罗斯联邦国籍问题所做决定已被撤销的,有权机构应自结论签署之日起一个月内通知有关的人。有关撤销俄罗斯联邦国籍问题决定的结论复印件和法院的判决应由有权机构交送俄罗斯联邦的联邦移民局和外交部，以便进一步通知俄罗斯联邦总统附属国籍问题委员会和其他有关机构。

有关俄罗斯联邦国籍问题的决定被撤销的情况下，有权机构应当采取措施取消以前根据该决定发放的证件。取得俄罗斯联邦国籍的决定被撤销后，应发给住在俄罗斯联邦境内的人无国籍人居住证或者外国人居住证。放弃俄罗斯联邦国籍的决定被撤销后，应当收回人所持有的放弃国籍证书，并发给俄罗斯联邦公民护照。

孩子的国籍问题，也应根据其父母提交的文件与其父母一并解决。对父母国籍问题决定的撤销适用于子女。

1991年法律规定，有关加入俄罗斯联邦国籍的决定在加入后的5年内可能被撤销。2002年联邦法对于类似情况没有规定专门期限。所以，该法第36条第1款允许做出上述决定1年以后再就国籍问题提出申请的一般规则有效。

# 第十一节　国籍、婚姻、子女

## 一、一般要求

如果俄罗斯男女与外国人结婚，不会导致他们改变国籍，在离婚的情况下，他们的国籍也不会自动改变。

当然，如果夫妻双方希望改变，相应地取得或放弃俄罗斯国籍将予允许。1957年《关于已婚妇女国籍的国际公约》号召国家给予妇女通过简易程序取得丈夫国家国籍的机会。

要取得俄罗斯联邦国籍，夫妻一方应向俄罗斯联邦总统申请，这种情况下在俄罗斯应有经常居住地。如结婚3年以上面临申请并在俄罗斯居住时，有关加入国籍的问题由地方内务管理机构决定。

放弃国籍的一般规则对夫妻双方住在俄罗斯的情况有效。但可以到外国定居,那时就可以适用简易程序放弃国籍。

因此,俄罗斯联邦只是反对妇女因出嫁自动取得或者放弃国籍。

因结婚取得另一国家的国籍,不放弃俄罗斯国籍,对此联邦法没有任何禁止性规定。

现在谈谈孩子的问题。前文我们涉及了新生儿的国籍问题,这里要谈的是父母以及替代他们的人改变国籍时孩子的国籍问题。

2002年法律第一章"总则"中的第9条"孩子的国籍"对于解决有关问题具有重要的意义。该条规定:

1. 父母一方或者父母双方取得或者终止俄罗斯联邦国籍的情况下,孩子的国籍可以根据联邦现行法予以保留或者改变。

2. 年龄在14周岁以上18周岁在下的孩子要取得或者终止俄罗斯联邦国籍,必须经其同意。

3. 如果由于终止俄罗斯联邦国籍,孩子将成为无国籍人,则其俄罗斯联邦国籍不得终止。

4. 父母权利被剥夺的父母改变国籍时,孩子的国籍不予改变。孩子国籍的改变无须征得其父母权利被剥夺的父母同意。

对这些规定应当注意以下几点:

第一,俄罗斯联邦只允许根据该法改变(取得或者终止)孩子的国籍。父母的意志可能具有决定的意义,但应在该法要求的框架内。这意味着其中包括:既然儿童通常不能保护自己,该法是国家保护儿童利益的推定。

第二,2002年法律保留以前也有效的规则:改变年龄在14周岁以上18周岁以下孩子的国籍,只有经其同意才能进行。

第三,孩子应当是俄罗斯联邦公民或者是另一国家的公民,如果这种情况已经形成,但当孩子成为无国籍人时,不能对其终止俄罗斯联邦国籍。这就要求俄罗斯应对放弃俄罗斯联邦国籍时提供另一国家国籍的保障进行认真审查。

## 二、父母改变国籍时孩子的国籍

按2002年联邦法第24条规定，如果孩子的父母双方或者单亲取得俄罗斯联邦国籍，孩子也取得俄罗斯联邦国籍。如果孩子的父母双方或者单亲的俄罗斯国籍终止，则孩子在不会成为无国籍人的条件下丧失俄罗斯联邦国籍。需要注意的是，14周岁以前自动跟随父母，年龄在14周岁以上18周岁以下的，必须取得孩子的同意，不取决于父母的意志。

2002年法律对父母一方改变国籍的情况也做了明确规定（第25条）。

该法规定了父母一方取得俄罗斯联邦国籍时的几种情况：

如果父母双方都有外国国籍，其中只有一方取得俄罗斯联邦国籍，他们住在俄罗斯境内的孩子根据取得俄罗斯国籍父母一方的申请，可以取得俄罗斯联邦国籍；如果孩子住在俄罗斯境外，其可根据父母双方的申请取得俄罗斯国籍；

在父母一方有外国国籍并取得俄罗斯联邦国籍，而父母另一方是无国籍人的情况下，根据取得俄罗斯联邦国籍这方父母的申请，他们的孩子可以取得俄罗斯联邦国籍，即在这种情况下，孩子是否住在俄罗斯境内没有影响；

如果是无国籍人的父母一方将成为取得俄罗斯联邦国籍的人，而父母另一方有外国国籍，根据父母双方的申请，他们的孩子可以取得俄罗斯联邦国籍。在这种情况下，住在俄罗斯境内的事实也没有影响。

还有一些情况与父母一方放弃俄罗斯联邦国籍有关。法律规定：如果父母一方的俄罗斯联邦国籍终止，而父母另一方仍是俄罗斯联邦国籍，他们的孩子可保留俄罗斯联邦国籍。同时，孩子的俄罗斯国籍在具有俄罗斯联邦公民的父母一方书面同意的材料时，可与父母另一方俄罗斯联邦国籍终止的同时被终止，条件还是孩子不能成为无国籍人。

此外，父母在终止自己的国籍时，不一定非得解决孩子的国籍问题。第19条第3款规定：如果父母一方有俄罗斯联邦国籍，另一方有外国国籍或者单亲是外国公民，孩子放弃俄罗斯联邦国籍可"根据父母双方的申请或者单亲的申请通过简易程序进行"。

### 三、收养（领养）、托养、监护与国籍

2002年《联邦国籍法》在俄罗斯保留了收养（领养）时对待孩子国籍常见的复杂方法。根据该法第26条规定，是俄罗斯联邦公民的孩子，被外国公民或者一个外国公民收养（领养）时，可保留俄罗斯国籍。的确，法律会满足这些人：根据收养人双方或者一个收养人的申请，在孩子不会成为无国籍人的条件下，其俄罗斯国籍可以被终止。

反过来，被俄罗斯公民（或者夫妻都是俄罗斯联邦公民，或者夫妻一方是俄罗斯联邦公民，而另一方是无国籍人）收养（领养）的孩子，根据俄罗斯联邦公民的收养人申请，不论其住在何地，自其被收养（领养）之日起即取得俄罗斯联邦国籍。

被一方是俄罗斯联邦公民，而另一方有外国国籍的夫妻领养的孩子，根据收养人双方的申请，不论孩子住在何处，可以简易程序取得俄罗斯联邦国籍。如果上述夫妻收养人在一年之内没有提出申请，孩子与其收养人都住在俄罗斯境内，则孩子自被收养之日起取得俄罗斯联邦国籍。

至于其监护或者保护已经确定的孩子和无行为能力人的国籍问题，根据该法第27条规定，以下列方式解决：

如果监护人或者保护人是俄罗斯公民，据其申请，孩子和无行为能力人即可通过简易程序取得俄罗斯联邦国籍；

如果孩子或者无行为能力人在教育或者保育机关、居民的社会保障机关或者其他俄罗斯联邦的类似机关受到政府的完全监护，在这种情况下，该孩子或者无行为能力人可根据他们所处机关领导的申请，通过简

易程序取得俄罗斯国籍；

已经确定受正在取得俄罗斯联邦国籍的外国公民监护或者保护的孩子或者无行为能力人，根据上述公民的申请可与其同时取得俄罗斯国籍。是俄罗斯联邦公民但已明确受外国公民监护或者保护的孩子或者无行为能力人，可保留俄罗斯联邦国籍。

## 第十二节　俄罗斯联邦国籍事务的有权管辖机构

根据2002年联邦国籍法（第28条）规定，有权管辖俄罗斯联邦国籍事务的机构是：

俄罗斯联邦总统；

被授权在移民领域履行监察、监督职能的联邦执行权力机构及其地方机构；2006年7月18日出现在该法的该规范指的是联邦移民局（以前该法规定了管辖内务问题的联邦执行权力机构，即俄罗斯内务部及其地方机构，其简称为签证注册局）；

管辖对外事务的联邦执行权力机构（即俄罗斯外交部），与俄罗斯联邦设在境外的外交代表处和领事机关。

俄罗斯联邦总统决定下列问题：通过普通程序加入国籍和恢复俄罗斯联邦国籍；通过普通程序并根据是外国公民的收养人双方或者单一收养人的申请放弃俄罗斯联邦国籍；撤销根据虚假文件或者明显虚假资料做出的有关国籍问题的决定。总统批准国籍问题审查程序条例。总统还负责保障管辖与执行国籍法有关的国籍事务的各有权机构的协调运作和相互作用。总统发布有关国籍问题的命令。

根据2002年法律（第29条第5款）规定，总统有权审查外国公民和无国籍人加入俄罗斯联邦国籍或者恢复俄罗斯联邦国籍的问题，无须遵守可能驳回加入俄罗斯国籍申请的限制性规则。但是，该法初稿曾经规定，总统这样处理是"在特殊情况下"。2003年法律删除了这些规定。如此一来，不仅扩大了总统的权限，而且强化了审理国籍问题时的人道主义原则。

多年来都是俄罗斯联邦总统附属国籍问题委员会发挥作用。其组成人员由总统任命，以社会为基础履行自己的职责。俄罗斯联邦总统的保障公民宪法权利管理局国籍问题司是处理国籍事务的专门单位。

俄罗斯联邦移民局及其地方机构有权：

确定住在俄罗斯联邦境内的人具有俄罗斯联邦国籍；

受理住在俄罗斯联邦境内的人提出的有关国籍问题的申请；

审查事实和提交的论证有关俄罗斯联邦国籍问题声明的文件，必要时可要求有关国家机构提供补充资料；

向俄罗斯联邦总统提交有关通过普通程序加入俄罗斯联邦国籍、通过普通程序恢复俄罗斯联邦国籍、通过普通程序放弃俄罗斯联邦国籍、撤销有关俄罗斯联邦国籍问题决定的申请，提交的证明文件和其他材料，以及对这些申请、文件和材料的结论；

执行俄罗斯联邦总统对住在俄罗斯联邦境内的人的俄罗斯联邦国籍问题做出的决定；

审查住在俄罗斯联邦境内的人就俄罗斯联邦国籍问题递交的申请，并就俄罗斯联邦国籍问题做出决定；

对联邦移民局或其地方机构对其做出改变国籍决定的人进行记录；

为父母下落不明的儿童以及被俄罗斯联邦一个公民，或者夫妻一方为俄罗斯联邦公民而另一方是无国籍人的俄罗斯联邦公民夫妻或夫妻一人收养（领养）的儿童办理俄罗斯联邦国籍手续；

对根据伪造文件或者明显虚假的资料做出的有关俄罗斯联邦国籍问题的决定进行撤销。

俄罗斯联邦外交部及其设在国家境外的外交代表处和领事机构，概括地讲,像联邦移民局及其在国内的地方机构一样,执行上述所列的那些任务。

## 第十三节　关于国籍问题的决定:形式、期限和日期、执行、申诉

总统有关国籍问题的行为以法令的形式做出。

关于主管国籍变更问题的其他机构的行为方式,该法以一般形式规定——由其做出决定。决定可能是:根据案情,即有关以简易程序加入国籍的决定;有关允许以简易程序放弃俄罗斯联邦国籍的决定;有关在存在不可能取得或者放弃俄罗斯国籍的情况时驳回这种申请的决定;有关由于缺乏肯定决定的理由,而拒绝满足这类申请的决定;有关由于未提交必要文件拒绝受理申请的决定;等等。任何决定都应以书面形式做出并应说明理由,需形成公文形式,并由有关机构的领导签字。

在撤销以前对国籍问题做出的决定时,撤销俄罗斯移民局和外交部系统机构的决定,应当形成做出上述决定的有权机构的结论,或者上级有权机构的结论。

至于期限,2002年《国籍法》(第35条)规定:

有关俄罗斯联邦国籍问题申请的审查和有关以普通程序加入或者放弃国籍决定的做出,应当在递交申请和全部以正当方式形成的必要文件之日起1年内进行;

有关俄罗斯联邦国籍问题申请的审查和有关以简易程序加入或者放弃国籍决定的做出,应当在递交申请和全部以正当方式形成的必要文件之日6个月内进行。

对其做出这样决定(应该认为,拒绝)的人,有权就国籍问题重新提

出申请——的确,要在上述决定做出1年以后。在具有申请人不知道或者无法知道的情况时,重新申请可能被受理审查而无须遵守上述期限(第36条)。

该法也规定取得或者终止国籍的日期。俄罗斯联邦国籍即为取得:新生儿为自出生之日起;收养的孩子为自收养(领养)之日起;其他情况为管理俄罗斯联邦国籍事务的有权机构做出有关决定之日起。国籍的终止自管理俄罗斯联邦国籍事务的有权机构做出有关决定之日起。

对通过普通程序改变国籍的申请做出的决定,有权机构应当自总统发布有关命令之日起1个月之内通知申请人。同样,对通过简易程序改变国籍的申请做出的决定,有权机构应当自做出决定之日起1个月内通知申请人。

根据2002年条例,对年满14周岁并取得俄罗斯联邦国籍的人,应发给俄罗斯联邦公民护照。有关已经取得俄罗斯联邦国籍并住在俄罗斯境外的年龄在14周岁以下的儿童的信息,应当记入有俄罗斯联邦国籍的父母的出国护照。根据父母的请求,这样的儿童可以办理俄罗斯联邦公民护照。对取得俄罗斯联邦国籍并住在俄罗斯联邦境内的年龄在14周岁以下的儿童,发放出生证明应当插有证明儿童具有俄罗斯联邦国籍的附页。

对经允许放弃俄罗斯联邦国籍的人,包括儿童,应当发给国籍终止证书。证书以有权对放弃国籍申请做出决定的机构的公文形式办理。经允许放弃俄罗斯联邦国籍人的俄罗斯联邦公民的护照、出国护照和出生证明附页(如果有),应予收回。经允许放弃俄罗斯联邦国籍儿童的有关信息,在其保留俄罗斯联邦国籍的父母的护照中记载的,应予废止。

立法不禁止放弃俄罗斯联邦国籍的人继续住在俄罗斯。这种情况下,应当向其发放外国公民或者无国籍人居住证。

2002年《国籍法》对就国籍问题决定的申诉的可能性做出了一系列规定。对负责办理国籍事务的主管机构作出的有关驳回俄罗斯联邦国籍问题申请的决定,可依法定程序向法院提起诉讼(第39条)。

对拒绝审查有关国籍问题的申请和其他主管俄罗斯联邦国籍事务的有权机构的公职人员违反国籍案件的诉讼程序的行为以及违反执行俄罗斯联邦国籍问题的决定程序的行为,可以向具有隶属关系的上级公职人员提出申诉或者向法院提起诉讼(第40条)。

# 第十六章
# 俄罗斯联邦公民的基本权利、自由与义务

## 第一节 综 述

### 一、概 念

以前谈到,那些在国家宪法中规定的人与公民的权利、自由和义务被称作基本的权利、自由和义务。因此,"基本权利、自由和义务"的概念同"宪法权利、自由和义务"的概念是等同的。

在此,应该回答以下两个问题:

第一问题:那些不是被宪法所规定的,而是被规定在其他文件中,甚至规定在被国家承认的国际法律文件中的权利、自由和义务能否被称作基本的权利、自由与义务呢?俄罗斯联邦宪法给出了令人费解的答案——在第55条第1款中规定,在宪法中列举的基本权利和自由不应该被解释为对人与公民其他普遍承认的权利与自由的否定或者限制。这表明,当某种基本的权利与自由还未被宪法规定时,研究人员不应该将其排除在基本的权利与自由之外,但这些权利与自由迟早应该宪法所规定。

第二个问题是从第一个问题中衍生出来的:可不可以不将基本的权利、自由和义务规定在国家宪法中,而是规定在其他宪法的渊源之中呢?答案应该是这样的:基本的权利、自由和义务在宪法规范中予以规定才更适宜;在一定的情况下,如果这些基本的权利、自由和义务还是不

能被规定到当今立法文件中来的话,在此条件下,这些权利、自由和义务将来修改宪法时应将其提升到宪法的规范上来。

现在我们试着来回答,按照权利、自由和义务的内容该怎样理解权利、自由和义务呢?著名学者、莫斯科大学教授尔·德·沃耶沃金的看法,对回答这一问题是至关重要的:权利、自由——这是个人实施一定行为的可能性,也就是说个人实施的、同人们在宪法规定上对权利和自由的理解相符的行为、举止。

人与公民的权利与自由的区别在哪里呢?它们之间的界限是变动的,有时是受条件制约的。但是在概念上可以从以下方面理解:人与公民的权利——更多的是一个法律范畴,也就是说权利的实现形式被规定在法律规范中,甚至经常是以列举的形式表现出来。自由——这一概念更宽泛,可能有着为数众多的实现形式,一部分可能被规定在法律规范中,另一部分在法律规范中的规定是不现实的。

当然了,在实现基本权利时,可能性的界限会非常广泛,在享有基本自由时,一些界限没有被限定。除此之外,经常借助于个人权利的范畴划分出那些被国家预先规定的或保障的行为方式。而且,当运用个人权利这一范畴在自由内部划分出更为确定的行为方式时,这对个人的自由也适用。

因此,预见到在极富创造性的严格规则相交叉时,或者不可能避免这种相交叉的情况时,我们经常同时使用这两个概念。比如说,在宪法第28条中,我们读到,保障每个人的良心自由、信仰自由,包括个人或与其他人一同信仰任何一种宗教或者不信仰任何宗教,自由选择、信仰和传播宗教的或者其他信仰,并依照该种信仰行事。对这一规定应该这样理解,按照个人的理解良心自由、信仰自由是可以有多种人采用的实现形式。但是,这些实现形式中的一些——也是最为重要的一些——法律应对此规定得更为明确、国家应对此给予特殊的保障。

在著作中,有时将确定的行为方式同权利一起相提并论,而将个人的精神世界同自由相连。这些宪法可能仅仅规定了一般的保障，但是"粗糙"的法律规定并没有涉及这一精神世界。在不否认一系列自由同个人情绪有关的这一前提下，宪法对这些自由的保障不应该在法律规则中加入相应的危险行为，因为这也同样为个人实施某种行为的可能性提供了补充。这同个人自由、良心自由、言论自由、集会游行自由等自由有关。

公民义务（其中包括基本义务），这是公民实施一定行为的必须性。必须性可以一般要求的形式表现出来。例如，遵守俄罗斯联邦宪法和法律，规定了行为的一种行为方式，准许几种行为方式，其中包括根据个人的酌定所采用的一些行为方式（例如，父母的义务）。

同俄罗斯联邦宪法义务相并列，有时也使用公民的"职责"，在众多情况下这两个概念可以混用（例如，根据第59条的规定，保卫祖国是俄罗斯联邦公民的"职责和义务"）。职责这一概念不仅表明是法律的，而且表明是对个人的一般要求。因此，这一概念更为宽泛，它确定了人的一定的行为方式，但却不能将之归结为几个具体的规则。义务，甚至在仅表现为共同要求的情况下，在当今立法上也可以将之具体化。

在阐述公民基本权利、自由与义务的实质和种类时，应该考虑到下列因素。

第一，它们首先还是表现为个人需求的方式，并在这种意义上表现出了它的自然和社会意义。

第二，权利、自由和义务同样也取决于社会和国家满足个人需求的可能的方式，对相应的权利、自由和义务的存在或缺失产生影响；除此之外，当某些权利、自由和义务被规定在某些国家的宪法中，而其他的却完全没有被规定时，也完全没有排除世界观因素的影响。

第三，当基本的权利、自由和义务在宪法上被规定时，便具有直接的效力，并在基本法和其他法律文件规定的基础上得以实现；但是，如果还未制定这些法律文件的话,这些基本的权利、自由和义务将以宪法自身的规定为根据得以实现。

第四,权利、义务和自由的实现是以个人所做的下列行为为前提的:运用这些权利、自由并履行义务;期待或者要求从国家或其他责任主体方面获得保障;为了保障其他主体的相应行为甚至需要采用强制措施(个人的或国家的)。基本的权利、自由和义务需要有物质的、组织的和法律的保障,并由国家提供保障和保护,在一定的条件下还需要社会力量进行保障。

## 二、分 类

基本的(也就是说宪法上规定的)权利、自由和义务可以进行分类,也就是说划分成固定的几类。对个人以及个人在社会和国家中使命的观点,就成了这些分类的依据。

比如说,按着苏维埃时期的通说,人被看作是一定的社会经济体系的组成部分,进而必然得出人也是国家政治生活的积极组成部分,然后才谈到人是在一定的、众所周知的界限内不被公共利益侵犯并被国家保障的私人生活的个体。进而基本的权利和自由被划分为:(1)社会经济的或者说在社会经济领域(有时还加上精神文化领域)的权利,这些领域被看作是人的社会生活的一部分;(2)政治的或者在国家政治领域的权利;(3)个人的或者在个人生活或个体自由范围内的权利。

现在,关于个人以及个人在社会关系体系内地位的观点发生了根本性的变化。人、人的尊严、个人自由以及以个人的力量和才能自由发展的潜力,位于首要地位;而个人可能参与国家和社会事务的权利与自由处于第二位。同时,在这里观念也正在发生着变化:包括个人对公共领域的利益在内,不能将一切都归结为政治的根源。还有一个同国家政治统治相并列的,并不总具有政治性的而是常常远离政治的,同样建立在权利与自由的原则之上并能符合众多人的要求和利益的社会生活。例如,可以举行群众大会支持某一政党,或者反对在休息区建造房屋;在结社权的基础之上可以参与政治运动,或者加入集邮爱好者协会。因此,更为准确地说不是政治权利,而是社会政治的,或者公共政治权利与自由。

当然了,个人处于经济的、社会的和文化的联系之中,每个人都应该做些什么并利用一些条件以改善自己的物质、社会和精神生活的状况。但是,这种观念原则性的变化在于,经济的、社会的和文化的联系不应该是制约个人社会政治作用和个人地位的因素。因此,在权利与自由的总的分类中,相应的权利与自由的分类便从第一位退居第三位。还有一个因素更具有本质意义:经济、社会和文化权利的内容以及它们的排列顺序同以前相比应该具有原则性的不同。处于首位的应该是为了从事企业或者其他的经济活动而自由运用自己的才能、私有财产权、劳动自由,然后才是其他的。

最后,更加关注对人的权利和自由的保障是新的分类方法的主要特点。除上述的权利与自由都拥有基本的保障外,需要在宪法中划分出基本权利与自由的专门类别以保障其他的基本权利与自由。

综上所述,现在可以将人和公民基本的(宪法的)权利与自由分为如下几类:基本的个人权利与自由;基本的公共权利与自由;基本的经济、社会和文化权利与自由;保障其他权利与自由的基本权利。

至于基本的(宪法的)义务,一些学者在同权利与自由相统一的基础上来研究,因为这能更好地给出个人在相应领域中的状况的完整概念;另一些学者建议先研究权利与自由,然后再单独地研究义务,这样能更好地弄明白它们的用途,明确人对社会和国家的义务。哪种观点更好呢?对此我们不想争论。为了论述的方便,我们将尽量依照《俄罗斯联邦宪法》的规定,在宪法上首先规定的是权利与自由,然后才是义务,但是一些义务同权利与自由一起被规定下来。

## 第二节　基本的个人权利与自由

在个人生活和自由的领域内《俄罗斯联邦宪法》保障下列权利：

生命权；

个人的尊严；

自由及不受侵犯的权利；

个人生命不受侵犯权，个人以及家庭的隐私权，保障个人的荣誉及名誉的权利，通信、电话、邮件、电报和其他的交流方式自由权；

获知直接涉及人的权利与自由的信息的权利；

住宅不受侵犯；

保持民族特性的权利；

使用不同语言的权利；

迁徙自由、选择居住地和住所地的权利；

良心自由和宗教信仰自由。

### 一、生　命　权

《俄罗斯联邦宪法》第20条规定：

1. 每个人都有生命权。

2. 在废除死刑前，通过联邦法律规定，死刑是在为被告提供陪审员参加审理案件的权利的情况下，针对谋害生命的特别严重犯罪而采取的极端惩罚措施。

似乎，第20条的规定是清楚的。但是，在这一规定的基础上很难给出生命权科学的定义，更何况是它现实地被归结为限制死刑的适用。

很明显，生命权的宪法内容归结为如下几项。

第一,它表现为物理性的存在权。人来到这个世界正是为了生存——呼吸、感知,实现自己的自然功能。

第二,生命权同不能被任意剥夺生命的权利紧密相连。该权利的这一特点在1966年《公民政治权利公约》上有所反映(第6条)。当代文明最主要的价值是人的生命。如果为了某人而使生命失去意义、人决定自杀时,虽然可以承认,人有权决定自己的命运,但这仍然是社会的悲哀。进而社会不能允许某人愚蠢地或者自私地支配他人的生命。甚至剥夺那些处于极端痛苦中的、丧失记忆且所剩时日不多的身患绝症的病人的生命,也是不允许的,虽然有时会出现关于这种行为是否人道的争论。除此之外,时而会出现能否适用安乐死的争论,就是说根据身患绝症的患者自己的请求终结其生命。一些国家将安乐死作为例外规则进行了规定,而世界上的大多数国家包括俄罗斯在内,不允许适用安乐死。

第三,国家保护生命权。通过国家法律和国家机关对人的生命提供保障。保障的措施是不同的。保护个人免受犯罪的侵害,对可能对安全造成危险的劳动条件、保存和运输物质资料、检验和试验以及医疗救助等违法行为规定了相应的责任等。

第四,将剥夺人的生命作为一种因其实施的犯罪行为而遭受的刑罚惩罚措施,并仅仅是一种可能遭受的极端措施。哪里有社会,哪里便会有关于能否适用死刑问题的争论。《俄罗斯联邦宪法》将死刑规定为刑罚的一种极端措施,并按照专门的审判程序仅对确定种类的犯罪适用。按照俄罗斯联邦宪法法院的决议,现在在俄罗斯暂缓适用这一刑罚措施。俄罗斯联邦能否彻底废止死刑还很难说。从法律上废除死刑需要修改宪法第20条的规定,而这一条处在第二章,因此,只能通过新的俄罗斯联邦宪法才能对这一条进行修改。

## 二、个人的尊严

根据《俄罗斯联邦宪法》第21条的规定,国家保障个人的尊严。任何东西均不得成为诋毁人格的理由。任何人不应遭受刑讯、暴行、其他残酷的或有损人格的对待或处罚;任何人未经自愿同意不得遭受医学、科学或其他实验。

人的人格被理解为人所具有的一定的道德和智力的品质,而且不是任何的一种品质,而是与那些在具体的社会和国家中被接受的道德准则相符合的品质。人的主体性恰恰是来源于他所具有的这种品质。原则上,周围的人们应该能够接受一个人,也就是说个人的人格——这是不受社会公众的诋毁性。①

个人的人格是一个多元的范畴,但首先要谈到的是人格有如下这些内容:人的一定行为;可能遭受社会谴责的不可实施的行为;人的教育和智力程度;对待周围事物的态度;生活方式;在社会中被认可的良好形象。

个人的人格是一个同外部(社会的和个人的)评价无关的范畴。人可能会错误地看待自己的人格,赞叹自己的品质,但可能其并不拥有这种品质。在旁人看来,他可能会拥有某些优点,但并不大。这无论如何也不能成为否定人的人格的借口(智力程度、对亲近者的关心、良好的人际关系、具有某种众所周知的、同其品行和交友有关的美德)。

相应地,污蔑人的人格,这是指实施了举止不良的中伤他人的行为,对他人的智力的或其他的品质进行污蔑(凌辱),实施有辱他人的行为,将他人当众置于不利境地。

将个人人格作为一个宪法范畴所规定,对其提供了众多的保护形式。个人拥有一系列的保护形式,从在生命、健康、道德状况、非法限制自由等遭受威胁的情况下自我保护,到在造成道德的伤害、遭受侮辱以及为保障荣誉和尊严时,可以运用民事法律以及刑事法律手段进行救济。

"任何东西均不得成为诋毁人格的理由"的宪法规定表明,不仅自然

---

① 参见:《俄罗斯联邦宪法注释》,莫斯科,2002年,第149页。

人实施行为时应该相互尊重，而且国家公职人员也应该依照尊重他人的原则行事。如果个人被控实施了犯罪或者反道德的行为，这并不代表就可以对其施以相同的行为。因为国家对保障个人的人格承担着一定的义务，对待个人国家应该保证适当态度，不论在何种条件下和依照何种借口，人都是人。

## 三、自由及个人不受侵犯的权利

该权利被规定在《俄罗斯联邦宪法》第22条中，其规定：每个人都享有自由和人身不受侵犯的权利；只有依照法院的决定才允许逮捕、关押和监禁；在法院作出决定之前不得将人关押48小时以上。

自由在传统上认为属于人的自然权利，从出生时便享有并终其一生。在《人权宣言》中宣告："人人生而自由、平等地享有人格和权利。"（第1条）

人的自由可以是精神的，也可以是身体的，并附带享有个人不受侵犯的权利。精神自由便意味着享有独立的世界观和内心世界的权利。这种精神自由部分表现在个人的生活中，部分表现在公共领域。身体的自由和不受侵犯在于任何人没有法律依据无权限制他人的行动和行为。形象地说，个人自由和不受侵犯性在于，如果一个人与他人的意愿相违背，他人也无权强令该人穿某种衣服、留某类发型甚至保持某种外在形象。

相对于他人而言，每个人都应该享有自由和不受侵犯的宪法权利。其中包括：父母和其他亲人不能限制孩子的自由，如禁止孩子上学等；雇主无权将工人限制在工作场所超过法律规定的工作日（班）所持续的时间；"教育"孩子、夫妻、雇工以及违反社会行为规则的人，对他们进行体罚，这些都是对个人不受侵犯的侵害。

在保障自由和人身不受侵犯方面，国家的保障尤为重要，其中包括禁止非法剥夺自由。宪法规定，逮捕、关押和监禁只有依照法院的决定才被允许（以前按照检察官的许可或者其他护法机关公职人员的许可也可以），这对保障个人的利益就变成了重要的工具并在刑事诉讼法典上有所规定。

## 四、私生活秘密权，个人信息受保护权，取得涉及个人权利与自由的信息的权利

宪法第23条规定，每个人都有私生活、个人和家庭秘密不受侵犯、维护其荣誉和良好声誉的权利。每个人都有通信、电话交谈、邮政及电报和其他交际秘密的权利。"只有根据法庭决定"才可以对这一权利进行限制。为了方便叙述，在某种程度上第23条中列举的权利可以用隐私权来进行阐释。

人的这一权利与保护个人信息免受非法采集以便操纵他人紧密相关。正因为此，在立法上才规定了个人信息受保护的权利。同时，对个人而言尽可能地从公权力机关获得他人的信息，因为有时这是出于保护个人和个人信息的需要才这样做。至此，宪法中还划分出获得直接涉及个人的权利和自由的信息的权利。

个人权利的这一特点被规定在《俄罗斯联邦宪法》第24条中。该条宣称：未经本人同意不得搜集、保存、利用和扩散有关其私生活的信息。国家权力机关和地方自治机关及其公职人员必须保证每个人均有可能接触到直接涉及其权利和自由的文件与信息，但法律另有规定的除外。

宪法规定的上述权利表明，俄罗斯正向国外众多国家所熟知的发展道路转变，在那些国家中有着发达的保障个人利益、个人私生活不受侵犯、保障个人权利的发达的立法体系以免受非法采集关于个人的信息、保存档案的侵害，也就是说使个人避免成为被追踪对象的潜在受害人、避免个人成为专门的敲诈勒索组织、犯罪团伙、其他公民和公民组织的

潜在受害人。个人有权获知关于国家机构和地方自治组织业务活动方面直接与其本人息息相关的信息。

上述所指的私生活秘密权、保障个人信息的权利和获知直接涉及本人的权利和自由的信息的权利,可以单独进行研究。但是,在现实生活中这些权利经常是相互交织在一起的。因此,最好是将它们看作是一个统一的综合体。

以宪法的规定为依据并考虑到当今立法的现状可以指出这些权利内容的如下几个方面。

第一,私生活的范围包括:(1)个人直接的私生活;(2)个人的家庭生活;(3)劳动(在广义上)活动;(4)健康状况;(5)个人同他人的联系,其中包括通过现代化的技术设施的交际方式。

在自己生活组织中,人有权成为自由的独立的人。一方面,在未征得个人同意的情况下任何官方机构的代表或者其亲人中的任何人都无权干涉一个人的私生活。不应完全地同道德因素相分离——有对家庭、对孩子、对父母、对朋友的义务等。但是,却有一个干涉个人生活的界限,该界限表现在业已形成的、有法律意义的行为规则中,且对个人生活的干涉不能超过该界限(比如,可以通过法律的直接规定以物质的方式抚养孩子,但不能检验,也不能增大其对孩子爱的深度)。另一方面,人自己也应该考虑对其私(个人)生活不受侵犯的保障。这里不是所谓行为的"端正性",而是讲个人生活的"公开性"的界限。法律无力限制大众媒体、普通人对他人的兴趣,如果该人希望在政治上成为一个著名的演员等。

第二,私生活秘密权和最大限度地保障个人信息权的实现不仅同公民个人的才能(虽然这种才能也有重大意义)有关,还同相应机关和个人的义务有着密切联系。立法者采用"秘密"这一范畴同人的生活中多方面密切相关,这直接决定了国家权力机关和地方权力机关以及非国家机构和组织业务活动的内容。

宪法规定了个人和家庭的秘密权，规定了通信、电话、邮件、电报和其他通讯方式的秘密权。对这些秘密提供保障的既有国家的，也有现在非常普遍的非国家的通信业企业（所有可能的快递公司）尤其是移动通信业务企业。这些秘密由同获取侦查活动有关的研究和截取通信的特殊规则提供保障，并且对电话的监听由俄罗斯联邦刑事诉讼法进行了规定。俄罗斯联邦1995年8月12日（2008年修订）《"侦查活动"法》规定了对电话的监听需要由法院做出决定，而且需要在实施了犯罪或者准备实施犯罪的情况下才允许，或者在对国家安全造成威胁的情况下才被允许。

因此，私人（个人）的秘密在相应机关和机构业务活动的范围内有所反映。比如说，涉及公民健康和疾病的医疗秘密不允许医疗机构及其工作人员公开宣扬。还有一些关于收养和其他民事行为的秘密。对公证人员而言，有对其公民的遗嘱和其他公证的行为保守秘密的义务。侦查人员、检察官、法官和其他审判程序参与人员，其中包括普通公民都有义务保守预先侦查和不公开审理时所涉及的秘密。律师秘密是指律师不得泄露其从事刑事、民事律师业务活动时所获知的信息，这其中包括刑事被告人、民事原告、民事被告以及其私人生活的信息。还有一个银行秘密的概念，该概念是指任何一个银行都有保守私人或法人存款的义务。税务机关有保守税收的秘密，即有保守纳税人的财产状况、收入和纳税情况秘密的义务。海关应该对其所获知的信息保守秘密，其中包括涉及个人的秘密。商业机构有义务对参与其业务活动的人员，他们的资产、收入和工资等保守秘密。忏悔的秘密由宗教规范进行调整。法律允许神父在其接受忏悔时所获知的信息在侦查或法院审理时保守秘密。

在俄罗斯联邦逐渐地开始出现了在其他众多国家所熟知的一个概念，即除了在一些单独的领域保障私人生活的秘密外，需要通过立法对处理、保存和传播公民的信息进行规范。这种规范的优点在于，它能够兼顾并将宪法规定的、同个人的私生活有关的两个条款合二为一。

1995年2月20日通过的《关于信息、信息化和保护信息法》(生效至2006年)的联邦法律在保护个人信息上迈出了第一步。该法律规定,公民有权知悉关于他们的文件信息,为了保障信息完整可靠的目的有对信息给予确定的权利,有权知道谁出于何种目的使用过和正在使用该信息。按照《关于公民的信息(个人资料)法》第11条的规定,那些被列入到联邦信息资源、共同信息资源、俄罗斯联邦主体信息资源、地方自治机关信息资源以及非国家机构获得及收集的部分的个人信息的清单,应该通过联邦的立法予以规范。个人信息属于秘密信息的范畴。依照该法第14条的规定,赋予公民和组织获知关于他们的文件信息的权利,为了保障信息的完整和准确的目的修正这些信息的权利,并有权知道谁出于何种目的曾经使用过或现在正在使用该信息。公民文件信息的持有者有义务根据相关人的要求免费提供这些信息。只有在法律有所规定的情况下,才能给组织提供这些信息。在信息资源的持有人拒绝提供信息的情况下,可以通过诉讼的方式解决。

在2001年《俄罗斯联邦劳动法典》中规定了第14章"劳动者个人的信息保障",已于2006年进行了修订。在该章中规定,为了保障人与公民的权利和自由,雇主及其代表在处理劳动者个人的信息时必须遵守一系列的规则:只有出于遵守法律和其他规范性法律文件的目的,为了帮助劳动者找到工作、职务上晋升、工作人员的个人安全、对完成工作的质和量进行检查和为了财产的保全才能对个人信息进行加工处理;应当从劳动者本人那里获得其所有的个人的资料,如果需从第三方那里获知这些资料时,应预先通知劳动者本人并征得其本人的书面许可;雇主无权处理涉及劳动者本人的政治、宗教和其他信仰以及从属于某一社会团体的信息,对涉及劳动者个人生活的信息,雇主只有在征得劳动者本人书面同意的情况下才能进行处理。

《俄罗斯联邦劳动法典》还规定,雇主应该按照联邦法律规定的程序保障劳动者个人资料免受非法使用或者造成损失,并且对此所花费的费用由雇主承担。在无劳动者个人书面许可的情况下，雇主不得将劳动者个人的资料告诉第三方，但是在为了避免对劳动者个人的生命和健康造成威胁，以及联邦法律另有规定的情况除外；只有那些被专门授权的人员才能接触到劳动者个人的资料；等等。

同时，为了切实保障雇主那里所保存的关于劳动者个人的资料，对劳动者赋予下列权利：关于个人资料的知情权和对个人资料进行整理的权利；自由免费地查看自己的个人资料，其中包括除联邦法律另有规定外，复印任何一张有关自己个人资料的文件的权利；劳动者有权要求删除或者修改那些不正确或者不完整的个人信息，而且有权要求删除或修改违反劳动法典而编制的个人信息。劳动者有权对雇主在处理或保护其个人信息上的任何一个违法的作为或者不作为向法院提起诉讼。

2006年7月27日《联邦个人信息法》作为一部具有总括性规定的法律文件在保护个人信息的道路上迈出了最终的并具有重大意义的一步。正如第1条所规定的那样，该法调整同下列行为主体修改或处理个人信息有关的行为：国家权力联邦机关，俄罗斯联邦主体国家权力机关，其他国家机关、地方自治机关和未进入到地方自治系统的地方自治机关（统称地方自治机关），及利用自治资源的法人与自然人，或者虽然没有利用自治资源，但如果在处理个人资料时的行为，同使用自治资源时处理个人信息有关的行为（业务）属性相同的法人或自然人。第2条规定，在处理个人信息时，对包括私生活的不可侵犯权、个人和家庭秘密权在内的人和公民的权利提供保护是本法的目的。

相应地，在第5条中规定，处理个人信息要遵照下列原则：（1）处理信息的方法和目的合法、自愿；（2）处理信息的目的要同在收集信息时事先确定的和声明的目的相符，还要同操作者的权限相符（法律将从事收集个人信息工作的机构和个人叫做操作者——作者注）；（3）处理个人信息的范围和属性以及方法要同处理个人资料的目的相符；（4）个人信息的可靠性、为加工目的的准确性、加工信息时不可受损性原则；（5）不能为了相互不符的目的将缺乏这些信息的个人资料系统相结合。

该法律（第6条）规定，操作人员在征得信息主体个人同意（在个别情况下应征得其书面同意）的情况下可以处理这些信息。但是在一些特殊的情况下，却不需要个人的同意，这些情况包括：以专门的联邦法律为依据对这些信息进行处理时；在使个人信息去除其个性的条件下如果是出于统计或者科学研究为目的而使用时；当对个人信息的处理是为了保护信息资料主体个人的生命、健康或者其他重要利益时，而且在不可能征得主体同意的情况下；在不侵犯主体权利与自由的条件下出于记者的职业活动目的，或者是出于科学、文学或创作目的而加工处理个人信息时；按照联邦法律规定对已被公开的个人信息进行加工处理时，其中包括从事国家公职人员的信息、竞选国家或地方自治机关公职的候选人的信息等。

同时，该法律第7条还要求对个人信息保密。这便意味着操作人员或者接触个人信息的机构和个人在未征得信息主体同意或者在有法律专门规定的情况下不得泄露个人信息。

法律禁止对涉及个人种族、民族出身、政治观点、宗教或哲学信仰、健康状况、隐私的专门信息进行加工处理。同时，在下列特殊的情况下法律第10条允许收集这些信息：

个人对处理自己的个人信息做出了书面同意；

个人信息是公开的；

这些信息同个人信息主体的健康状况有关，并且对这些信息的处理是为保障他的生命、健康或者其他同健康有关的重要利益，或者对他人的生命、健康或者其他同健康有关的重要利益，并且不可能获得个人信息主体的同意时；

对个人信息的处理是出于医疗信息为目的，并由专门医疗工作人员实施的条件下；

对社会团体或者宗教组织的成员（参加者）个人信息的处理，要遵守俄罗斯联邦的相关法律规定,并在无信息主体个人书面许可的情况下,个人信息不被传播的条件下,由相应的、合法现存的社会组织或者宗教团体来实施;

对个人信息的处理是为实现司法、保障安全或出于侦查活动为目的,以及按照俄罗斯联邦刑事执行法的规定所必要时。

2006年联邦法律增加的第14条"个人信息主体知悉自己个人信息的权利"是例外原则。主体可以查阅信息,并且在个人信息是不完整的、陈旧的、不准确的,不是通过合法途径获得的或者不是为了处理信息时所声明的目的而成为不必要的情况下,有权要求操作人员对信息进行明确、封锁、删除,甚至有权采取法律所规定的措施以保护自己的权利。法律规定关于存在个人信息的消息应该由操作人员以可被接触到的形式向主体提供。

同时,法律第14条第5项规定,在下列情况下主体知悉自己信息的权利遭受到限制,如果:

(1)对个人信息的处理,其中包括由于刑事侦查工作、反间谍工作或者谍报工作所获得的信息,出于保卫国家、国家安全和维护法制的目的;

(2)因怀疑其实施了犯罪,或者该主体被提起了刑事诉讼,或者在提起刑事诉讼前对该主体实施了强制措施,由逮捕主体的机构实施的对个人资料的处理,但是除俄罗斯联邦刑事诉讼法允许犯罪嫌疑人或者被告人查看个人资料的情况除外;

(3)提供个人资料侵害了其他人的宪法权利和自由。

如果个人信息的主体认为信息处理的操作人员在对其信息进行处理时违背了联邦法律的规定,或者以其他形式侵害了主体的权利和自由,主体有权将操作人员的作为或者不作为向相应的个人信息主体权利保护机关进行申诉或者提起诉讼。主体享有自己权利和利益的保护权,其中包括依法定的程序要求赔偿损失和(或者)赔偿道德损害(法律第17条)。

第三，私生活秘密权和保障个人信息的权利还有：(1)最大限度地缩小知悉涉及个人私生活信息的人员或机构的范围；(2)对公开和以公开的方式展示相应的信息进行限制。

在论述上述(1)时，应该指出：同犯罪或者其他的人们之间的相互关系（离婚、赡养等）有关个人的私生活可能成为或者不得不成为法院或者其他法律保护机关所关注的对象时，个人的私生活可以成为在俄罗斯较为普遍的私人侦查活动的客体。

俄罗斯联邦1992年3月11日《俄罗斯联邦私人侦查和保护业务法》(2007年修订)第7条"对私人侦探业务范围的限制"规定：禁止私人侦探"搜集同个人生活、一部分人的政治和宗教信仰有关的信息"(第3项)；"对实施的侵犯通信、电话交谈和电报通讯的侦查活动，或者同侵犯个人和住宅的不可侵犯性有关的侦查活动，应承担法律责任"。①

对在大众传媒上发布或者公开展示相关信息的限制，该规则被规定在1991年12月27日《俄罗斯联邦大众传媒法》中（经过多次修改和补充）。该法第2条"禁止恶意利用大众信息自由"规定，不准使用大众传媒的情况包括为了泄露构成国家和其他专门法律保护秘密的信息。逻辑上可以将规定适用于《俄罗斯联邦宪法》所保护的个人的私生活上的秘密。《俄罗斯联邦刑法典》第137条"私生活不受侵犯"对该问题有更为详细的规定。该条对非法收集或者传播构成私人或者家庭秘密的私人信息，在未经个人允许的情况下公开传播这些信息或者在大众传媒上

---

① 就实质而言，法律的另一些条文似乎以间接的形式许可搜集他人的信息。其中包括，法律规定(第3条)出于侦查的目的可以提供下列服务：在同程序参加人达成的合同的基础上搜集民事诉讼的信息；市场调研，为了商业性谈判的目的搜集信息，揭发商业合作伙伴无偿还能力或者不真实性。除此之外，在同诉讼程序参加人达成协议的基础上还允许搜集刑事案件的信息。为了提供保障还允许搜集下列种类的信息，如保障公民生命健康的、保障财产的信息。从逻辑上为了完成上述工作可以搜集在某种程度上同私人侦探的需求一方有关的信息。进而，法律(第5条)规定，在私人侦查过程中可以对公民或公职人员进行口头询问（在他们同意的情况下），搜集证据、研究对象和资料（在这些信息和资料持有人书面同意的情况下），对楼房、住宅和其他建筑物进行监视，未提供相应的服务而搜集必要的信息而进行调查。除此之外，在进行私人侦探活动的过程中还可以使用录像、录音、拍照、技术的或者不会给公民生命和健康以及周围环境造成损害的其他工具，还可以使用侦查和电话监听等工具。

公开发布这些信息规定了刑事责任。第138条对侵犯通信、电话交谈、邮件、电报和公民其他的通讯方式规定了刑事责任。

第四,为了保护和保障个人利益,在国家和非国家业务活动中确定秘密的合理界限就非常重要。一方面而言,不仅仅为了国家,而且对个人而言这种秘密都是非常重要的。另一方面,以保护国家、经营组织和个人利益为幌子,可以将任何一种公开活动当作秘密,进而公民将很难保障其本人知悉相应机关和组织业务的权利,并很难保障本人知悉涉及私人利益、权利和自由的权利。

1993年7月21日(2007年修订)的《国家秘密法》规定,国家秘密——这是国家所保护的在军事、外交、经济、间谍、反间谍和侦查活动中的信息,这些信息的泄露将对俄罗斯联邦的国家安全造成损害(第2条)。俄罗斯联邦国家权力机关、俄罗斯联邦主体机关和地方自治机关在同位于相应辖区范围内的国家秘密保护机关开展工作时,要对它们提供的同国家秘密有关的信息,以及这些机关认定的关于国家秘密的信息进行保护;还要保障在自己的职权范围内对那些接触过国家秘密的公民采取检查措施;要根据法律的规定对那些接触过或者正在接触同国家秘密有关的信息的人采取相应的限制权利或者提供便利的措施(第4条)。

法律规定了构成国家秘密的一般清单。概括而言,在军事领域的信息涉及俄罗斯联邦的武装力量的建设和军事装备与设备的发展方向;在经济、科学和技术领域的信息同国家国防力量的保障有关;对外政治和经济领域的信息,如果对这些信息过早泄露会对国家的安全造成损害;还有间谍、反间谍和刑事侦查方面的信息。

同时,法律还规定了那些不属于国家秘密和需要被保密的信息:发生的极其严重的事故和灾难,这些事故和灾难威胁到了公民的安全和健康,以及关于这些事故和灾难的后果;有关自然灾害以及关于自然灾害的预报和它们造成的后果;同生态、医疗保健、人口、教育、文化、农业以及犯罪的状况有关的信息;关于国家给公民、公职人员、企业、机关和组织提供的特权、补偿款社会保障的信息；同侵犯人与公民权利和自由有关的信息；关于俄罗斯联邦黄金储备和国家外汇储备数量有关的信息；关于俄罗斯联邦国家公职人员健康状况的信息；同国家权力机关及其公职人员破坏法制有关的信息。

那些涉及国家秘密的信息被分为三个等级，并按照这些不同的等级给信息的载体设定了不同的标志："特别机密""机密"和"一般机密"。为了促进该法律的发展，俄罗斯联邦总统批准了属于国家秘密的信息清单，这一清单需要公开发表并根据必要性进行重新评估。

同上述法律相并列还有同保护国家机密（信息）、商业秘密、保密信息（保密消息）有关的众多法律和其他规范性法律文件。它们保障相应信息不被泄露并对查看上述信息提供保障。

比如说，《俄罗斯联邦民法典》第139条"职务和商业秘密"条款将一切都归结为商业活动。该法典规定在下列情况下信息构成职务或者商业秘密：当信息由于第三人不了解、没有获得它的法律根据时，而拥有事实上的或者潜在的商业价值，并且该信息的拥有者为保障信息的秘密采取了相应的措施。

2004年7月29日联邦《商业秘密法》（2007年修订）第5条"不构成商业秘密的信息"规定，从事企业经营活动的人员不能将下列信息确定为商业秘密：法人成立文件上所包含的信息，以及证明法人和个体工商户在相应的国家登记表中进行过登记的文件中所包含的信息；在授予从事企业经营活动的文件中所包含的信息；有关国家或者地方单一制企业、国家机构的财产结构形式，以及它们所使用的相应资金；有关环境污染、防火安全状况、卫生防疫和放射性物质污染状况、食品安全状况，以及对生产单位的安全保障、每个公民以及所有居民的安全可能会造成消极影响的其他条件；有关工作人员的数量和结构；同劳动报酬制度有关的信息；劳动条件；有自由工作职位；拖欠工资以及其他社会开支的债务状况；违法状况以及因违法而被追究责任的事实；国有或者地方所有的财产进行私有化的竞争和拍卖规则；等等。

1997年3月6日总统令（2005年9月23日修订）确定了有秘密特性的信息清单，其中包括：同公民个人生活有关的事实、事件和状况的信息，这些信息可能识别出具体的个人（个人资料），但是在联邦法律规定的可以在大众传媒上公布的情形除外；构成侦查和诉讼秘密的信息以及其他按照2004年8月20日俄罗斯联邦《被害人、证人和其他刑事诉讼参与人国家保护法》和其他同俄罗斯联邦规范性法律文件的规定受保护的人和国家提供保护的措施有关的信息；按照俄罗斯联邦民法典和联邦法律的规定，那些可以被接触的国家权力机关的范围做出了限定的公务信息（公务秘密）；按照俄罗斯联邦宪法和其他联邦法律（医疗的、公证的和律师的秘密，通信、电话交谈、邮政、电报或者其他的通讯方式的秘密等）的规定，那些同业务活动有关的、对这类信息的接触做出了限制的信息；根据俄罗斯联邦民法典和联邦法律的规定，对那些同商业活动有关的、可以接触到这些信息的主体被作出了限制的信息（商业秘密）；同发明创造、实用新型或者工业包装外形有关的、在其正式公开发表前的信息。

在论及那些整体上同相应的机构有关的并由机构中的工作人员所掌握的信息时，经常使用"公务秘密"这一概念。

第五，那些以合法的形式确定的国家机关或者地方自治机关的不同"秘密"使得公民和社会面临着严重的问题，该问题应当根据《俄罗斯联邦宪法》第24条解决。第24条规定，如果国家机关或者地方权力机关以国家秘密的名义拒绝提供信息的话，个人可以向这些机关要求提供同其自身有关的信息。并且，问题马上就会变大，并涉及另外一个层面：社会和公民是否可以有知悉有关国家和地方自治机关以及属于它们下属部门的活动信息的可能性？因此，这里的问题已经不仅仅是关于具体个人的信息了，而且还涉及相应机构、机关的工作。因此，宪法第24条已经不仅仅是作为公民个人权利，而且还是作为个人的公共政治权利的前提条件被讨论着。

上述提到的1995年2月20日颁布的《关于信息、信息化和信息保护法》已经在这一道路上走出了坚实的一步。但是，这还明显不够。进而在众多的莫斯科专家学者的参与下，一些俄罗斯联邦主体开始朝着这一方向执行自己的法律。2002年7月6日加里宁格勒州通过的《加里宁格勒州国家权力机关提供信息的规定》是在这一方面被通过的第一个规范性法律文件。[①] 该文件规定了公布有关州国家权力机关活动的官方信息的办法；规定了直接获取州国家权力机关的文件、资料、数据库和会议信息的程序；还规定了在提出请求，其中包括公民个人的请求的情况下提供文件和资料的具体办法。只有因涉及国家秘密、保密规定等原因，拒绝提供信息才是可以的，并且，应该说明拒绝的理由。此后，一系列的联邦主体都制定了类似的法律法规。

与此同时，开始尝试制定类似的联邦立法。在很长一段时间里这种尝试都没有取得较大进展。但是，这种努力并不是完全徒劳无益的。在这些年里，事实上绝大多数的联邦主体都建立了自己的网络主页，在这些主页上公布并定期更换有关自己的组织机构、规范性文件和相应职权部门业务活动的信息。

2008年5月6日俄罗斯联邦政府发布了《到2010年在俄罗斯联邦建立电子政府的方案》的第632–p号政府令。在该方案中，电子政府是"国家权力机关业务活动组织的一种新形式，它在依靠广泛使用信息传媒技术的条件下，保证业务效能达到一个新水平，同时保障组织和公民个人更加便捷地获得国家机关的服务和国家权力机关业务活动结果的信息"。该方案依据的规范性法律文件有2004年9月27日俄罗斯联邦政府第1244–p号政府令通过的到2010年在国家权力联邦机关的业务活动中使用信息技术的规划和2005年10月25日俄罗斯联邦政府第1789–p号政府令通过的2006—2010年俄罗斯联邦进行行政改革的规划。开发大

---

① 参见《大众传播媒介立法与实践》2003年第7期。

型电子文件交换数据库和向居民提供执行机关业务活动信息恰好是该方案的组成部分之一。

但是,立法工作仍在继续,其直接的成果是在2008年年末和2009年年初制定了两部专门法律:(1)2008年12月22日通过的《关于在俄罗斯联邦保障获取法院活动信息的联邦法律》;(2)2009年2月9日通过的《关于保障获取国家机关和地方自治机关业务活动信息的联邦法律》。这两部法律均于2010年1月1日生效。

在宪法领域尤其使我们感兴趣的是第二部联邦法律。接下来让我们看看这部法律的规定。这部法律的依据在于,国家机构和地方自治机关业务活动的信息是国家机关及其地方机关、地方自治组织的职能机关,或者是属于国家机关、地方自治组织机构的相关组织(职能组织),在其职权范围内发布的信息(其中包括文件规定的信息),或者是上述机构和组织获得的信息。法律和其他规范性法律文件属于国家机构和地方自治组织部门的业务信息,而规定地方自治组织的结构、职权和组成办法与业务的地方法律文件,和其他同这些部门业务有关的信息则属于地方自治机关的业务信息。

该法律规定进行查询国家机构和地方自治机关业务信息的公民(自然人)、组织(法人)、社会团体被称作信息的使用人。按照本联邦法律规定进行查询信息的国家机关、地方自治组织也同样被称作信息的使用人。

该联邦法律的效力不涉及那些同保障获取个人信息有关的内容,对这些信息的处理应该由国家机关或者地方自治机关来进行,同时也不涉及国家机关和地方自治机关审查公民请求的程序,同时也不涉及国家机关和地方自治机关向其他国家机关和地方自治机关提供同上述机关实现自己的职权有关的自己的业务活动的信息的程序。

同保障获取俄罗斯联邦主体国家机关和地方自治机关业务活动信息有关的规定一样,俄罗斯联邦主体的法律和规范性法律文件也同样进行了相应的规定,对地方自治机关则由地方性法律文件进行专门的规定。

该法律第4条规定了保障获取国家机关和地方自治机关的业务活动信息的基本原则:(1)除联邦法律另有规定的情况外,公开并允许获取这些信息;(2)信息的可靠性和提供信息的及时性;(3)以任何合法的方式自由查询、获取、传播这些信息;(4)在提供有关国家机关和地方自治机构业务活动的信息时,保护公民隐私权、个人和家庭秘密权,保障公民个人的荣誉和信誉权;保障组织的业务声誉权。

获取国家机关和地方组织的信息在下述情况下受到限制,即上述信息被联邦法律依照法定程序被列入构成国家或者其他受法律保护的秘密的信息之中。

该法律第6条规定了下列获取国家机关和地方自治组织活动信息的保障措施:上述机关应该在媒体上公布自己活动的信息;上述机关将自己活动的信息上传到互联网上,或者刊登到以此为目的所设立的其他载体上;上述机关在相应的地方使用户知悉上述信息,或者是通过图书或档案资料使用户获知上述信息;公民(自然人),其中包括组织(法人)、社会团体、国家机关和地方自治机关的代表出席国家或者地方自治机关的会议;根据用户的请求向他们提供有关国家机关和地方自治机关活动的信息等。

有关国家机关和地方自治机关的活动的信息可以口头形式(直接接待或者电话服务),也可以以书面形式,其中包括以电子文件的形式提供。在不可能按照请求的形式提供上述信息的情况下,可以信息在所述部门具有的形式的方式提供。信息也可以以互联网的形式进行提供。

用户(首先是公民)有获得国家机关和地方自治组织业务活动的确实可靠信息的权利。而且,对其所要求的、获知不受限制的信息公民无须说明理由。对侵害用户获知相应信息权和信息权实现的方式的国家机关、地方自治组织、公职人员的行为,用户可以按照法定程序进行申诉。该法律（第8条第5项）还规定，用户有权按照法定程序对侵害其获知国家机关和地方自治组织活动信息的权利所造成的损害要求赔偿。

该法律详细规定了相应机关应当将哪些信息刊载到互联网上。应该指出，这些信息绝不仅仅是关于机关的一般信息、地址、组成机构、职权、分支机构、业务电话、领导成员信息、规范性文件等，还包括相应机关及其分支机构受理请求的形式、提交申请的形式和其他文件的格式，以及对规范性法律文件和机关做出的其他决定，进行申诉的法定程序。相应机关还应在互联网上登载居民的安全状况和防止极端灾害的地点以及为保障居民安全所采取的措施，还有可能产生的极端状况的预测和为避免这些极端状况所采取的预防措施。这些信息还应包括相应机关及其分支机构所划拨的财政状况。

除此之外，还应告知居民国家机关和地方自治机关的人事信息，其中包括：公民获得国家公职、地方自治机关公职的程序；有关空缺的职务信息；参与考取空缺的公职的条件和结果；等等。

最后，国家和地方自治机关必须向居民告知自己接待公民和组织的工作情况，其中包括接待的程序和时间；接待机构负责人的相关信息，可以获得问询信息的电话号码。

例如，2009年通过的法律专门规定了按照用户的咨询获知国家机关和地方自治组织活动信息的办法。在咨询函上应该写明回复的问题或者对问题做出的解释应该发送的通信地址、电话和（或）传真号，还应该注明问询国家机关、地方自治机关活动信息的公民（自然人）的姓、名、父称，或者组织（法人）、社会团体、国家机关和地方自治组织的名称。匿名的问询将不予回复。在书面的问询函中，还应具体指明需具体问询的国家机关或者地方自治组织的名称，或者是需问询的具体公职人员的职务、姓名。

自相应的机关收到书面形式的问询函之日起，在3个工作日内必须进行登记。口头形式的问询，自收到问询问题之日便应该登记。如果法律未作其他规定，则自问询函收到之日起的30个工作日内，应该进行审查。如果在规定的期限内无法提供被咨询的信息，在咨询问题被登记起的7个工作日内，应告知信息使用人延期答复问询的情况，并告知延期答复的原因和延迟提供被咨询信息的期限，同时该期限不能超过该联邦法律规定的答复问询问题的期限的15个工作日。被问询的有关国家机关和地方自治组织活动的信息将以答复的形式进行提供。根据该法第20条的规定，有关国家机关和地方自治组织活动的信息在下列情况下将不予回复：如果问询函的内容无法确定被咨询的信息；在问询函中没有通信人的地址；被问询的信息不属于本机关的业务范围或者属于受限制获知的信息；被问询的信息以前已经告知使用人；在问询函中有关于对相应机关做出的行为的法律评价、对相应机关或者其职能部门的活动进行分析或者进行其他的类似分析工作的问题，并且这些问题不是同保护信息使用人的问询权直接有关。

通常，被问询的问题应免费提供。但是，制作被问询的文件和（或者）资料的复印件的花费，以及通过邮局邮寄这些文件的费用应由信息需求人支付。2009年法律第22条规定，在按照咨询提供信息的情况下，如果被问询和问询人得到的信息量超过了俄罗斯联邦政府规定的免费提供信息的范围，则可以对提供国家机关和地方自治机关活动信息的花费进行追偿。

## 五、住宅不受侵犯

《俄罗斯联邦宪法》第25条规定："住宅不受侵犯。除在联邦法律规定的情况下或者在法院做出决定的情况下之外，任何人无权违背居住者意志侵入住宅。"

在本条中使用的"住宅"这一概念具有最为广泛的含义，它是指经常或者临时供人居住的成套的住所和私人房舍，还指供人临时居住的宿舍、宾馆、疗养院、休养所，寄宿学校，儿童福利院、残疾人康复院、养老院和郊外农舍建筑等。主要的条件有：第一，相应的居住场所具有"住宅"的特征，可以用来居住（也就是说这不是窝棚、简陋的板棚等场所）；第二，公民有合法的依据在住宅里生活，也就是说那里有相应的登记或者具有有权居住的证明文件和财产权证明。

住宅不受侵犯的宪法保障及于所有人。或者说，这种宪法保障对私人、对经营者代表以及对警察和其他护法机关的人都是必需的。

但是，法律允许在一定情况下进入他人住宅。按照欧洲人权和基本自由的规定，以预防违法或者犯罪，以及保护其他人的权利和自由为目的，可以对他人的私生活以及家庭生活权和其住宅受保护权进行限制。

俄罗斯法律赋予履行公职的人员无阻碍地进入住宅的权利。这正如2004年《住宅法典》规定的那样，在发生人为事故，自然灾害、重大灾难、暴乱或者其他紧急情况下，为了保护公共安全，或者为了逮捕犯罪嫌疑人，制止正在实施的犯罪行为或者勘察实施犯罪的现场或者发生的不幸事故的现场的目的，才能按照联邦法律规定的情况和程序，在未经住宅中居住的人的同意进入其住宅。

## 六、确定和表明民族属性权

根据《俄罗斯联邦宪法》第26条第1款的规定，每个人都有权确定并表明自己的民族属性。任何人不得被强迫确定和表明其民族属性。

民族属性，这是人与民族共同体（民族、部族）相联系的纽带。属于相应民族、部族的父母是确定个人民族属性的基本依据。父母如果属于不同的民族，成年子女在考虑到父母的民族属性的情况下，有权确定自己的民族归属。

在学术上关于民族属性有着不同的观点。

（1）一些学者建议完全拒绝使用"民族"这一范畴。但其论据完全不同，也没有内部联系。一部分人认为，在很多国家没有"民族"这一概念，在一国的所有居住者以"本国公民"和"非本国公民"这两个概念来表征，而公民不论其出身、肤色和语言如何，一律平等。并且，在一些国家，其社会是由移民和来自不同国家的人民相互融合而形成，因此，在这些国家说民族这一称谓是没有任何意义的。因此，在这些地方没有民族团体，也没有民族特征上的区别。如果我们拒绝使用民族属性这一个概念，那么我们进行区分的基础也就不存在了。

笔者认为，这一观点的追随者是在表达自己对现实状况的愿望。首先，在很多西方国家，民族属性尽管在法律上可能没有规定，事实上却有重要意义，并且也没有消除这种民族的区别。其次，在这种情况下没有考虑到俄罗斯有数十个民族的现实状况，也没有考虑到他们想在这种多民族的社会和国家的条件下，同其他民族保持和睦关系的愿望。在俄罗斯拒绝民族属性这一因素，可能会引起消极的反应，急剧的不满和完全不需要的民族分离的诉求。

另外一些建议拒绝使用民族属性这一概念的人的论据为，在苏维埃阶段太长时间民族因素在获得职务和晋升上起着重要的或者说是决定性的作用。并且相反，该因素还成了暗中对人们进行区分的依据。遗憾的是，这种状况确实存在过。毫无疑问，不论是在人与人之间的关系上，还是在职务的晋升上，民族因素都不应该成为关键因素。但是，摆脱这种状况可以不用拒绝使用民族属性这一概念，而是要更加坚决地执行法律规定的禁止以民族特征进行区分和如果进行区分所要承担的责任。

（2）还有一些学者足够宽泛地将俄罗斯联邦宪法第26条第1款解释为每个人都有权"确定"自己的民族属性。他们认为，与根据父母双方或者一方的民族属性相并列，现在根据宪法第26条的规定"必须完善个人确定自己民族的规定，也就是说个人有权独立地决定这一问题"。

我们认为这一观点并不可取。

首先，如果让个人可以选择自己想要的民族属性，这会对国家造成难以预料的后果。比如，在进行人口登记时，成千上万的人由于鼓动宣传或者其他原因，可能会声称自己是属于另一个国家的民族。这迟早都会成为其他国家支持自己在俄罗斯的同胞的借口。

其次，人的民族属性在一定情况下对俄罗斯或者其他国家的政策而言具有法律意义。试想一下，如果俄罗斯放弃使用民族属性会变成怎样？那时，就会产生疑问，从俄罗斯方面来保护在拉脱维亚数以万计的俄罗斯人的根据是什么？此时，拉脱维亚的俄罗斯人中数以万计的人恰恰会因民族属性的原因变成不是这个国家的公民？

还有一个例子。联邦德国制定了一个支持在其国外的德国人的计划。根据这一计划，德国会对这些生活在德意志民族的人提供包括物质在内的支持。在该计划的支持下，在俄罗斯领域上也可以实现这一计划，但是此时又该怎样将那些拥有德意志民族属性的人同那些非德意志民族却想从中分得一杯羹的人区分开来呢？

（3）有些人认为，在确定某人的民族属性时，可以从其所属的某一民族的文化和语言上来确定。这一因素也不能成为某人（除父母不明的弃婴或者孤儿外）选择其民族属性的因素。在某一地域生活很长时间后，很可能会学会语言并遵守地方习俗。同时，还可能不会或者忘记自己本民族的语言。但是，这些不能影响将自己同其父母的民族属性相区分，也不能影响同属于具体的民族的人友好地生活。

（4）从《俄罗斯联邦宪法》第26条第1款中应该得知，禁止强迫他人说明自己的民族。但是，有疑问的是，如果个人希望不仅仅是确定，而且还想表明自己的民族属性的话，该怎样呢？在根据俄罗斯联邦总统令将苏维埃的公民护照更换为新的俄罗斯联邦公民护照时，取消了民族这一栏，这与俄罗斯联邦宪法相违背。在护照上可以没有民族这一栏，目的是不必让公民必须指名自己的民族属性。但是，如果公民想在护照上表明自己的民族属性，那么颁发证件的机关的工作人员应该手写，并签字盖章。

## 七、使用母语的权利

在《俄罗斯联邦宪法》上有几条关于语言的规定。根据第26条第2款的规定:"每个人都有使用母语、自由选择交际、教育、学习和创作的语言的权利。"除此之外,关于国家语言和语言保障的第68条宣称:在俄罗斯全境,俄语是国家语言。各加盟共和国有权确定自己的官方语言。在国家权力机关、地方自治机关和各加盟共和国的国家机构中这些语言同国家语言一起使用。俄罗斯联邦为其所有的民族保障保留自己语言的权利,并为研究和发展自己的语言创造条件。

1991年10月25日《俄罗斯联邦各民族语言法》(1998年和2002年修订),1991年10月25日俄罗斯各民族语言宣言,2005年6月1日《俄罗斯联邦国家语言法》,是调整语言政策的专门规定。

国家保证俄罗斯联邦所有的公民实现其基本的政治、经济、社会和文化权利,这不取决于他们掌握何种语言(1991年法律第5条)。除此之外,懂得或者不懂某种语言不能成为限制俄罗斯联邦公民语言权利的依据。侵害各民族和个人的语言权,将按照法律的规定承担责任。

个人认为对其最为亲近的语言是该人的母语。经常是该人自幼便说这种语言,并在中小学学习过这种语言;还可能出现这种状况,在家里使用父亲和母亲的语言,而在学校中学习了第三种语言。此时,个人将自己决定,哪种语言是自己的母语,此时完全可能会出现两个或者两个以上的母语的情况。

父母(以及监护人和保护人)自由选择教育孩子的语言。的确如此,上述人员应该考虑到孩子选择交流语言的权利,其中包括与父母交流使用语言的权利。从事创作事业的人,同样也有独立选择创作使用的语言的权利。

看起来,只有在选择教育语言上存在着一定程度的复杂性。在我们国家基础教育是义务性的(《俄罗斯联邦宪法》第43条第4款),因此,基础教育应该用相应地区的授课语言来进行。在居民混居地区,有民族语言学校和俄语学校,此时原则上用一种语言进行教育时应该考虑教授另外一种语言。

正是基于这一点,1991年《语言文字法》(第9条)规定,俄罗斯联邦公民有以母语接受基础教育的权利,在教育体系提供的可能性的范围内,有选择使用语言进行教育的权利。

因此,选择教育语言应该被看作父母以相应的语言,既包括基础语言,也包括补充语言教育孩子的一种可能性。但是,困难在于,在某一地区当一种教育需要使用的教育的语言并不普及时,谁来进行教育呢?毫无疑问,父母可以自己进行教育。但是,由于父母独立开展的这种教育通常不是系统性的,因此,父母希望能够创建要么是专门的学校,要么是用相应的语言进行教育的班级。《语言文字法》也考虑到了父母可能有的这种愿望。该法律规定:"建立必要数量的教育机构、年级、班,并创造条件以保证其发挥职能,以此保障俄罗斯联邦公民以母语接受教育的权利。"(第9条)

当然,谁来负担这些费用和师资问题是人们最为关注的。孩子的家长当然希望教育经费能够从地方财政支出,俄罗斯主体行政机关领导和地方自治组织领导,尽管并不拒绝为创建这种专门的学校和班级提供帮助,但是在物质资金上他们也有困难,并且他们希望这笔钱能够由社会文化团体(社会团体、同乡会、文化中心等)、相应的俄罗斯联邦主体,当然还有家长来承担。

在民族种类较多的大城市,这些问题比较容易解决。在这些地区可以地方财政建立民族班甚至民族学校。在居民混居的小城市、镇和居民点保障自由选择教育的语言就更加困难。这里涉及的不仅仅是经费问题,而往往是找到那些能够用相应的语言授课的教师。

至于在国家社会生活中使用语言问题,则是以《俄罗斯联邦宪法》

和《语言文字法》的规定为依据，通行着兼顾国家和公民利益的规则。法律保护的语言平等是最主要的规则。

《俄罗斯联邦宪法》规定，俄语是俄罗斯国家语言。国家语言是国家机关和地方自治机关的工作语言，是法律和规范性法律文件所使用的语言，是庭审使用的语言，是书写官方文件的语言，是社会团体和经济组织的工作语言，是教育的通用语言。公民有权用国家语言向各级机关咨询并获得答复。

替代"国家语言"这一概念，还有其他的一些用语，如"官方语言""国家（民族）语言""国家的语言"，但是，原则上这并不改变事情的实质。例如，在苏联1990年4月24日通过的《苏联各民族语言法》就规定："考虑到历史形成的条件和保障整个联盟的任务，在苏联领域上，俄语是苏联的官方语言，并被用作是各民族之间进行交流的工具。"（第4条）考虑到国家的居民组成，可能不是一个，而是有两个或者两个以上的国家语言。例如，芬兰《宪法》规定其国家语言是芬兰语和瑞典语（第17条）。瑞士《宪法》第4条规定"德语、法语、意大利语和列托罗曼语是其国家语言"。而在第70条中使用了官方语言的概念。根据该条第1项的规定："德语、法语和意大利语是其联盟的官方语言。对那些说列托罗曼语的人，列托罗曼语也是联盟的官方语言。"

情况可能是这样的，当在一国的宪法中规定一种语言是国家语言时，另一种语言虽然没有这种地位，但是却同国家语言一样包括官方在内的、平等适用。例如，哈萨克斯坦《宪法》第7条第1款规定："在哈萨克斯坦共和国哈萨克语是其国家语言"；进而在该条第2款规定："在国家组织、地方自治机关中，俄语与哈萨克语一样被官方使用。"

国家联邦机构为赋予联邦主体确立自己的国家语言设定了条件。在俄罗斯联邦，这种权利只赋予主要是考虑到了民族因素才成立的共和国主体。宪法规定，作为俄罗斯联邦组成部分的共和国，有权确定自己的国家语言；这些共和国的国家语言与俄罗斯联邦的国家语言一样（注意,这里并没有使用"替代"一词——作者注),在其国家机关、地方自治机关和共和国的国家机构中平等使用。在包括自治州、自治地区的"民族"主体中,并没有国家语言的规定,这与一般逻辑相违背。这是因为,以相应名称命名的这些民族地方的这些民族人数非常少的缘故。至于俄语的联邦主体,包括边疆区、州和联邦城市,俄罗斯的国家语言对这些地方而言既是母语也是官方语言。在这些地方的相应规定中可以看出这一点。

《语言文字法》还规定,在没有民族—国家和民族—地方机构或者在这些地区之外的居民居住地区,同俄语和共和国国家语言相并列,在官方交际过程中还可以使用该地区居民的语言。在这些地区使用语言的办法由联邦法律和联邦主体的法律进行规定。

在俄罗斯,俄罗斯联邦的国家语言字母表和各共和国的国家语言字母表是以基里尔字母表(基里尔字母表是古斯拉夫语两种字母表之一,源自9世纪斯拉夫启蒙者、斯拉夫字母创造者基里尔的姓——译者注)为基础编制的。可以由联邦法律规定俄罗斯联邦国家文字和各共和国国家文字字母表的其他图表原理。

一般而言,公权力机关以相应的语言工作,《语言文字法》为保障公民使用与其相近的语言提供了保障。例如,在规定在国家权力联邦机关、俄罗斯联邦主体权力机关和地方自治机关中以俄罗斯联邦国家语言工作的同时,该法还确立了一系列重要的规则:

在联邦会议和国家杜马、议院的各委员会和专门委员会的会议上,在议院讨论时,在按照议会的规定保证将发言翻译成国家语言的情况下,联邦会议成员和国家杜马代表有权用共和国的官方语言发言或者用俄罗斯联邦民族的其他语言发言;

在国家权力机关、地方自治机关和各共和国的国家机构中,同官方语言相并列可以使用其他共和国的官方语言;

联邦宪法性法律、联邦法律、联邦会议议院的决议,总统命令和指令，政府的命令和决定，除以俄语正式颁布以外，在各共和国还可以各共和国的官方语言正式颁布；

同时，各共和国的文件以俄语发布，还可以用各共和国的官方语言发布；俄罗斯联邦其他主体的文件以俄罗斯联邦官方语言公布；

在必要的情况下，俄罗斯联邦主体的规范性法律文件，按照俄罗斯联邦主体的法律规定还可以以俄罗斯各民族的语言发布；

在俄罗斯联邦筹备和举行选举及全民公投时，各共和国有权与俄语一并使用各共和国的官方语言和在民族聚居区使用该地俄罗斯民族的语言；其他俄罗斯联邦主体有权在其民族聚居地区与俄语一并使用俄罗斯的民族语言；根据相应选举委员会和全民公决委员会的决定选票可以俄语和其他各共和国的官方语言文字印制，在必要的情况下，在民族聚居地区还可以俄罗斯民族语言印制；投票结果摘要、选举和全民公投结果以俄语来编制，在必要的情况下，在民族聚居地区还可以以俄罗斯民族语言编制；

在俄罗斯联邦国家机构、组织、企业和机关的工作过程中，使用俄语、各共和国的官方语言和其他国家语言；对那些不会俄语和其他各共和国官方语言的公民，在国家机构、组织、企业和机关的各种会议上，赋予其使用其掌握的语言发言的权利；

俄罗斯联邦公民有权用其掌握的俄语、母语或者任何一种俄罗斯联邦民族的语言向国家机构、组织、企业和机关提出建议、申请和申诉；相应的回复应该以公民提出建议、请求或者申诉的语言进行回答，在不可能的情况下，对公民的答复应该以俄罗斯联邦的官方语言进行；

在国家机构、组织、企业和机关中的正式公文以作为官方语言的俄语进行撰写；但是在各个共和国官方文件还可以用这些共和国的官方语言撰写；

各种文件（图表、印刷物、印章、印戳）的文本和标有国家机构、组织、企业和机关名称的招牌以俄语和其他各共和国的语言以及各共和国法律规定的国家其他民族的语言来制定；

在必要的情况下，在各俄罗斯联邦主体的民族聚居区，与俄语、各共和国国家语言一并使用俄罗斯联邦民族语言编制官方文件；

证明俄罗斯联邦公民个人身份的文件，民事状况的记录、劳动证件，以及有关教育的证件、军人证件和其他证件，在考虑到命名的民族传统的情况下以俄语编制，在确立了自己官方语言文字的共和国，可以与俄罗斯国家语言一并使用该共和国的官方语言；

俄罗斯联邦的高等法院和联邦仲裁法院、军事法院的诉讼，以及在俄罗斯联邦护法机关的公文都使用俄语。在其他联邦一般法院、和解法院中的诉讼和公文，在俄罗斯联邦主体护法机关的公文也可以使用共和国的官方语言；

不掌握诉讼和公文书写语言的人在参与诉讼时，有权用其母语和任何一种自己选择的交际语言进行发言和解释，也有权使用翻译服务；

在服务领域和商业活动过程中使用语言的办法由俄罗斯联邦和联邦主体的法律进行规定；但是，以不懂语言为借口而拒绝服务是不允许的，并且要根据法律承担相应的责任。

## 八、迁徙自由权，选择停留和居住地的权利

《俄罗斯联邦宪法》第27条规定，合法地处于俄罗斯联邦境内的每个人都有自由迁徙、选择停留和居住地点的权利；每个人都可以自由地离开俄罗斯联邦国境；俄罗斯联邦公民有不受阻碍地返回俄罗斯联邦的权利。

这是一项国家内部的权利，并作用于整个领土范围。处于俄罗斯联邦领域上的任何一个人都有该项权利。当然，就该项权利的范围而言，对俄罗斯联邦公民、外国人和无国籍人并不完全一样。1993年6月25日（2008年修订）的《俄罗斯联邦公民迁徙自由权和在俄罗斯联邦领域内

选择停留和居住地权利法》以及2002年7月25日（2008年修订）通过的《俄罗斯联邦外国公民法律地位法》是实现上述权利的主要法律规定。

1993年6月25日法律，正如其名称表明的那样，其适用对象是俄罗斯联邦公民。继宪法之后，该法律正式宣告，俄罗斯联邦公民拥有上述权利。只有以法律为依据，才能对俄罗斯联邦公民在俄罗斯联邦领域范围内的迁徙自由权和选择停留与居住地的权利进行限制。因此，法律允许对该权利进行限制。对那些合法地在俄罗斯联邦领域上的非俄罗斯联邦公民，该法律规定，根据俄罗斯联邦宪法和法律，以及俄罗斯联邦签署的国际条约，在俄罗斯联邦领域内，他们有迁徙自由权、有选择停留和居住地的权利。

宪法使用了"停留地"和"居住地"这两个概念。根据1993年6月25日法律第2条的规定，停留地是指宾馆、疗养院、休养所、膳宿公寓、汽车旅游者营地、旅游基地、医院、其他类似机构，以及不是公民惯常住所的居住地方。居住地是指居住的房屋、住宅、辅助性居住空间、专门的房屋（宿舍、避难所、专门的养老院、残疾人宿舍、功勋人员宿舍等），以及其他一些公民长期居住或者主要作为私有财产者居住，或者根据租赁合同、雇用合同或者法律规定的其他根据居住的处所。

在1993年法律通过之前，在俄罗斯有过"户口"这一概念，是指每个人的居住地在其证件上由内务部机关专门的印章进行证明。

现在户口被在俄罗斯联邦领域内的俄罗斯联邦公民停留地和居住地"登记卡"所取代。在户口和登记卡之间并无原则性的区别。俄罗斯联邦公民必须登记，而这种登记需要在证件上以专门的印章来办理或者由专门的登记证明来办理。

这些变化也涉及了从事登记工作的机关。以前根据法律的规定这项工作归内务部，现在根据2006年7月18日修订的该法律第4条的规定，在设有联邦移民局地方机关的城市、镇、农村居民点、封闭的军管城市，以及在位于边境地区的居民点或者在封闭式行政区域内，联邦移民局地方机构是登记机关,而在剩余的其他居民点,地方行政机关是登记机关。移民局还要对俄罗斯联邦公民和公职人员遵守登记规则的状况进行监督。需根据"在俄罗斯联邦领域内的俄罗斯联邦公民就停留地和居住地进行登记和取消登记规则"的规定来进行登记。这些规则被1995年7月17日俄罗斯联邦政府决议批准(现行生效的是2008年修订的规定)。

该法律还规定,登记或者不登记不能成为限制或者实现宪法和法律规定的公民权利和自由的理由。但是,事实上很多情况都直接取决于是否进行登记。例如,国家和地方自治机关发放的很多补助金,人们需从其登记地领取,甚至是退休金也是这样。选举投票也需要在登记地进行或者需提供注销登记的证明才可以。

公民停留地的登记可以在未注销其居住地登记卡的情况下进行。改变居住地的公民,从其到达新的居住地之日起不晚于7日内,向负责登记的公职人员提交登记申请。此时,需要提供的证件有:护照或者其他替代护照的、证明公民个人身份的其他文件;公民迁入新的住所的文件(向公民提供住所的人出具的票据、合同、申请,或者其他文件),或者进行担保书的复印件。自公民提交登记文件之日起,在不迟于3个工作日的时间内,登记机关必须对公民的居住地进行登记。

俄罗斯联邦公民迁徙自由权,在俄罗斯联邦领域内选择停留地和居留地的权利也可能受到限制:在边境地区;在封闭式军管城市;在封闭式行政领域机关;在生态灾难区;在传播传染性或者大规模非传染性疾病和中毒危险的情况下,在一些居住和经济活动实行特殊的条件和制度的地区及居民点;在实行紧急状态或者军事行动的地区。

外国人和无国籍人在俄罗斯联邦的居留和生活的条件被详细地规定在本法律的相应章节中(第18章)。在本章,以最为概括的形式指出,《俄罗斯联邦宪法》第62条规定的外国人及无国籍人的地位与俄罗斯联邦公民的地位平等,但是允许对外国人入境、停留和生活进行限制,这涉及在2002年7月25日通过的《俄罗斯联邦外国公民法律地位法》和其他规范性法律文件中规定的很多专门规则。比如，在无签证的情况下，允许进入俄罗斯联邦只是对那些原来属于苏联加盟共和国的大多数国家的人员才可以，甚至对那些允许直接进入俄罗斯联邦的人员范围法律直接进行了规定。其他外国人只有在俄罗斯驻外相应机构获得签证的情况下才被允许。

进入俄罗斯的外国人必须进行登记。不需签证就可进入俄罗斯的人，可以在俄罗斯停留90天，其他外国人在俄罗斯的停留期限为签证上注明的日期。对那些打算长时间在俄罗斯居住的外国人，应当办理临时居住许可，而对那些打算定居的外国人，则需要办理居住许可。

被允许临时在俄罗斯居住的外国人，可以在被许可的地点居住，任何改变都应该取得地方移民机关的同意。拥有长期居住许可的外国人有权选择并改变自己的居住地。

法律允许外国人在俄罗斯领域上出于个人或者公务的目的自由移动。同时，俄罗斯联邦政府规定了外国人进入到一定的领域、组织和建筑物需要特别许可的清单。这包括封闭式行政领域机关，出现紧急和或者军事行动的地区，边境地区，军事目标，等等。

根据宪法第27条的规定，迁徙自由权的第二项与每个人从俄罗斯自由出国相关。

1996年8月15日（2008年修订）的联邦法律《俄罗斯联邦出境、入境办法》规定，按照本法第2条规定的程序和理由，俄罗斯联邦公民不得被限制出境权。

出境的主要要求在于如下几点：(1)出境公民必须拥有专门的证件（出国护照）；(2)如果俄罗斯与相应的国家签订了相应的入境签证办法，公民应当获得这一国家的签证（此时，外国经常要求出具个人的医疗保险文件和能够负担到相应国家的个人资金证明）；(3)公民出国可能被临时受到限制，如果他：知悉国家秘密（通常，限制的期限是从他最后一次接触文件之日起的5年时间，在特殊情况下，这一期限可以被延长为10年）；被征召服兵役或者拥有国家公职，限制期限为到职务终止；是犯罪嫌疑人或者被告人——限制期限到就案件做出决定或者到法院的判决书生效时止；被判处刑罚——期限到刑罚执行完毕或者赦免后；逃避履行法院判处其履行的债务——到偿还债务或者到各方达成协议时；在办理证件时，提供了个人的虚假信息——到办理证件的机关在不超过1个月的时间内解决问题时止。

宪法保障每个俄罗斯联邦公民无阻碍地返回祖国。这项权利不能被任何人限制。

## 九、良心自由和宗教信仰自由

根据《俄罗斯联邦宪法》第28条的规定，每个人都被保障良心自由、信教自由，包括单独地或与他人一同信仰宗教或者不信仰任何宗教、自由选择、保有和传播宗教的或其他信念，并根据这些信念行事。

1997年9月26日（2008年修订）的联邦法律《良心自由和宗教团体法》成为这一领域主要的规范性法律文件。

经常将良心自由等同于宗教信仰自由，这在法律上也有所体现。例如，在俄罗斯苏维埃联邦社会主义共和国（以下简称苏俄——译者注）1978年宪法（第50条）规定："保障苏俄公民的良心自由，也就是说有权信仰任何一个宗教或者不信仰任何宗教，举行宗教仪式或者进行无神论宣传。"在1990年12月15日在修订苏俄宪法时，第50条被修改为"苏俄公民被保障良心和宗教信仰自由，包括每个人有权自由地选择、保有和传播宗教的或者其他信念，信奉宗教或者不信奉任何宗教，在遵守法律条件下，根据自己的信念进行活动的权利"。在1978年宪法第50条中良心自由被等同于宗教信仰自由，而在1990年的宪法中，尽管两者最终被合为一个整体，但两者却是不同的概念。

俄罗斯1993年宪法保障每个人的良心自由和宗教信仰自由。这两个概念被逗号分开，但却位于同一条文中，并与同一个问题有关。基本法的起草人想要昭示，原则上它们是相似的，但却是两个不同的概念。

良心自由是人的道德伦理观的自由（也就是说，认为什么是善恶、美丑、好坏的行为，真诚或者不真诚的行为等）。

宗教信仰自由是信奉存在某种特殊的（宗教性的）实在存在的可能性，这一实在被奉为最诚实、公正、人道，它是为每个人的道德纯洁而存在的，它帮助我们选择真诚的道路，阻止我们的恶行，并对他人提供帮助。

良心自由和宗教信仰自由的相近使得它们可以合并为人的、非抽象的、以社会上通行的观点为基础形成的内在的看法，这些看法是以同神的实质有关的道德伦理标准为基础形成的，并来源于神的本质。最终形成了信念，和以自己的行为为尺度独立的个人，以及同宗教信条有关的人们的行为。

区分这些概念是同下列因素有关的，即良心自由的本源不在于神的本质，而在于人的自身和人同外在世界的关系中的看法，而对人与外在世界关系的看法可以在人的内心形成其他内在的、确定人的生活态度和行为标准的价值体系。

在宪法范围内，对个人而言宗教信仰自由尤其重要，因为可以将宗教信仰自由看作是确定公民一定权利的法律的范畴。

第一，他可以进行选择，或者是接受某种宗教（信仰），信奉这种信仰并举行宗教仪式（典礼），改变宗教的观点，或者完全不信奉某种宗教，也就是说是个无神论者。

第二，俄罗斯联邦宪法允许个人不仅仅是自由选择，保有并且"传播宗教的或者某种信念"。这里指的是并非某种政治主张（在宪法的下一条中规定了思想和言论自由），而是关于宗教的信念。苏俄1978年宪法允许公民"举行宗教仪式或者进行无神论宣传"，这事实上是以自己的表述限制了信教者有权宣扬自己的看法，并为反宗教宣传留有余地。俄罗斯1993年宪法允许宣传任何一种观点，非常明显，这一条是在原来的规定的基础上为宗教信仰提供保障的。

在1997年专门调整这些问题的法律中，应该说这部法律的序言非常好。在序言中写道："俄罗斯联邦联邦会议，在确认每个人良心自由和宗教信仰自由权、确认不取决于对宗教和信念的关系而在法律面前平等权的同时，依据俄罗斯联邦是光明的国家，进而在承认东正教在俄罗斯历史上、在俄罗斯的民族精神和文化确立发展过程中起到了独特作用的同时，尊重基督教、伊斯兰教、佛教和其他宗教，这些宗教构成了俄罗斯民族历史遗产不可分割的组成部分，认为在良心自由和宗教信仰自由问题上促进达成相互理解、容忍和尊重是非常重要的，基于上述目的通过了本联邦法律。"

在该法的序言中，承认东正教的特殊作用，并表明对组成俄罗斯人民历史遗产不可分割组成部分的基督教、伊斯兰教、佛教和其他宗教的尊重。一些学者和政治家认为，该法律含有歧视的成分：将东正教置于特殊的地位；除此之外，还列举了各种信仰，并且对俄罗斯存在的其他宗教并不关心。事实上，在俄罗斯，东正教当然是主要的宗教，这是受国家的历史、俄罗斯国家的形成和信奉者的数量所影响的。但是，根据法律的规定，所有的登记的宗教组织，法律地位平等。

1997年法律促进了俄罗斯联邦宪法保障不仅仅是俄罗斯联邦公民，而且是外国人和无国籍人良心自由和宗教信仰自由的发展。根据人和公民权利国际公约的要求，良心自由权和宗教信仰自由权只有在以保障宪法制度的基础、保障人和公民的道德、健康、其他权利与合法利益，保障国防和国家安全为目的时才能被限制。

以对宗教的态度为根据来确立某种优先权、限制或者其他形式的识别是不被允许的。在所有的民事、政治、经济、社会和文化生活领域，俄罗斯联邦公民不取决于他们对宗教的态度，在法律面前一律平等。对俄罗斯联邦公民而言，如果其信念或者宗教信仰同履行军职相违背，可以允许以一种民事职责相替换。根据宗教组织的请求，根据军事义务和军事职务法，可以由俄罗斯联邦总统决定赋予神职人员在和平时期延缓征召服兵役或者免除服兵役。

任何人都没有义务告知自己的宗教态度，并且不能强制其确定自己的宗教态度，不能强制其信仰或者拒绝信仰某种宗教，不能强制其参加或者不参加祈祷仪式、其他的宗教典礼或者仪式，不能强迫其参加或者不参加宗教团体的活动，或者强迫其学习宗教；禁止吸引未成年人加入宗教组织，禁止违背少年人的意志或者未征得其父母或监护人的同意，向其传授宗教知识。

正如已经指出的那样，俄罗斯联邦是一个光明的国家。任何一种宗教都不能被确定为国家的或者必需的宗教。宗教团体与国家相分离，并且在法律面前一律平等。

公民有权创建并参加宗教团体。根据1997年法律第6条的规定，宗教团体是指俄罗斯联邦公民、其他人自愿结成的联合体，该联合体有法定依据不间断地处于俄罗斯联邦领域，并出于共同信奉和传播信仰的目的而组成，并拥有为实现这一目的的相应的特征：宗教信仰；举行神职仪式，其他宗教仪式；学习宗教和对自己的继承人进行宗教教育。

禁止在国家权力机关、其他国家机关、地方自治机关，军事机关、国家和市政机关中创建宗教团体。除此之外，禁止创建目的和宗旨同法律相抵触的宗教团体，并禁止这些宗教团体开展活动。

宗教团体允许有两种组织形式：宗教团和宗教组织。

宗教团是指（该法律第7条）以共同信奉和传播信仰为目的结成的，在未经国家登记和取得法人的权利能力的情况下开展活动的、公民自愿组成的团体。组成宗教团的公民，希望将来能使该组织获得国家登记的话，需要有地方自治组织的机关为该团体的创建和开始从事活动提供证明。宗教团有权开展神职活动和宗教仪式，以及开展宗教学习和对自己的继承人进行宗教教育。

宗教组织是俄罗斯联邦公民和其他有法定依据惯常居住在俄罗斯领域上的人,以共同信奉和传播信仰为目的创建的自愿组织,该组织依照法定的程序被作为法人登记(第8条)。

依照活动范围,宗教组织被分为地方性的和中央性的两种。

地方性宗教组织是指其参加的,达到18岁的成员不少于10人的惯常性地居住在同一个地方或者在同一个城市中或者在同一个居民点。地方性宗教组织的创建人由不少于10个组成宗教团的俄罗斯联邦公民,并且这一宗教团有地方自治机关颁发的、在该地区存在不少于15年的证明,或者有由信奉同一宗教的中央性宗教组织颁发的已经加入该组织的证明。

中央性宗教组织是指根据自己的章程由不少于3个地方性宗教组织组成的宗教团体。宗教组织应该依照由创建人或者中央性宗教组织批准的章程开展活动,并且应该与民事立法的规定相符。

宗教组织的登记决定以前由联邦登记局或者其地方性机构负责,该联邦登记局是俄罗斯联邦司法部的组成部门。根据2008年12月25日俄罗斯联邦总统令,在2008—2009年对联邦登记局进行了改组,更名为国家登记、调查和绘制联邦局,它的任务发生了变化,并且这一新的组织被编入经济发展部,宗教组织(像政党和其他社会团体一样)的登记问题被直接列入俄罗斯联邦司法部和其地方性分支机构。登记机构对那些在两个及以上的联邦主体拥有地方性宗教组织的中央性宗教组织做出国家登记的决定。关于做出地方性宗教组织登记和在一个俄罗斯联邦主体领域上拥有地方性宗教组织的中央性宗教组织的决定,由司法部在相应的联邦主体的地方机关作出。

为了对宗教组织进行国家登记,创始人应该向相应的司法机关提供一系列文件。地方性宗教组织的登记是足够复杂的,因为在这一层级上应一并提供其他文件:注明创建宗教组织人员的国籍、居住地、出生日期的名单;由地方自治机关颁发的、证明宗教团在该地区存续时间不少于15年的证明文件,或者由中央性宗教组织的领导中央出具的、证明该宗教团加入中央性宗教组织的文件;关于教义原理和适合于该原理的实践资料,其中包括宗教信仰和这一团体的历史,其活动的形式和方法,对家庭和婚姻以及教育的态度,对这一宗教信奉者健康的状况,对组织的成员和公职人员的民事权利和义务的限制,等等。在要成立的宗教组织高级领导机关处于俄罗斯联邦境外的情况下,还要补充提供由该宗教组织处所国国家机关证明的外国宗教组织的章程和基本文件。

在进行国家登记时,还有可能被拒绝,如果:宗教组织的目的和活动同俄罗斯联邦宪法和法律相抵触——要指出法律的具体条文;被创建的组织不是一个宗教性组织;章程和提供的其他文件与法律的要求不符或者含有不可靠的信息;之前在法人统一国家登记册中以统一名称进行过登记;一个或者多个创建人不享有权利。应以书面形式告知申请人做出拒绝登记决定的理由。并且,以创建的宗教组织的动机不适宜为理由而拒绝是不允许的。拒绝对宗教组织的国家登记或者规避这种登记行为,可以向法院起诉。

下列情况下宗教组织也可以被清算:根据宗教组织创建人或者以组织章程为依据开展活动的机关作出的决定;在多次或者严重违反俄罗斯联邦宪法、1997年法律和其他联邦法律的情况下,或者在宗教组织开展的活动与其创建的目的相违背情况下,根据法院的决定;如果在该组织不提供同法人登记有关的信息的情况下,根据法院的决定。

在司法程序上,成为清算和禁止宗教组织或者宗教团体活动的依据为:

违反社会安全和社会秩序;

其行为与从事极端主义行动有关;

强迫拆散家庭;

侵害到个人以及公民的权利和自由;

根据法律规定,对道德、公民的健康造成了损害,其中包括因宗教活动而使用毒品和精神性催眠物质,实施淫乱或者其他违法活动;

有导致自杀或者因出于宗教的动机而对那些生命和健康处于危险状态的人拒绝提供医疗帮助;

妨碍获得必要的教育;

强迫宗教团体的成员或者信奉者和其他人放弃属于自己的财产供宗教团体使用;

对公民从宗教组织退出的行为以对生命、健康、财产造成威胁,或者以其他暴力行为相阻止,有实现或者使用暴力的现实危险性;

唆使公民拒绝履行法定的民事义务和实施其他违法行为。

俄罗斯联邦检察机关、司法机关以及其他地方自治机关有权向法院递交注销宗教组织或者禁止这一组织或者宗教团体活动的申请。

宗教的典礼和仪式要按照相应的信仰中的规则来举行。原则上不允许禁止任何人不论是参加这种典礼和仪式,还是仅仅是出席,进而这些典礼和仪式是公开的。

法律规定,宗教组织有权建立并供养祭祀的建筑和设施,以及其他专门为神职活动、祈祷和宗教会议、宗教朝圣的地方和对象。

祈祷仪式、其他宗教典礼和仪式应不受阻碍地在祭祀建筑和设施中、在属于祭祀活动的地域、其他为此目的给宗教组织提供的地方,在朝圣地和在宗教组织的企业、墓地、火葬场以及在居民住宅中举行。

宗教组织有权在医疗卫生组织和医院,在幼儿园、敬老院和残疾人康复院,以及执行剥夺自由的刑罚执行机关中,根据在这些地方的公民的请求,在行政机关专门为此目的划出的地方举行宗教仪式。在有看守的地点举行上述宗教仪式,只有在遵守俄罗斯联邦相关刑事程序法的情况下,才能被允许。

军事指挥部在考虑到军事章程要求的情况下,不阻碍军职人员参加祈祷仪式和其他宗教典礼和仪式。

在其他情况下,公开的祈祷仪式,和其他宗教典礼与仪式要按照举行群众大会、示威游行的办法进行。

按照《俄罗斯联邦民法典》和1997年法律(第21条)的规定,宗教组织有财产所有权。它们的财产可以包括建筑物,土地,生产性、社会性、慈善性、文化教育性和其他用途的设施,宗教用途的对象,资金和保障其活动所必需的其他财产,其中包括属于历史和文化纪念意义的财物。宗教组织对以其自由财产获得的收益,公民和组织募捐的财产或者国家捐赠的财产和以其他方式取得的、同俄罗斯联邦法律不相违背的财产拥有所有权。而且,以正常使用的目的,将处于国家或者地方自治机关的祭祀建筑和设施,及其附属的土地和其他宗教用途的财产,转交给宗教组织使用,是无偿的。无偿转让的规则在将处于国家和市立机构的、有宗教用途的财产转让给宗教组织使用时也同样适用。

宗教组织有权开展经营活动,并按照俄罗斯联邦法律的规定有权设立自己的企业。按照自己章程的规定,宗教组织有权同自己的雇工签订劳动合同。俄罗斯联邦劳动法同样对那些在依照劳动合同在宗教组织工作的人员适用。根据法律的规定,宗教组织的工作人员和神职人员应当享有社会保障和社会保险以及退休金保障。

**参考文献**

扎伊采娃·阿·姆:《生命权:结构与属性》,《宪法与市政法》2007年第12期。

扎伊采娃·阿·姆:《生命的支配权》,《宪法与市政法》2008年第10期。

扎伊采娃·阿·姆:《对生命权限制的界限》,《宪法与市政法》2008年第18期。

扎伊采娃·阿·姆:《作为宪法调整客体的人的生命》,法学副博士论文,莫斯科,2009年。

佐洛特赫·阿·普:《人的生命宪法权利和国家对它相应的义务》,法学副博士论文,秋明,2008年。

卡里琴科·恩·弗：《俄罗斯联邦人与公民的生命权与对生命权的保护》，法学副博士论文，圣彼得堡，1995年。

科瓦列夫·姆·伊：《生命权和死亡权》，《国家与法》1992年第7期。

科谢耶娃·阿·阿：《俄罗斯联邦人与公民宪法权利和自由体系中的生命权》，法学副博士论文，莫斯科，2006年。

罗曼诺夫斯基·格·布：《个人生命权的理论问题：宪法法律研究》，法学博士论文，莫斯科，2006年。

秋梅耶娃·恩·夫：《当代俄罗斯法律活动中生命权发展的趋势》，萨拉托夫，2008年。

福米琴科·特·姆：《在欧洲委员会法律标准视野下俄罗斯联邦生命权保障的宪法法律问题》，副博士论文，伏尔加格勒，2004年。

且波塔列娃·弗·普：《俄罗斯联邦生命权及其对它的保护》，法学副博士论文，莫斯科，2008年。

嘎斯卡洛娃·姆·尔：《对个人尊严与名誉的法律保护：理论问题》，法学副博士论文，莫斯科，1999年。

贡恰林科·弗·德：《个人免受酷刑和其他残酷的、不人道和有辱尊严对待或者刑罚的自由权利：理论法律观点》，法学副博士论文，伏尔加格勒，1999年。

德扎嘎良·阿：《在俄罗斯宪法中作为全球价值的个人尊严——个人、民族、国家相互的权利、义务和责任》，《比较宪法考察》2007年第4期。

格·弗·维诺库洛夫、阿·格·利何杰尔、弗·弗·切尔内绍夫主编：《人的尊严：从哲学法律思想到现代国家的宪法原则》，《跨区域科学实践研讨会资料》，莫斯科，1997年。

卢琴·弗·奥、普利亚希娜·特·姆：《有尊严的生活权和自由发展：宪法维度》，《俄罗斯宪法发展：高等院校学术研讨会论文集》（第9辑），萨拉托夫，2008年。

玛洛琴科·伊·尔：《对个人尊严与名誉的保护》，莫斯科，1998年。

玛尔琴科·弗·亚：《宪法法律维度上的个人尊严》，法学副博士论文，莫斯科，2008年。

马洛采夫·阿·普：《俄罗斯联邦人与公民宪法自由权和个人不受侵犯权》，法学副博士论文，萨拉托夫，2002年。

谢利赫娃·奥·格：《个人实现自由和不受侵犯权的宪法法律问题》，法学副博士论文，叶卡捷琳堡，2002年。

巴卡什基娜·伊·弗：《俄罗斯联邦私人生活不受侵犯权：宪法法律研究》，法学副博士论文，莫斯科，2007年。

比利亚耶娃·恩·格：《私人生活不受侵犯权和对个人信息的接触》，《法学》2001年第1期。

布雷洛夫·阿·弗、科切夫·弗·阿：《俄罗斯联邦通信、电话交谈、邮政和其他交流秘密权》，彼尔姆，2006年。

戈里高利耶夫·伊·布：《俄罗斯联邦作为私生活不受侵犯制度要件的通讯秘密宪法权利》，法学副博士论文，莫斯科，2006年。

科列斯尼科夫·耶·弗、胡若科娃·伊·姆：《现代俄罗斯对私生活不受侵犯法律调整的完善问题》，《俄罗斯的宪法发展：高校间学术论文集》(第7卷)，萨拉托夫，2006年。

米特茨乌科娃·格·阿：《作为人和公民宪法权利的私生活不受侵犯权》，法学副博士论文，叶卡捷琳堡，2005年。

涅斯弥洛夫·普·弗：《俄罗斯联邦个人私生活不受侵犯权的宪法法律保障》，法学副博士论文，莫斯科，2007年。

巴甫洛夫·伊·尤：《对公民解除有关国家活动信息的法律调整》，《国家权力与地方自治》2007年第10期。

彼特鲁亨·伊·尔：《私人秘密(个人和权利)》，莫斯科，1998年。

罗曼诺夫斯基·格·布：《私人生活不受侵犯权》，莫斯科，2001年。

胡若科娃·伊：《人权体系中的私人生活不受侵犯权》，《比较宪法观察》2007年第2期。

胡若科娃·伊·姆：《俄罗斯联邦私人生活不受侵犯权的实现》，圣彼得堡，2006年。

胡若科娃·伊·姆：《俄罗斯联邦人与公民的私人生活不受侵犯权》，法学副博士论文，萨拉托夫，2007年。

察德科娃·艾·阿：《对人与公民个人资料保护和保卫的保障》，《宪法和市政法》2007年第14期。

察德科娃·艾·阿：《私人生活不受侵犯的宪法权利(比较法律研究)》，法学副博士论文，莫斯科，2007年。

卢金斯基·夫·姆：《作为法律制度的住宅不受侵犯权》，《苏维埃国家与法》1976年第8期。

秋林·普·尤：《俄罗斯联邦人与公民住宅不受侵犯的宪法权利》，法学副博士论文，萨拉托夫，2003年。

戈杰尔德兹什维利·茨·姆：《国家法律对语言地位的调整(以苏联加盟共和国的资料为依据)》，法学副博士论文，莫斯科，1992年。

古巴耶娃·特·弗、玛尔科夫·弗·普：《国家语言和它的法律地位》，《国家与法》1999年第7期。

卡贝舍夫·斯·弗：《俄罗斯联邦国家语言的宪法法律地位》，《俄罗斯的宪法发展》(第7集)，高等院校校级论文集，萨拉托夫，2006年。

科利亚科夫·弗·阿：《母语权(以北方少数民族为例)》，《俄罗斯法学杂志》2007年第1期。

道洛夫斯基主编：《法律与民族语言·俄罗斯联邦对语言关系的调整》，莫斯科，1996年。

罗曼什金·弗·弗：《俄罗斯联邦国家语言政策的宪法法律基础》，法学副博士论文，莫斯科，1999年。

特林因·耶·弗：《俄罗斯联邦语言的国家法律问题》，法学副博士论文，叶卡捷琳堡，1999年。

什柳特托·恩·弗：《语言的法律制度问题》，《苏维埃国家与法》1989年第4期。

杜拉耶夫·特·阿：《在俄罗斯联邦宪法法院理论学说中自由的演变》，法学副博士论文，萨拉托夫，2007年。

克洛夫·阿·阿：《迁徙自由的法律调整：历史经验和俄罗斯的现实》，法学副博士论文，莫斯科，2003年。

利莫诺娃·恩·阿：《俄罗斯联邦公民迁徙自由、选择居住地和住所地的自由权》，莫斯科，2001年。

路德涅娃·克·伊：《在俄罗斯联邦领域上对迁徙自由权的法律调整以及迁徙自由权的实现》，法学副博士论文，莫斯科，2002年。

托尔卡切娃·斯：《入出俄罗斯国边境权利的法律保障》，《法律与生活》2001年第36期。

杜兹·阿·弗：《俄罗斯联邦迁徙自由的法律保障》，法学副博士论文，莫斯科，2000年。

沙波娃洛娃·恩·尤：《俄罗斯和美国迁徙自由、选择居所地和住所地的自由权》，《宪法读物》2002年第1期。

C.A.阿瓦基扬：《作为宪法法律制度的信仰自由》，《莫斯科大学学报》1999年第1期。

布利亚诺夫·斯·阿：《俄罗斯联邦宪法良心和信仰自由的实现》，法学副博士论文，莫斯科，2009年。

瓦西里耶娃·特：《良心和宗教自由：欧洲人权法院对欧洲人权公约第9条的注释》，《宪法：东欧观察》2002年第4(41)期。

维什尼亚科娃·伊·恩:《对信仰自由的宪法法律调整》,法学副博士论文,莫斯科,2000年。

戈里斯特·格·尔:《宗教与法》,莫斯科,1975年。

多佐尔采夫·普·恩:《俄罗斯联邦良心自由的宪法法律基础》,圣彼得堡,1998年。

扎鲁日内·阿·格:《俄罗斯联邦宗教关系的法律调整》,法学副博士论文,莫斯科,2004年。

卡尔普什金·阿·弗:《俄罗斯联邦国家与宗教团体相互关系的宪法基础和形成过程》,法学副博士论文,萨拉托夫,2009年。

克里明科·耶·恩:《俄罗斯联邦国家与宗教团体的相互关系:宪法法律观点》,法学副博士论文,莫斯科,2007年。

库洛耶多夫·弗·阿:《苏维埃社会的宗教和教堂》,莫斯科,1984年。

波多普利格娃·尔·阿:《国家和宗教组织(行政法律问题)》,阿尔玛特,2002年。

波恩金·伊·弗:《现代光明国家:宪法法律研究》,法学博士论文,莫斯科,2004年。

普利德沃洛夫·恩·阿、基哈诺娃·耶·弗:《当代俄罗斯法上的信仰和良心自由制度》,莫斯科,2007年。

普且林采夫·阿·弗:《在现代俄罗斯宗教自由和信仰权》,莫斯科,2007年。

列伊斯涅尔·姆·阿:《国家和信教者个人》,圣彼得堡,1905年。

洛曾巴乌姆·尤·阿:《苏维埃国家和教堂》,莫斯科,1985年。

鲁金斯基·夫·姆:《苏联的良心自由》,莫斯科,1961年。

塔基耶娃·特·尤:《俄罗斯联邦良心自由的宪法法律调整》,法学副博士论文,叶卡捷琳堡,2003年。

杰利亚特尼科夫·恩·尤:《良心自由的理论法律观点》,法学副博士论文,叶卡捷琳堡,2002年。

切列姆内赫·格·格:《俄罗斯联邦良心自由》,莫斯科,1996年。

舍巴诺娃·姆·阿:《当代俄罗斯人与公民的良心和信仰自由宪法权利》,法学副博士论文,萨拉托夫,2009年。

安吉波娃·格·弗:《人的个人权利体系:宪法法律观点》,法学副博士论文,莫斯科,2002年。

古利耶夫·弗·耶、卢金斯基·夫·姆:《社会主义民主与个人权利》,莫斯科,1984年。

卢金斯基·夫·姆:《苏维埃公民个人宪法权利与自由的法律问题》,法学博士论文,莫斯科,1980年。

索隆琴科·伊·弗:《俄罗斯联邦个人权利与自由内容的宪法法律理念》,法学副博士论文,罗斯托夫,2004年。

托卡且夫·卡·布:《人与公民的个人宪法权利与自由实现的理论方法论基础》,法学博士论文,圣彼得堡,1998年。

## 第三节　基本的政治权利和自由

在社会政治生活领域,《俄罗斯宪法》保障:

思想和言论自由;

信息权;

结社权;

示威游行权;

参加国家和地方自治事务管理权;

选举权;

请求权。

### 一、思想和言论自由

根据《俄罗斯联邦宪法》第29条第1—3款的规定,每个人的思想和言论自由受到保障。不许进行激起社会、种族、民族或宗教仇视与敌意的宣传或鼓动。禁止宣传社会、种族、民族、宗教或语言的优越论。任何人不得被迫表达自己的观点和信念或予以放弃。

作为公共政治权利和自由的一系列权利的第一个,思想和言论自由似乎是个人生活和人的个人自由与人的公共(社会政治)生活相联系的一个象征。因为自从在私有住宅内思考并表达自己的观点开始,人必然会进一步成为人与人之间集体形式的参加者。

思想自由作为公民的基本自由之一是独具特色的。有时,会有人问:怎样才能保障思想自由,谁知道别人在想什么,正如通常所云,不能进入别人的心灵。

在谈到思想自由时,应该指出下列几点:

第一,虽然思想首先是在语言中实现的,原则上还有一些其他的表达工具,例如图画、目光、演奏音乐作品等。但是,思想自由是以思想者本人和思想者接触事物的广度以及传播思想的工具为前提的;

第二,思想自由不允许使用心理和精神性药物来研究思维过程;

第三,这里是说在社会中创造这种排除对个人以及对个人的意识和生活方式施压的氛围。

言论自由是这种公开的可能性,也就是说在他人在场的情况下,随意表达自己的观点。言论自由可以在人的日常和事务性交往中表现出来。

同时,言论自由可以在宣传和鼓动中表现出来,也就是说可以在媒体上,通过媒体可以让人能有目的地和公开地阐述自己的政治、宗教等观点。但是,宪法第29条对此做出了限制:不许进行激起社会、种族、民族或宗教仇视与敌意的宣传或鼓动;禁止宣传社会、种族、民族、宗教或语言的言论。除此之外,宪法不允许因言论自由而使用暴力:任何人不得被迫表达自己的意见和信念或予以放弃。

## 二、信 息 权

《俄罗斯联邦宪法》规定,每个人都有利用任何合法方式搜集、获取、转交、制造和传播信息的权利。构成国家秘密的信息清单由联邦法律规定。舆论自由受保障。禁止新闻检查(第29条第4、5款)。

上述规则的总和是信息权。在一定程度上信息权与前述谈到的信息保护权(《俄罗斯联邦宪法》第24条)相对应。因为该条同样规定了个人获取信息，但那里谈的是有关公民个人的信息。当然，我们这里研究的信息权，在一定程度上同公民个人获取国家和地方自治机关活动的信息权相似，对此我们在研究《俄罗斯联邦宪法》第24条时已经进行了论述。

在宪法第29条中规定了在社会、国家中广泛实现信息权的可能性。宪法许可每个人制造或者传播信息。公民设立大众传媒（包括报纸、杂志）权，尤其对此起到了促进作用。过去，诸如广播、电视等的大众传媒还是国有制的；但是，现在已经出现了非国有的广播和电视频道。

1991年12月27日俄罗斯联邦《大众传媒法》（进行了大量的修改和补充），1995年1月13日（2006年修订）的《国有大众传媒国家权力机关业务规则法》，2006年7月27日《信息、信息技术和信息保障法》，以及其他规范性法律文件对信息自由进行调整。

宪法保障舆论自由。1991年关于大众传媒的法律第1条"舆论自由"，进一步补充了宪法的内容，并规定，在俄罗斯联邦搜索、获取、制造和传播大众信息，成立大众媒体，知悉、使用并传播大众信息，制造、获取、存储和经营制造并处理信息产品的装备、工具、原料和物质，不受限制，但是，大众传媒法另有规定的除外。

为在大众传媒上发表而选择材料是不受限制的，但是，在选择时应该考虑到涉及私人生活、国家秘密以及同侦查活动有关的保密信息等的要求。

宪法禁止的书报检查是指对出版和广播节目的内容进行监督，以及禁止它们的传播。根据1991年法律《禁止书报检查法》的第3条的规定，对大众信息的书报检查是指公职人员、国家机关、组织、机构或者社会团体一方要求大众传媒的编辑部事先要通告消息和资料（除公职人员是作者或者被采访的人外），以及对传播信息和资料或其一部分进行禁止，这同建立或者给对大众传媒进行书报检查的机构、组织、机关和人员进行拨款一样，是不允许的。

## 三、结社权

《俄罗斯联邦宪法》第30条规定,每个人都有结社权,包括成立工会以保护其利益的权利。社会团体的活动自由受到保障。任何人不得被迫加入任何团体或者留在团体中。

结社权是同俄罗斯联邦的社会团体的属性相关的。因此,这里的论述将比较简短。

结社权是公民有组织地进行接触的依据,因此出现了它们的共性。这种接触的持久性程度可能是不同的。如果人们仅仅是在一定的地点因共同的兴趣而相见,交换信息、资料,相互交流,这还不是结社。但是,如果出现了有组织的活动,就可以说结社权实现了。兴趣小组、运动俱乐部、协会、同乡会、某一民族的文化中心成了结社权的表现形式。

在实现结社权的过程中,公民可以创建不同的社会组织。正如已经指出的那样,这可以是社会组织(政党、工会、社团、基金、社会机构、社会业余文化组织等),宗教团体和组织,在地方自治机构中的地方性社会自我管理组织。结社权是公民在社会领域表达其个人的非商业兴趣的依据,虽然这也可能同募集和使用物质资金有关(如果公民出于商业目的、为了开展经营和获取利润创建了自己的组织,此时其联合的法律依据不是结社权,而是经营活动自由权)。

当然,创建社会团体并开展活动是实现结社权的主要方式,进而公民所有的结社形式都被《俄罗斯联邦宪法》的其他规定所保障。对社会团体的关注不是偶然的,因为它们可以是公民公共政治利益的表达形式,需要保护这些利益。宪法保障社会团体的活动,还保障加入社会团体和在社团中逗留的自由。正如前文所述,根据1995年联邦《关于社会团体法》的规定,结社权在于保障公民创建团体,加入团体,并在团体中逗留和退出团体的可能性。

《俄罗斯联邦宪法》(第30条)保障公民"为了保护自己的利益"组建工会的权利。工会是雇用劳动者,也就是通常说的,雇主购买并消费其劳动的那些人的联合形式。在此基础上可能会出现和谐的关系,可能产生的冲突会被受制于适当的劳动条件和工资条件。但是,工会的特点在于,除了保障劳动利益之外,它们在一定程度上还是维护公民社会政治权利的媒介。因此,就工会而言,结社权是从公共政治权利向公民经济和社会权利过渡的桥梁。

## 四、示威游行权

根据《俄罗斯联邦宪法》第31条的规定,俄罗斯联邦公民有和平集会,以及在不携带武器的前提下,举行会议、集会示威、游行和庆祝的权利。

为方便起见,上述在《俄罗斯联邦宪法》第31条中列举的内容可以被看作是示威游行权。在完善宪法第31条规定的专门联邦法律中,俄罗斯立法者为了表明公民为表达自己的利益、要求和观点的行为而使用了"公众行动"这一概念。这可能同政治完全没有任何关系(居民为保持清洁而聚集到一起),对政治而言仅仅是一种间接的关系(对将历史建筑改为公司表示抗议)或者是一种直接的政治行动。然而,毫无例外,一切都是因一种原因而开始,因另一种原因而结束(因不提高工资而集会的工人,可能因做出解散政府的决议而解散集会)。但是,行动的公开性,这是它的外在形式和程序。从内容上看,上述建议使用的"游行示威权"这一概念更加清晰地传递出它对公民的从属性。

示威游行权通常被认为是一项集体性权利。在大体同意这一观点的前提下,应该指出,对作为示威游行权的实现形式的派出代表而言,不应被排除并将其个别化。

在宪法第31条中,示威游行权是作为俄罗斯联邦公民的一项权利而被规定的。同时,外国人和无国籍人同样享有示威游行权。

示威游行权有着自己的具体的和有组织的实质。

从具体的实质观点看,示威游行权可以以对政策和权力机关的行为表示抗议的形式而表现出来,或者以同政权机关相一致而表现出来,或者与政权机关没有任何关系。当人们对政权机关不满时,示威游行权的整个含义更多地表现为这种被称作抗议的关系。以颂扬政府和制度为目的进行的示威游行,在苏维埃时期出现过,在当今,不应取消类似的活动,但是宪法上规定的这一权利绝不是为了给政府歌功颂德。不以政府为目的的示威游行活动,是可能存在的。这经常是公民讨论时事问题的会议,是表达自己对政敌以及对国际事件,甚至是对历史事件和哀悼日等的态度的群众大会、游行示威活动。

从这一权利形式的本质看,第一,相应的活动是作为专门的、有目的的活动举行的;第二,在公共场所,在露天广场或者在非住所处进行;第三,政府预先表明自己对这一活动的态度。

结合最近的状况,应该说,政治权利和自由刚刚成为社会的财富,在街头和广场实现示威游行权的实践催生了政府反应的如下方案:(1)应当获得示威游行的许可(同意);(2)足够详细地预先告知相应的行政机关或者执行权力机关关于预定的示威游行事项;(3)在不通知当局、不告知任何信息的情况下,可以举行示威游行。

最后一种方案是最罕见的,因为举行示威游行,哪怕是自发的示威游行,都会对交通造成影响;人们可能会在毫无防备的情况下出现在示威游行地;最后,不排除在一些同一个广场和街道出现几个示威游行活动的可能性,这不仅仅是因混乱而不期发生,还可能会出现不同政敌之间的冲突。

因此,争议通常是围绕着第一种和第二种方案进行的,也就是说,是不是应该获得政府的许可或同意,或者应该足够详细地告知当局自己示威游行的信息。但是,这一切都取决于游行示威有怎样的目的,"许可""同意""通知"的概念所表明的行政机关审查的范围。最后,这在很大程度上取决于国家相应的具体制度。

如果行政当局有对示威游行的目的进行审查的权力,并因此而做出举行示威游行的许可或同意,那么示威游行权的范围完全取决于政府的审查。他们可能会认为,示威游行有反政府性,进而不允许或者不同意举行这种示威游行。如果政府仅仅是对举行示威游行的时间、地点、路线和办法进行审查,我们没有看见在许可、同意和告知之间的任何差别。

告知这一方案的赞成者觉得,这一方案更加民主,因为政府无权禁止示威游行。的确,在进行告知的程序中,政府无权拒绝举行示威游行。但是,他们有权通知示威游行的组织者,他们认为举行示威游行完全,或者在组织者认为的时间,在相应的地点、按照相应的路线等是不可能的。政府可以给出自己认为举行示威游行的方案,组织者不得不同意这一方案。

如果政府立场的这种理解在法律上有所体现的话,他们对组织者请求的回应是许可、同意还是告知已经不那么重要了。为了避免误解,还是说公权力机关从示威游行组织那里获得举行示威游行的时间、地点、路线、安全措施的告知是比较好的。政权机关的代表有权同意类似的观点,在拒绝组织者的情况下,可以不接受这种告知,这也相当于拒绝举行示威游行。而且,打算(希望)举行示威游行的这种告知,发起人最好是亲自向行政机关提交,通过邮局邮寄这一方案并不是最好的。因为,这可能会引起误解(没有收到、隐藏了收到的信息等)。

俄罗斯联邦在1993年通过宪法后超过10年的时间里需要制定《举行示威游行程序法》。联邦各主体只有因修正个别细节的需要才可以就举行示威游行问题公布自己的规定,而且不能限制这一法律的实质内容。

2004年6月19日通过了联邦《关于集会、群众大会、示威、游行和抗议法》。正如已经指出的那样,这部法律使用了对所有示威游行的种类概括性的一个概念"公众活动"(第2条)。公众活动是指公开的、和平的、每个人都被允许的，以集会、群众大会、示威、游行或者抗议的形式，或者以上述多种形式相结合的形式，为了实现公民、政党、其他社会团体和宗教组织的要求而举行的活动。正如我们预见的那样，该法律将宗教团体也列入示威游行发起人的序列。同时，在发起人中，没有国家机关和地方自治组织机关。

公众活动的目的，按照该法第2条规定，是自由表达和阐述意见，以及就国家的政治、经济、社会和文化生活问题和对外政策问题提出要求。

就《俄罗斯联邦宪法》第31条规定的示威游行的每个种类，该法都给出相应的定义：

集会是指公民共同在专门的为讨论问题而设立的地方讨论某些重大的社会问题；

群众大会是指大量的公民聚集到一定的地点就现实的、主要的社会政治问题公开发表自己的看法；

示威是指某一团体有组织地公开表达社会情绪，并在行进时使用横幅、标语和其他直观的宣传工具；

游行是指为了让社会关注某些问题，大量的公民就事先确定的路线行进；

抗议是指一个或者多个公民，不需前进和使用在抗议目标前安装的技术设备，而是通过横幅、标语和其他直观的宣传工具来公开表达意见的形式。

应该指出，在该法通过前和通过后，就这些术语的实质和相互的关系之间留下了一定问题。接下来我们阐述几种看法。

在"集会—群众大会"之间的区别如下。集会是并非相互无关的人有组织的一种行动（同一政党、同一集体或者同一座楼里的成员等），也就是说是一个集体，并经常是在建筑物里举行，但是也可以在露天场所举行（如，在院子里、在某一车库合作社附近等）。通常，人们所讨论的是紧迫的、对参加者而言重要的问题,经常是以做出决议的形式而结束。群众大会是指那些志同道合的人就某一迫切问题公开举行的活动,并且允许所有想要参加的人参加。群众大会可能是有组织的和有联系的(如,有教师和学生参加的群众大会,某一政党成员参加的群众大会等),并且与其他的群众大会无关(例如,在城市广场上举行的群众大会)。群众大会多数是在露天广场举行,并经常是以做出大会决议的形式结束。集会和群众大会之间的相似之处可能在于举行的地点和参加者。最明显的区别在于目的(群众大会是一种政治行为;集会,形象地说是平常的一种活动)和结果(集会的决议,最常见的是,收集相应集体的当前的任务;群众大会的决议,通常是带有政治评价和号召的文件)方面。顺便指出,根据2004年联邦法律,举行集会不须通知行政机关,而举行群众大会则应当通知行政机关。

"游行—示威"这一对概念之间也有一些区别。这两种情况下都是在行进,而且是要沿着街道的相应部分行进;就是在这一点上,两者有别于群众大会,因为群众大会是在同一个点举行。而在游行和示威间的区别方面,最好是在两者的目的上进行寻找。可以说,带有仪式性的活动可以被认为是游行,如宗教游行或者为了给纪念碑、长明火、纪念性建筑物等敬献鲜花的游行。在这里,政治性动机几乎没有,或者这类动机并不是首要的任务。而示威更多的是表达政治目的的活动。因此,这里首先是统一的横幅、标语和其他直观的宣传工具,以及通过扩音装置发出的号召和口号等。2004年联邦法律完全没有规定在游行时使用直观的设备,但是这未必是正确的。因为可能并不是出于宣传的目的而使用,而是可以用作表示纪念的标志和敬意来使用。如果需要扩音设备,则不是为了进行宣传,而是为了使游行的人群更有秩序。

至于抗议,2004年联邦法律在众多问题上都显得比以前通过的类似文件更加民主。它们是以规定了"俄罗斯联邦一个以上的公民有示威游行权"的宪法第31条的直接理解为根据的。公民一词在这里使用的是复数,这表明任何一个公开的行动,其中包括抗议,都应该是几个公民来共同参加。在一些城市,警察局逮捕了单个抗议者,并追究了他的行政违法责任。该法律允许抗议是一个或者一个以上的公民开展的活动。除此之外,该法还经常允许在抗议时使用横幅、标语、和其他的直观宣传工具。

  抗议,形象地说,抗议高呼的行为。抗议的参加者对行政机关、机构、公职人员的行为表示抗议,不同意它们所作出的决定,希望其意见能够被倾听,引起人们对自己存在的问题进行关注。社会的、政治的利益都可以是抗议的理由,如拖延工资、司法判决等。抗议是一个或者一群公民携带着直观的宣传工具进行的静坐,但不使用扩音设备。

  还有一个问题不明确:抗议者应该在哪里呢?联邦法律使用了"在抗议的对象"旁这类表述形式。但是,在距离出口多远的地方进行呢?在国家杜马大楼旁,抗议者差一点堵塞了入口;同时,行政部门的工作人员还经常圈上很大的一块地方,在这一范围外游行示威者才被允许举行抗议活动。

  现在来看看准备和举行示威游行的程序。法律要求组织者要提交组织公众活动的通知——出于保障举行公众活动的安全和法制的目的,要按照法定的程序向俄罗斯联邦行政机关和地方自治组织机关告知举行公众活动的信息。

  联邦法律使用了"公众活动组织者"这一概念,并详细规定了对相应的公民和组织的要求(第5条)。俄罗斯的一个或者几个公民(俄罗斯联邦年满18岁的公民,可以是示威、游行和抗议的组织者,年满16岁的公民可以是群众大会和集会的组织者)、承担组织和举行公众活动责任的政党、其他社会团体和宗教组织,及它们的区域性分支机构和其他分支部门都可以成为组织者。下列人员不能成为公众活动的组织者:被法院认定为无行为能力或者限制行为能力的人;依照法院的刑事判决被判处剥夺自由的人;按照法定的程序活动被暂停或者禁止,或者被解散的政党、其他社会团体和宗教组织，以及它们的区域性分支机构和其他分支部门。

公众活动的组织者有权：

在举行公众活动的通知中注明举行群众大会、示威、游行和抗议的时间和地点，或者因同意俄罗斯联邦主体行政机关或者地方自治机关变更了的时间和地点，在举行集会时应在能够保障公民安全的专门用来集会的地点举行集会；

为了支持公众活动的目的，通过大众传媒、散发传单、制作标语、横幅和不与法律相抵触的其他形式的口号进行宣传；

授权公众活动的部分参加人，在其组织和指挥下执行维护秩序的任务；

组织募捐，组织为公民的决议、要求和其他请求进行的签名；

按照俄罗斯联邦规定相应的标准和规范在举行集会、群众大会、示威和游行时，使用扩音技术设备（广播、录像设备和其他设备）。

同时，组织者有义务：

向俄罗斯联邦主体行政机关或者地方自治机关递交举行公众活动的申请；

应在举行公众活动日的3日前（除一个参加者举行的集会、抗议外）以书面形式通知俄罗斯联邦主体行政机关或者地方自治机关关于是否举行公众活动的通知；

保证遵守在举行公众活动的通知中注明的举行公众活动的条件或者保证遵守因俄罗斯联邦主体行政机关或者地方自治机关的同意而改变的条件；

要求公众活动参加人遵守公共秩序和举行公众活动的规定。对那些不遵守公众活动组织者合法要求的人，可以要求其离开举行公众活动的地点；

在举行公众活动时，在自己的职权范围内保障社会秩序和公民的人身安全。而在联邦法律规定的情况下，在俄罗斯联邦主体行政机关和地方自治机关的工作人员以及内务部的工作人员履行职务时，与他们一起履行这一义务；

在公众活动参加人实施违法行为的情况下，暂停或者终止公众活动；

保障遵守俄罗斯联邦主体行政机关或者地方自治机关确定的活动举行地中一定面积的最大人员容量；

保障活动举行地的绿色植物、居所、建筑、设施、构筑物、家具、用具和其他财物的完整；

告知公众活动的参加人员，俄罗斯联邦主体或者地方自治机关做出的暂停或者终止公众活动的要求；

公众活动的组织者要有识别标志，其授权的人员也要有识别标志。

如果举行公众活动的通知没有被按期送交给俄罗斯联邦主体行政机关或者地方自治机关，或者没有按照上述机关的建议改变举行公众活动的地点和时间，在这些情况下，公众活动的组织者无权举行公众活动。

联邦法律要求组织者向行政机关递交举行公众活动的规程——含有举行活动主要时间段的文件，在文件中还要标明每一阶段的负责人。除此之外，正如已经指出的那样，组织者还要确定对组织和举行示威游行活动的负责人员。

公民、政党的成员、其他社会团体和宗教组织的成员和参加者，以及自愿参加的人，都是公众活动的参加人（该法律第6条）。

公众活动的参加人有权：参与讨论并做出决定，参与其他与公众活动目的相符的集体行动；在举行公众活动时，使用不同的标志和其他不被法律所禁止的公开表达集体或者个人意愿的物品以及其他宣传工具；通过并向国家机关、地方自治机关、社会团体和宗教团体，国际的和其他的机关和组织递交决议、要求和其他请求。

在举行公众活动时，其参加者有义务：履行活动组织者、活动组织者授权的人、俄罗斯联邦主体行政机关和地方自治机关授权的代表以及内务部工作人员所有合法的要求；遵守社会秩序和举行公众活动的规程。

联邦法律规定了通知的程序。该法第7条规定，在举行活动前不迟于10天，并且不早于15天的时间内，活动的组织者应该以书面形式向俄罗斯联邦主体行政机关或者地方自治组织的行政机关提交组织公众活动（仅有一个参加者举行的集会或者抗议除外）的通知。在多人举行抗议活动时，举行活动的通知最迟于活动举行日的3日前提交。

该法没有规定提交通知的办法。在这部法律中规定，向俄罗斯联邦主体行政机关和地方自治组织机关提交举行公众活动通知的办法由俄罗斯联邦主体相应的行政机关进行规定。但是，该法第7条规定，在举行公众活动的通知中应该标明：（1）活动的目的；（2）活动的形式；（3）活动地点，参加者进行游行的路线；（4）活动开始、终止的日期和具体时间；（5）活动参加人预计的人数；（6）活动组织者保障社会秩序的形式和方法，医疗救助组织，在举行活动时打算使用扩音器械的愿望；（7）活动组织者的姓、名、父称或者名称，有关其住所地或者停留地的信息或者有关其处所地的信息和电话；（8）受活动组织者授权的在举行活动时维护秩序的人员的姓、名、父称；（9）提交举行活动通知的日期。

联邦法律还规定了举行公众活动地点的要求。该法律规定，如果在举行公众活动不对楼房或者建筑物造成坍塌，或者对该活动的其他参加人的安全造成威胁的情况下，公众活动可以在任何一个为实现此目的的地点举行。在个别的一些地方禁止或者限制举行公众活动的条件，可以由联邦法律进一步细化。

禁止举行公众活动的地方：

（1）直接靠近危险的生产建筑和其他的生产经营需要遵守专门技术安全规则的地方；

（2）天桥、铁路主干线和铁路、石油、天然气和其他物品管线以及高压传输线的交叉地带；

（3）直接靠近俄罗斯联邦总统官邸、法院建筑、执行剥夺自由的机构的地方和建筑领域；

（4）在没有边境管理机关负责人的专门许可的情况的边境地带。

在有历史和文化价值的纪念碑地区举行公众活动的办法，由俄罗斯联邦相应主体的行政机关在考虑到这些建筑物的特点和本联邦法律的规定的情况下确定。在"莫斯科克林姆林"国家历史文化博物馆区域，其中包括红场和亚历山大公园，举行公众活动的办法由俄罗斯联邦总统确定。

该法律要么是自身规定了禁止或限制公众活动的条件，要么规定可以由其他联邦法律规定。俄罗斯联邦主体被赋予了这种权力。但是，该法律的一个条文尤其值得我们关注。在该法律规定术语的第2条中，规定了什么是靠近楼房或者其他建筑物的地区。这是一块领域，其边界由俄罗斯联邦主体行政机关和地方行政机关，根据调整土地规划、土地利用和城市建设的规范性法律文件来确定（第9项）。很明显，这一规则从实质上提高了地方在确定举行公众活动时进行限制的可能性。

联邦法律明确规定了举行公众活动的时间（第10条）：按照当地时间，举行公众活动不能早于7点，结束时不能晚于23点。关于举行的时间，也做出了明确的规定，这尤其涉及抗议。不论是在俄罗斯，还是在作为苏联加盟共和国的众多邻国，示威游行的参加者选择政府建筑附近或者是在城市广场上，昼夜不停地进行，并且随身携带着帐篷和睡觉用品等。有时行动过程中还会宣布绝食。法律禁止了这一切，在夜间示威游行应该被暂停，在这种制度规定的条件下，也就不可能出现绝食。

联邦法律没有规定提交将要举行的活动的程序，仅仅是规定了要通知俄罗斯联邦主体行政机关或者地方自治机关。根据该法律第12条的规定，相应的机关在获得将要举行公众活动的通知后，必须：

以文件的形式证明收到了举行活动的通知，并且要注明收到通知的日期和时间；

自收到举行活动的通知之日起的3天时间内（在提交多人举行抗议

活动的情况下,自收到通知之日起,到举行之日的不少于5天的时间内),要告知活动的组织者有足够理由的改变举行活动的地点和(或者)时间的建议,以及在通知中注明的目的、形式和其他条件与本联邦法律的要求不相符的情况下,告知活动的组织者取消活动的建议;

为了对活动的组织者在举行活动时提供帮助,依照活动的形式和参加的人数指派自己的全权代表;

告知活动的组织者,在举行活动的地方单位面积(住所)中容纳的最大人数;

举行活动时,在自己的职权范围内,与活动的组织者和内务部门的工作人员一起保障公共秩序和公民的安全,以及在必要的情况下,向公民提供紧急的医疗救助;

通知需要告知的国家机关和地方自治机关,有关举行活动的原因;

在获知举行活动通过的路线和停留的固定或者临时地点的情况下,要告知相应的国家保卫联邦机关。

如果通知举行公众活动的信息,以及其他文件有理由认为,计划举行的活动的目的和举行的形式同俄罗斯联邦宪法的规定不符和(或者)违反了俄罗斯联邦行政和刑事立法的规定,俄罗斯联邦主体行政机关和地方自治机关,应该立即告知公众活动的组织者,并发出书面的警告,告知活动的组织者以及其他参加人在上述与法律规定不符和(或者)违法举行公众活动的情况下,按照法律的规定可能会被追究相应的责任。

因此,俄罗斯联邦主体的行政机关或者地方自治机关有义务接收通知,且有权告知组织者,其活动违法。此时,举行类似的活动是不允许的。在合法举行活动的情况下,相应的机关有协助保障社会秩序的义务。

正如已经指出的那样,因举行示威游行,相应的机关有权指派自己授权的工作人员,该被授权的工作人员有权:要求公众活动的组织者遵守组织和举行公众活动的秩序;按照法律规定的程序和理由,做出暂停或者终止活动的决定。被授权的工作人员有义务:参加公众活动;在举行公众活动时,向活动的组织者提供协助;同活动的组织者和内务部门的被授权的工作人员共同保障社会秩序和公民的人身安全,以及在举行活动时遵守法律(为保障社会秩序和公民的人身安全,内务部相应部门的领导要指派全权代表以向活动组织者提供协助)。

根据联邦法律第15条的规定,在举行公众活动时,因参加人的过错而发生了尚未对其他参加人的生命和健康造成威胁的违法行为,俄罗斯联邦主体行政机关和地方自治机关的全权代表有权要求活动的组织者单独或者与内务部门相应的人员共同制止上述违法行为。在不履行消除违法行为的情况下,全权代表有权在其制止违法行为的时间内暂停公众活动。在消除了违法行为的情况下,根据组织者与全权代表之间达成的协议,活动可以继续举行;如果违法行为没有在指定的时间内被消除,则活动应被终止。

终止公众活动的依据有:(1)对公民的生命和健康,以及对自然人和法人的财产造成威胁;(2)公众活动的参加者实施了违法行为和公众活动的组织者故意违反了有关举行公众活动的法律的规定。

依照联邦法律第17条的规定,在做出终止公众活动的情况下,俄罗斯主体行政机关或者地方自治机关的全权代表:

(1)对活动的组织者做出终止活动的指示,并说明终止的原因,并且在24小时内,以书面形式制作该指示并交给活动的组织者;

(2)确定完成终止活动的时间;

(3)在活动的组织者不履行终止活动的指示的情况下,直接告知活动的参加人,并确定为完成终止活动所需的补充时间。

在不履行终止公共活动的指示的情况下,警察局的工作人员依照俄罗斯联邦法律的规定采取必要的终止活动的措施。

在出现暴乱、破坏行为、纵火和其他需要采取紧急措施的情况下,公众活动应依照俄罗斯联邦法律的规定被终止。不履行警察局工作人员的要求或者公众活动的部分参加人阻挠或者挑衅警察局的工作人员,他们要依照俄罗斯联邦法律的规定承担相应的责任。

在联邦法律中有专门关于公民举行公众活动权保障的一章。这些保障措施主要有：

公众活动的组织者、公职人员和其他公民无权对公众活动的参加者以不违反社会秩序和举行公众活动要求的方式来表达自己的意见；

被告知举行公众活动原因等问题的国家机关和地方自治机关，必须对这些问题进行实质审查，按照法定的程序就这些问题做出必要的决定，并将这些决定通知公众活动的组织者；

为保障公众活动的正常举行，无偿地维护社会秩序、疏导交通、提供卫生和医疗服务；

国家权力机关、地方自治组织、社会团体、公职人员做出的、对公民举行公共活动的权利造成侵害的决定和行为，可以按照法律的规定，向法院提起诉讼。

## 五、参与国家管理权和实现地方自治权

《俄罗斯联邦宪法》第32条第1、4和5款是关于这一权利的条款，在这些条款中规定，俄罗斯公民有直接或者通过其代表参与国家事务管理的权利。俄罗斯联邦公民有进入国家机关的平等机遇。他们还有参与履行司法职能的权利。

应该补充的是，俄罗斯联邦公民不仅仅有参与管理国家事务的权利，还有实行地方自治的权利。后者这一权利直接来源于《俄罗斯联邦宪法》(第130条第2款规定，地方自治由公民来实现)并在2003年10月6日通过的《关于俄罗斯联邦地方组织的一般原则》的联邦法律中有着直接的体现。该法律第3条规定："俄罗斯联邦公民有实现地方自治权。"

俄罗斯联邦公民直接参与管理国家事务和地方自治体现在如下的可能性上：

在俄罗斯联邦全民公决时参与做出国家决定（法律等），以及在俄罗斯联邦主体全民公决和地方公决时参与做出决定；

参与选举俄罗斯联邦总统、国家杜马的议员、俄罗斯联邦主体代议权力机关的代表（2004年前还可以参与选举俄罗斯联邦主体的行政长官），参与选举地方自治组织的公职人员和代议机关的代表；

有讨论国家机关和地方自治机关决议草案的权利，并有权将自己的建议递交给相应的部门；

按照民众发起程序向国家机关、地方自治机关提出问题（收集支持举行全民公投的签名，为制定并通过法律收集签名等）；

有从事国家公职的权利，因为俄罗斯联邦公民进入国家机关的机会平等（《俄罗斯联邦宪法》第32条第4款），以及有担任地方公职的权利[2004年7月27日通过（2008年修订）的《俄罗斯联邦国家民事职务法》和2007年3月2日（2008年修订）的《俄罗斯联邦地方职务法》，以及俄罗斯联邦相应的主体的法律是专门调整一些问题的法律规定]；

有参与履行司法职权的权利；众所周知，司法权是以国家的名义行使的，而对于公民而言参与履行司法职权的权利表现在有机会成为法官、陪审员和仲裁陪审员。

## 六、选 举 权

俄罗斯联邦公民有选举或被选入国家权力机关和地方自治机关以及参加公决的权利。法院确认为无行为能力的以及根据法院判决被关押在剥夺自由的处所的公民没有选举权和被选举权（《俄罗斯联邦宪法》的32条第2、3款）。

选举问题将在本书的相应部分进行具体阐述。这里仅指出以下几点。

选举权属于俄罗斯联邦公民基本的宪法权利，因为该权利是对国家和地方自治的执行机关和代议机关的组成和活动能产生关键影响的方式之一。

俄罗斯联邦总统、俄罗斯联邦委员会委员和国家杜马议员，俄罗斯联邦主体立法（代议）机关代表，地方行政机关首脑和代议机关的代表（如果后者被地方机关的章程所规定的话）都由选举产生。

选举权和被选举权不同。选举权（积极的选举权）是从18岁开始享有，被选举权（消极的选举权）设置的年龄要求更高（例如，要参选国家杜马议员，需年满21岁，要参选国家总统，需年满35岁）。

选举权具有普遍性，也就是说，达到一定年龄的俄罗斯联邦公民都享有。选举立法朝着在市立机关选举时赋予外国公民选举权和被选举权的方向发展，如果俄罗斯联邦和其他国家就该问题签订了条约，并且这些内容在选举法上有所规定的话。

不享有选举权和被选举权的人员的范围在《俄罗斯联邦宪法》（第32条第3款）上有所规定，是指那些被法院认为无行为能力的公民和依照法院的判决被关押在剥夺自由的处所的公民。因此，所有其他公民平等地参加选举。

## 七、请 求 权

根据《俄罗斯联邦宪法》第33条的规定，俄罗斯联邦公民有诉诸国家机关和地方自治机关，以及向这些机关发出个人的和集体的请求的权利。

根据《俄罗斯联邦宪法》第33条的规定，公民可以进行口头请求，应当认为，此时是在相应的国家公职人员接待的情况下进行的，还可以进行书面请求，这是在通过邮局向接待办公室寄发请求时使用的。不论何种形式，请求都应该被审查，并给出实质性的答复。

在俄罗斯很长一段时间里没有通过处理有关公民请求工作的联邦法律，一直沿用1968年4月12日（1980年3月4日修订）的苏联最高委员会主席团《关于处理公民建议、申请和申诉程序》的命令。2006年5月2日终于制定了联邦法律《俄罗斯联邦处理公民请求法》。

在一定程度上，这一法律是例行式的，因为公民的请求过去有、现在有、将来还会有，制定法律仅仅是对宪法基本原则的发展，确立了处理请求工作的办法。在该法第1条规定，这部法律"调整同实现俄罗斯联邦宪法赋予俄罗斯联邦公民的实现向国家机关、地方自治机关提出请求有关的法律关系，并确定了国家机关、地方自治机关和公职人员处理公民请求的程序"。同时，在同一个地方该法修正了宪法规范的不足，该规范赋予了俄罗斯联邦公民以请求权。同时很明显，这一权利还可以属于处于俄罗斯领域的外国人。并且在第1条中规定，"除国际条约或者联邦法律另有规定外，本联邦法律规定的处理公民请求的办法，在处理外国公民和无国籍人的请求时也同样适用"（第3项）。

2006年法律规定了已经确定了的关于请求种类的概念，分别是：

建议——公民就完善法律和其他规范性法律文件，完善国家机关和地方自治机关的业务活动，发展社会关系，改善社会经济和国家和社会的其他领域问题提出的建议；

申请——公民请求帮助自己或者其他人实现宪法的权利和自由，或者告知违反法律或其他规范性法律文件的行为，指出在国家机关、地方自治组织机关和国家公职人员的工作中有不足之处，或者对上述机关及其公职人员的行为提出批评；

申诉——公民请求恢复或者保护他或者其他人的被侵害的权利、自由与合法利益。

在处理公民的请求时，公民有权补充文件和资料或者有请求索要上述资料和文件的权利；可以阅读涉及处理其请求的、不触犯其他人的权利、自由与合法利益的，并且不含有国家秘密和联邦法律规定的其他受保护的秘密的文件和资料。个人有权就其提出的问题获得书面的实质性答复，有权获得将其向行政机关提出的书面请求转送给有解决其提出问题的职权的公职人员的通知;有权根据俄罗斯联邦法律按照行政和(或者)司法程序对因处理其请求而做出的决定或者行为提出申诉。他也可以申请终止审查。

最主要的是,法律保障提出诉求的公民的安全。禁止对向国家机关提出诉求或者批评公职人员的行为公民,或者为了恢复或者保护自己以及他人的权利、自由与合法利益的公民进行迫害。除此之外,在处理诉求时,禁止泄露在公民诉求中包含的信息,以及禁止在未经公民许可的情况下泄露其个人隐私。

书面的诉求自到达国家机关、地方自治机关或者公职人员之时刻起,在3天内必须进行登记。如果其诉求被提出的对象不正确,在其诉求被登记之日起的7个工作日内,应当将诉求寄往有处理在诉求中提出问题的权限的机关或者公职人员,并将这一点通知公民。

但是禁止将对做出决定或者行为的机关或公职人员的申诉,寄给这些机关或者个人。如果任何人都无权解决其申诉,此时应该将申诉退回给公民本人,并向公民说明其有权就相应的决议和行为按照法定程序向法院起诉。

在该法第12条规定,自书面诉求到达有处理权限的国家机关、地方自治机关或者公职人员,并进行登记之日起的30个工作日内要进行处理。在特殊情况下,对处理诉求有权的公职人员可以延长审查的期限,延长的期限不超过30天,并且应当将此事告知提出请求的公民。

那些有过错地违反联邦法律的人,将按照联邦法律的规定承担责任。对国家机关、地方自治机关及其公职人员在处理诉求时给公民造成物质和精神损害的,根据法院的判决公民有获得赔偿的权利。但是,如果公民在诉求中故意提供虚假信息,国家机关、地方自治机关或者公职人员个人因处理其诉求而花费的相关费用,可以根据法院的判决向公民进行追偿(第16条)。

请求权在很大程度上是同公民个人的利益相关的。但是,它被规定在俄罗斯联邦宪法关于公共政治权利和自由的范围内。原因是请求权的内容中包括了公权力因素。请求权是公民对国家权力机关和地方自治机关,以及市民社会的各种制度产生影响的手段。

现在具有公权力特点的请求权的作用得到了提升,这不是偶然的。在本书的第三部分分析了相对而言数量不是很大的公民签署的就具有社会意义的问题提出的集体诉求;比法律规定的数量多很多的请愿书,以及按照立法程序,公民提出的、附有规定数量的公民签名的、并向相应的职能机关递交的立法动议,需要职能机关和公职人员更加详细地审查。对此应该补充,具有社会意义的问题的集体诉求也可以在群众大会或者公民集会时做出,这种集体诉求也可以要求国家机关或者地方自治机关做出相应的答复。

## 参考文献

巴沙拉吉扬·姆·科:《思想自由:法律分析》,《法与政治》2007年第1期。

巴沙拉吉扬·姆·科:《言论自由:法律界限问题》,《国家管理与法》(第4辑),莫斯科,2007年。

杜波洛妮娜·姆·阿:《现代俄罗斯对思想和言论宪法权利保护》,法学副博士论文,萨拉托夫,2007年。

娜格尔纳亚·姆·阿:《现代俄罗斯思想、信仰和表达观点的自由》,《思想自由和法》,下新城,2002年。

彼特洛夫·尔·伊:《欧洲人权法院和俄罗斯联邦宪法法院决议中的言论自由》,《宪法和市政法》2007年第13期。

波利亚科夫·普·尔:《言论自由宪法权利的阶级属性》,《宪法问题》第1(2)辑,萨拉托夫,1974年。

比亚塔克·阿·阿:《俄罗斯言论自由的宪法调整》,《俄罗斯宪法发展》(第4辑),萨拉托夫,2003年。

斯米尔诺娃·阿·阿:《作为恶意使用言论和信息的诽谤(宪法法律观点)》,《宪法和市政法》2007年第9期。

《保障了解信息保障的法律问题》,莫斯科,2002年。

巴奇洛·伊·尔:《俄罗斯联邦的信息权》,莫斯科,1997年。

阿尔基谢夫·阿·伊:《信息传播权：宪法法律研究》,法学副博士论文,莫斯科,2008年。

巴其洛·伊·尔、洛巴京·弗·恩、非德托夫·姆·阿:《信息法》,圣彼得堡,2001年。

巴沙拉基昂·姆·克:《作为法律客体的信息和信息权的内容》,《现代法》2006年第12期。

巴沙拉基昂·姆·克:《俄罗斯联邦在大众传媒领域内公民宪法权利与自由的体系》,法学副博士论文,莫斯科,2007年。

别列夫斯卡亚·尤·阿:《作为人与公民宪法权利调整对象的信息》,《宪法和市政法》2007年第12期。

耶利扎洛夫·弗·格:《俄罗斯联邦的大众信息自由：宪法基础和法律限制》,法学副博士论文,莫斯科,2002年。

基奇吉娜·特·尔:《信息权和出版自由》,法学副博士论文,莫斯科,2002年。

科佩洛夫·阿·弗:《公民的信息和信息自由宪法权利》,法学副博士论文,喀山,2007年。

利希茨娜·耶·斯:《俄罗斯联邦的信息和信息活动权：宪法法律观点》,法学副博士论文,莫斯科,2003年。

莫那霍夫·弗·恩:《因特网上的大众信息自由》,《实现的法律条件》,莫斯科,2005年。

斯米尔诺娃·阿·阿:《作为违法和恶意利用权利的诽谤：宪法法律观点》,法学副博士论文,莫斯科,2008年。

费道托夫·姆·阿:《俄罗斯联邦的大众信息权》,莫斯科,2002年。

黑日尼亚克·弗·斯:《人的信息权：实现的机制》,萨拉托夫,1998年。

什别尔加耶夫·斯·恩:《俄罗斯联邦宪法调整信息关系的法律问题》,法学副博士论文,莫斯科,2002年。

布扬图耶娃·尔·斯:《示威游行自由的概念和本质》,《宪法和市政法》2008年第22期。

德米特里耶夫·尤·阿:《苏联的游行示威自由》,莫斯科,1991年。

尼基季娜·耶·耶:《集会自由权：联邦和区域立法的关系》,《俄罗斯法杂志》2006年第3期。

斯沃普利亚斯·阿·弗:《俄罗斯联邦游行示威（集会、群众大会、大街上游行、示威、抗议等公开行为）自由的实现机制和法律实质》,法学副博士论文,叶卡捷琳堡,1993年。

斯古拉基卡·尤·阿:《集会、群众大会和示威自由:理论与实践》,《苏维埃国家与法》1989年第7期。

斯米洛夫·德:《集会自由和政治代表》2007年第4(61)期。

乌沙科夫·阿·阿:《公众活动的法律保障》,《科学院法律杂志》2006年第2期。

科姆科娃·格·恩、库鲁舍娃·姆·阿:《俄罗斯联邦公民参与履行司法职能的宪法基础》,萨拉托夫,2006年。

拉里娜·尔·阿:《公民平等进入国家机关的宪法权利(理论法观点)》,法学副博士论文,莫斯科,2003年。

孔德拉季耶夫·斯·阿:《法制民主国家确立条件下公民参与国家事务管理的宪法权利》,法学副博士论文,莫斯科,1999年。

拉马诺夫·耶·恩:《公民平等进入国家、市政机关和平等参与国家事务管理的权利》,《宪法和市政法》2008年第4期。

普洛克希娜·特·弗:《公民平等进入国家机关权利的实现:宪法和行政法分析》,法学副博士论文,莫斯科,1998年。

索罗马金·耶·尤:《公民平等进入国家机关的宪法权利实现机制》,《宪法和市政法》2007年第14期。

阿里斯特拉托夫·尤·恩:《俄罗斯联邦的请愿权》,尤·阿·德米特里耶夫主编,莫斯科,1997年。

瓦鲁耶娃·奥:《公民的申诉权:内容和实现的宪法和行政法观点》,《比较宪法观察》2007年第4(61)期。

米洛诺夫·姆·阿:《公民的申诉是保护人权和基本自由制度的因素:法律和实践》,莫斯科,2001年。

努德年科·尔·阿:《俄罗斯联邦公民请愿法的理念》,《宪法和市政法》2007年第6期。

姆·阿·米洛诺娃主编:《公民申诉:组织和审议程序》,莫斯科,2001年。

罗马诺夫斯卡亚·格·阿:《俄罗斯公民申诉权的立法发展史》,《俄罗斯国家确立的法律问题:文集》(第34部),托木斯克,2006年。

斯克里亚宾纳·姆·弗:《公民向公权力机关宪法申诉权的实现》,法学副博士论文,圣彼得堡,2007年。

希洛博科夫·斯·阿:《人的宪法权利和公民的申诉权》,法学副博士论文,叶卡捷琳堡,1999年。

什特洛娃·叶·普:《人和公民向国际人权和自由保护机关申诉的宪法权利》,法学副博士论文,萨拉托夫,2007年。

阿法娜斯耶娃·斯·阿:《人与公民政治权利与自由的实现（以莫斯科市为例）》,法学副博士论文,莫斯科,2009年。

维特卢克·恩·弗:《苏联公民人民主权与政治权利和自由》,《苏维埃国家与法》1979年第1期。

德米特里耶夫·尤·阿:《俄罗斯联邦人民主权实现机制中的政治权利与自由（以部分法律草案为例）》,《法学》1994年第2期。

科诺夫·弗·阿:《外国和俄罗斯法律限制公民政治权利与自由的法律依据（比较法律分析）》,法学副博士论文,莫斯科,2001年。

列别杰夫·阿·弗:《俄罗斯联邦公民政治权利与自由（宪法法律研究）》,法学副博士论文,车里雅宾斯科,2003年。

巴久林·弗·阿:《苏维埃联邦公民政治权利与自由及其保障》,《苏维埃国家与法》1983年第4期。

## 第四节　基本的经济、社会和文化权利

在经济、社会和文化生活上,俄罗斯联邦公民拥有众多权利。其中一些是新的权利,另一些虽然还保持着原来的名称,但是已经发生了实质性的改变。

这些权利包括:

自由进行经济活动的权利;

私有财产权;

自由劳动权;

休息权;

国家对女性、儿童和家庭提供保障权;

社会保障和社会保护权;

住宅权;

健康保护权和医疗帮助权;

自然环境权；

受教育权；

文学、艺术、科学、技术和其他种类的创作、传授的自由；

参与文化生活权，使用文化设施权，接触文化珍品权。

## 一、自由进行经济活动的权利

《俄罗斯联邦宪法》第34条规定，每个人都有利用自己的才能和财产从事经营活动和法律未禁止的其他经济活动的权利。不允许进行垄断和不正当竞争的经济活动。

在市场经济条件下，我们所研究的权利是关键性权利之一。该权利建构在个人自我斟酌和个人的劳动积极性之上。个人有权成为企业主，也就是成为经济活动的组织者，有权成为雇用劳动者，有权从事个人的创造性工作，最终有权不从事任何经济活动而以任何合法的方式取得收入（获得利息、进行赌博等，虽然这也是有条件的经济活动）。

企业活动是一种以获取利润为目的的经济组织所从事的业务。至于说，每个人都可以利用自己的能力和财产从事企业经营活动，宪法并不是将从事企业活动置于其他经济活动之上（居民中15%的劳动力从事企业活动），企业主应保障自己和其他人获得工作，以税收填补国家的国库。但是，公民从事的任何一些其他的不被法律禁止的经济活动，同样处于国家的保护之下，因为俄罗斯的宪法制度保障经济活动的自由（《俄罗斯联邦宪法》第8条第1款）。

但是，这没有造成对实现公民的经济活动权的一定限制。国家经济不能因部分公民对垄断、对不正当竞争的意见而动摇。相应的内容被《俄罗斯联邦宪法》第34条第2款所规定。1991年3月22日通过（2006年修订）的《关于在商品市场上竞争和限制垄断法》，1995年8月17日通过（2008年修订）的《自然垄断法》，2006年7月26日通过（2008年修订）

的《保护竞争法》和其他规范性法律文件是为鼓励竞争、预防和克服垄断及不正当竞争的任务服务的。

垄断是指将某一种类的服务、产品的生产集中到部分人手中,并致使经济活动的主体出售的仅仅是自己的产品,并对其他生产者的商品流向市场造成了阻碍,以此提高价格获得高额利润。当然,有时也没有忘记提高产品的质量。其结果是,购买者没有选择,对生产者本人也产生了落伍,不使用先进技术等。在垄断者出现危机的情况下,国家和公民都可能感受到因缺乏必要的商品而造成的困难

不正当竞争是指不按照生产或者商品规范,对其竞争对手使用不诚实的和非法的手段以损害他们的信誉,使其经营活动终止,并给其商业信誉造成损害,直至完全将其从经济活动领域中排挤出去。

为了实施促进商品市场和竞争的发展,实现对反垄断立法的国家监督,以及预防和制止垄断行为、不正当竞争和其他限制竞争的行为,成立了俄罗斯联邦政府领导的联邦反垄断局。

## 二、私有财产权

正如前面已经指出的那样,在俄罗斯私有财产是存在的并受到保护的财产形式之一。私有财产受法律保护。每个人都有权拥有为其所有的财产,有权单独地或与他人共同占有、使用和处分其财产。除根据法院的判决外,任何人均不得被剥夺其财产。为了国家需要强行征用财产,只能在预先作出等价补偿的情况下进行(《俄罗斯联邦宪法》第35条)。

私有财产首次被1990年12月24日的苏俄私有财产法的规定。

在苏维埃阶段私有财产被废除,因为社会主义制度只承认表现为国家、集体和社会团体所有制形式的公共财产是经济基础。允许公民私人所有的只是那些家庭生活和个人必需品。

应该指出,"私有财产"和"个人财产"概念之间存在区别,在私有财

产中可以有生产工具、日常生活和个人消费品。或者说,"私有财产"这一概念其范畴要宽,其自身便包括了个人财产。

私有财产权属于公民的基本权利。在宪法上规定了这一权利,一方面是因为,在形式上宪法规定了公民的所有基本权利;另一方面,私有财产权的主要作用在于是个人生存的基础。但是,说在俄罗斯联邦这一财产形式同其他财产形式相比拥有优先地位的话则不一定正确。要知道,根据《俄罗斯联邦宪法》第8条的规定,承认、并以平等的方式保护被许可的财产形式。

宪法第35条第1款规定"私有财产受法律保护",这表明国家所有的法律(宪法、民法和刑法等)都对财产提供保护。

财产权的内容足够清楚:每个人(也就是说俄罗斯公民、外国人和无国籍人)都有权拥有财产,并有权单独地或者与他人共同获得、使用和处分财产。任何人均不得被剥夺财产,除非根据法院判决。为了国家需要强行征用财产只能在预先作出等价补偿的情况下进行。继承权受到保护。

土地也是私有财产的种类之一。根据宪法第36条的规定,公民及其联合组织有权拥有作为私有财产的土地。土地和其他自然资源的占有、使用和处分由其所有者自由地予以实现,如果这不对环境造成损害、不侵犯他人的权利与合法利益的话。使用土地的条件和程序根据联邦法律予以规定(这一任务首先由《俄联邦土地法典》来完成)。

## 三、自由劳动权

《俄罗斯联邦宪法》第37条第1—4款规定:

1. 劳动自由。每个人都有自由支配其劳动能力、选择活动种类和职业的权利。

2. 禁止强制劳动。

3. 每个人都有在符合安全和卫生要求的条件下从事劳动、获得不带任何歧视的和不低于联邦法律所规定的最低劳动报酬额度的劳动报酬的权利,以及免于失业的权利。

4. 承认利用联邦法律所规定的方式加以解决的个人或集体的劳动争议权,包括罢工权。

传统上这一权利被称作"劳动权",没有"自由"一词。在俄罗斯发展的不同阶段,这一权利的内容也不完全相同。

在苏维埃阶段,劳动权,首先,是同获得工作保障的可能性相关的(由国家进行保障);其次,是与为了社会的利益而劳动的必要性(义务)相关的,然后才是为了自己;再次,不完全表现在劳动工作中,而主要是体现在社会生产领域中。

在后苏维埃社会中,为了促进国际工业的发展,这一权利总体上是从每个公民的个人立场来看待,另外还在选择自己的劳动力方面来看待。因此,国家在经济领域私有制和市场经济的调控方法占主导地位的条件下,在任何一个生产领域,都不能以计划指令来保障工作岗位,仅仅可能以自己的政策促进创造工作岗位。

因此,可以(为了便于领会)指出自由劳动权的下列一些因素:

(1)这是支配劳动能力权。这一因素在宪法第37条第1款中有所规定:每个人都有自由支配其劳动能力、选择活动种类和职业的权利。正如前面已经指出的那样,每个人都有被雇佣劳动或者自己做雇主的可能性,都有从事个人劳动工作(手工业、农业和贸易等)或者以其他合法的方式获得收入(例如,进行卢布买卖交易、放债以获得利息等)的可能性。

现在不需要有固定的工作岗位。根据1991年4月19日(2009年修订)俄罗斯联邦《居民就业法》第1条的规定,公民失业不能成为被追究行政和其他责任的理由。相应地,在宪法上取消了劳动义务的规定,以前所使用的、表明没有正式的工作岗位,因此不仅可能被追究行政责任,且还可能被追究刑事责任,表明被强迫劳动的"不劳而获"这一概念被取消。

当然,履行一系列的公职不是强制劳动,例如,服兵役、被征调抗击自然灾害。在俄罗斯,被监禁人员的劳动也不认为是强制的,虽然不得不强迫他们中的很多人进行劳动(很多国家,在服刑地的人进行劳动,也不是必须的)。

(2)工作人员有相应的劳动条件、劳动保护和支付报酬权。在绝大多数居民都还是在以雇用劳动来保障自己的条件下,在获得工作时缺乏保障,这还不是对自由劳动权的最佳解释方案。因此,劳动权的重心在于对那些找工作的人提供帮助(关于这一点后面还会提到),并对有工作的人,在劳动条件、劳动保护、工资和保持工作岗位方面提供保障。因此,宪法第37条第3款规定,每个人都有在符合安全和卫生要求的条件下从事劳动、获得不带任何歧视的和不低于联邦法律所规定的最低劳动报酬额度的劳动报酬的权利,以及免于失业的权利。

涉及对劳动条件的要求,传统上认为属于劳动法典调整的对象。至于支付劳动报酬,在俄罗斯联邦现行宪法生效之前,1993年3月30日通过了俄罗斯联邦《最低劳动报酬法》,在形式上这部法律现在还被认为是生效的,但是,形象地说,其意义已经是"微乎其微"了。更何况,劳动法典也有类似的规定。在第133条中规定,最低劳动报酬由联邦法律在俄罗斯联邦整个领域同时规定,并且不能低于有劳动能力居民的最低生活费用。对那些财政拨款的工作人员,由相应的联邦财政、联邦主体财政和地方财政提供保障。原则上,所有的雇主不论其所有制形式如何,在为自己的雇员确定劳动报酬时,都必须适用统一的标准。不论是在与劳动者签订的劳动合同中,还是在集体劳动合同中,规定或者包含的任何劳动报酬条件,都不能比法律的一般规定低。

劳动者本人也以一定的形式对劳动条件的确立产生影响,因为在找工作并签订劳动合同时已经知悉工作的种类以及与此相关的劳动条件。

工会和其他劳动代表机构也参与确定劳动条件。在此,不仅仅涉及部分的生产问题,而且还有一些其他的劳动者的社会利益等复杂问题。

进而,可以有理由地做出一个共同的结论:同劳动有关的立法的一个重要特点是,它不仅仅包括劳动关系,还包括与之相关的其他社会关系。这在《俄罗斯联邦劳动法典》第5条中有着直接体现。也就是说其调整对象被扩大,在众多情况下,在劳动法典的规定中,既包含部门法的内容,也包含宪法性意义的规定。

例如,劳动者和雇主之间的集体劳动合同和协议。以前相同的问题由1992年的《集体劳动合同和协议法》调整。从2006年起,类似的规定被列入到了《俄罗斯联邦劳动法典》中,上述法律已经失效了。

劳动法典规定,集体劳动合同是雇员与雇主的代表以他们的名义签订的,在组织或者个人企业主那里调整社会劳动关系的法律文件。集体劳动合同可以在组织内部、组织的分支机构、代表机构或者其他独立的职能部门内部签订。

集体合同的内容和结构由双方确定。劳动者和雇主可以将下列内容规定在集体合同中(劳动法典第4条):劳动报酬的形式、体系和数额;支付津贴、补助;在考虑到物价上涨、通货膨胀水平和集体合同规定的完成的指标等情况的劳动报酬调节机制;劳动者就业、再培训以及解职问题;包括休假和假期长度问题在内的工作时间和休息时间;改善包括妇女和年轻人在内的劳动者的劳动条件和保护;在国家和市立财产进行私有化改造时保护劳动者的利益;生产劳动者的生态安全和健康保护;对边工作边学习的劳动者提供的保障和优惠;雇员及其家庭成员的保健和休息;给工作人员提供的部分或者全部伙食费用;对集体合同履行情况的监督、对集体合同进行修订和补充的办法、双方责任、雇员代表工作的正常条件的保障、将集体合同履行情况告知劳动者的办法;在履行集体合同的相应条件的情况下,拒绝罢工;以及双方规定的其他问题。在集体合同中,考虑到雇主的财政经济状况,可以规定给劳动者的优惠和特权，和其他比法律、其他规范性法律文件和协议规定的更优越的劳动条件。

因此，劳动法典和集体劳动合同的规定对劳动生产和劳动者的社会地位都具有重要的意义。劳动者本人和雇主都有义务遵守这些规定。

劳动安全和保障是宪法规定的重要内容。在劳动法典中有了进一步的发展。

宪法规定，劳动者有获得不低于联邦最低劳动报酬的劳动报酬的权利。除此之外，劳动报酬应该在规定的期限内无拖延地支付。虽然这些被规定在了劳动法典中，但是俄罗斯学者建议应该将这些规定提升到宪法的高度上来。

（3）免于失业保障权。国家保障公民在寻找适合的工作岗位时和在就业服务的中介机构中提供免费的协助。1991年4月19日（2009年修订）居民就业法规定，以寻找适合的工作为目的在就业服务部门进行了登记，并准备就业的没有工作和收入的有劳动能力的公民被认为是失业者（第3条）。下列公民不是失业者：不满16周岁；有退休金的人；拒绝两个适合的工作的人；以寻找适合的工作为目的到为他们提供适合工作的建议的就业服务部门进行了登记之日起，10天内没有正当理由而未出现的，以及失业登记的就业服务机关确定的期限内未出现的；被法院判处处于矫正状态以及被判处剥夺自由的刑罚的；提供的文件中有虚假的没有工作和收入的信息，以及为将其认定为失业者而提供了其他不真实的证件的。

国家为失业的公民提供下列保障：社会支持；实现积极的居民就业政策的措施，其中包括免费获得按照就业部门的指导进行的职业目标和心理支持、职业培训、再培训和提高劳动技能方面的免费服务；在就业服务部门派遣进行职业培训时获得免费的医疗检查；因按照就业服务部门的建议到另外的地区参加工作（接受培训）时，按照俄罗斯联邦政府确定的程序获得物质补助；失业时获得失业救济金；根据就业服务部门的指导在进行职业培训、提高劳动技能和再培训时支付补助金;有参与付酬性社会工作的机会(付酬性社会工作是指作为对找工作的公民的补充支持的公益性的工作)。

(4)通过解决劳动争议保护劳动者利益的权利。宪法规定通过采用包括罢工在内的合法的方式,解决个别的或者集体劳动争议的权利。相应的问题被详细地规定在俄罗斯联邦劳动法典中。

首先,应该运用调解程序。如果调解程序没能解决集体劳动争议的话,或者雇主逃避调解程序,不履行在解决争议过程中达成的协议的话,雇员不仅有举行集会、群众大会、示威、抗议的权利,而且还有举行罢工的权利(宪法第37条第3款规定了这项权利)。

参加罢工是自愿的。任何人都不能被强迫参加或者拒绝参加罢工。对那些强迫雇员参加或者不参加罢工的人,要按照劳动法典和其他联邦法律规定的程序追究纪律、行政和刑事责任。雇主的代表无权组织罢工和参加罢工。

某一雇主的雇员参加工会(职业协会联合组织)宣布的罢工决定,要由该雇主的职工会议(代表大会)做出。如果参加会议(代表大会)的职工超过半数的人赞成,则决定认为被通过。在不可能举行雇员会议(召集大会)时,雇员的代表机关,在收集了超过半数的雇员支持举行罢工的签名后,有权批准该决定。

在将要举行罢工的不迟于10个工作日的时间内,应该以书面的形式告知雇主有关举行罢工的信息。在举行罢工阶段,集体劳动争议的双方有义务通过调解的方式提出解决争议的建议。在举行罢工阶段,雇主、行政机关、地方自治机关和罢工领导机关,要根据相应情况采取必要的措施保障社会秩序、雇主和雇员的财产安全,以及保障停止工作后可能对人的生命和健康造成直接威胁的机器和设备正常运转。

根据《俄罗斯联邦宪法》第55条的规定,下列罢工是非法的、不允许的:在军事或者紧急状态时期或者根据紧急状态法的规定采取特殊措施的时期；在直接管理保障国防、保卫国家安全、灾难救援、搜救工作、防火、预防和消除自然灾害和紧急状态等问题的俄罗斯联邦武装力量机关和组织，在其他军事、军事性的其他机构、组织中（分支机构、代表机构或者其他独立的分支部门）；在护法机关；在直接服务于特别危险种类的生产和设备的组织（分支机构、代表机构和其他独立的部门）中以及在紧急医疗救助站；在同保障居民的生活安全直接相关的组织（分支机构、代表机构和其他独立的部门）中（能源保障、供暖供热、自来水、通讯、医院），其中包括，在如果举行罢工将会对国防、国家安全和居民的生命和健康造成威胁时。

　　根据雇主或者检察院的申请，由俄罗斯联邦主体普通司法管辖权的法院做出认定非法罢工的决定。法院的决定通过罢工领导机关告知雇员，罢工领导机关有义务立即将法院的决定通告雇员。法院的决定生效后，应该立即执行。在将法院决定的复印件递交给罢工领导机关后的第二天，雇员应该终止罢工并参加工作。

　　对人们的生命和健康造成直接威胁的情况下，法院有权将即将开始的罢工延期30天，而对已经举行的罢工，暂停同样的期限。在对为保障俄罗斯或者某一地区的重大利益有特殊意义的情况下，俄罗斯联邦政府在相应的法院作出决定前，有权中止罢工，但期限不能超过10个工作日。

　　除不执行终止罢工的义务外，雇员参加罢工不能被看作是违反劳动纪律和解除劳动合同的理由。禁止对参加罢工的雇员追究纪律责任。在举行罢工时，对那些参加罢工的雇员保留工作岗位和职务。除那些完成了必要的最低工作（服务）的雇员外，雇主有权对那些在罢工时间参加罢工的工人不支付报酬。在解决集体劳动争议的过程中签订的集体合同、单个或者多个协议，可以规定对参加罢工的雇员支付报酬。

　　在解决集体劳动争议的过程中，包括在举行罢工时，禁止因雇员参与集体劳动争议或者参与罢工，而由雇主解雇雇员。

## 四、休息权

《俄罗斯联邦宪法》第37条第5款规定:"每个人都有休息权。保障根据劳动合同而工作的人享受联邦法律所规定的工作日长度、休息日和假日、带薪年假。"

以前,工作时间长度是在宪法中规定的。但是,这种规定没有被列入现行的俄罗斯联邦基本法中,而是被规定在了《俄罗斯联邦劳动法典》中。根据劳动法典第91条的规定,每周标准劳动时间长度不能超过40个小时;第92条规定,按照俄罗斯联邦政府综合了俄罗斯调整社会劳动关系三方委员会的意见规定的程序,缩短的劳动长度时间为,对不满16岁的人,每周不超过24小时;对16—18周岁的人,每周劳动时间不超过35小时;对一级和二级残疾的工作人员,每周不超过35小时;对从事有害和(或者)危险劳动的工作人员每周不超过36小时。

对那些不满18周岁,在教育机构学习的学生,在每学期除了学习的时间外的工作时间长度,不能超过上述相应年龄段的人工作时间的一半。劳动法典和其他联邦法律可以对其他种类的工作人员(教育、医疗以及其他人员)规定缩短的劳动时间。

每天工作(值班)时间不能超过:对15—16岁的人每天不超过5小时;对16—18岁的人每天不超过7小时;在接受普通教育和初中等职业教育的学生,每学期边学习、边工作的,年龄在14—16周岁的,每天不超过2.5小时,年龄在16—18周岁的,每天不超过4小时;对残疾人,按照联邦法律和俄罗斯联邦其他规范性法律文件规定的程序做出的医疗鉴定结论确定。

对所有的工作人员都要有休息日(每周都有不间断的休息)。每周不间断的休息时间长度不少于42小时。星期日是共同的休息日,休息的第二天由集体合同或者内部规章确定;通常,休息日应该是连续的。

在俄罗斯联邦非工作日的节日为1月的1、2、3、4、5日——新年假期;1月7日为东正教圣诞节;2月23日为祖国保卫者日;3月8日为国际妇女节；5月1日为劳动和春天的节日；5月9日为胜利日；6月12日为俄罗斯国庆日；10月4日为民族团结日。

工作人员的每年带薪假期都要为他们保留工作岗位（职务）和平均工资。这种每年带薪假期的时间长度为28个工作日。要根据劳动法典和其他联邦法律的规定，提供长度超过28个工作日每年基本的带薪休假期（延长的基本假期）。对那些从事有害和（或者）危险性工作，工作具有特殊性质的工作人员，每年提供补充的带薪假期。

## 五、母亲、儿童和家庭受国家保护的权利

《俄罗斯联邦宪法》第38条规定，母亲、儿童和家庭受国家保护。关心儿童，并对他们进行教育，是父母的平等的权利和义务。年满18周岁，有劳动能力的子女，应该照顾没有劳动能力的父母。在此基础上，可以来研究被称作母亲、儿童和家庭受国家保护的这种基本权利。在很大程度上，第38条规定的内容发展并保障了男女平等原则（宪法第19条第3款），并保障因自然和传统原因妇女所发挥的作用。这要求对分娩提供特殊的保障，对妇女和儿童提供帮助，对有多个孩子和缺少保障的家庭提供支持。国家政策的基础是，在考虑到孩子和父母利益的情况下，婚姻中夫妻平等，其中包括教育孩子的平等。在这一点上，宪法第38条和第7条宣称的俄罗斯是社会国家相互呼应。在第7条第2款中规定，在俄罗斯联邦，对家庭、母亲、父亲和儿童提供国家帮助。

因此，在保障提供保护方面，国家对保护母亲、儿童和家庭的义务得到了具体化。《俄罗斯联邦家庭法典》，1996年12月21日通过（2004年修订）的联邦法律《对孤儿和没有父母照顾的孩子提供补充的保障》，1998年7月24日通过（2008年修订）的《俄罗斯联邦儿童权利基本保障法》，以及俄罗斯联邦总统和政府颁布的规范性法律文件［如2000年11月2日（2006年修订）的俄罗斯联邦《关于批准制定和发布俄罗斯联邦儿童

状况的国家报告》的决议],都是为此提供保障的俄罗斯法律法规。

在一定时间阶段,由俄罗斯总统和政府批准公布的不同方案和联邦计划中也体现出了国家的政策。例如,为了解决最为尖锐的和意义重大的儿童问题,1995年9月14日以俄罗斯联邦总统发布的《关于批准到2000年改善俄罗斯联邦儿童状况国家社会政策的主要方向(保护儿童利益的国家行动计划)》的总统令,批准了"俄罗斯儿童"总统计划。该计划包括"残疾儿童""切尔诺贝利儿童""北部儿童""孤儿儿童""家庭计划""天才儿童""儿童夏季休闲组织""难民和被迫迁徙的儿童"等在内的众多联邦计划。随后,俄罗斯联邦政府以2007年3月21日政府令批准了2007—2010年"俄罗斯儿童"联邦行动计划,以1996年1月8日政府令批准了"俄罗斯联邦改善妇女地位方案",等等。就事实而言,不得不说,这些文件在改善俄罗斯联邦相应范畴公民的状况上,作用甚小。

在一定程度上,宪法第38条是与道德范畴相符的,目的是实现父母和儿童之间关系的和谐。同时,在第38条中还反映出,在这些关系中的双方产生的法定义务,这些义务是同教育孩子和成年子女对丧失劳动能力的父母提供帮助有关的。在民法、家庭法和其他法律上宪法的这些规定得到了进一步的发展。

## 六、社会保障和社会保护权

《俄罗斯联邦宪法》第39条规定,在患病、致残、失去供养人、为了教育子女和法律所规定的其他情况下,对每个人按照年龄提供社会保障。国家退休金和社会救济金由法律规定。鼓励自愿的社会保险,建立补充的社会保障形式和慈善事业。

传统上,通常以基本法的上述规定为依据,称为宪法性社会保障权。

社会保障——这首先是,从国家的或者处于国家庇护之下的专门财政来源(预算,基金)中,向享有社会保障权的公民(退休人员、残疾人、儿童、病人和妇女等)进行物质支付。宪法规定了支付的两种形式,即国家退休金和社会救济金。退休金发给那些工作了一段时间,或由于健康状况不能工作,或因给国家做出了一定的贡献,或由于有未成年人而不能工作的人,也就是说工龄(老年人)退休金、病残退休金,因丧失了供养人的薪金和因特殊贡献的薪金。社会补助金,是代替丧失的工资或者因生活标准(临时丧失劳动能力,怀孕、分娩,照顾孩子而无法工作,失业,供养孩子,举行宗教仪式等)而发的补助。

2001年12月15日通过(2008年修订)的《俄罗斯联邦国家退休保障法》,2001年12月17日通过(2008年修订)的《俄罗斯联邦劳动退休金法》,以及对部分公民(军队服过役的人、在护法机关工作过的人等)进行退休金保障的法律,是俄罗斯开展退休金保障的法律依据。

1995年5月19日通过(2008年修订)的《对有孩子的公民进行国家补助》,1996年1月12日通过(2008年修订)的《埋葬和丧葬法》,1991年4月19日通过(2009年修订)的《居民就业法》等,是发放补助金的法律依据。

货币形式的支付可以相互结合、补充和替换为实物形式——给养老院、残疾人福利院提供的住宅,幼儿园,寄宿学校等。部分学者认为这是社会保障的方式之一;另一部分认为,这是为居民服务的一种独立形式,可以被称作社会保护或者社会服务。

社会保护是指对居民的社会服务逐渐地获得推广。为此,通过了一系列的规范性法律文件:1995年1月12日通过(2009年修订)的《功勋人员法》,1995年8月2日通过(2004年修订)的《对老年公民和残疾公民社会照顾法》,1995年1月24日通过(2009年修订)《俄罗斯联邦对残疾人进行社会保护法》,1995年12月10日通过(2008年修订)的《俄罗斯联邦为居民提供社会服务原则法》,1999年7月17日通过(2009年修订)的《国家社会帮助法》等。

创建了国家和市政社会服务体系,实际上在国家的所有区域和城市都有居民社会保护委员会。在获得许可的基础上,公民或者组织也可以对居民提供社会服务。法律规定,可以创建这种社会服务组织(不论所有制形式如何),诸如:居民社会服务综合中心;社会服务中心;未成年人社会康复中心;无父母照料的儿童救助中心;儿童和未成年的社会救助所;居民心理教育帮助中心;电话心理咨询帮助中心;过夜房;单身老人院;固定的社会服务机构(老年人、残疾人寄宿院,智力缺陷儿童寄宿幼儿园,身体缺陷儿童寄宿幼儿园);老年中心;其他提供社会服务的机构。

社会服务依服务的对象而定,同时还与服务对象所处的地点有关(也就是说是上门还是到固定的地点)。例如,对那些部分丧失生活自理能力、需要他人帮助的老年人和残疾人,要上门给他们提供饮食、日常生活和休闲等服务,还要提供社会医疗服务、帮助安置、法律服务、宗教服务等。视不同的人员,社会服务以部分或者全部付费的形式进行提供。

当代的政策也是以公民本人直接参与构建上述宪法权利的物质基础为依据的。在这一点上,1998年6月24日通过(2008年修订)的《为避免在生产中和因患职业病而出现的不幸情况必须进行社会保险法》,1999年7月16日通过(2008年修订)的《强制社会保险指导原则》,2001年12月15日通过(2008年修订)的《俄罗斯联邦必要社会退休保险法》是非常重要的法律规范。

宪法中还规定,俄罗斯联邦鼓励进行社会保险,创建补充的社会保障形式和慈善事业。为实现这一目的通过的法律有:1995年7月7日通过(2008年修订)的《慈善事业和慈善组织法》,1998年5月7日通过(2008年修订)的《非国有基金法》等。

## 七、住 宅 权

住宅权在俄罗斯实践上被1977年《苏联宪法》首次规定。在现行《俄罗斯联邦宪法》第40条中规定:

1. 每个人都有获得住宅的权利。任何人不得被任意剥夺住宅。

2. 国家权力机关和地方自治机关鼓励住宅建设，为实现住宅权创造条件。

3. 向贫困者或法律规定的其他需要住房的公民无偿提供住宅，或者根据法律的规定由国家的、市政的和其他的住宅基金廉价支付。

住宅权的实质在于公民有可能：

拥有住宅，也就是说拥有某种所有制形式的设备完善的住所；

按照法定的程序获得住宅，建设或者购买住宅；

在国家保护的住宅利益方面，包括住宅不受侵犯、不能被从住宅中强制迁出、无合法理由被没收；

希望在住宅中和住宅周围创造良好的条件（比如，给住宅通电、水、汽、热，遵守建筑的卫生标准，其中包括保持住宅周围的卫生环境等）。

国家的住宅政策要与公民的住宅权相符。宪法规定了国家住宅政策的基本原则：国家机关的、地方自治机关鼓励兴建住宅，为实现住宅权创造条件。以前大部分的住宅由国家向公民授予或者提供。现在，宪法规定，在很大程度上，公民应当自己保障住宅权的实现和为自己建设住宅。

2004年12月29日通过（2009年修订）的《俄罗斯联邦住宅法典》第2条规定，国家机关、地方自治机关在其职权范围内，要保障公民住宅权实现的条件，其中包括：为了创建满足公民住宅需求的必要条件，促进住宅领域内不动产市场的发展；为改善公民的居住条件，使用财政资金以及法律不禁止的其他财政资金，其中包括按照法定程序为购买或者建设住宅提供补贴；按照法定程序，根据社会租赁合同或者国家或市政住宅基金的住宅租赁合同向公民提供住宅；促进住宅建设；对以合法理由购买并使用住宅的公民的权利与合法利益提供保护，保障市政服务消费者以及同住宅服务有关的消费者的权利与合法利益；保证对住宅建设情况、住宅基金的使用和保管情况，对住宅同法定的卫生、技术规则和标准，以及其他法律标准相符等情况进行监督；在建设住宅时，对遵守法定要求情况进行监督。

就住宅权的实现问题,除俄罗斯联邦住宅法典外,还由俄罗斯联邦民法典,1991年7月4日通过(2008年修订)的《苏俄住宅基金私有化法》进行调整。1992年12月24日还通过了《联邦住宅政策基本原则法》,但是因俄罗斯联邦住宅法典通过,该法在2005年失效。但是,实际上,俄罗斯联邦主体通过的关于它们的住宅政策法,在很多联邦主体仍然有效。

## 八、健康保护和医疗帮助权

这一权利被规定在《俄罗斯联邦宪法》第41条中。健康保护权可以通过多种途径来实现,其中包括为公民创造必要的劳动和生活条件;创造好的休息环境,其中包括从事体育运动、生产合格的产品等。医疗帮助权由向居民提供医疗服务的国立、市立和非国立医疗机构来保障。俄罗斯联邦宪法规定,在国立、市立医疗机构,依靠相应的财政拨款、保险费和其他款项向公民提供免费的医疗帮助。

根据宪法,俄罗斯联邦为保障和提高居民健康的联邦计划拨款,采取了发展国立、市立和私立医疗体系的措施,鼓励促进人的健康、体育运动和生态及医疗卫生福利事业的发展。

及时地向社会通告有关居民点居民的卫生状况,爆发的流行病和传播的传染病等情况,是健康保护权的保障方式之一。因此,在宪法第41条第3款中规定,公职人员隐匿威胁人的生命和健康的事实与情况要依照联邦法律的规定追究责任。

1993年7月22日通过(2008年修订)的《俄罗斯联邦保护公民健康基本原则》,1991年6月28日通过(2008年修订)的《俄罗斯联邦公民医疗保险法》,1999年3月30日通过(2008年修订)的《居民卫生防疫法》,1995年3月30日通过(2008年修订)的《俄罗斯联邦预防艾滋病病毒扩散法》等,是在医疗卫生领域保护公民利益的法律规范。

根据1993年2月24日俄罗斯联邦最高委员会决议创建了联邦和地方强制医疗保险基金——独立的国立非商业财政贷款机构。俄罗斯公民参加强制医疗保险后，有权在该保险体系内的医疗机构获得必要的医疗帮助。

为促进俄罗斯宪法的完善，在保护公民健康和提供医疗帮助方面，通过了大量的联邦和地方计划和方案。

至于体育和运动，在一些著作中，它们被看作是公民健康权的保障，而在另一些著作中，被看作是在社会领域内人和公民独立的宪法权利。在体育和运动领域内的国家政策是鼓励公民既作为个人爱好，也在职业训练方面从事体育运动，这在2007年12月4日通过的《俄罗斯联邦体育运动法》中有所体现。

## 九、良好的自然环境权

根据《俄罗斯联邦宪法》第42条的规定，每个人都有享受良好的环境、被通报关于环境状况的信息的权利，都有因破坏生态损害其健康或财产而要求赔偿的权利。以本条为依据，部分作者认为良好的环境权包括本条规定的所有的要素，另一些人认为，用公民的宪法性生态权比较好。在任何一种情况下，这一权利都应该被极为广泛地进行阐释。

在此基础上的国家政策为，保障环境和清洁生产的质量，预防空气、水体和土壤污染；规定对自然环境产生的最大有害作用标准；如果出现事故或者消极后果的话要及时排除；创建保护自然环境的生态和其他基金。

公民可以要求遵守生态法律，并要求通知遵守生态法律的情况，可以创建在这一领域的协会，可以发挥人民的创造精神，可以提出追究有过错的人的责任等。在出现生态灾难的情况下，公民可以获得对其健康和财产造成损害的赔偿，此时要考虑到所有可能的不良后果，其中包括成为灾害直接后果的丧失劳动能力的程度、治疗的费用、改变职业以及生活方式，变更住所地，不同的医疗费用，等等。

2002年1月1日通过（2009年修订）的《保护自然环境法》，1995年11月23日通过（2009年修订）的《生态鉴定法》和其他在某种程度上涉及自然保护的联邦法律，调整环境保护问题。还有众多的问题由规范性法律文件进行调整。

## 十、受教育权

受教育权是指有机会到教育机构学习，该教育机构可以传授开阔视野的知识和劳动就业的必备专业知识。

根据《俄罗斯联邦宪法》第43条的规定，俄罗斯联邦保障国家或地方教育机构及企业中的学前教育、基础普通教育和中等职业教育的普及性和免费性。因此，基本的基础教育是免费的。父母及其他监护人保障孩子获得基础普通教育。

根据1992年7月10日通过的俄罗斯《教育法》（2009年修订），要保障不满6.5岁儿童的学前教育，除了父母进行教育外，还要在学前教育机构进行教育。

普通教育可以在初级、基础和中级（完全的基础教育）普通教育机构——普通中小学和法政学校中接受。在健康状况允许的情况下，年满6.5岁的孩子便开始学习，最晚不超过8岁。根据父母（合法监护人）的申请，教育机构的负责人有权决定让年纪更小一些的孩子开始学习。在《俄罗斯联邦宪法》第43条中规定，对那些不满15岁的具体学习者，如果以前没有获得相应的基础教育的话，接受普通基础教育是义务性的。而以函授形式接受教育的学生，其最大年龄可以达到18岁，对一些法律规定的具体学习者而言，这一极限年龄还有可能被延长。根据父母（合法监护人）和教育管理机关的同意，年满15岁的学生，也可以为让其获得基础普通教育而留在基础教育机构。

初等、中等、高等和大学毕业后的职业教育机构履行职业教育的职能。

在俄罗斯联邦，不论是普通教育还是职业教育，都不仅可以在国立的、市立的教育机构中来获得，还可以在按照法定程序创建的、获得许可和国家执照的机构中获得。其教学工作虽然可能会增加一些符合自己教学计划要求的专门课程的，但主要是根据国家教育标准来开展教学工作的私立教育。

根据《俄罗斯联邦宪法》第43条第3款的规定，每个人都有权在竞争的基础上在国家或地方教育机构和企业中免费接受高等教育。在俄罗斯联邦国立大学和非国立高等教育机构中——大学、科学院、学院等，主要是付费学习。大学毕业后进行的职业教育，是在有相应许可的、高等职业教育和科研单位设立的研究生院、临床医学研究生院、高等军事院校研究生班和读博士研究生院中接受提高职业技能、获得第二高等学历等教育。现行的是1996年8月22日通过（2009年修订）的《高等和后大学职业教育法》。

宪法第43条第5款规定，俄罗斯联邦制定联邦国家教育标准。根据教育法第7条的规定，联邦国家教育标准是指有国家许可的教育机构在开展初等、基础、中等普通教育和初等、中等和高等职业教育时，必须的要求的总和。在该法的最初方案中规定，国家教育标准包括联邦、区域（民族区域）和教育机构及部分组成。但是，最终俄罗斯联邦保证教育标准的统一。在联邦《高等和后高等教育法》规定的情况下，只有部分大学才可以独立地制定教育标准和要求，这些大学的名单由总统令确定。国家教育标准应该保证：俄罗斯联邦教育空间的一致；所有教育种类主要教育计划的承继性。联邦国家教育标准每10年至少制定1次。

宪法第43条第5款还规定，俄罗斯联邦支持各种形式的教育和自学。教育政策是国家政策的重要组成部分，在教育规划（例如，2000年批准的教育发展联邦计划）、总统和政府发布的规范性文件中都得到了体现。

## 十一、文学、艺术、科学、技术和其他种类的创作、教授自由

这一自由在《俄罗斯联邦宪法》第44条第1款中得以体现。该款规定，保障每个人的文学、艺术、科学、技术和其他类别的创作、教授自由。知识产权受国家保护。

创作自由既有职业性的，也有业余爱好的多种不同的表现形式。公民可以单独从事创作，也可以组建不同的创作小组、俱乐部和协会。

宪法规定的教授自由应该这样理解：中小学的教师、大学的教师有权使用自己的阐述材料、讲课、主持讨论课和讲座等方法。但是，教授自由不意味着，教育者可以忽视教学计划，不向学生讲授国家教育标准规定的知识。大学教师有权就所研究的问题阐明自己的观点，但是教学课程不能被变成政治辩论、文艺表演等——这些应该在教学时间之外进行。教育自由还意味着遵守伦理的标准，即大学教师应该使用文明语言，不允许针对学生和同事使用侮辱性语言。

宪法上使用的"知识产权"的概念，在民法上也用。这一权利将公民创造性（智力性）劳动的成果赋予了公民个人，这些成果以某种方式将发表的、阐明的、指出的、记录的、公开的思想进行了物质化。受保护的知识产权的成果不仅有发明，文学、科学作品（而且既包括书、文章，也包括手稿、报告等），还有音乐、戏剧等创作形式。

## 十二、参与文化生活权，使用文化设施权，接触文化珍品权

根据《俄罗斯联邦宪法》第44条第2、3款的规定，每个人都有参与文化生活和利用文化设施的权利，都有接触文化珍品的权利。每个人都必须关心和保护历史文化遗产，珍惜历史文物。

1992年10月9日通过（2008年修订）的《有关文化立法的基本原则》，在名为"文化领域内人的权利与自由"的第二部分规定了足够宽广的这种权利的清单。其中包括，每个人不论其民族、社会出身、语言、性别、政治、宗教和其他信仰，居住地、财产状况、受教育程度、职业和其他情况如何，都享有从事文化活动的权利。每个人根据自己的兴趣和能力都享有所有种类的创作权。

每个人都享有个性文化权，也就是说有自由选择道德的、伦理的和其他价值的权利，国家保护个人的个性文化权。每个人都有权接触文化珍品的权利，都有获得使用国家的图书馆的、博物馆的和档案馆的基金的权利，都有参加在文化领域内的各种会议的权利。因保密或者特殊的使用制度等原因而限制接触的文化珍品，由俄罗斯联邦法律进行规定。未满18周岁的未成年人，保障其每个月一次免费参观博物馆的权利。每个人，没有年龄限制，都享有人文和艺术权，都享有选择按照宗教法规定的形式和方式接受教育的权利。

每个人都有文化领域内的财产权。该权利及于有历史文化意义的对象，收藏品和收藏物，建筑设施，组织，机构，企业以及其他物体。对属于文化领域内的客体，其取得的办法，占有、使用和处分的条件由法律规定。根据俄罗斯联邦法律规定的程序，公民有创建文化事业范围内的生产、出版、传播文化珍品、财富的组织、机构和企业（以下称为组织）以及中介组织的权利。公民有创建联合会、创作联盟和其他文化团体的权利。

根据法律规定的程序，公民有权以公开展示作品及出售自己创作成果的目的出国。除此之外，俄罗斯联邦公民还有在国外从事文化创作权，有在不违反其他国家的法律规定的情况下，在这些国家创建文化组织的权利。

俄罗斯联邦的公民或者其他民族共同体有保持和发展自己民族文化特性的权利，有保护、恢复和保存其自古以来的文化历史居住环境的权利。在保持、创建和推广被赋予民族国家名称的原住民族的文化价值领域内的政策,不应对在该地居住的其他民族的文化造成损害。

俄罗斯联邦保障所有生活在自己民族国家范围外的所有民族,或者没有以自己民族的名称命名的所有民族的权利,保障他们的民族文化自治权。民族文化自治权表明各民族在遵照其居民意愿的基础上或者根据部分公民的倡导,通过创建民族文化中心、民族协会和同乡会等形式来自由推广本民族的历史文化。

根据宪法的规定,在俄罗斯联邦的每个人,不论是俄罗斯公民、外国人还是无国籍人都享有文化权。当然,这些权利也是同相应的义务相连的。

《国际人权公约》规定所有人在享有教育和文化权上平等,并规定各国有义务对生活在其领域上的所有人创造接触文化珍品的条件。俄罗斯相应政策的依据在《俄罗斯联邦宪法》第62条第3款中有所反映。该款庄严宣布,除联邦法律和其他国际公约另有规定的情况外,在俄罗斯的外国人和无国籍人与俄罗斯联邦公民一样享有权利、履行义务。文化立法基本原则将确定参观博物馆和其他文化建筑的权利授予了这些机构。国外的俄罗斯公民与相应国家的公民一样享有参观博物馆和其他文化建筑的权利。

**参考文献**

加德日耶夫·格·阿:《俄罗斯联邦及国外的企业从业人员基本经济权利和自由的保护》,莫斯科,1995年。

格沃兹杰娃·奥·姆:《俄联邦公民企业经营权和其他非法律禁止的经济活动权以及私人财产所有权》,《鄂木斯克学报》2006年第1(34)期。

伊格纳季耶娃·斯·弗:《俄罗斯的国家和企业活动》,圣彼得堡,1996年。

克鲁斯·弗·伊:《企业活动权——个人的宪法权利》,莫斯科,2003年。

雷金·耶·格:《俄罗斯公民宪法的企业活动权保护:经验、问题、前景》,法学副博士论文,伏尔加格勒,2006年。

普罗特尼科娃·伊·恩:《俄罗斯人和公民企业活动的宪法权利》,萨拉托夫,2004年。

波普拉弗科·恩·弗:《俄罗斯联邦企业活动权的宪法保障》,法学副博士论文,莫斯科,2007年。

乌斯科夫·德·格:《企业活动权的宪法保障》,法学副博士论文,莫斯科,2007年。

别列日诺伊·弗·阿:《俄罗斯联邦劳动领域的宪法原则和权利及其保护》,法学副博士论文,莫斯科,2007年。

叶戈罗夫·弗·弗:《苏维埃立法中劳动权的发展》,《苏维埃国家与法》1980年第10期。

科罗博娃·斯·弗:《作为保护公民劳动权的一种形式的罢工》,《宪法读物:高校学术作品集》(第2辑),萨拉托夫,2001年。

克鲁斯·弗·伊:《劳动社会分工领域的劳动权和法律关系实质内容问题》,《保障和保护公民权利的国家法律问题》(第2辑),特维尔,1997年。

梅列申科·恩·特:《国际法文件中的劳动权和它在俄罗斯联邦宪法中的解释》,《特维尔国立大学学报》2009年第9期。

梅尔尼科夫·恩·弗:《俄罗斯公民的劳动权是宪法劳动自由的必要因素》,《俄罗斯的人权:希望与失望时期·纪念世界人权宣言50年科学实践大会高校报告文集》,顿河畔罗斯托夫,1998年。

斯米尔诺夫·奥·弗:《劳动权的概念》,《列宁格勒大学学报》1962年第17期。

乔克苏姆·奇·德:《俄罗斯联邦失业人员保护的宪法权利》,法学副博士论文,莫斯科,2002年。

特什库诺娃·恩·恩:《宪法休息权的概念和内容问题》,《俄罗斯的宪法发展:高校论文集》(第7辑),萨拉托夫,2006年。

特什库诺娃·恩·恩:《俄罗斯联邦人和公民的宪法休息权》,法学副博士论文,萨拉托夫,2007年。

阿维尔基娜·恩·阿:《俄罗斯联邦母亲、儿童和家庭受国家保护的宪法基础》,《俄罗斯的宪法发展》(第4辑),萨拉托夫,2003年。

库兹涅佐娃·奥·弗:《家庭、母亲、父亲和儿童在俄罗斯的宪法保护》,法学副博士论文,车里雅宾斯克,2004年。

斯塔尔绍娃·乌·阿:《对家庭、母亲、父亲和儿童的保护——现代俄罗斯社会国家确立的必要条件》,《俄罗斯的宪法发展:高校论文集》(第9辑),萨拉托夫,2008年。

舒米洛娃·特·阿:《俄罗斯联邦生育权利和义务平等的宪法调整》,法学副博士论文,萨拉托夫,2003年。

古谢娃·特·斯:《宪法的社会保障权及其实现过程中国家的作用》,《宪法和市政法》2007年第18期。

马秋尔斯卡亚·耶·耶、格尔巴切娃·日·阿:《社会保障权》,莫斯科,2000年。

索洛维耶娃·斯·德:《居民社会保障的法律调整》,法学副博士论文,莫斯科,1997年。

索罗辛·斯·弗:《俄罗斯联邦社会保护的宪法基础》,法学副博士论文,喀山,2002年。

马柳科娃·尔·弗:《获得住宅权在现代俄罗斯联邦的实现》,法学副博士论文,莫斯科,2004年。

斯克里普科·弗·尔:《俄罗斯联邦公民的宪法住宅权》,《国家与法》2002年第12期。

切尔卡希娜·伊·尔:《俄罗斯联邦公民宪法住宅权的司法保护问题》,法学副博士论文,莫斯科,2004年。

巴拉绍娃·格·弗:《俄罗斯联邦的保持健康和医疗帮助权》,法学副博士论文,莫斯科,2000年。

布舒耶娃·弗·普:《宪法的保持健康权和医疗救助权:新视角》,《法与管理·21世纪》2007年第1(4)期。

弗龙斯卡亚·姆·弗:《俄罗斯公民保持健康领域的国家法律政策》,法学副博士论文,顿河畔罗斯托夫,2009年。

德罗诺娃·尤·阿:《俄罗斯联邦宪法中的保持健康权和医疗救助权》,《特维尔国立大学学报》2009年第9期。

久日科夫·斯·阿:《俄罗斯保持健康权的宪法保障》,法学副博士论文,顿河畔罗斯托夫,2001年。

耶格里切夫·阿·恩:《体育活动的宪法基础:俄罗斯和外国经验》,法学副博士论文,莫斯科,2007年。

耶尼科耶夫·奥·阿:《宪法医疗救助权:理论与实践》,法学副博士论文,莫斯科,2009年。

科洛维纳·尤·弗:《俄罗斯联邦居民保持道德健康的宪法基础》,法学副博士论文,莫斯科,2009年。

莫罗佐娃·奥·弗:《国家和市政保健机构有偿提供医疗服务》,《宪法和市政法》2007年第18期。

奥茨塔夫诺娃·耶·阿:《俄罗斯联邦人和公民宪法保持健康权:概念和内容》,《俄罗斯的宪法发展》(第9辑),萨拉托夫,2008年。

霍洛多娃·特·尤:《俄罗斯联邦公民保持健康权和医疗救助权的宪法保障》,法学副博士论文,莫斯科,2006年。

雅罗斯拉夫采夫·弗·弗:《俄罗斯联邦居民医疗保障的宪法调整》,法学副博士论文,莫斯科,1999年。

韦利耶娃·德·斯:《享受良好环境权的内容问题》,《宪法读物·高校学术作品集》(第2辑),萨拉托夫,2001年。

达瓦耶娃·科·科:《在俄罗斯联邦享受良好环境的宪法权利:法律调整与司法保护》,法学副博士论文,莫斯科,2008年。

莫罗佐娃·姆·弗:《现代俄罗斯人和公民享受良好环境权的宪法保障》,法学副博士论文,萨拉托夫,2007年。

纳扎罗娃·伊·斯:《人的生态权:宪法观点》,《宪法和市政法》2007年第9期。

波诺马列娃·伊·普:《俄罗斯联邦生态政策的宪法基础》,法学副博士论文,叶卡捷琳堡,2000年。

斯塔里科夫·弗·伊:《实现和保护受辐射影响的公民的享受良好环境权以及获取环境状况信息权的问题(就南联邦地区的材料进行分析)》,法学副博士论文,车里雅宾斯克,2007年。

亚斯特列博夫·阿·耶:《公民的宪法生态权司法保护的现实问题》,《宪法和市政法》2007年第12期。

阿克巴耶夫·阿·阿:《俄罗斯联邦公民受教育权的实现:宪法保障和社会经济保障》,莫斯科,1999年。

安季耶娃·姆·斯:《俄罗斯联邦国家调整教育活动:宪法观点》,法学副博士论文,莫斯科,2003年。

博格达诺夫·阿·弗:《俄罗斯联邦主体国家权力机关在保障宪法受教育权方面的职权》,法学副博士论文,秋明,2008年。

达辛斯卡亚·兹·普:《宪法调整普通教育机构的组织和活动》,法学副博士论文,莫斯科,2003年。

马秋舍娃·特·恩:《俄罗斯联邦教育领域公民的法律地位》,法学副博士论文,伏尔加格勒,1999年。

斯米尔诺娃·姆·弗:《在俄罗斯非国家教育机构宪法受教育权的确立》,《宪法和市政法》2006年第11期。

斯图尔尼科娃·奥·弗:《公民在俄罗斯联邦主体的宪法受教育权及其实现问题》,法学副博士论文,萨拉托夫,2008年。

佳普基娜·伊·弗:《俄罗斯中高等职业学院实现宪法受教育权的法律机制》,法学副博士论文,莫斯科,2009年。

C.A.阿瓦基扬:《教育自由:宪法解释》,《宪法和市政法教育的现实问题:全俄科学实践研讨会材料》,莫斯科,2008年。

安德烈耶娃·弗·普：《俄罗斯联邦知识产权创作和保护的宪法保障问题》，法学副博士论文，秋明，2009年。

萨宗尼科娃·耶·弗：《创作的宪法观点》，《宪法和市政法》2008年第16期。

哈利波娃·耶·弗：《知识产权的宪法理念（确立和发展）》，莫斯科，1998年。

沙博列娃·德·斯：《俄罗斯联邦人和公民宪法创作自由权概念问题》，《俄罗斯宪法发展》（第7辑），萨拉托夫，2006年。

沙博列娃·德·斯：《现代俄罗斯人和公民宪法的创作自由权》，法学副博士论文，萨拉托夫，2007年。

莫罗佐娃·阿·恩：《公民参与俄罗斯社会文化生活的宪法保障》，法学副博士论文，莫斯科，2004年。

阿弗杰延科·格·伊：《俄罗斯联邦公民社会权实现的欧洲社会宪章和宪法问题》，法学副博士论文，莫斯科，2007年。

邦达尔·恩·斯：《人民自治和苏联公民的社会经济权利：宪法观点》，顿河畔罗斯托夫，1988年。

邦达尔·恩·斯：《社会权利的宪法规范》，《宪法：东欧观察》2002年第2（39）期。

加德日耶夫·格：《宪法：基本的经济权利》，《法律》2002年第11期。

格沃兹杰娃·奥·姆：《宪法权利研究中的社会经济权利分类》，《俄罗斯内务部鄂木斯克科学院学报》2005年第2（22）期。

格沃兹杰娃·奥·姆：《俄罗斯联邦主体层面上公民社会经济权利实现的宪法保障基础》，法学副博士论文，鄂木斯克，2008年。

伊万年科·弗·阿：《人的社会权利及其在独联体国家宪法中的规定》，法学副博士论文，圣彼得堡，2000年。

卡巴尔金·阿·尤：《苏联公民的社会经济权利（民法权利领域）》，莫斯科，1986年。

卡佩什·弗·普：《俄罗斯联邦人和公民经济权利和自由的宪法保障》，法学副博士论文，莫斯科，2002年。

克雷拉托娃·伊·尤：《俄罗斯联邦公民经济权利的宪法司法保护》，法学副博士论文，叶卡捷琳堡，2007年。

涅柳比娜·耶·弗：《俄罗斯立法中社会权利的确立：历史理论观点》，《宪法和市政法》2008年第22期。

卢金斯基·弗·姆、加弗里洛娃·尤·弗、克里库诺娃·阿·阿、索什尼科娃·特·阿：《人和公民的经济和社会权利：理论与实践的现代问题》，莫斯科，2009年。

杰列先科·恩·德：《个人的宪法社会权利：历史发展和俄罗斯联邦的现状》，法学副博士论文，莫斯科，2004年。

费多托夫·伊·阿：《人和公民在社会国家中的经济权利：俄罗斯的现代经验》，法学副博士论文，莫斯科，2009年。

## 第五节　保护公民其他权利和自由的基本权利

如上所述，人和公民有保障其他权利和自由实现的权利和自由。这些权利和自由表现在对个人而言有保护自己各个领域内的利益的可能性上，或者表现在专门保障公正司法和运用法律的权利和保障上。属于这一组的权利有：

权利与自由的国家保护和自我保护相结合权；

权利与自由的司法保护权；

在适当的法院审理案件权；

获得专业的法律帮助权；

无罪推定权；

司法人道权；

违法行为的受害人的权利受保护权；

使用现行法律权。

### 一、权利与自由的国家保护和自我保护相结合权

一般而言，对公民的所有权利和自由，以及对我们所研究的这组权利而言，这项权利是较为关键的。《俄罗斯联邦宪法》第45条规定，在俄罗斯联邦，国家保护人和公民的权利与自由（第1款）；每个人都有权以

法律未予禁止的一切方式维护其权利和自由（第2款）。

第45条第1款表明，保护人和公民的权利与自由是俄罗斯国家政策的组成部分。法律和所有国家机关的活动都以此为目的。根据宪法第80条的规定，俄罗斯联邦总统是公民权利和自由的保护者，总统的很多职权都与保障和保护个人的权利与利益相关。实现保障法制、公民的权利与自由的措施，属于俄罗斯联邦政府的职权范围（第114条第1款第6项）。法院以及其他国家机关也是为此目的服务的。所有的国家和市政公务人员从事履行自己的职务时，也要遵守尊重人和公民权利与自由的原则。

但是，国家随时对所有公民提供保护是不现实的。同时，相应的国家部门保护的也仅仅是个人的生命，而保护权利与自由是一个多义的概念。在众多情况下，需要个人自己主动。例如，没有公民个人向法院提出请求，许多案件就不能得到审理；在不递交附有相应证件的申请的情况下，就不可能发放退休金等。但是，宪法授权公民可以以自己的行为保护其权利和自由，由此便有了每个人有权"以法律不禁止的所有方式保护自己的权利与自由"的这一规定。这种保护可以是以"语言，行动"的方式进行，甚至为了避免对健康、荣誉和生命造成侵害的身体而进行防卫。

## 二、权利与自由的司法保护权

除了一般的对权利与自由的保护形式外，宪法第46条规定："保障对每个人的权利和自由提供司法保护。"宪法的这一条款规定公民享有权利与自由的司法保护权似乎夸大其词。如果有人说，我的权利遭到了侵害，我要去法院控告，在那里正义能得到实现；而当人们向法院提出控告时，很多人会失望而归。这种失望可能是因法院工作人员的冷漠造成的，也可能是因为可能出现的结果造成的。法律规定了案件的辩论式审理程序。这表明在形式上，法院会保证对双方的关注，不可能单纯地支持一方损害另一方。

总体而言，在上述的宪法规定中更多体现的是宣传性内容。实际上是指个人有向法院请求保护自己权利的权利。个人的确可以到法院去提出申诉、请求和提起诉讼程序。

《俄罗斯联邦宪法》规定的司法保护权包括针对国家权力机关、地方自治机关、社会团体和公职人员的决定和行为（或不作为），向法院投诉的相关内容（第46条第2款）。1993年4月27日通过（2009年修订）的俄罗斯联邦《关于对侵害公民权利与自由的行为和决议向法院控诉法》将国家机关、地方自治机关、企业和他们的联合组织，社会团体和公职人员，国家工作人员的行为（决定）所依据的官方信息也作为可以向法院提起诉讼的对象。因这些行为或者决定而导致公民的权利与自由遭受到侵害；公民非法承担了某种义务或者被非法追究了某种责任（第2条），公民有权进行控诉的既包括行为（决定），也包括成为做出行为（决定）依据的信息等。

如果公民认为在具体案件中使用的某部法律侵害到了他的权利与自由，他可以向俄罗斯联邦宪法法院起诉（宪法第125条第4款）。

根据宪法第26条第3款的规定，如果公民用尽了所有法律保护的国内手段，他可以诉诸保护人权利与自由的国际组织。近几年出现了俄罗斯联邦公民向根据1950年保护人的权利和基本自由的《欧洲人权公约》成立的欧洲人权法院提起诉讼的案例。

### 三、在适当的法院审理案件权

确定审理相应案件的适格法院是受法院的管辖范围决定的。据此，《俄罗斯联邦宪法》第47条第1款规定："任何人不得被剥夺在法律划归管辖的法庭上并由相应的法官审理其案件的权利。"因此，案件在法律规定具有相应管辖权的法院审理。而且，法院不能拒绝审理该案件。刑事案件的管辖范围由刑事诉讼法规定，民事案件的管辖范围由民事诉讼法和仲裁程序法规定。

在公民对相应法院审理的客观性产生怀疑的情况下，公民可以申请将其案件移交给其他法院审理。与此同时，那些在具体案件中认为自己不能客观审理案件的法官，有权提出将案件移交给其他审级审理。

在第47条第2款中规定了该权利的补充保障："在联邦法律规定的情况下，被控实施犯罪的人有权要求法院由陪审员参与审理其案件。"上述情况是指，个人被控实施了具有较大社会危害性的犯罪。

## 四、获得专业法律帮助权

《俄罗斯联邦宪法》第48条第1款规定了获得专业法律帮助权。该条款规定，在法律所规定的情况下，法律帮助是免费的。

为实现这一权利，原则上任何机关和公职人员都有义务对公民进行帮助。例如，当携带申请书的公民到接待法官或者到地方行政机关那里去，申请书中有不准确的地方的，公职人员有义务告知该公民，应依照哪份文件进行修改。接待公民并听取公民陈述的检察官，有义务向公民解释在具体情况下应适用哪部法律和怎样适用。

律师协会是专门为公民提供法律帮助的组织。2002年5月31日通过（2008年修订）的《俄罗斯联邦律师业务和律师协会法》规定，律师业务是指按照联邦法律规定的程序获得律师地位的人，以保护自然人或者法人（委托人）的权利、自由和利益，以及保障他们获得司法帮助为目的，在职业活动的基础上向这些人提供的法律帮助。

律师是法律问题的独立顾问。除科学、教育和其他创造性劳动外，律师无权从事其他付酬业务。在提供法律帮助的同时，律师还可以：提供法律咨询，以书面或者口头形式就法律问题提供证明；代写申请、申诉书、请求和其他具有法律性质的文件；作为委托一方的代表参与民事、行政、刑事诉讼等。

在俄罗斯联邦，在由国家颁发资质的高等职业教育机构中获得高等法律教育的人，或者具有法律专业学位的人有权获得律师的地位。上述人员应该有不低于两年的从事法律实务的工作年限，或者按照联邦法律规定的期限到相应的律师机构中进行实习。成功通过职业考试的申请人，还要进行律师宣誓。自宣誓之日起，申请人正式获得律师的地位，并成为律师机构的成员。

外国律师可以在俄罗斯联邦领域内就该外国的法律问题提供法律服务。在俄罗斯从事律师业务的外国律师，由在司法领域内具执行权的联邦机构在专门的目录中进行登记。没有在上述目录中进行登记的外国律师，禁止在俄罗斯联邦领域从事律师业务。

要以律师和委托人之间达成的协议为依据开展律师业务。该协议是律师和委托人之间达成的，以普通书面形式签订的、向委托人或者其指定的人提供法律服务的民事合同。委托人向律师支付的报酬，和（或者）向律师支付的同履行委托有关的花费补偿金，应该向律师机构的相应收款处交付，或者按照协议规定的期限和手续划拨到律师机构的指定账户。

根据讯问机关、预审机关、检察院和法院的指定，作为辩护人参与刑事诉讼的律师的报酬由联邦财政支付。为此花费的费用要列入年度的联邦预算法的相应的支出条款中。向因受讯问机关、预审机关、检察院和法院的指定，作为辩护人参与刑事诉讼的律师的支付的补充报酬的数额和因向俄罗斯联邦公民免费提供法律帮助的报酬的支付办法，由每年的律师会议（大会）确定。

律师对那些家庭人均收入低于由俄罗斯联邦主体根据联邦法律确定的最低生活费用的公民，以及对那些收入低于上述标准的公民提供免费的法律帮助。具体提供免费法律帮助的对象有：一审法院审理的、索要赡养费，索要因抚养者死亡造成的损害赔偿费用，因工伤造成的伤残或者对健康造成的其他损害的原告；与从事经营活动无关的卫国战争的功勋老战士；请求发放退休金或者补助金的俄罗斯联邦公民；因遭受政治迫害要求恢复名誉的俄罗斯联邦公民。对生活在预防未成年人无人照管和违法犯罪机构的未成年人，在任何情况下都提供免费的法律帮助。

《俄罗斯联邦宪法》第48条第2款规定，每个被监禁、被关押和被指控实施犯罪的人，从其被监禁、关押或起诉时起即有权获得律师（辩护人）的帮助。根据俄罗斯联邦刑事诉讼法，从嫌疑人被关押之时起，辩护人被允许参与案件，在其他情况下，是从被作为刑事被告之时起，律师被允许参与案件。侦查人员和法院有义务向被告人解释清楚，并保障被告人获得辩护人的帮助权。

在阐述获得专业的和高水平的法律帮助权时，不能将一切都归结为律师的服务。从2005年开始，俄罗斯联邦一直在建立完整的、为那些生活无保障的公民提供法律帮助的国家体系。2005年8月22日俄罗斯联邦政府通过（2006年修订）了《关于进行创建对生活无保障的公民提供免费法律帮助的国家体系的试点》的政府决议。从2006年1月1日到2006年12月31日，这一试点在卡累利阿共和国、车臣共和国、伏尔加格勒州、伊尔库斯科州、马加丹州、莫斯科州、萨马拉州、斯维尔德洛夫斯克州、托姆斯克州和乌里扬诺夫斯克州进行，但是随后就没再继续。创建了10个国立法律所，每一个都有一定量的工作人员并拨给财政拨款，并通过了《向生活无保障的公民提供免费法律帮助的规定》。

在该文件中规定，国家法律所提供下列种类的服务：（1）以口头或者书面形式就法律问题向公民提供法律咨询，以及向1、2级残疾人，卫国战争的功勋老兵，领取退休金的人，不论其收入如何而向其提供口头的咨询帮助；（2）代写申请、申诉、请求和其他法律文件；（3）保障国家法律所的工作人员作为公民的代理人参与民事案件、民事执行案件，以及在地方自治机关、社会团体和其他组织中保护公民的利益。在国家法律所提供法律服务的工作人员应该拥有高等法律教育。

国家法律所为公民提供免费的法律帮助。但是，为获得法律帮助，到国家法律所请求法律帮助的公民应该提供能证明其最近3个月家庭收入属于中等级别的证明，或者提供他们是1、2级残疾人，卫国战争的老兵，不工作的、领取退休金的人的证明。

除口头咨询外的法律帮助，由公民与国家法律所签订的合同的基础上进行提供。在合同有规定的情况下，国家法律所有权授权律师向那些向国家法律所提出请求帮助的人提供法律帮助，其中包括作为公民的代理人参与民事诉讼或者民事执行程序。

这一试点还在继续。2008年3月3日俄罗斯联邦政府《关于国家法律所的决定》规定法律所的业务和财政列入年度预算。当然，法律所的活动也产生了一系列的问题，其中包括：获得帮助较难，因为需要提供很多的文件；法律所工作人员的工资较低；吸引律师很难，同时也很难与律师事务所竞争。

## 五、无罪推定权

无罪推定是个人不受侵犯的重要条件之一，同时也是司法的基本原则之一。根据《俄罗斯联邦宪法》第49条的规定，每个被控犯罪者在其罪名未经联邦法律规定的程序以证实和已经生效的法院判决所确认之前均为无罪。被告没有证明自己无罪的义务。无法排除的有罪的怀疑应作出有利于被告的解释。

无罪推定原则的内容自古以来就广为人知了。将该原则和相应的权利规定在宪法上，这反映了我们的社会和国家在对待个人问题上的人道主义态度。不能说，被追究责任的人就是有罪的。在法院审理之前个人承认自己有罪，案情明白无误，被害人口供等不应是决定性的因素。实践中有成千上万的例证，开始承认自己有罪的人，后来又变成了无罪者,而因物证被关押的人,又出现了排除承认他为有罪者的心理偏差。

只有法院在综合评价所有的事实情况后,有权认定某人是否实施了犯罪行为。而且,证明有罪的责任在于专门的国家职权机关。这一责任不能转移到其他机关或者其他人的身上,其中包括被害人和证人。进而,也不能将这一责任施于被告人身上。

宪法宣称,被告人无义务自证其罪。查明证明有罪、无罪的事实情况,是侦查机关和法院的职责。相应的国家机关不应该具有这种业务活动的责难性。

## 六、司法人道权

应当认为司法人道权是无罪推定的发展。这一权利在《俄罗斯联邦宪法》第50和51条中有所反映,并表现在下列的要求之中:

第一,根据第50条第1款,任何人不得因同一起犯罪而再次被判刑。这里所说的是犯罪,即应受刑罚处罚的行为。不应该将之与其他的、有可能与刑事责任并存的后果相混淆(责任形式)。例如,在选举时伪造选票,选举结果可能被认定为无效,而选举委员会成员则会被免除职务(而整个选举委员会也将被解散)。但是,这并不能排除有罪过者的刑事责任。

第二,根据第50条第2款的规定,在从事司法活动的过程中不许使用违法取得的证据。侦查程序由刑事诉讼法典规定,搜集、使用证据的办法,则由相应的刑事诉讼、民事诉讼、仲裁程序法典和其他与此相关的法律文件规定。因此,其他的途径和方式是不允许的。

第三,根据第50条的3款的规定,每个因犯罪而被判刑的人都有权要求上级法院在联邦法律规定的程序内重新审议判决,有权请求赦免或减刑。这里给出了不同的方案:被判刑的人可以完全认为自己无罪,不同意对自己行为的认定,没找到在案件中列举的证明他有罪的可信证据等;被判刑的人可以认为做出的判决过于严厉,应判处更为轻缓的刑罚；最后，他可以请求因自己存在可谅解的原因，而请求赦免。

第四，根据《俄罗斯联邦宪法》第51条第1款，任何人都没有义务对自己、自己的配偶和近亲属做不利的供证，近亲属的范围由联邦法律规定。这一宪法性条款，赋予个人在刑事或者民事案件中，拒绝作证的权利（而不是义务）。应该仅仅强调的是，相应的人是配偶或者近亲属，这些人是刑事诉讼法或者家庭立法根据上行或者下行的直接血缘关系（父母和孩子，包括有一个共同的父亲或者母亲的亲兄弟姐妹，祖父，祖母和孙子女和外孙子女，养父母和养子女）认定的亲属。

根据第51条第2款的规定，免除提供证据义务的其他情况由联邦法律规定。这里规定的是那些因职务原因可能从公民那里获得一些秘密的信息，而这些信息恰恰是公民认为不会被泄露并且不会给其带来不利损害的。根据法律的规定有权拒绝作证的人包括：国家杜马代表，联邦委员会委员，神职人员——对他人忏悔时获知的信息，公证员——对涉及遗嘱的秘密，俄罗斯联邦人权代表——对因其职务原因而获知的刑事或者民事信息，医生——对那些构成医疗秘密的信息，等等。

## 七、违法行为受害人的利益受保护权

《俄罗斯联邦宪法》第52条规定，犯罪和滥用职权的受害者的权利受法律保护。国家保证受害者诉诸司法活动并得到受害赔偿的权利。

这一规定是当今立法的新发展。其中包括，刑事诉讼法规定由专门的文件将被检察官或者法官讯问或者审讯的人称作是犯罪被害人。在此基础之上，个人才获得了保护自己利益的专门的可能性。

受害还可能是因滥用职权而造成，但并不体现在实施犯罪上。在这种情况下，宪法也对受害人提供保障。

为了对本条进行补充，《俄罗斯联邦宪法》第53条规定，每个人都有权要求国家对因国家权力机关或其公职人员非法行为(或不作为)而造成的损害予以赔偿。就实质而言,本条规定了国家对自己的职权部门和公职人员的行为(不作为)承担责任的原则。这就好像国家宣称:我保证,它们将按照法律开展工作,不会给你们造成物质损害;如果它们违背了法律的规定,你们因此而遭受到损害,那么,我——国家会赔偿你们的这些损害,你们不应遭受物质损害,而与国家机关和公职人员有关的问题我们将会解决。

这一责任原则在俄罗斯联邦民法典上有所发展,甚至有所拓宽。因为在民法典上规定,不仅仅是对国家机关和其公职人员的非法行为(不作为),而且还对地方自治机关及其公职人员的非法行为(不作为),其中包括公布的文件,如果给公民或者法人造成了损害,都将会以相应的俄罗斯联邦、联邦主体和地方机构的财产进行赔偿。

## 八、适用现行法律的权利

公民的这一重要的权利被规定在《俄罗斯联邦宪法》第54条中。这一权利与法律的溯及力和法律的时间效力有关。

在《俄罗斯联邦宪法》第54条中规定,确认或加重责任的法律不具有溯及力(第1款)。任何人不得为实施时不被认为违法的行为负责。如果违法行为发生后其责任已被撤销或减轻,则适用新法律(第2款)。

因此,在第54条中规定了久已被人们所熟知的一个极其重要的法律和法律适用的原则,即如果在行为实施时,该行为没有被认定为违法行为,而后来这一行为又被法律规定为违法行为,该法律对过去实施的行为不适用。相应地,按照该规则如果以前同样被认定为该行为是违法行为,而后来对实施了该行为所承担的责任更重,那么应该按照行为实施时的法律来追究责任。显然,溯及力规则在责任变轻或者完全被取消的情况下适用,此时,行为人"赢了"。

**参考文献**

阿德基诺娃·耶·阿：《宪法的司法保护权》，《俄罗斯司法》2008年第4(24)期。

巴宾科夫·阿·姆：《司法实现过程中的宪法对抗原则和双方平等原则》，法学副博士论文，莫斯科，2004年。

巴拉诺娃·斯·格：《人和公民宪法的法律保护权利》，法学副博士论文，叶卡捷琳堡，2004年。

别利亚耶夫斯卡亚·奥·亚：《人和公民宪法的司法保护权：概念、实现问题》，法学副博士论文，圣彼得堡，2007年。

邦达尔·奥·恩：《专业化的法律援助——俄联邦人与公民权利和自由司法保护的宪法保障》，法学副博士论文，顿河畔罗斯托夫，2008年。

博伊措娃·弗·弗、博伊措娃·尔·弗：《俄联邦宪法法院的实践中给公民造成损失的国家责任原则的解释》，《国家与法》1996年第4期。

格罗托夫·斯·阿、佩特连科·耶·格：《人权和欧洲法院对人权的保护》，莫斯科，2000年。

克里沃诺索娃·奥·尤：《宪法免费法律援助权的资金保障》，《宪法和市政法》2007年第11期。

克里沃诺索娃·奥·尤：《俄罗斯联邦的宪法免费法律援助权》，法学副博士论文，莫斯科，2007年。

克雷拉托娃·伊·尤：《俄罗斯联邦公民经济权的宪法司法保护》，法学副博士论文，叶卡捷琳堡，2007年。

柳博温科·耶·斯：《宪法获得专业法律援助权及其保障机制（俄罗斯和国外的经验）》，特维尔，2008年。

普列捷尼·阿·斯：《专业法律援助概念的内容问题》，《宪法和市政法》2008年第23期。

斯马金·格·阿：《向俄罗斯联邦居民提供法律援助的宪法问题》，法学副博士论文，莫斯科，2004年。

托尔库诺娃·耶·阿：《俄罗斯公民的宪法司法援助权在欧洲法院实现的法律基础》，法学副博士论文，莫斯科，2002年。

哈马涅瓦·恩·尤：《执行权领域公民权利的保护》，莫斯科，1997年。

切尔尼亚科夫·伊·格：《俄罗斯联邦的宪法专门法律援助权的实现：问题和前景》，法学副博士论文，车里雅宾斯克，2007年。

## 第六节　公民的基本义务

在研究公民的基本义务之前,应该再一次提请大家注意,很多义务可以认为是同公民的权利和自由相对应的。

在一些情况下,这些基本的义务因同相应权利和自由的关系意味着对尊重权利和自由的必要性。例如,如果每个人都有生命权,表明每个人都有尊重他人生命的义务;因此,任何一种对他人生命造成侵害的企图,都会承担相应的责任。为了保护个人的信息权,宪法规定了如下的禁止:未经个人同意,不允许搜集、持有、使用和传播与个人隐私有关的信息(第24条第1款)。这不仅仅是对国家机关、地方自治机关、社会团体、公职人员的要求,而且还是对所有公民的要求;可以将其理解为与上述的宪法权利相对应的义务。

在另一些情况下,对权利和自由有所发展的义务,又会与这些权利与自由一起被专门规定在宪法的条文之中。例如,宪法第38条第2款规定:关心孩子和教育孩子是父母的平等的权利与义务。在该条第3款中规定,年满18周岁、有劳动能力的子女应该关心无劳动能力的父母。宪法第43条规定了受教育权。父母及其监护人要保障孩子获得基础普通教育;在第44条中规定了创作自由和参与文化生活的权利和使用文化机构和接触文化珍品的权利;同时,第44条第3款规定:每个人都必须关心和保护历史文化遗产,珍惜历史文物。

与此同时,宪法的一些条文专门规定了公民的义务。现在我们来看看下列义务:

缴纳合法的税款和费用的义务(第57条)。规定新税金或使纳税人状况恶化的法律不具有追溯力;

保护自然和环境的义务(第58条)。每个人都必须爱护自然和环境,珍惜自然财富；

保卫祖国的义务（第59条）。保卫祖国是俄罗斯联邦公民的职责和义务。俄罗斯联邦公民依据联邦法律服兵役。第59条第3款规定："俄罗斯联邦公民在其信念或信仰与服兵役相背离以及联邦法律规定的其他情况下，有权以选择民事职务代替兵役。"

在俄罗斯联邦现行的是2005年7月25日通过（2006年修订）的《民事职务替代法》。2004年5月28日（2007年修订）俄罗斯联邦政府决议批准了替代民事职务履行办法规定。

替代民事职务是为社会和国家利益进行工作的特殊方式，由公民作为应召服兵役的替代措施来履行。公民在下列情况下，有权选择替代民事职务来代替服兵役，例如：服兵役将与其信念或者信仰相违背；公民属于原住民的少数民族，还按传统生活方式生活，从事传统的经济活动和信奉天命。

年龄在18—27岁之间的非预备役男性公民，有权申请以替代民事职务来代替服兵役。此时，应该个人亲自向军事委员会提交请求以替代民事职务来代替服兵役的申请。对提出这类申请的人，由军事委员会的应召委员会根据联邦法律做出相应的决定。提出请求以替代民事职务来代替服兵役的公民，应该阐明服兵役与其信念和宗教信仰相矛盾的理由。

替代民事职务的期限要比《关于军事义务和兵役》的联邦法律规定的服兵役期限长出1.75倍，具体是：在2007年1月1日之前履行替代民事职务的公民，期限为42个月；从2007年1月1日—12月31日履行替代民事职务的期限为31.5个月；对那些在2008年1月1日之前毕业于国立、市立或者委托的非国立大学，被派履行替代民事职务的期限为21个月；对那些2008年1月1日后被派履行替代民事职务的公民，履行期限为21个月。对那些在俄罗斯联邦武装力量机构、其他部队、军事组织和机构中履行替代民事职务的期限，要比《关于军事义务和兵役法》的联邦法律规定的服兵役期限长出1.5倍，具体是：在2007年1月1日之前履行替代民事职务的公民，期限为36个月；从2007年1月1日—12月31日履行替代民事职务的期限为27个月；对那些在2008年1月1日之前毕业于国立、市立或者委托的非国立大学，被派履行替代民事职务的期限为18个月；对那些2008年1月1日后被派履行替代民事职务的公民，履行期限为18个月。

公民履行替代民事职务的开始之日，被认为是公民到达在军事委员会的指示中规定的到达履行替代民事职务地的日期。在公民辞去替代民事职务的情况下，雇主与公民达成的终止有期限劳动合同之日被认为替代民事职务到期。这应该在替代民事职务期满之日方能进行。

在替代民事职务期间下列时间不计算在内：旷工（在1个工作日内无正当理由连续超过4小时不在工作地）；雇主给公民提供的补充假期和公民在教育机构学习的时间；服拘役形式的刑事、行政处罚的时间；在工作中出现的酗酒、吸毒和中毒性醉酒等的时间。

履行替代民事职务的公民，其享有的权利和义务受到联邦法律规定的一些限制。公民履行替代民事职务的时间被计算在总的、不间断的工龄期限内和专业工龄内。履行替代民事职务的公民，为其保留在其履行替代民事职务之前的居住地。在履行替代民事职务期满后的3个月内，为该公民保留返回原单位、从事原工作，甚至为其保留原职务的权利，而在该公民没有工作（职务）的情况下，在征得其本人和其他组织的情况下，有从事其他待遇相当的工作的权利。如果公民是其在教育机构学习期间被派去履行替代民事职务，那么要为该公民保留返回其被派履行替代民事职务前学习的同一教育机构和年级继续学习的权利。在履行替代民事职务时，公民有在教育机构以函授形式或者面授——函授的形式进行学习的权利。

**参考文献**

多库恰耶娃·伊·姆：《俄罗斯联邦的选择性文职（行政法研究）》，法学副博士论文，莫斯科，2007年。

科洛索娃·恩·姆:《公民选择工作的宪法权利及其保护》,《俄罗斯法杂志》1997年第6期。

马斯连尼科夫·弗·阿:《公民的宪法义务》,莫斯科,1970年。

马斯连尼科夫·弗·阿:《苏联公民的宪法义务:本质和实现问题》,《苏联国家与法》1983年第6期。

马图佐夫·恩·伊、谢梅年科·布·姆:《苏联公民法律义务问题研究》,《苏联国家与法》1980年第12期。

波波夫·阿·普:《俄联邦公民宪法义务制度》,法学副博士论文,萨拉托夫,2008年。

普切林莱夫·阿·弗:《权利不杀人》,莫斯科,1997年。

谢马金·阿·斯:《俄罗斯联邦宪法对兵役的规定》,法学副博士论文,莫斯科,1999年。

乌克拉因采娃·弗·斯:《俄罗斯联邦公民的选择文职的宪法权利》,法学副博士论文,萨拉托夫,2007年。

## 第七节　对权利、自由和义务进行限制的问题

这样,我们继续研究《俄罗斯联邦宪法》规定的人和公民的基本权利、自由和义务。与此同时,应该看看《俄罗斯联邦宪法》第55条第1款规定的内容:"俄罗斯联邦宪法中列出的基本权利和自由不应作出否定或损害人和公民的其他普遍公认的权利和自由的解释。"

产生了这样的一个问题:"普遍公认"意味着什么?谁应该认为什么权利是"普遍公认的"?以前我们研究过这些问题。在这里我们只是简要地指出:这里所说的、可能的是,国际社会在自己的文件(宣言、章程等)中确定哪些权利和自由较为重要;如果俄罗斯也签署了这些国际文件,也即俄罗斯承认了这些权利和自由对自己也是同样重要的,那时,根据宪法第15条第4款的规定,这些文件也就成了俄罗斯国内法律体系的

组成部分。此时，这些权利和自由就成了对我们而言普遍公认的权利和自由，就像宪法规定的那样。有两条继续发展的途径：要么是对宪法进行补充；要么是宣布相应的权利和自由与宪法规定的权利与自由平等。当然，第一条途径更好一些，因为权利与自由被规定在宪法上，会对俄罗斯的公民产生更强烈的影响，甚至是对完善国内立法体系起到巨大的影响。这一点早就形成了，正是由于在基本法中规定的这些条款，才成了其他所有权利与自由的来源。但是，当还没有对宪法进行补充时，不得不承认，基本的权利与自由被规定在其他文件中。

在俄罗斯联邦可以对权利与自由进行限制。《俄罗斯宪法》第56条第1款规定："在紧急状态下为保障公民安全和捍卫宪法制度，根据联邦宪法性法律的规定，可以在指明的范围和期限内对权利和自由进行某些限制。"

正如我们看见的那样，宪法规定了一系列对权利与自由进行限制的条件：（1）仅对部分权利与自由作出限制；（2）在实行紧急状态的条件下；（3）为了保障国家安全和捍卫宪法制度；（4）要依据联邦宪法性法律进行。

最后的一个条件——根据联邦宪法性法律——这并不意味着需通过联邦限制公民权利与自由的专门法律。这里暗含着另外的意思：为了保障公民安全和捍卫宪法制度，要适用联邦紧急状态宪法性法律，该法律做出了在相应的条件下对权利与自由进行限制的规定。宪法第56条第2款规定的内容，就不再是偶然的，该款宣布："具备一定的理由，并遵循联邦宪法性法律所规定的程序的情况下，可以在俄罗斯联邦全境或其部分地方实行紧急状态。"这一文件是指2001年3月30日通过（2005年修订）的联邦宪法性法律《紧急状态法》。

同时，宪法第56条第3款还规定了在任何条件下都不应被限制的权利与自由。这些权利与自由在宪法第20条、第21条、第23条（第1款）、第24条、第28条、第34条（第1款）、第40条（第1款）、第46—54条所规定。这些权利与自由是：生命权；尊严权；私生活不受侵犯权；保护个人信息权；良心自由、宗教信仰自由；从事企业活动或者其他不受法律禁止经济活动的自由；住宅权；司法保护权，由适当的法院审理案件权，获得法律帮助权，无罪推定权，司法人道权，保护被害人的利益权，使用现行法律权。

还有一个问题值得关注：可不可以通过将某些基本权利、自由、义务从宪法上删除的方式，对基本权利和自由进行限制（减少）？以前宪法规范调整的经验表明：类似的情况是可以的。其中包括，1977年苏联宪法、1978年苏俄宪法规定过批评权，该权利没有被1993年俄罗斯联邦宪法所规定。在上述的两部宪法中还规定了参与管理国家事务和社会事务的权利，而在现行宪法中只是规定了参与管理国家事务的权利。在苏维埃时期的多部宪法中，规定了劳动的义务，规定了保护和巩固社会主义所有制、保护国家利益、促进国家强大的义务，这些在俄罗斯联邦宪法上已经没有了。

但是，这里有两个不同点：

第一，在宪法上有过，可能还存在某些受体系和意识形态，以及受宪法调整对象和界限所决定的权利、自由和义务。如果这些权利、自由和义务发生了变化，就不可避免地导致上述规定被拒绝。当然，这并没有解决，以前的观念还是现在的观念好的问题。

第二，在国家遵循公认的、调整公民的权利、自由和义务的国家标准时，从宪法中删除某些条文必须从遵照这些标准的立场来进行衡量和评价。如果，俄罗斯联邦突然将某些规定相应的权利、自由和义务的条款从宪法中删除，俄罗斯就不得不向国际社会解释自己的行为。

**参考文献**

阿格耶夫·弗·恩：《俄罗斯联邦基本权利和自由的宪法规制：理论、历史、实践》,喀山,2006年。

阿席赫米娜·阿·弗:《俄罗斯宪法发展现阶段权利和自由的规制问题》,《法律与法》2008年第1期。

阿希赫米娜·阿·弗:《合法限制的概念及对人的自由进行的合法限制》,《莫斯科国立开放大学学报》2008年第2(31)期。

阿希赫米娜·阿·弗:《限制俄罗斯联邦人和公民权利和自由的宪法机制》,法学副博士论文,莫斯科,2008年。

阿希赫米娜·阿·弗、叶皮法诺夫·阿·耶、阿布拉希托夫·弗·姆:《俄罗斯联邦人和公民权利和自由的限制机制》,伏尔加格勒,2008年。

多尔日科夫·阿·弗:《限制俄罗斯联邦人和公民基本权利的宪法范畴》,法学副博士论文,秋明,2003年。

马里诺夫斯卡亚·弗·姆:《合法限制俄罗斯联邦人和公民的宪法权利和自由》,法学副博士论文,莫斯科,2007年。

斯米尔诺夫·阿·阿:《在国防和国家安全领域限制俄罗斯联邦人和公民的权利和自由》,法学副博士论文,莫斯科,2007年。

特罗伊茨卡亚·阿·阿:《个人自由和公权力的宪法界分》,法学副博士论文,莫斯科,2008年。

沙普西格夫·阿·姆:《根据不同情况限制公民的权利和自由是一种法律制度》,《宪法和市政法》2007年第18期。

## 第八节　公民基本权利与自由实现及义务履行的保障和保护

保障是指物质的、有组织的、精神的和法律的条件与前提,这些使得实现人和公民的基本的权利与自由,及履行义务成为现实,并对基本权利、自由、义务提供保护,免受非法限制和侵害。

相应地,可以将这些保障划分为以下几组:

(1)物质保障。为了实现大多数的权利与自由,以及为了履行义务,应当为此创建经济前提。可以自己试想一下,例如,在工作岗位不足的情况下，劳动自由就是片面的，此时这一自由就变为仅仅是不得不自由散漫的自由了。或者，在医疗机构资金匮乏的条件下，个人享有的医疗帮助权；在疗养院和休闲住所价格昂贵的条件下，个人享有的休息权；等等。

物质前提表明在国内对每个公民的权利、自由（和义务）要有平均的水平和标准。这里所说的不是模板，而是说：如果个人想要实现这些权利，那么只能在已经具有的范围内才可能。如果个人想要实现得更多一些，对此也应该具有相应的前提条件，但这不是绝对的，它们将与竞争和补助等相关。例如，学生到学校上学，需要必要的、授课时提供物质保障的一些条件：国家向相应的教师支付工资，在教育机构中有办公条件等。如果父母想要孩子学到更多一些的知识，如去好一些的学校——这里不是说对所有人，而仅仅是特例，只是对那些更有天赋的孩子，并且不是免费的教育，父母就需要支付额外的费用。

（2）组织保障。这表现在，建立国家和地方自治机关和公职人员体系，它们业务活动的目的是为保障公民的权利和自由，同时为他们履行义务提供保障和保护。传统上所有机关——代议机关、执行机关和审判机关都执行这一任务。它们当中的一部分机关履行职能保护公民权利和自由（例如，议会）。另一些机关是专门为实现公民权利问题建立的——教育部、健康和社会发展部等。第三类机关的职权范围在于实现法制、保障权利与自由，例如，检察院、法院。

与传统的机构一起，出现了新的履行这些任务的机关。

例如，在刑事诉讼范围内出现了陪审员制度，其目的是在审理案件时保障一定范围内的案件审理的客观性，同时对人的生命权和自由提供保障（俄罗斯联邦宪法第20条第2款、第47条第2款）。

宪法法院已经在俄罗斯存在了10多年的历史，它的业务之一便是审查侵害公民宪法权利与自由的申诉，并就法院对在具体案件中使用的或者应当适用的法律的合宪性问题进行审查（宪法第125条第4款）。在俄罗斯联邦的众多主体处建立了自己的宪法法院。

俄罗斯联邦宪法（第103条第1款第5项）规定了俄罗斯联邦人权代表的职务。人权代表由国家杜马任命，并根据1997年4月26日通过（2008年修订）的《俄罗斯联邦人权代表法》开展活动。人权代表的职责应根据宪法确定，其目的是对国家为公民权利和自由的保护提供保障，并保障国家机关、地方自治机关和公职人员对公民权利与自由的遵守与尊重。人权代表要促进被侵害的权利的恢复，要促进俄罗斯联邦人和公民权利法律的完善，并促进国内立法与普遍公认的国际法的原则和规定相符，要促进在人权领域内的国际合作，要推动就人权问题和对人权进行保护的形式和方式进行启蒙教育。

人权代表在履行自己的职权时，是独立的，不听命于任何国家机关和公职人员。人权代表的业务活动补充了现存的保护公民权利与自由的方式，没有改变国家机关的职权范围。

可以任命为人权代表的人应该是年龄超过35周岁的俄罗斯公民，并且该公民在人和公民权利与自由领域得到承认并具有保护这些权利与自由的经验。人权代表任职期限为5年。同一公民不能连续当选两届。

人权代表，除从事教育、科学或者其他创造性劳动外，不能从事其他营利性职业，不能是议员，也不能担任国家公职。人权代表无权从事政治活动，无权成为某个党派或者其他具有政治目的的社会联合体的成员。

人权代表的职权范围是审理俄罗斯公民以及在俄罗斯领域内的外国人和无国籍人的申诉。对国家机关、地方自治机关、公职人员和国家公务员做出的决定或者作为（不作为）的申诉；如果以前申诉人已经就这些决定或者行为按照司法程序或者行政程序提出过申诉，但是不同意相应机关就其申诉问题做出的决定，该申诉由人权代表审查。对联邦会议和俄罗斯联邦主体国家权力（代议）立法机关做出的决议提出的申诉，人权代表不予受理。

在审查申诉问题时，人权代表有权向主管的国家机关或者公职人员对进行审查的、需要它们解释的情况请求协助。在审查申诉时，人权代表有权：无阻碍地到访所有的国家机关、地方自治机关，参加这些机关的集体会议；到访任何法律形式和所有制形式的组织、军事部门、社会团体；询问国家机关、地方自治机关、公职人员和国家公务员，并从它们那里获得审理申诉所必需的信息、文件和资料；对国家机关、地方自治机关、公职人员的公务活动进行检查；授权主管的国家机关进行评定性研究并就审查申诉过程中需要解释的问题出具结论；了解已经生效的刑事、民事和行政违法案件的决定（判决），以及了解被终止案件和拒绝刑事立案的案件材料。

就自己的职权活动，人权代表享有被任何一个权力机关和各种法律组织形式和所有制形式的组织的领导和其他公职人员紧急接见，被社会团体的领导和任何一个军事组织、带有强制性地方行政机关的领导成员紧急接见的权力。

人权代表必须向国家机关、地方自治机关或者公职人员寄送以下材料，包括他所审查的对公民权利和自由造成的非法侵害的决议或者有关行为的通知，自己的结论，恢复上述被侵害的权利和自由可能的和必要的措施的建议等内容。

就申诉审查的结果，人权代表有权：

请求法院对国家机关、地方自治机关或者公职人员做出的对权利和自由造成的侵害提供保护，还有权亲自或者通过其代表以法律规定的形式参与有关过程；

向主管的国家机关提出追究其在做出的决定或者行为对人和公民权利与自由造成侵害的公职人员的纪律、行政甚至刑事责任的请求；

向法院或者检察院提出对已经生效的法院的民事、刑事判决，法院的决定和司法解释或者法官的决定提出进行审查的申请；

向有权做出异议的公职人员阐述自己的理由，以及按照监督程序在法院审理案件时出席案件的司法审理程序；

对在具体案件中适用的或者应该适用的、侵害公民的宪法权利与自由的法律，向俄罗斯联邦宪法法院提出申诉。

除此之外，根据对侵害公民权利与自由的资料的研究与分析结果，以及根据对审理申诉问题的总结结果，人权代表有权：向国家机关、地方自治机关和公职人员寄送自己关于保障公民权利和自由问题的意见和建议，以及完善行政程序的意见和建议；向立法权主体提出修改或者补充联邦法律或者俄罗斯联邦主体法律的建议。

在严重的或者大规模地侵害公民权利与自由的情况下，人权代表有权在国家杜马的例行会议上作报告。人权代表有权向国家杜马提出组建审查侵害公民权利与自由的委员会和举行听证的建议，并有权直接或者通过其代表参与上述委员会的工作和参加听证。

根据2008年6月10日的补充规定，人权代表要以促进国家政策在保障人权领域的实现为目的，与俄罗斯联邦主体成立的社会观察委员会相互协作。上述社会观察委员会每年就强制地方对人权保障问题进行社会监督的资料寄送给人权代表。俄罗斯联邦社会局要通知人权代表，告之俄罗斯联邦主体组建社会观察委员会的成员及其变化情况。

在每个公历年度结束时，人权代表要向总统、联邦委员会和国家杜马、政府、宪法法院、最高法院、高等仲裁院和总检察院递交自己工作情况的报告。就俄罗斯联邦保护公民权利的部分问题，人权代表可以向国家杜马递交专门报告。

现在在俄罗斯联邦主体也开始设置人权代表这一职位。同人权代表的一般制度相并列，还设置了保护孩子、妇女和其他范围公民的人权代表的职位。

总之，正如我们预见的那样，组织保障在于相应的机关、公职人员的必要的行为，正是由于这些人，公民的权利、自由和义务得以实现，并迈出人权保护的步伐。

（3）精神保障。以前这组保障被称作为意识形态的保障。不必陷入对术语的争论，应该指出，重要的保障之一是同在社会中正确地理解和对待任何一种权利、自由和义务的态度相关的。概念发生着变化，但是在现存的词汇中却被注入了新内涵。这一切都应该向公民解释，这种新增的含义是同社会现代发展阶段相符合的。应该加强教育事业，帮助每一个公民成长为国家的合格公民、守法公民和对在社会中发生的一切并非漠不关心的公民。

（4）法律保障。在确定这些保障时，第一，应该明确地确立和规定实现权利、自由和履行义务的机制（程序）。第二，应该规定公民和他们的联合体正确实现自己的权利和自由的义务，规定国家公职人员、国家机构、地方自治机关恶意侵害公民的权利、自由，以及对人和公民的恣意妄为行为规定相应的责任。

**参考文献**

阿尔热耶夫·伊·阿：《俄罗斯联邦公民宪法权利的保护（理论与实践）》，法学副博士论文，莫斯科，1993年。

阿米洛娃·尔·尔：《俄罗斯联邦主体人权代表工作的宪法问题（以塔塔尔斯坦共和国为例）》，喀山，2008年。

别加耶娃·阿·阿：《俄罗斯联邦的人权代表》，法学副博士论文，莫斯科，2004年。

博伊措娃·弗·弗：《人和公民权利保护的工作·世界经验》，莫斯科，1996年。

博伊措娃·弗·弗、博伊措娃·尔·弗：《联邦〈俄罗斯联邦人权代表法〉释义》，莫斯科，1997年。

沃尔科夫·斯·阿：《人和公民权利与自由保护的宪法方式》，法学副博士论文，伏尔加格勒，1999年。

加萨诺夫·科·科：《基本人权保护的宪法机制》，莫斯科，2004年。

格鲁先科·普·普：《人的宪法权利和自由的社会法保障（理论与实践）》，圣彼得堡，1998年。

格鲁先科·普·普、基科吉·弗·亚、斯捷帕诺夫·德·尤、格列弗措夫·奥·弗：《俄罗斯联邦公民的权利、自由和合法利益的国家法律保护：法律指南》，圣彼得堡，2007年。

杰尼索娃·阿·斯:《俄罗斯联邦在特殊法律制度条件下对人和公民基本权利和自由的保障》,法学副博士论文,哈巴罗夫斯克,2008年。

伊布拉耶娃·布·斯:《俄罗斯联邦居民社会保护制度的宪法组织基础和职能》,法学副博士论文,莫斯科,2007年。

科尼亚济金·斯·阿:《俄罗斯的政府检察官员:俄罗斯联邦主体立法文件的国际法分析》,喀山,1999年。

库济米内赫·恩·弗:《独联体国家的人权代表(政府监察官员)制度》,莫斯科,2005年。

雷先科·弗·弗:《人权保护机制:国内和国际观点》,《宪法和市政法》2008年第16期。

马尔科洛娃·耶·格:《俄罗斯联邦主体的人权代表制度》,法学副博士论文,萨拉托夫,2003年。

米洛诺夫·奥·奥:《国家权利保护者的特征》,莫斯科,2009年。

奥洛宾斯基·阿·尤:《俄罗斯联邦人和公民自我保护权利和自由的宪法权利》,法学副博士论文,莫斯科,2009年。

雷巴科夫·奥·尤:《保护个人权利和自由领域的俄罗斯法律实践》,圣彼得堡,2004年。

斯涅日科·奥·阿:《俄罗斯联邦人和公民权利与自由国家保护的宪法基础》,法学副博士论文,萨拉托夫,1999年。

奥·奥·米洛诺夫主编:《人权保护的理论与实践》,莫斯科,2004年。

费多洛娃·尔·恩:《俄罗斯联邦人和公民宪法权利和自由的法律保障机制》,法学副博士论文,伏尔加格勒,2007年。

哈马涅瓦·恩·尤:《人权代表——公民权利的保护者》,莫斯科,1998年。

沙巴诺娃·兹·姆:《俄罗斯和外国的专业人权代表》,法学副博士论文,莫斯科,2004年。

埃米赫·弗·弗:《分权制度下的人权代表》,《宪法和市政法》2008年第5期。

雅古金·尔·阿:《俄罗斯联邦人和公民宪法权利和自由保护机制》,法学副博士论文,圣彼得堡,2004年。

邦达里·恩·斯:《人权与俄罗斯联邦宪法:通向自由的艰难之路》,罗斯托夫,1996年。

维特鲁克·恩·弗:《个人法律地位的一般理论》,莫斯科,2008年。

沃耶沃金·尔·德:《俄罗斯个人的法律地位》,莫斯科,1997年。

沃耶沃金·尔·德:《苏维埃公民的宪法权利与义务》,莫斯科,1972年。

佐尔金·弗·德:《21世纪的宪法和人权》,《纪念俄罗斯联邦宪法15年和世界人权宣言60年》,莫斯科,2008年。

卢卡沙娃·耶·阿:《人、权利、文明:规范评价维度》,莫斯科,2009年。

玛图卓弗·恩·伊:《法律体系和个人》,萨拉托夫,1987年。

卢卡沙夫主编:《人权的一般理论》,莫斯科,1996年。

卢卡沙夫主编:《人权》,莫斯科,2002年。

普利亚希娜·特·姆:《国际法和国内法上的人权》,萨拉托夫,2007年。

萨文·奥·弗:《现代俄罗斯的人与公民基本权利与自由宪法制度的发展》,法学副博士论文,伏尔加格勒,2004年。

舍弗措弗·弗·斯:《俄罗斯联邦的人权与国家》,莫斯科,2002年。

埃布泽耶夫·布·斯:《俄罗斯的个人与国家:相互责任与宪法义务》,莫斯科,2007年。

# 第十七章
# 对国内外因冲突受害的俄罗斯联邦公民，以及在国外的俄罗斯同胞政策的宪法基础

将该章置于本书之中，是与两种基本的看法直接相关的：

第一，苏联解体后，在原加盟共和国领域内出现了包括武装冲突在内的内部冲突。与此同时，这些国家对生活在这里的俄罗斯人和使用俄语的俄罗斯居民的态度也变坏了。这些人中的大多数要么保留，要么加入了俄罗斯国籍。在感受到对自己的生命造成威胁和其生存状况急剧恶化之后，他们中的部分人不得不向俄罗斯移民，部分人不惜抛弃了住宅、工作和财产。并且，生活在某一个俄罗斯联邦主体的俄罗斯公民，由于内部冲突的原因，开始向其他俄罗斯联邦主体迁徙。为此，国家不得不确定一些基本的政策，其中包括宪法的和其他一些对这部分国内迁徙的俄罗斯公民的专门政策。

第二，在苏联的原加盟共和国中，大量的俄罗斯联邦公民还居住在那里。除此之外，今天在国外长期居住或者定居的俄罗斯公民的数量急剧增加。为此，就不得不制定包括宪法原则在内的基本原则，以确定对生活在国外的俄罗斯联邦公民的国家政策。

## 第一节 被迫移民

"被迫移民"这一概念是俄罗斯法律的创造。国际文件对那些因对

其生命造成威胁的被迫放弃自己惯常住所的人,使用了"难民"这一概念。但是,难民是指因一定原因而处于他国领域的外国人。"被迫移民"这一概念则是适用于俄罗斯公民。这些人为救自己和自己的亲人从国外或者从俄罗斯的一个地区向另一个地区迁徙。根据1993年2月9日通过(1995年12月20日、2008年修订)的《被迫移民法》的规定,被迫移民是指俄罗斯联邦公民,这些人因种族的或者民族的特征,宗教信仰、语言原因,以及因其属于一定的社会群体,或者因成为对具体的人或者群体采取敌对行动或者大规模地破坏社会秩序借口的政治信念原因,而对这些公民或者对其家庭成员实施了暴力或者其他形式的迫害,而被迫离开了自己的居住地(第1条第1项)。

下列被迫离开自己的居住地的俄罗斯公民被认为是被迫移民:(1)从外国迁到俄罗斯的人;(2)从一个俄罗斯联邦主体迁到另一个主体的人。我们认为,第二种情况可能不完全与现实情况相符,在领土面积广袤的条件下,公民可能会遭受到迫害,相应地可以在俄罗斯联邦的一个主体内部拯救自己。

有法定依据长期居住在俄罗斯领土上,并因上述状况而在俄罗斯国内变更自己的居住地的外国人和无国籍人也可以被称作是被迫移民。长期在苏联加盟共和国生活的苏联公民,在俄罗斯联邦获得了难民身份,但是因获得俄罗斯国籍而又丧失了这一身份,在具有难民身份期间存在着阻碍其在俄罗斯联邦领土上的住所居住的情况时,也被称作为被迫移民。

下列人员不是被迫移民:实施了侵害和平、侵害人类罪,和其他俄罗斯法律规定的这类重罪;在从其离开居住地之日起的12月时间内,或者从因获得俄罗斯国籍而丧失难民身份之日起的1个月时间内,无正当理由不提交确认其为被迫移民申请的;因经济原因或者因饥饿,传染病或者出现自然的或人为的紧急状况而离开住所的。

已经离开其住所地,想被认定为被迫移民的人,亲自或者通过其授权的委托人，向其新的居住地的地方移民机关提出确认其是被迫移民的申请。在离开住所地之前，可以向俄罗斯联邦移民局或者向计划迁徙地的俄罗斯联邦移民局的地方机关提交请求，或者向俄罗斯联邦在自己居住国的外交代表机关，或者领事机关提交申请，以通过这些机关向联邦移民局或者打算移民地的地方移民机关转交申请。

地方移民机关做出登记请求的决定，并且颁发或者寄送给每个提出确认自己为被迫移民的人请求登记证明。获得请求登记证明的人和其共同生活的未满18周岁的未成年人有权：每个家庭成员获得一次性的金钱补助；获得临时被迫移民安置中心居住的介绍信；根据俄罗斯联邦政府规定的程序获得保障其通过和携带行李到临时居住的帮助；在做出确认他们是被迫移民决定前，居住在被迫移民临时居住中心，按照既定的标准获得食物和使用市政服务；根据俄罗斯联邦法律规定，在国立和市立医疗卫生机构获得免费的医疗和药品帮助。

不论该公民是不是有可能独立地在该地区被安置下来，在请求被登记之日起的3个月内，相应的地方移民机关做出承认该人是被迫移民的决定。认定某人为被迫移民的决定是向该人提供被迫移民法、俄罗斯其他联邦法律和规范性法律文件，以及俄罗斯联邦主体法律和规范性法律文件规定的保障的依据。

对被认定为被迫移民的人颁发相应的证明。被迫移民的身份有效期为5年。当存在有阻碍被迫移民在新的居住地安置的情况下，根据移民的申请由地方移民机关每次延长1年。

被迫移民有权独立选择居住地，有权与亲人或者其他同意共同居住的人一起居住，而不论其亲人或者其他人的居住面积有多大；在不可能独立获得俄罗斯联邦的居住地的情况下，有权向联邦移民局或者地方移民机构申请获得到被迫移民临时安置点居住或者在被迫移民临时居住资金支持的住所中居住；有获得保障其携带行李到新的居住地或者停留地的协助的权利。在获得（购买）其他住宅或者个人住宅完成建设的情况下,或者在被迫移民身份丧失或者被剥夺的情况下,以及在无正当理由超过6个月不在该处居住的情况下,被迫移民将丧失在被迫移民临时居住基金支持的住所中居住的权利。

联邦行政机关、俄罗斯联邦主体行政机关和地方自治机关向被迫移民提供全面的协助,尤其是在获得住宅、居住处、劳动就业和孩子教育方面。在联邦规划中甚至还规定了创建被迫移民点的计划。

除此之外,联邦行政机关和俄罗斯联邦主体行政机关在自己的职权范围内,向被迫移民返还在俄罗斯联邦的自己的财产方面的申请提供协助。在不可能向被迫移民返还财产的情况下,要支付补偿。这些机关还帮助被迫移民,根据俄罗斯联邦国际条约的规定,有组织地运送他们在外国的自由财产。在不可能返还财产的情况下,根据俄罗斯联邦的国际条约和俄罗斯联邦的规范性法律文件的规定,支付补偿金。应该坦率地说,这些要求现在还没有全部实现,尤其是当被迫移民从外国回到俄罗斯的情况下。

《被迫移民法》规定了丧失或者被剥夺被迫移民身份的可能性。在俄罗斯国籍终止的情况下,丧失被迫移民的身份,此外在下列情况下,丧失被迫移民的身份:到俄罗斯领域之外定居;上述身份的期限届满。如果某人故意提供虚假信息,或者提供明知是虚假的文件的,并且这些虚假信息和文件成了认定其为被迫移民的依据的,此时由联邦移民局和其地方机构剥夺被迫移民的身份。

## 第二节　国外的俄罗斯同胞

如上所述,苏联解体后在俄罗斯境外出现了几百万俄罗斯人,以及其他国内原住民的代表。

对国外的俄罗斯同胞的态度上，国家的政策不容易确立。其中包括，1994年8月11日颁布了《关于对在国外生活的同胞国家政策的基本方针》的俄罗斯联邦总统令。1994年8月1日俄罗斯联邦政府以《支持在国外生活的同胞的措施》的政府决议确定了这一政策的基本内容。1995年12月8日国家杜马通过了支持俄罗斯人和保护俄罗斯同胞的声明。

接下来，在1999年5月24日通过（2009年修订）了《对国外的同胞的俄罗斯联邦国家政策法》的联邦法律。该法律规定，与国外同胞的关系是俄罗斯国内外政策的重要组成部分。生活在国外的俄罗斯同胞，在实现其民事、政治、社会、经济和文化权利方面，以及在保持自己的独立性方面，有权获得俄罗斯的支持。同胞委员会在俄罗斯联邦国家权力机关和俄罗斯主体国家权力机关代表国外同胞的利益。在考虑到同胞居住国的法律的情况下，在处理同国外的同胞的关系上，要遵循共同承认的原则和国家法规范以及俄罗斯签署的国际条约的规定。

较为重要的问题是，"俄罗斯同胞"这一概念包含什么意思？联邦法律给同胞下了一个一般的概念，是指出生在同一国家，在该国居住或者曾经在该国居住过，有相同的语言、宗教、文化、传统和习惯的人，或者这些人的直系后代。相应地，"国外同胞"在法律中是指：

长期生活在国外的俄罗斯公民；

拥有苏联国籍的、生活在苏联加盟共和国的人，并获得了这些国家的国籍或者成为无国籍的人（简言之，是拥有苏联国籍的人）；

从俄罗斯国家、俄罗斯共和国、苏联和俄罗斯联邦迁移出的、拥有相应的民事属性的侨民，和成为外国的公民或者有居住权的人或者成为无国籍人的侨民（简而之，是侨民）；

除外国民族的后代外的，属于上述种类的人的后代（同胞的后代）。

不能完全确信，所有的国家都同意对这一概念的解释。但原因不在于此。主要在于，俄罗斯没有宣称其同胞享有任何特殊权利和在这些同胞的居住国应赋予其特殊的地位。

根据该联邦法律第3条的规定，俄罗斯公民和拥有双重国籍的人，只要其中的一个是俄罗斯国籍，即使定居在国外，因他们从属于俄罗斯国籍，也是同一祖国的人，被颁发护照和其他证件。至于拥有苏联国籍、对外的侨民和同胞的后代，这些公民自己承认自己是俄罗斯同胞，这应该是他们自由选择的行为。属于同胞的这些人，应该由执行权力机关授权的代表颁发专门的证明。

在俄罗斯国外颁发证件（证明），应根据个人专门的申请，在一个月内由俄罗斯的外交代表机关或者领事机关颁发，在俄罗斯领域内，则由公民处所地联邦移民机关颁发。而且，个人应该提供曾经生活在俄罗斯的事实、联系、亲属关系，也就是说，提供一切能够认定他是同胞的依据，以及现在生活在国外的事实。

俄罗斯对自己同胞的国家政策的目的在于，要按照公认的准则和国际法规范，按照俄罗斯联邦签订的国际条约和俄罗斯的法律规定，并考虑到外国的法律为这些同胞提供国家支持和帮助；还在于实现和保障人和公民的权利与自由，其中包括：自由表达、保存和发展自己的独立性，支持和发展其精神的和智力的潜能；确立和自由支持国外同胞和俄罗斯联邦之间的全方位联系，并保证他们获得俄罗斯的信息；创造民族文化自治权，社会团体和大众传媒工具，参与这些组织社团的活动；在国内和国际水平上参与非政府组织的工作；参与发展俄罗斯与其生活居住国之间的联系；实现自由选择居住地和返回俄罗斯的选择自由。

对国外同胞的国家政策必须考虑到在保护人与公民的基本权利与自由的同时，不能导致俄罗斯对相应国家内部事务的干涉。同时，联邦法律宣称，对生活在国外的俄罗斯公民的歧视，可以作为审视俄罗斯对有这种歧视的国家政策的依据。对生活在国外的同胞，在其基本权利与自由范围内，外国不遵守公认的原则和国际法规范，是俄罗斯国家权力机关采取国际法规定的保护自己同胞的措施的足够理由。

应该特别指出，在产生对他们的生命造成危险的情况下，有专门的保护生活在国外的俄罗斯人的措施体系。俄罗斯联邦总统1994年11月2日颁布了《在发生紧急状况的情况下，对俄罗斯驻国外机构和生活在国外的公民采取的措施》的总统令。下列对俄罗斯公民的生命和健康造成威胁的情况是紧急状况：国际关系尖锐化，并且产生了侵略俄罗斯的威胁；侵略俄罗斯；居住国发生了武装袭击；居住国参与了武装冲突；与居住国毗邻的国家出现了武装冲突；居住国的国内政治环境急剧恶化；在居住国的俄罗斯驻外机构与部分公民发生了极端行为、恐怖行为；在居住过或者毗邻国出现了自然灾害、流行疾病、大规模的事故和灾难；其他极端情况。

在出现紧急状况的情况下，由总统做出下列决定：疏散俄罗斯公民；为保障俄罗斯公民的疏散动用各种力量和资金；临时中止（限制）驻外机构的业务活动。根据总统的授权，1994年12月30日政府以命令的形式批准了《在产生紧急状况的情况下，保障俄罗斯公民从外国疏散的综合措施》。由外交部负责协调执行这些措施并保证各个部门和机构间的相互协作。在居住国出现紧急状况的情况下，各大使馆制定调整所有驻外机构采取行动和措施的总方案。

在上述列举的文件中没有解决，在外国对俄罗斯公民的生命和健康造成严重威胁的情况下，是否可以使用武装力量保护俄罗斯公民的问题。国家可否使用武装力量保护国外的本国公民，例如，派遣士兵到另一国家对本国公民提供保护，尤其是在反恐的情况下。这种措施并没有被排除。这种行为在国际法上叫做"人道主义干涉"。禁止使用这种人道主义干涉，经常被称作是正面的。

如果在某一外国产生了俄罗斯联邦很难对自己的公民采取保护措施或者提供庇护的情况，政府可以告知俄罗斯公民，并建议不要到这些国家去。这些建议不是临时限制公民出国的理由。

同胞法规定了在经济和社会领域对这些同胞提供支持的政策方向。这包括：根据俄罗斯联邦和相应的外国法律，俄罗斯联邦以及俄罗斯联邦主体国家权力机关促进俄罗斯组织和国外同胞的经济主体的合作，协助创建共同的组织、合作社和公司，促进国外同胞到俄罗斯投资，鼓励不论何种所有制形式的俄罗斯组织与主要是国外同胞工作的企业建立联系，鼓励他们之间发展互惠共赢的合作。俄罗斯联邦积极帮助外国同胞对俄语和俄罗斯文化的研究，帮助培养学生和教师。

不能说，过去所有时间，包括同胞法通过后，俄罗斯联邦对这部分人的政策是全面的和成功的。但这一政策是支持国外同胞及相关对外政策中的阶段性成就。

但是，在另一个问题上，在鼓励俄罗斯同胞返回历史故乡这一问题上，还没有清晰的政策，甚至是恰恰相反。例如，最初赋予俄罗斯同胞，因其具有的同胞地位而获得俄罗斯国籍的优惠。但是，随着2002年通过的新的联邦国籍法，这一规定失效了。对外国同胞入境、迁徙和出境使用的是俄罗斯法律和国际条约规定的一般规则。

2006年6月22日随着俄罗斯联邦总统《关于对生活在国外的同胞向俄罗斯联邦自愿迁徙的提供帮助的措施》的总统令的颁布，情况发生了变化。该总统令确定了"对生活在国外的俄罗斯公民自愿向俄罗斯迁徙提供支持的国家计划"和为实现这一计划的具体方案。成立了以俄罗斯联邦总统助理为首的、跨部门的委员会。在总统令中规定，联邦移民局是这一国家计划的协调机构，赋予其协调国家权力联邦机构和联邦主体权力机关，以及协调这一领域内的法律规范的职责。除此之外，在总统令中还授权俄罗斯联邦政府批准俄罗斯联邦主体对生活在国外的同胞返回俄罗斯提供支持的计划。俄罗斯联邦主体行政机关领导应该将这一计划的草案提交俄罗斯政府批准。并且，在编制下一年的联邦财政预算时，应该按照法定程序确定实现这一计划所需的资金。

在国家计划中规定，该计划是将生活在国外的同胞的潜能与俄罗斯区域的发展需要相结合。国家计划的目的是在提高俄罗斯联邦主体吸引力的基础上，刺激和鼓励向俄罗斯联邦的自愿移民，以及依靠吸引移民到俄罗斯联邦定居以补偿国家内部整体及个别地区的人口减少。

根据实现向生活在国外的、自愿返回俄罗斯的同胞提供协助的国家计划,在2006—2012年将分阶段实施这一国家政策:第一阶段(2006年)通过规范性法律文件,创建国家政策的管理体系;俄罗斯联邦主体评估对劳动力资源的需求,现有的基础设施对接受移民的承受程度,起草区域性移民方案并批准这些方案,等等。在第二阶段(2007—2008年)方案的参加者以及他们的家庭成员已经开始了自愿移民。在第三阶段(2009—2012年)继续按规定开展区域性移民计划,同时需要规划继续实现这一国家计划的措施。

在宪法范围内,尤其需要指出,在周密选择俄罗斯的生活地和工作地的基础上,由同胞自愿做出参加国家计划的决定。对参加国家计划的同胞,颁发俄罗斯联邦政府制定的证明。

国家计划的参加者和他的家庭成员共同到俄罗斯联邦定居,并有获得国家保障和社会支持的权利,这包括:

对迁徙到未来居住地所花费的费用由联邦财政进行补偿;

对办理在俄罗斯联邦领域移民的法律地位的文件所支付的费用,以国家财政经费进行补偿;

获得联邦财政支付的一次性定居补助金;

如果没有劳动收入、没有从事经营活动或者其他法律不禁止的其他经营活动的收入,在获得俄罗斯联邦国籍前的这段时间,可以获得每个月发放的补助金,但是不能超过6个月。补助金的数额,要根据相应联邦主体的最低生活标准来确定;

国家计划的参加者获得一系列的服务,其中包括学前教育、普通和职业教育的国立和市立机构的服务,社会服务和医疗保健服务,还有国家就业机构的服务。这些服务的费用由相应的财政进行拨款。

国家保障的数额、提供保障的办法,以及社会支持的具体措施,由俄罗斯联邦政府确定。

为国家计划参加者提供的其他国家保障、社会支持和劳动就业，以及对他和他的家庭成员提供的必要的住宅保障要在区域移民计划的范围内解决。

俄罗斯联邦主体有权参与对国家计划的参加者进行住宅费用方面的补贴，为国家计划的参加者和其家庭成员确定其他保障和社会支持措施。

国家计划的参加人有权按照法定程序选择在俄罗斯联邦主体的迁入地区。迁入地是指俄罗斯联邦主体领域的一部分，在相应的区域移民计划规定的移民方案范围内，吸引移民来的地方。

有三类迁入地，据此细化对国家计划的参加者提供的保障和社会支持。"A"类迁入地区是属于俄罗斯战略上重要的、居民数在下降的边境地区。对该地区的移民，提供国家计划参加者及其家庭成员的完全的国家保障和社会支持。"B"类迁入地区是指正在进行大规模的投资，因在区域劳动力市场上，缺乏相应的大规模的劳动力而需要大量吸引移民的地方。对在该类地区的移民，提供对国家移民计划参加者和其家庭成员提供的，除在没有劳动、企业经营活动或者不被法律禁止的其他经营活动所获得的收入而支付的每月补助之外的国家保障和社会支持。"C"类移民地区是指经济社会发展稳定，并且这类地区在最近3年或者更长的时间，出现了人口总数和（或者）移民数下降的地区。对该类地区的移民，提供为国家计划的参加者及其家庭成员提供的，除在没有劳动、企业经营或者其他不被联邦法律禁止的经营活动收入的情况下，发放的每月补助金，和安置费之外的，其他国家保障和社会支持。

应该特别指出：参加国家计划，给作为外国人或者无国籍人的同胞及其家庭成员提供了获得临时居住、长期居留或者取得俄罗斯联邦国籍的权利。在审查发放俄罗斯联邦国籍时，该计划的参加者在提供证明的情况下，免除了提供有在俄罗斯生活的资金保障和掌握俄语知识的证明的规定。

在到达被国家计划的参加者选定为自己的惯常居住地的俄罗斯联邦主体后,该计划的参加者及其家庭成员获得相应的、证明其在俄罗斯合法居住的文件。

该计划要求提供尽可能的、在国外通过参与这一计划向俄罗斯移民的详细信息。通过递交个人申请的形式,同胞做出参加该计划的决定。同时,在国家计划的参加者和其家庭成员共同到俄罗斯联邦定居的,要按照规定的程序递交必要的信息。申请的格式,在申请中包含的资料的清单,以及申请的附属文件,都应该由俄罗斯联邦政府规定。

与国家计划规定的条件相符,是在同胞进行选择和在俄罗斯联邦的相应区域接受移民条件的基础上,进行进一步确定具体的移民方案的依据。

在选定了确定的移民方案和履行了必要的程序后,同胞就获得了国家计划参加者的身份,同时也确定了他和他的家庭成员的权利和义务,以及俄罗斯联邦主体的义务,其中包括提供与选择的迁入地相符的国家保障和社会支持。

为国家计划的参加者及其家庭成员办理来俄罗斯的必要的文件,其中包括确定格式的国家计划参加者的证明,以及在必要的情况下,办理签证。

为了鼓励俄罗斯海外同胞的自愿移民,将会对国家计划参加者和其家庭成员来俄罗斯以及将其财产从外国的居住地运到在俄罗斯主体的相应迁入地的费用进行补偿。

**参考文献**

C.A.阿瓦基扬:《俄罗斯:国籍、外国人、外来移民》,圣彼得堡,2003年。

安德利琴科·尔·弗、别洛乌索娃·耶·弗:《被动移民立法释义和难民立法释义》,莫斯科,1998年。

加弗里洛娃·伊·恩:《俄罗斯联邦国家移民政策问题》,《国家权力和地方自治》2007年第8期。

加里阿赫梅托娃·科·德:《俄罗斯联邦移民地位的宪法调整》,法学副博士论文,莫斯科,2006年。

热列布措夫·阿·恩:《难民和被动移民在俄罗斯联邦主体地位的法律调整》,法学副博士论文,伏尔加格勒,1999年。

科罗别耶夫·弗·阿:《俄罗斯联邦移民政策的宪法基础》,法学副博士论文,莫斯科,2008年。

利亚利亚金·尤·阿:《俄罗斯联邦移民关系调整的宪法基础》,法学副博士论文,莫斯科,2007年。

奥兹多耶夫·姆·德:《被动移民和难民在俄罗斯联邦的宪法地位》,法学副博士论文,莫斯科,2003年。

佩图霍夫·德·弗:《俄罗斯联邦对境外同胞的国家政策的宪法基础》,法学副博士论文,萨拉托夫,2007年。

普柳吉娜·伊·弗:《法律调整移民在俄罗斯联邦地位的宪法基础》,法学副博士论文,莫斯科,2008年。

索科利尼科娃·阿·弗:《被动移民在俄罗斯联邦权利的宪法保障与保护》,法学副博士论文,萨拉托夫。

斯塔哈诺娃·耶·尤:《俄罗斯的移民政策——宪法调整的客体》,法学副博士论文,莫斯科,2009年。

托茨基·恩·恩:《移民法入门》,莫斯科,1999年。

秋尼娜·伊:《俄罗斯联邦劳动移民的宪法地位》,法学副博士论文,莫斯科,2007年。

丘尔金·姆·尔:《俄罗斯、美国、法国和德国移民制度的历史分析》,莫斯科,2004年。

亚斯特列博娃·阿·尤:《俄联邦现代移民的法律基础和移民政策的确立》,《宪法和市政法》2008年第15期。

# 第十八章
## 俄罗斯联邦外国公民和无国籍人地位的宪法基础

### 第一节 俄罗斯联邦外国公民和无国籍人地位的一般原则

在国籍一章我们指出，在俄罗斯联邦领域上的拥有外国国籍且不属于俄罗斯公民的人，被称作是外国公民。

在俄罗斯联邦领域内的无国籍人，既不是俄罗斯公民，也不具有外国国籍。

2002年7月25日通过（2009年修订）的《俄罗斯联邦外国公民法律地位法》是在这一领域给出这种定义的关键性法律文件。

在很多问题上，外国人和无国籍人拥有共同的宪法基础。《俄罗斯联邦宪法》第62条第3款宣布："除联邦法律和国际条约另有规定的情况外，俄罗斯联邦的外国人和无国籍人与俄罗斯公民一样享有权利并履行义务。"以下我们把这两部分人共同称作"外国人"。在2002年联邦《外国公民法》（第2条第2款）中规定："为实现本联邦法律的目的，除联邦法律对无国籍人规定了与外国公民不同的专门规则的情况外，'外国公民'这一概念本身包括'无国籍人'这一概念。"因此，我们这里使用的2002年联邦法律，为简便起见，我们将称其为外国公民法。

## 一、外国公民制度和地位的种类

在国际法上有一种观点认为,外国人整体上享有本国国民的地位,除一些例外规定外,可以称作是"国民待遇制度"。俄罗斯也适用国民待遇制度,这在《俄罗斯联邦宪法》第62条第3款中有所规定。

俄罗斯联邦对外国公民也同样适用最惠国待遇制度。该制度的主要含义在于,国家向本国公民提供的可能性,也同样向第三国公民提供。但是,在使用最惠国待遇的这种解释时,国家间要达成协议,在相互领域上的国民与第三国的公民相比,将享有更多的机会,虽然部分作者认为这应该叫做"互惠原则"。

当然,俄罗斯遵守在国际条约中规定的,对在本国有外交等级的外国公民提供特殊规定的外交豁免权,尤其是在法律责任方面。对此,我们将会详细地进行研究。

在阐述有关俄罗斯境内的外国人规定时,首先我们要强调,"地位""宪法地位"这两个概念,对有合法依据在俄罗斯联邦的那些外国人和无国籍人都适用。在概念上,2002年联邦法律给出了下列的定义:"在俄罗斯联邦的合法的外国人是指拥有有效的居住证件,或者临时居住许可,或者签证和(或者)移民卡,或者联邦法律、其他俄罗斯联邦签署的国际条约规定的其他证明从而享有在俄罗斯联邦停留(居住)权的文件的人。"(第2条)

严格地说,任何一个在一国领土上的人都有法律地位。对那些非法在俄罗斯领土上的外国人,也被作为一个个体、作为一个人而存在,并向其提供所有的宪法保障。但是,这类外国人不能要求获得其他在俄罗斯有合法依据的那些外国人所享有的权利和自由(合法劳动、接受教育等)。非法在俄罗斯停留的外国人,如果他们不请求使其停留合法化或者其请求遭到拒绝时,他们必须离开俄罗斯。

在俄罗斯有合法依据的外国人，根据停留的期限，可以分成以下三类：

临时逗留的人——属于这类人的是凭签证来俄罗斯的外国公民，或者根据不要求签证的程序到达俄罗斯的外国人，以及虽然有移民卡但是不享有居留权或者临时居住许可的外国公民；

临时居住的人——是指那些获得了临时居住许可的外国公民；

长期居住的人——是指那些获得了居住证的外国公民。

（一）临时逗留的外国人

根据2002年联邦法律第5条的规定，外国公民在俄罗斯联邦的临时逗留时间由颁发给他的签证的有效期限确定。如果外国人是按照不需签证的程序而来的，除法律另有规定的情况外，其停留期限不能超过90天。

在俄罗斯联邦临时逗留的外国人，在其签证或者其他临时逗留期限届满时，除在上述期限届满日给他延长了签证期限或者临时逗留期限，或者给他颁发了新的签证，或者他获得了临时居住许可，或者获得了居住证，或者他的申请和其他获得临时居住许可的文件被接受的情况外，必须离开俄罗斯。

在俄罗斯联邦的外国人的临时逗留期限，当允许他来俄罗斯的条件发生了变化或者相应的情况不再存在时，可以被延长或者缩短。延长或者缩短俄罗斯联邦外国人临时逗留期的决定由俄罗斯联邦外交部或者联邦移民局或者移民局的地方机关作出。

对那些不需签证便在俄罗斯联邦逗留的外国人，如果他们签订了劳动合同或者在遵照法律规定的情况下，完成某项工作（提供服务），临时逗留的期限可以被延长至合同规定的期限，但是从该外国公民进入俄罗斯之日起计算，其停留期限不能超过1年。那些已经到达俄罗斯联邦的外国人和根据合同服兵役的外国人，在俄罗斯联邦的临时逗留期限要按照俄罗斯联邦政府规定的程序确定。在2003年12月30日通过（2007年修订）的俄罗斯联邦政府令中规定，这一期限的确定必须要以办理服兵役手续的必要时间为依据，并且要由俄罗斯联邦国防部经规定兵役制度的联邦行政机关的同意来确定。

2006年7月18日对《联邦外国公民法》进行补充时，对临时逗留期限，确定了更为弹性的规则。该法律第5.1条规定，为了保障国家安全，维持劳动力资源的良性平衡，优先促进俄罗斯公民就业，以及为了解决国家对内和对外政策的任务，对在俄罗斯临时逗留的部分外国人，俄罗斯联邦政府有权将外国公民的临时逗留期限延长180个昼夜或者缩短90个昼夜，这既可以在全国范围内实施，也可以在一个或者几个俄罗斯联邦主体内实施。如果期限缩短，此时俄罗斯联邦政府也有权确定一个期限，在该临时期限内，临时停留的外国公民必须离开俄罗斯联邦。

（二）临时居住的外国人

在俄罗斯联邦政府确定的限额幅度内或者在法律规定的不需考虑限额的情况下，可以颁发给外国公民临时居住许可。临时居住许可的期限为3年。临时居住许可是证明外国人或者无国籍人在获得居住证前在俄罗斯临时居住权的证明。临时居住许可，以在证明个人身份的证件上标注的形式，或者以给在俄罗斯联邦的、没有证明其身份证件的无国籍人颁发固定格式的文件的形式来办理。

颁发给外国人临时居住许可的限额，根据俄罗斯联邦各主体国家权力执行机关的建议，并结合俄罗斯联邦相应主体的人口状况和安置外国公民的能力的状况，由俄罗斯联邦政府确定。

在不考虑俄罗斯联邦政府确定的限额的情况下，也可以给外国公民颁发临时居住许可：

出生在苏俄领域上的人和曾经拥有苏联国籍的人或者出生在俄罗斯联邦领域上的人；

被认定为无劳动能力，并且有拥有俄罗斯联邦国籍的儿子或者女儿的人；

至少有一个无劳动能力的且拥有俄罗斯国籍的父亲或者母亲的人；

在俄罗斯联邦有居住地的、与俄罗斯联邦公民结婚的人；

在俄罗斯联邦政府规定的额度内，向俄罗斯联邦投资的人；

对在兵役期限内的，服兵役的人（2003年增加）；

对自愿向俄罗斯联邦移民的国外的同胞及与他一同向俄罗斯移民的家庭成员提供协助的国家计划的参加人（2006年增加）；

有拥有俄罗斯联邦国籍的孩子的人（2009年增加）；

有年满18周岁的、拥有俄罗斯联邦国籍的、被法院的生效判决认定为无民事行为能力或者限制民事行为能力的儿子或者女儿的人（2009年增加）；

同外国公民的父母（收养人、监护人、保护人）共同获得临时居住许可的、未满18周岁的人（2009年增加）；

根据俄罗斯联邦公民的父母（收养人、监护人、保护人）的申请，获得临时居住许可的，未满18周岁的人（2009年增加）；

同外国公民的父母（收养人、监护人、保护人）一同获得临时居住许可的，根据外国法律被认定为无民事行为能力人或者限制民事行为能力人的年满18周岁的公民（2009年增加）；

根据俄罗斯公民（收养人、监护人、保护人）的父母的申请，获得临时居住许可的、根据外国的法律被认定为无民事行为能力或者限制民事行为能力的年满18周岁的人（2009年增加）；

联邦法律规定的其他情形。

如果外国人在俄罗斯联邦逗留，临时居住许可由联邦移民局的地方机关颁发；如果外国人生活在国外，则由其居住国的外交代表机构或者领事机构颁发。并且，应该在6个月的期限内确定是否颁发临时居住许可。在被拒绝的情况下，过一段时间（但不能早于1年）可以再次递交申请。

在俄罗斯联邦临时居住的外国公民，在从他获得临时居住许可时起算的、当年期限届满之日的两个月的时间内，有义务由本人向联邦移民局的地方机关递交证明自己在俄罗斯联邦居住的通知书,并且要附有关于收入的证明,以及报税单的复印件或者其他能证明其收入来源和数额合法的文件。此外,在通知书中还应该标明:居住地;在上一年的工作时长;在这一期间内是否去过俄罗斯联邦以外的国家(要注明去的具体国家)。

在2002年联邦法律中规定了拒绝发放或者取消临时居住许可原因的清单。在下列情况下,将拒绝或者取消临时居住许可,如果外国人:

声明支持以暴力改变宪法制度的基础,或者以其他方式对俄罗斯的国家安全或者其公民造成了威胁;

向恐怖主义(极端主义)提供财政支持,计划实施恐怖主义(极端主义)行动,对实施这类行为进行帮助或者实施这类行为,以及以其他方式支持恐怖(极端)主义;

在过去5年内,被处以驱逐出俄罗斯境外的行政处罚措施或者被判处驱逐出境;

提供了伪造的或者虚假的文件或者告知明知是有关自己的虚假信息;

因实施了严重的或者特别严重的犯罪,或者被认定为特别危险的累犯的犯罪,被生效的法院的判决书判处刑罚的人;

在俄罗斯或者国外实施了根据联邦法律认定为严重或者特别严重的犯罪,其犯罪前科的期限未届满的或者未被撤销的人;

在1年内,因违反俄罗斯法律,其中包括违反外国人的逗留(停留)制度,而不止一次(两次或者两次以上)遭受到行政处罚;

从颁发临时居住许可之日起,在1年内,有180个昼夜没有从事劳动工作,或者没有获得收入,或者没有足够的可以养活自己和靠其挣钱供养的家庭成员的经费,没有请求获得国家帮助,且其生活水平也不低于允许他临时居住的联邦主体法律规定的最低生活标准(其实,这一要求的效力不及于众多的外国人:月平均收入不低于他所生活的联邦主体的最低生活标准的;以全日制形式在中等专业技术学校学习的;以全日制形式在俄罗斯联邦大学学习的大学生和研究生；退休人员和残疾人员；俄罗斯联邦政府规定的、属于这一范畴的人）；

从进入俄罗斯之日起，满3年的期限内没有法律规定的住所的；

以长期居住的目的从俄罗斯到其他外国国家去；

在俄罗斯境外停留时间超过6个月；

获得临时居住许可的理由是与俄罗斯公民结婚，但是该婚姻被法院认定为无效；

有毒瘾的病人，或者不具有没有携带艾滋病病毒的证明，或者患有任何一种对周围人员产生安全威胁的传染性疾病的；

不是按签证制度到达俄罗斯，但是，没有在规定期限内提交要求的文件的。

当然，上述理由的任何一个都可单独适用。

除了上述情况外，在按照法定程序作出某一外国人是不被俄罗斯联邦欢迎的人的决定的情况下，临时居住许可不能发放给该外国人，已经发放的临时居住许可将会被取消。

最后，2008年5月6日对《外国人法》第7条中进行了修改，根据俄罗斯签署的反过境移民（过境移民是指在最初的居住国的外国人通过本国向他国，或者在最后一个居住国的外国人通过他国向本国的移民）的国际条约的规定，如果该外国人是通过俄罗斯到其他国家去的话，或者相反，通过外国国家到俄罗斯联邦的话，则不给该外国人颁发临时居住许可。

任何一种否定性的决定，外国公民都可以自收到做出该决定的通知之日起的3日内，向联邦移民局申诉或者向法院起诉。除联邦法律另有规定外，在审理申诉或起诉的这段时间内，该公民并不丧失在俄罗斯联邦临时居住的权利。

（三）定居的外国人

2002年联邦法律规定，在临时居住许可生效期内，在有法定理由的情况下，根据公民的申请，可以向该公民发放居住许可证。"居住许可证是颁发给外国人或者无国籍人的,证明其有权在俄罗斯联邦定居,并且可以自由出入俄罗斯的文件。颁发给无国籍人的定居许可证,同时也是该人的身份证件。"(第2条)

颁发该文件就是在俄罗斯定居的许可。该文件由联邦移民局地方机构颁发。应该在临时居住许可期限届满之前的最迟6个月的期限内,递交颁发定居证的申请。在获得定居证之前,外国公民必须以临时居住许可为根据在俄罗斯联邦生活不少于1年(第8条第2款)。

颁发给外国公民的定居证的时间为其身份证明文件上确定的有效期,但是最多不能超过5年,而颁发给无国籍人的定居证的效力期限为5年。该定居证的效力期限届满时,根据个人的申请,其效力期限可以再延长5年。定居证有效期延长的次数没有限制。

在俄罗斯联邦定居的外国公民,有义务每年向获得定居证的联邦移民局的地方机关告知自己在俄罗斯居住。在告知书中要有公民居住地的信息;有工作地的信息和从他获得定居证之日起的1年内从事工作的时间长度;在该年内,在俄罗斯联邦之外停留的时间(要注明所到的国家);在该年中他所获得的收入的来源及其数额。

2002年联邦法律第9条规定了拒绝发放或者取消已经发放的定居证的原因。这些原因同上述的拒绝发放或者取消已经发放的临时居住许可的原因相同。其实,还有一个与2008年补充的反过境移民的规定有关的原因,也就是如果外国公民"被处以驱逐出俄罗斯联邦的行政处罚,或者根据俄罗斯签署的国际反过境移民公约的规定,因通过他国向俄罗斯移民而被驱逐",则也应作出这种决定。

## 二、入境、登记、迁徙和居住

如果俄罗斯联邦签署的国际条约未作其他规定的话,外国公民和无国籍人在进出俄罗斯时,必须提供能够证明他们身份的、被俄罗斯认可的有效证件和签证。

根据1996年8月15日通过(2009年修订)的《俄罗斯联邦出境、入境规定》,如果本法、俄罗斯签署的国际条约和俄罗斯联邦总统令未作其他例外规定的话,在有签证和俄罗斯联邦承认的证明其身份的有效证件的情况下,外国公民可以进入或离开俄罗斯联邦(第24条)。但是,那些有定居证的人,要根据能证明其身份的有效证件和定居证进出俄罗斯。被俄罗斯联邦认定为难民的外国人和无国籍人,可以难民过境证为依据,出入俄罗斯。

大多数的外国人都要根据签证进入俄罗斯。有合适的来俄罗斯联邦的邀请函是颁发签证的依据。发放邀请函的方式有两种,具体地说,是两个有竞争的机关——俄罗斯联邦外交部和联邦移民局。俄罗斯联邦外交部根据下列机关的申请发放邀请函:(1)国家移民机关;(2)俄罗斯联邦驻外外交代表机关和领事机关;(3)国际组织和它们在俄罗斯的代表处,以及在俄罗斯的国际组织的驻外代表处;(4)俄罗斯联邦主体国家权力机关。俄罗斯联邦移民局只在联邦法律规定的情况下,发放邀请函。而其他的邀请函,要根据下列机构的申请,由联邦移民局的地方机构颁发:(1)地方自治机关;(2)按照告知程序,在联邦移民局及其地方机关进行登记的法人;(3)俄罗斯联邦公民以及在俄罗斯联邦定居的外国人。在给一定范围内的外国人办理邀请函时有着特殊的程序。例如,联邦移民局地方机关,根据教育机构的申请,为那些前来学习的外国人办理邀请函;而根据雇主的申请,为那些前来就业的外国人办理相应的邀请函。

邀请函是获得(颁发)签证的最为有效的理由。但是,也有例外。例如,在俄罗斯联邦从事旅游业的组织提供的接待外国游客的证明,或者提供旅游服务的合同,都可以成为获得(颁发)签证的理由。如果外国人向俄罗斯国外的外交代表机构或者领事机构递交了认定自己是难民的申请,根据这一申请,在联邦移民局或者它的地方机关作出肯定性结论,这也是向该外国人发放签证的依据。

签证是由有权的国家机关根据俄罗斯承认的证明外国人或者无国籍人身份的有效证件签发的，进入俄罗斯联邦或者经过俄罗斯联邦通行的许可（该法律第25.1条）。

签证由俄罗斯联邦的外交代表机关和领事机关，或者直接由俄罗斯联邦外交部和在俄罗斯领域上的代表处，其中包括俄罗斯联邦过境通行处，以及俄罗斯联邦移民局及其地方分支机构颁发。

根据入境和逗留的目的，俄罗斯联邦颁发给外国人的签证可能是：外交签证（一般的期限是3个月以内）；公务签证（一般期限也是3个月以内）；一般签证（其中一部分的期限是3个月以内；商务签证是1年以内；旅游签证是1个月以内；学习签证是1年以内；工作签证是开展工作的期限，但是不能超过1年；人道主义签证的期限是1年以内，以避难为目的的签证期限为3个月以内）；过境签证（期限为10天之内）；给临时居住的人颁发的签证（期限为4个月以内，但是如果他居住的期限要延长的话，则签证的期限也延长至相应的期限）。

外国人应该提供在俄罗斯联邦领域生活和从俄罗斯出境有资金保障的证明文件。属于这些保障的有：邀请函，以适当方式签署的旅游合同；从俄罗斯出境的过路票；由俄罗斯法人或者国际组织办公室提供的外国人在俄罗斯联邦生活和从俄罗斯出境有资金保障的证明文件；由俄罗斯自然人提供的，对在俄罗斯联邦生活和从俄罗斯出境的保障证明；以适当的形式办理的医疗保险。

在《联邦外国公民法律地位法》和《联邦出境入境法》中规定了，对非法在俄罗斯停留的外国人采取的措施，还规定了因国家利益或者相应人的行为被宣布为不受欢迎的人，可能缩短对其合法在俄罗斯停留的期限。

例如，根据《外国人和无国籍人出境入境法》第25.10条第3款的规定，非法在俄罗斯停留的人和不被允许进入俄罗斯的人，以及合法在俄罗斯逗留（居住）的外国人，在对国家安全和国防利益造成现实威胁的情况下，或者对公共秩序、居民健康造成现实威胁的情况下，为了保障宪法制度的基础，维护道德以及其他人的权利与合法利益，可以对这些在俄罗斯的外国人或者无国籍人作出不受欢迎的决定。相应的外国人必须根据联邦法律规定的程序离开俄罗斯。如果他们不主动离开，将会遭到驱逐出境。此外，俄罗斯联邦作出的不受欢迎的决定，也是禁止其以后入境的依据。

2003年4月7日通过（2008年修订）的俄罗斯联邦政府令规定了《对在俄罗斯联邦的外国公民和无国籍人作出其是不受欢迎的人的决定和有权做出这种规定的联邦执行权力机关的清单》。

对进入俄罗斯联邦的外国人应该进行登记和移民统计。最初这是根据2002年的《外国人法》进行的。2006年7月18日制定（2009年修订）了《俄罗斯联邦外国公民和无国籍人登记法》。根据该法律，2007年1月15日（2008年修订）俄罗斯联邦政府令批准了《对俄罗斯联邦境内的外国人和无国籍人移民统计规则》，还批准了外国人或者无国籍人在居住地进行登记的申请格式及关于外国人和无国籍人到达逗留地进行通知的格式。

在这一领域的基本规则是：在入境时，外国公民获得移民卡，在移民卡上有入境边境检查机关所做的标记。到联邦移民局地方机关进行登记时，需要出示该移民卡。2002年法律中规定，外国人在到达后的3个工作日内，必须进行登记。实践中，遵守这一期限是十分困难的，因为该法律没有规定相应机关（此处应该是内务机关）检查在这一期限进行登记的义务。

如今，情况变得稍简单些。《移民统计规则》（第4条）规定："除联邦宪法性法律和联邦法律做出例外规定的情况外，移民统计具有通知的特点。"上述法律规定，在俄罗斯长期或者临时居住的外国人应该进行登记，而临时逗留的外国人需要进行移民统计。

原则上，如果只就法律而言，对那些有临时居住许可和有居住证的人，完全没有登记问题。根据上述法律第18条的规定，移民统计机关"在某外国公民提交居住地登记申请和其他必要文件时，在当天应该在该外国公民的居留证或者临时居住许可上写上相应的记录"，并且在不迟于下1个工作日内，在自己的统计文件上和国家移民统计信息系统中记录有关该外国公民的居住信息。

在逗留地对外国人进行的统计需要的时间更多一些。法律将这些人分为两组。

第一组——那些刚从国外到俄罗斯的外国人和已经在俄罗斯居住但是为自己找了新的住所的人。这些外国人，在到达逗留地之日起的3个工作日内，必须进行登记。其实，如果外国人在边境、宾馆、旅游基地、医院、专门的社会复权机构等，以及在执行刑事和行政处罚的机关时，相应的机关自己要保证进行统计并向联邦移民局的地方机关进行告知。

第二组——长期在俄罗斯居住的外国人。如果这些人到了新的居住地，在从到达之日起的7个工作日内，必须去登记。这一组的外国人，如果他们到新地点后，而在该地点没有住所，则不必进行登记（例如，到河岸边的帐篷中休息的人）。如果他们出现了同上述的第一组的人相同的情况（也就是说在宾馆中等），或者他们在定期轮换制的工作条件下工作，相应的机关、企业本身会保证对他们进行登记并通知联邦移民局的地方机构。

要注意的是，根据该法律第22条的规定，在逗留地的外国公民，不需要去移民机关。这些手续由接收方办理。外国人向接受方提交证明其身份的文件和移民卡。接受方向直接或者按照法定程序通过邮局寄送的方式向移民统计机关寄送外国公民已经到达逗留地的通知。

只有"在存在有根据地、可被证明的阻碍接受方独立向移民统计机关寄送外国公民已到达逗留地的信息的正当理由的情况下，移民统计机关才按照法定程序直接从该外国公民手中接受上述通知"。其实，长期在俄罗斯联邦居住的外国公民,在征得接受方书面许可的情况下,也有权独立地直接或者按照法律规定的程序通过邮递的方式,向移民统计机关寄送自己已经到达逗留地的通知。

应该特别指出,在移民政策上,一切都应该建立在考虑到外国公民和俄罗斯双方利益的基础上来构建。2006年联邦法律第5条,即"在进行移民统计时,既要保障人权,又要保护国家利益"。该条第1项规定,外国公民"在俄罗斯享有自由迁徙权,在俄罗斯联邦领域内选择逗留地和居住地的权利,同时,除联邦宪法性法律、联邦法律和俄罗斯签署的国际条约另有规定的情况外,与俄罗斯联邦公民一样履行义务"。细心的读者会发现,该内容在《俄罗斯联邦宪法》第27条第1款和第62条第3款上有所规定。

其实,在必要的情况下,替代对外国公民进行的移民统计通知程序(根据联邦宪法性法律和联邦法律的规定),还可以适用在住所地进行登记和在逗留地进行统计的许可程序:(1)在边境地区;(2)在封闭的地方行政机关;(3)在封闭的军用城市中;(4)在那些根据联邦法律的规定,需要专门许可才能进入的地区、组织和建筑中;(5)在根据俄罗斯联邦总统令实行紧急状态或者有军事行动的地方;(6)在生态灾难地区;(7)在因有流行性或者大规模传染性疾病传播的危险和在人为投毒的部分地区或者居民点,在这些地区对居民居住和经营活动实行特殊的条件和制度;(8)在进行反恐行动的地区;(9)在战时动员阶段或者在战争时期;(10)在联邦法律规定的其他情况下(《移民统计规则》第5条第2项)。

对国家机关、地方自治机关、法人或者其他组织,公职人员或者自然人,对外国公民在俄罗斯联邦领域内的迁徙自由、选择逗留地和居住地的权利造成侵害的作为或者不作为,可以向其上级机关更高级的公职人员投诉或者向法院起诉。

在进行移民统计时,外国公民有权了解在国家移民统计系统中记录的关于自己的个人信息;外国公民对上述有关自己个人的信息,有保护、修正、改变和补充的权利，还有按照法定程序在移民统计机关获得有关个人信息的证明的权利。

应该特别指出，根据《俄罗斯联邦宪法》《联邦外国公民地位法》和《联邦移民统计规则》的规定，在俄罗斯联邦领域内，根据依法颁发的或者办理的证件，外国人出于个人或者工作的目的，除那些需要专门许可才能进入的地区、组织或者建筑物外，有迁徙的自由。

在俄罗斯联邦临时居住的外国公民，无权根据自己的意愿改变允许其临时停留的、在俄罗斯联邦主体范围内的居住地，也无权在俄罗斯联邦主体之外选择自己的居住地（《外国公民法》第9条）。但是，长期在俄罗斯联邦居住的外国人有权为自己自由选择居住地。

外国人还有自由离开俄罗斯的权利。《出境入境法》规定了可能限制外国人或者无国籍人出境的情况（第28条）。在下列情况下，外国人或者无国籍人可能被限制出境：根据法律的规定，因被怀疑实施了犯罪行为而被限制自由或者成为被告人——在案件作出决定前或者在法院的判决生效之前；因在俄罗斯联邦实施了犯罪而被判刑——到刑罚执行完毕或者赦免之前；逃避被法院判处其履行的债务的——到履行债务时或者到双方达成协议时；没有履行法律规定的纳税的义务——到履行了这些义务时；因在俄罗斯实施了行政违法行为而被追究行政责任——到行政处罚执行期满或者免除行政处罚时。

## 三、权利与义务

前文已经列举了宪法的这项规定，联邦法律和俄罗斯签署的国际条约另有规定的情况外，在俄罗斯，外国人和无国籍人与俄罗斯联邦公民一样享有权利和履行义务。

每一个外国人在俄罗斯都是一个个体，是一个拥有所有自然和社会属性的个人。外国人不仅仅享有法律规定的权利和自由，而且还在其地位的范围内履行义务。那些享有外交豁免权（更广泛些是法律豁免权）的外国人，拥有特殊的地位，他们根据俄罗斯参加的国际条约和协议的规定，以及对等原则，不被追究刑事和行政责任。但是，这并不意味着免除了这些人的责任。如果其国家也将类似的行为规定了相应的责任的话，他们可能因在俄罗斯实施了违法行为，在他们自己的国家被追究责任。

外国公民的宪法（基本）权利与自由获得完全的保障。虽然这里也有一些特殊性。例如，外国人不能成为宗教组织的创始人。他们可以自己教授孩子母语，但是却无权要求俄罗斯组织以其母语教授他们的孩子。

大部分的权利和自由，外国公民都被允许享有——思想自由和言论自由、信息权、结社权、示威游行自由，向国家机关和地方自治机关提出请求的权利，等等，虽然这些权利也有一定的特殊性。例如，针对外国人在俄罗斯联邦大众传媒机构中所行使的权利进行了限制。如果没有相应的国与国之间达成的协议的话，传播外国出版物需获得处理出版印刷问题的联邦行政机关专门的许可。在俄罗斯设立国外大众传媒机构的代表处，应该有俄罗斯外交部的许可，而外国记者应该有采访资格。外国人可以创建自己的社会团体，可以加入一部分俄罗斯的社会团体（例如，工会），但是不可以参加其他的组织（如政党）。只有俄罗斯公民享有参与管理国家事务的权利。外国人不能成为法院、检察院、警察局、安全局、税务局、海关、消防安全部门的工作人员，也无权从事公证员的工作。但是，允许外国公民从事律师业务。选举法规定，根据国际条约和按照法律规定的程序，长期居住在相应市政机关领域上的外国公民，享有地方自治机关选举和被选举的权利；在上述选举过程中，有权参与其他竞选行为，也有权与俄罗斯联邦公民一样参与地方的全民公投。在俄罗斯举行选举时，外国人还可以成为观察员。

法律还赋予了外国人实现众多的经济、社会和文化权利的可能性。

在俄罗斯,外国公民和无国籍人拥有私人财产权。实践中毫无例外的是,这一权利是对具有个人属性的对象物实现的(汽车、住宅等)。

对部分对象,外国人享有的财产权有一定的特殊性。其中包括:根据俄罗斯联邦土地法典的规定,外国公民不能拥有具有所有权的、位于边境地区的土地;除此之外,土地提供给外国公民只能在支付价款的情况下才能成为私有财产,而对那些从事农业经营活动的土地,外国公民只享有租赁权;法律允许外国人使用地下资源,但是有一定的特殊规则。对外国人参与企业经营活动,其中包括在俄罗斯领域上的投资和经营活动,为其提供足够稳定的制度保障。

根据2002年联邦法律第13条的规定:"外国公民享有自由发挥其劳动才能、选择经营活动的种类和职业的权利,还享有在考虑到联邦法律规定的相关限制的条件下,为从事企业经营活动和其他不被法律禁止的经济活动而自由运用自己的能力和财产的权利。"外国人可以登记成为个体经营企业主,根据民事合同可以成为雇主或者服务的订购人。

只有在拥有移民局颁发的劳动许可的条件下,外国公民才享有劳动经营的权利。当然,这不涉及部分外国人,首先便是长期居住和临时居住的外国人,以及在俄罗斯联邦职业教育机构学习、在假期从事工作(提供服务)的外国人,成为将国外同胞向俄罗斯移民计划的参加者的外国人和在外国公司工作的外国人,等等。

《外国人法》规定,在俄罗斯联邦临时逗留的外国人,无权在许可其工作地的联邦主体范围之外的地方从事劳动经营;而在俄罗斯联邦临时居住的外国人,无权在允许其临时居住的联邦主体之外从事劳动经营活动。但是,根据俄罗斯联邦政府的同意,执行机关在实现上述法律的要求时,可以作出一些特殊规定。

俄罗斯法律对外国人在俄罗斯从事劳动经营确定了一系列的禁止性规定。外国人无权担任诸如国家机关或者地方自治机关的职务。还有一些其他禁止性规定,其中包括:除俄罗斯公民外,外国人和无国籍人也可以成为悬挂俄罗斯联邦国旗的船舶全体成员的组成人员,但是他们不可以担任船长、高级船长助理、机械师和无线电联络员等职务;外国人无权成为军舰乘务组,或者其他不以营利为目的的船舶乘务组的成员,以及无权成为国家或者实验性航空飞行器乘务组的成员。2002年联邦法律规定,禁止外国人担任民用航空器的指挥人员,同时,这也表明,外国人可以成为民用航空器乘务组的成员。禁止接收外国人进入或者参加同保障国家安全有关的建筑物或者这类组织工作。在外国接受过医学或者药学教育的人,在经过俄罗斯相应的教学机构的考试后,可以被允许从事医药学的工作。

根据2002年法律(第15条)的规定,外国公民不能被征召服兵役(替代性民事职务)。

该法律(第15条)宣称,根据联邦法律和其他规范性法律文件的规定,外国公民可以根据合同履行军职,可以被其他部队和军事组织接收,作为公民个人为俄罗斯武装力量工作。前面已经指出,在一定程度上《外国人法》的这一条款与2003年《国籍法》的规则不相协调。2003年《国籍法》允许苏联的加盟共和国的公民,不仅可以履行军职,而且还可以在服役3年后,申请加入俄罗斯国籍,并且没有在俄罗斯居住期限的限制,也无须提供居住证。因此,在履行军职方面《外国人法》的规定要宽,因为它没有限制申请人来源国的范围;但是,在授予国籍方面却给予了苏联前加盟共和国公民一定的优先权。

外国人和无国籍人享有社会保障权。国家退休金和社会补助金也向那些在俄罗斯合法居住和劳动的外国人和无国籍人发放,发放的依据与俄罗斯人相同。对那些到俄罗斯之外定居的人,可以根据委托以卢布的形式将劳动退休金(劳动退休金的一部分)向该公民发放,或者在银行或其他金融机构将钱存入他的账号,或者根据俄罗斯联邦中央银行确定的卢布汇率,兑换成外币汇往国外。

根据与相应的外国达成的协议,免费以及根据保险单或者在付费的基础上，保障外国公民的健康保护和医疗帮助权。

外国人和无国籍人享有受教育权。在共同原则的基础之上，为他们提供在国立和市立教育机构接受学前和基础普通教育方面的保障。外国公民在竞争的基础上考入大学后，或者依据国家间达成的协议，或者依据俄罗斯联邦大学及其管理机关与国外合作伙伴达成的协议，或者直接依据外国公民与大学达成的协议（也就是说在付费的基础上）考入大学后，有权在俄罗斯获得高等教育。

保障外国公民创作自由和使用文化珍品的自由。

正如已经指出的那样，外国公民与无国籍人同俄罗斯联邦公民一样履行义务。他们有义务遵守俄罗斯的宪法和法律，交税和其他费用，保护自然和周围环境，爱护自然资源，遵守公共秩序，等等。

除享有法律豁免权的人外，在共同的原则之上，外国公民依照俄罗斯法律承担责任。

在俄罗斯停留期限届满的外国人，或者非法在俄罗斯领域上的外国人，或者被宣布为不受欢迎的人的外国人，必须离开俄罗斯，否则将会被驱逐出境或者遭到行政驱逐。

法律上使用的这些概念并不明确。"驱逐出境"这一术语在《外国人法》中使用，在第2条中给出了如下解释："在俄罗斯联邦逗留（居住）的合法依据失效或者终止的情况下，将外国人强制驱逐出俄罗斯联邦。"除此之外，根据反非法移民国际条约的规定，将该外国人转交给他的国家，也被认为是驱逐出境。

在《外国人法》中，有关适用驱逐出境的内容被规定在《移民统计》一章中，而有关适用行政驱逐的内容被规定在《违反法律的责任》一章中。

但是在大致上是清楚的，驱逐出境是强制措施，在此意义上它同"驱逐"没有区别。在一些法规中作为同义词来使用这一对概念并不是偶然的。例如，《联邦难民法》第13条便规定"将其驱逐（驱逐出境）出俄罗斯联邦领域之外"。该条规定,在认定难民问题上作出否定性的决定时,"未使用对决定的申诉权或者拒绝自愿离开俄罗斯的人,与其家庭成员一起被驱逐(驱逐出境)出俄罗斯联邦境外"。

《行政违法法典》只使用了"行政驱逐"这一概念。在该法典第3.10条第1款规定:"将外国人或者无国籍人行政驱逐出俄罗斯联邦境外在于,强制或者监督上述公民和个人经俄罗斯联邦国界前往俄罗斯联邦境外,而在俄罗斯联邦法律有规定的情况下,监督外国人和无国籍人独立离开俄罗斯联邦。"进而,根据该规定应该认为,行政驱逐出俄罗斯联邦境外可能是一种行政惩罚措施,该措施对那些外国人和无国籍人适用,并"由法官来判处,而在外国人或者无国籍人在进入俄罗斯联邦时实施了行政违法行为,则由相应的公职人员适用"。根据逻辑,自然而然地得出,行政驱逐可能也不是一种行政惩罚,如果在没有做出行政惩罚决定的情况下被强制迁徙的话。

根据法律的规定,驱逐出境和行政驱逐在适用的程序上是不同的。驱逐出境由移民机关在内务部门以及其他联邦执行部门和它们的地方分支部门的配合下实施。行政驱逐则是由内务部门来实施。事实上,这两种方案区别也不大。

## 第二节　俄罗斯联邦部分外国人状况的特点

### 一、难　民

难民问题将一直存在,直到世界上不再以武力来解决国内和国家间的冲突时为止。国际社会希望通过国际谈判来为难民提供一定的保障。俄罗斯也加入了国际条约并承担了接受相应的被认定为难民的人的义务,同时赋予这些人与合法在俄罗斯联邦停留的外国人相同的经济和社会权利。

以国际条约和（或者）实现国际条约主要内容的国内立法为依据，为难民提供帮助。

1993年2月19日《俄罗斯联邦难民法》（1997年6月28日修订，2008年更改和补充）规定难民是指非俄罗斯联邦公民，出于对因种族、宗教信仰、国籍、民族、属于某一社会团体或者政治信念的原因，有充足的、成为迫害的牺牲品的担心，而处于自己的所属国之外，不能使用本国的保护，也不愿意使用这种保护的人；或者没有确定的国籍，且位于自己过去通常居住地之外，由于上述类似的担心，不能也不愿返回原居住地的人。

对众多具有上述理由的人，俄罗斯法律禁止将他们认定为难民。这些人，一方面，实施了严重的犯罪；另一方面，他们的权利和义务被其国家所承认，以及能够获得除联合国难民事务署之外的，联合国其他机关和组织的保护和（或者）帮助。此外，俄罗斯关于难民的法律规定不及于那些因经济原因或者由于饥饿、流行性疾病或者自然原因和人为原因造成的紧急状况而离开自己原来的所属国（自己过去的居住地）的外国人和无国籍人。

可以不同的形式提出认定为难民的申请：处于俄罗斯国外的人可以向外交或者领事机构提出；已经前往俄罗斯的人，向边境地的边检机关提出；不得不非法穿越俄罗斯国境的人，向边检机关、内务部门机关或者联邦移民局的机关提出；有合法依据到达俄罗斯的人，向联邦移民局及其地方机关提出。但是，边检机关或者内务部门将申请向联邦移民局的相应机关转交。

按照下列程序对申请进行预先审查：

处于俄罗斯联邦领域之外的人递交的申请，由外交代表机关或者领事机关自收到申请之日起1个月内，进行预审；

位于俄罗斯边境通关口岸的人或者位于俄罗斯联邦领域上的人，从收到申请之日起，在5个工作日内由联邦移民局的地方机关进行预审。

上述的代表处、机关作出是否发放证明申请认定为难民的人的个人身份的决定（但是，此时还没有被认定为难民）。国外的代表机构在发放证明后，将相关文件递交给联邦移民局以作出进一步的决定。

而在国内颁发证明的决定是赋予该人及其家庭成员难民法所规定的权利和科处的义务的依据。从作出决定之日起，在1天的时间内，由联邦移民局地方机关向该人授予或者寄送固定格式的证明。该证明是申请认定为难民的人的个人身份文件。未满18周岁、在没有父母或者监护人陪同的情况下，已经处于俄罗斯联邦领域，如果该人没有被确定为其他的法律地位的话，也可以颁发上述证明。在对申请进行实质审查期间，该证明是在联邦移民局进行登记的依据。位于俄罗斯联邦的、已经获得上述证明的人，在对申请进行实质审查期间，将其护照和（或者）其他证明个人身份的证件，转交移民局地方机关保管。

上述证明还是申请人及其家庭成员被送往难民临时安置中心、获得到该中心的路费，以及获得按照俄罗斯联邦政府规定的数额和办法给每个家庭成员发放的一次性金钱补助的依据。上述中心既为拥有证明的人，也为难民提供食物和公共事业服务的保障。被安置在此处的人，凭票获得3种不同的免费或者付费的食物。没有收入的人获得免费的食物。公共事业服务对所有人都是免费的。

认定难民的申请由下列部门审查：联邦移民局自作出发放证明之日起，在两个月内对处于俄罗斯领域之外的人进行审查；联邦移民局地方机关自作出发放证明之日起，在3个月的期限内，对处于俄罗斯领域上的临时安置中心或者其他处所地的人进行审查。

自作出认定为难民的决定之日起的3个工作日内，由联邦移民局或者其地方机关向申请人颁发或者寄送该决定。如果该申请人位于俄罗斯联邦领域之外，在决定中还应指明该人及其家庭成员的处所地。联邦移民局或者其地方机关向年满18周岁的、被认定为难民的人颁发固定格式的证明。该证明在整个俄罗斯都有效；同时，在认定该人为难民的期间内,该证明还是按法定程序被认定为难民的人及其家庭成员在联邦移民局的地方机关进行登记的依据。

根据《难民法》的规定,被认定为难民的人的期限为3年。在其国籍国(原居住地)仍然有认定其为难民的状况存在时,认定为难民的期间由联邦移民局地方机关延长1年。

根据法律规定,被认定为难民的人享有足够多的权利和义务,其中包括:他们获得翻译服务权,获得自己权利和义务信息的权利,以及获得同自己地位有关的其他信息的权利;如果个人处于俄罗斯联邦领域之外,在办理来俄罗斯的证件方面,他有权获得俄罗斯的协助;在任何情况下难民都能获得在过境以及运输行李到住所地方面的协助;在到新的住所地之前,在难民安置中心难民有权获得食物和公共事业服务;在该中心,难民还有获得内务部地方机关保护自己安全的权利。

如果难民没有按照租赁合同租赁的住所,或者没有在俄罗斯联邦领域上的拥有所有权的住所,则他享有使用根据俄罗斯联邦政府确定的程序、临时居民住宅基金提供的住所的权利。根据《难民法》的规定,如果俄罗斯签署的国际条约未作其他规定的话,难民有获得与俄罗斯联邦公民相同的医疗卫生帮助的权利。难民有权:获得职业培训或者劳动就业方面的帮助;从事雇用工作或者从事企业经济活动;获得包括社会保障在内的社会保护;在安置其子女到国立或者市立学前教育、基础普通教育、初等职业教育以及到中等或者高等职业教育机构接受教育方面的协助。

难民有申请在俄罗斯联邦长期居住、根据俄罗斯法律和俄罗斯签署的国籍条约的规定获得俄罗斯国籍的权利。除俄罗斯联邦法律和俄罗斯签署的国际条约另有规定的情况外,难民享有与俄罗斯公民相同的参与社会活动的权利。

难民有自愿返回其原国籍国(原居住地),以及到外国的住所地的权利。

难民必须遵守俄罗斯法律,向联邦移民局地方机关通知自己的必要信息,按照这些机关规定的期限每年进行重新登记。

《难民法》规定了丧失或者被剥夺难民地位的情况。如果个人获得了在俄罗斯定居的许可,或者获得了俄罗斯国籍,或者重新使用了国籍国提供的保护,或者恢复了原国籍或者获得了新国籍,或者迫使其成为难民的状况终止等情况下,难民地位丧失。难民地位还可能被剥夺,这是制裁种类之一,是宪法责任的实现形式。如果难民:在俄罗斯联邦领域上因实施了犯罪行为而被法院生效的判决判刑;告知了虚假信息,或者提供了获得难民身份的伪造的文件,或者出现了其他违法行为,则联邦移民局及其地方机构剥夺个人的难民地位。

## 二、临时避难

《难民法》确定了部分外国公民和无国籍人,这些人自己的状况与难民的状况相近,但与难民又有区别,他们不想长期而只是想临时在俄罗斯停留。根据该法的规定,要按照俄罗斯联邦政府规定的程序提供临时避难。2001年4月9日(2008年修订)俄罗斯联邦政府作出的《关于在俄罗斯领域提供临时避难的决议》确定了提供临时避难的程序,临时避难证明的内容,证明的书写及其格式范本。

在俄罗斯领域上临时避难可以提供给外国公民或者无国籍人,如果他们拥有被认定为难民的根据,但是在其递交的书面形式的申请中,只是请求在俄罗斯领域上临时居住;或者没有难民法规定的被认定为难民的根据,但是出于人道主义动机,又不能将其驱逐出俄罗斯。

自收到向个人及与其共同居住的家庭成员提供临时避难的书面申请之日起,在不超过3个月内,由个人递交申请地的联邦移民局的地方机关作出提供临时避难的决定。递交申请的人及其家庭成员必须在申请递交地进行国家指纹采集。除此之外,他们必须按照法定程序进行医疗检查,并获得医疗检查结论。

在对个人及其家人请求临时避难的申请进行审查时,联邦移民局地方机关向该人颁发审查其提交的临时避难申请的证明。授予的审查临时避难申请的证明——在临时避难申请审查期间是获得该证明的人及其家人合法停留的依据。

依据提供临时避难的决定,联邦移民局地方机关向个人颁发固定格式的、在俄罗斯联邦领域提供临时避难的证明文件。在获得证明文件的情况下,个人将护照和(或者)能证明持有人个人身份的其他文件转交联邦移民局地方机关保管。

临时避难的期限为1年。个人登记地的联邦移民局的地方机关可以将该期限延长1年。

获得临时避难的人及其家庭成员,有权使用租赁的住宅,在离开俄罗斯方面有权获得协助,还享有联邦法律、俄罗斯签署的国际条约和俄罗斯联邦主体法律规定的其他权利。因此,与难民不同,法律没有给这类人规定包括居住和补助金等在内的优惠条件。

获得临时避难的人,在7天内必须向登记地的联邦移民局地方机关告知有关姓名、家庭成员、家庭状况的变化情况,告知获得俄罗斯联邦或者其他国家国籍,或者获得在俄罗斯联邦的长期居住许可的情况;在变更住所地的情况下,在该地联邦移民局的地方机构取消登记并且自到达新的住所地之日起在7天内,到该地联邦移民局地方机关重新进行登记。对获得临时避难的人,不能违背其意志而令其返回其国籍国(原居住地)。

在一定情况下,临时避难权丧失:(1)成为提供临时避难根据的情况消失;(2)获得在俄罗斯定居,或者获得俄罗斯或其他国家国籍的情况下;(3)在到俄罗斯之外的居住地的情况下。临时避难也可能被取消,如果:因在俄罗斯联邦实施了犯罪行为,而被生效的法院判决判处刑罚;告知了虚假信息,或者提供了成为允许该人临时避难根据的伪造的证件，或者违反俄罗斯联邦《难民法》的其他违法行为。

由联邦移民局地方机关作出临时避难丧失或者被剥夺的决定。作出上述决定的机关采取组织这些人自愿离开俄罗斯的措施，在他们拒绝离开的情况下，采取措施将这些人驱逐出俄罗斯。

## 三、政治避难

获得政治避难的人是俄罗斯联邦特殊的一类外国人。按照通常的定义，政治避难是指相应的国家向因政治原因（信念和社会政治活动）而离开了自己的国籍国（自己的原居住地）的人提供的，不限时间地在该国停留（居住）并受到该国的保护的一种可能性。

俄罗斯联邦向外国公民或者无国籍人提供政治避难。对此在《俄罗斯联邦宪法》第63条中规定：

1. 根据公认的国际法准则，俄罗斯联邦向外国人和无国籍人提供政治避难。

2. 俄罗斯联邦不允许将因政治信念而遭受迫害的人，以及其行为（或者不作为）不被俄罗斯联邦认定为犯罪的人引渡给其他国家。要以联邦法律或者俄罗斯联邦签署的国际条约为根据，引渡被控实施了犯罪的人，以及转交被判刑的人到其他国家服刑。

根据1997年7月21日（2007年修订）的俄罗斯联邦总统令批准的《俄罗斯联邦提供政治避难条例》的规定，在考虑到俄罗斯国家利益的情况下，在公认的原则和国际法准则的基础上，根据俄罗斯联邦宪法和本条例向外国人和无国籍人提供政治避难。

俄罗斯联邦向下列人员提供避难：寻找避难所和免受迫害的保护的人，或者在其国籍国或住所地国因社会政治活动或者与国际社会承认的民主原则，国际法规范不抵触的信念成为迫害的牺牲品而受到现实威胁的人。此时需要注意，迫害应是直接针对递交提供政治避难请求的人

（条例第2项）。

在国际文件上，整体上规定的是避难权，而非政治避难权。例如，根据1948年《联合国人权宣言》的规定，人人有权在其他国家寻求和享受庇护以避免迫害。在真正由于非政治性的罪行或违背联合国的宗旨和原则的行为而被起诉的情况下，不得援用此种权利（第14条）。1967年12月14日，以人权宣言为根据的联合国领土庇护宣言中规定，凡有重大理由可认为犯有国际文书设有专条加以规定之破坏和平罪、战争罪或危害人类罪之人，不得援用请求及享受庇护之权利（第1条第2款）。

因此，避难的政治观点这里并没有被直接提及。1948年《人权宣言》规定了实施非政治性犯罪享有避难权的可能性，进而暗含着因被称作政治性犯罪而遭受迫害的人获得避难的可能，这种政治性犯罪恰恰是个人因政治活动或者信念而出现的不良后果的反映。

包括政治避难在内的避难的主要价值在于，国家以人道主义的行动为目的拯救人的生命。在1967年《领土庇护宣言》中作出的认定提供避难为和平之人道行为，任何其他国家因而不得视之为不友好之行为的号召并不是偶然的。

但是，提供政治避难仍然是国家一定政治路线的表现。例如，1918年《苏俄宪法》宣称，苏俄为所有因政治性和宗教性犯罪而遭受迫害的外国人提供避难权（第22条）。在1925年《苏俄宪法》中规定，苏俄为所有因政治活动或者因宗教观念而遭受迫害的外国人提供避难权（第12条）。根据《苏联1936年宪法》的规定，苏联为所有因保护劳动者利益、因科学活动、因民族解放斗争而被追诉的外国公民提供避难权（第129条）。在1977年《苏联宪法》中规定，苏联向那些因保护劳动者利益和保卫和平事业，因参加革命和民族解放运动，因进步的社会政治、科学，或者其他创作活动而被追诉的外国人提供避难权（第38条）。

在这一点上，1993年宪法的规定和1997年《俄罗斯联邦提供政治避难条例》的规定不具有类似的政治色彩，并且在很大程度上它们的目的是，使个人的相关活动和信念应该是进步的，应该与人类社会的民主思想相符。

俄罗斯联邦提供政治避难由总统令确定。除联邦法律和俄罗斯签署的国际条约对外国公民和无国籍人做了例外规定的情况外，被赋予政治避难的人，在俄罗斯的领域上与俄罗斯公民一样享有权利并履行义务。他们在俄罗斯受到的保护程度与俄罗斯公民一样。甚至可以说，对那些被允许提供政治避难的人，国家准备为其人身安全提供更多的保护。要知道，部分国家专责机关企图将在他国获得政治避难的人掳走，这也不是什么秘密。

提供的政治避难，在相应人的家庭成员同意并提交申请的情况下，也及于这些家庭成员，而且不需要未满14周岁的孩子的同意。

俄罗斯联邦不提供政治避难（1997年规定第5项），如果：因在俄罗斯也被认为是犯罪的行为（不作为）而被追诉，或者有过错地实施了同联合国的目的和原则相违背的行为；在俄罗斯是刑事案件的被告人或者该人有生效的、正在被执行的法院的判决；从没有对其进行追诉的第三国而来；从在保护人权领域有着发达的、稳定的民主制度的国家而来；从与俄罗斯签订有免签证通关协议的国家而来，根据俄罗斯联邦《难民法》的规定没有对该人的避难权造成损害时；提供虚假信息的；拥有不被追诉的第三国国籍的；因经济原因，因饥饿、瘟疫或者其他自然原因或者认为原因造成的紧急状态而不能或者不想返回其国籍国或者原居住地的。

下面是提供政治避难的程序。只有当个人处于俄罗斯联邦领域时才可以提出政治避难的申请。在到达俄罗斯联邦领域，或者从不允许其返回原国籍国或者原居住地的情况产生之时起，在7天的时间内，个人必须亲自向其住所地的联邦移民局的地方机关提出有足够理由被送往联邦移民局进行审查的书面申请。

在有上述和条例第5项规定的理由的情况下，在俄罗斯联邦领域提供政治避难的请求不能被审查。俄罗斯联邦外交部每年都编制在保护人权领域有发达和稳定的民主制度的国家清单，并将该清单提交给俄罗斯联邦总统国籍问题委员会和联邦移民局。

在审查申请期间，给申请人办理固定格式的证明，该证明与证明申请人个人身份的文件一起，成为其在俄罗斯联邦领域逗留的凭证。在根据申请作出决定后，该证明被办理机关收回。

在写给总统的、在俄罗斯联邦领域提供政治避难的申请中，应该阐明在条例中规定的、表明其动机的情况，以及必要的履历。

联邦移民局审查收到的申请后向俄罗斯外交部、内务部和联邦安全局问询结论，并将所有文件和自己作出的关于俄罗斯联邦向该人提供政治避难的可能性与合理性的结论提交给俄罗斯联邦总统国籍问题委员会。该委员会审查申请和附随的资料，并对每个申请附上自己给俄罗斯联邦总统的建议，以便总统作出相应的决定。联邦移民局、外交部、内务部、联邦安全局，在这些机关中的任何一个审查申请的期限都不应超过1个月。

俄罗斯联邦总统做出的关于俄罗斯联邦为个人提供政治避难的总统令，从签署之日起生效。自发布总统令之日起，在7天内，联邦移民局通知申请俄罗斯提供政治避难的人，并通过自己的地方机关作出相应的决定。

在拒绝申请的情况下，应通知申请人，其在俄罗斯的继续停留由规定外国人和无国籍人在俄罗斯领域停留办法的俄罗斯法律调整。

对俄罗斯联邦提供政治避难的人，以及他的家庭成员，在个人申请地发给固定格式的证明文件。联邦移民局的地方机关，根据提供政治避难的证明文件为相应的人编制居住证。

被提供政治避难的人，在下列情况下，丧失被提供的政治避难权：返回自己的国籍国或者原住所地国；到第三国定居；自愿拒绝政治避难；获得俄罗斯或者其他国家的国籍。根据联邦移民局的报告，在俄罗斯联邦外交部和联邦安全局出具的结论的基础上，丧失政治避难由俄罗斯联邦总统国籍问题委员会确定。委员会的决定要通知丧失政治避难权的人。由于国家安全，以及如果个人从事了同联合国的目的和原则相违背的活动，或者如果个人实施了犯罪并且该人有生效的和正在被执行的法院判决，因这些原因个人的政治避难权可能被剥夺。剥夺政治避难权要以俄罗斯联邦总统令的形式作出。

**参考文献**

C.A.阿瓦基扬：《俄罗斯：国籍、外国人、外来移民》，圣彼得堡，2003年。

安德利琴科·尔·弗、别洛乌索娃·耶·弗：《被动移民立法释义及难民立法释义》，莫斯科，1998年。

加弗里洛娃·伊·恩：《俄罗斯联邦国家移民政策问题》，《国家权力和地方自治》2007年第8期。

加里阿赫梅托娃·科·德：《俄罗斯联邦移民地位的宪法调整》，法学副博士论文，莫斯科，2006年。

耶弗图申科·弗·伊：《难民在俄罗斯联邦的法律地位》，别尔哥罗德，2006年。

热列布措夫·阿·恩：《难民和被动移民在俄罗斯联邦主体地位的法律调整》，法学副博士论文，伏尔加格勒，1999年。

科罗别耶夫·弗·阿：《俄罗斯联邦移民政策的宪法基础》，法学副博士论文，莫斯科，2008年。

奥兹多耶夫·姆·德：《被动移民和难民在俄罗斯联邦的宪法地位》，法学副博士论文，莫斯科，2003年。

普柳吉娜·伊·弗：《独联体国家法律调整移民地位的规范性文件中部分概念的统一化》，《国外立法和比较法学杂志》2006年第4期。

普柳吉娜·伊·弗：《法律调整移民在俄罗斯联邦地位的宪法基础》，法学副博士论文，莫斯科，2008年。

斯塔哈诺娃·耶·尤：《俄罗斯的移民政策——宪法调整的客体》，法学副博士论文，莫斯科，2009年。

雅科弗列娃·奥·阿：《独联体国家和波罗的海国家立法中"难民"概念的确定》，《国家权力和地方自治》2007年第5期。

С.А.阿瓦基扬:《俄罗斯:国籍、外国人、外来移民》,圣彼得堡,2003年。

阿尼科耶娃·耶·德:《俄罗斯联邦外国公民的宪法地位》,法学副博士论文,莫斯科,2004年。

巴西克·弗·普:《俄罗斯联邦公民和外国人在俄罗斯的法律地位》,莫斯科,2004年。

加连斯卡亚·尔·恩:《外国人在苏联的法律地位》,莫斯科,1982年。

杰列夫·德·伊:《外国人和无国籍人在俄罗斯联邦权利和自由的宪法基础及制约》,法学副博士论文,秋明,2008年。

科尔西克·科·阿:《外国人在俄罗斯联邦地位的法律调整理论》,莫斯科,1999年。

西连科·伊·恩:《外国人和无国籍人在俄罗斯联邦法律地位的宪法基础》,法学副博士论文,莫斯科,2008年。

斯米尔诺娃·耶·斯:《全球条件下外国人法律地位问题》,莫斯科,2003年。

苏列伊马诺夫·斯·弗:《外国人在俄罗斯联邦参加私有化》,《立法》2003年第8期。

雅科夫列娃·耶·弗:《外国人宪法地位问题》,《宪法和市政法》2007年第2期。

# 《俄罗斯宪法(第1卷)》目录

**第一编 作为部门法与科学的俄罗斯宪法**

 第一章 作为部门法的俄罗斯宪法的概念与对象

  宪法的对象 宪法法律关系及其主体 部门法名称和对象的争论 宪法法律调整的方法及特点 作为部门法的俄罗斯宪法的渊源 俄罗斯宪法法律的结构、宪法法律规范 宪法法律责任 宪法法律在俄罗斯联邦法律体系中的地位和在当代条件下宪法法律中的前景与作用

 第二章 作为科学的俄罗斯宪法法律

  科学的任务 俄罗斯宪法法律科学的发展 当代俄罗斯宪法法律科学

**第二编 宪法学说和俄罗斯宪法**

 第三章 宪法学说的基本理论

  概述 宪法的作用 新宪法产生的原因 宪法调整的对象和范围与宪法的内容和结构 宪法的主要特征 宪法的法律属性

 第四章 俄罗斯宪法发展简史

  1917年10月前具有宪法意义的法案 1917年十月革命后社会主义初期宪法新体系的形成 1918年俄罗斯苏维埃联邦社会主义共和国宪法 1924年苏维埃社会主义共和国联盟宪法、1925年俄罗斯苏维埃联邦社会主义共和国宪法 1936年苏维埃社会主义共和国联盟宪法、1937年俄罗斯苏维埃联邦社会主义共和国宪法 1977年苏维埃社会主义共和国联盟宪法、1978年俄罗斯苏维埃联邦社会主义共和国宪法

 第五章 1988—1992年俄罗斯宪法改革

  前提条件 1988—1989年苏联宪法改革 1989—1990年苏联宪法改革 1991年苏联宪法改革 1992年苏联宪法改革 总结和概括

 第六章 1993年俄罗斯联邦宪法的制定和通过

  导言 宪法委员会提出的草案 可供选择的几部草案 1992—1993年宪法起草的基本过程

 第七章 1993年宪法内容的基本特点、效力及修改

  1993年宪法内容的基本特点 俄罗斯联邦宪法的效力及其与其他规范性文件的关系 俄罗斯联邦宪法的重新审议和修改问题 新俄罗斯联邦宪法的通过方式

# 《俄罗斯宪法(第3卷)》目录

**第五编 俄罗斯联邦国家结构**

第十九章 国家结构的一般特征

国家结构的概念 国家结构形式的特点 同国家结构有关的中央集权和中央分权问题 联盟 国家主权问题

第二十章 俄罗斯国家结构简史

革命前(俄罗斯帝国) 对19—20世纪初俄罗斯国家结构形式的一些看法 俄罗斯苏维埃联邦社会主义共和国的建立 苏联的创建和发展及苏俄在苏联中的地位 1989—1993年的改革

第二十一章 现代条件下俄罗斯联邦的宪法地位

概述 联邦结构的原则 作为联邦制国家的俄罗斯联邦的主要特征 俄罗斯联邦各主体的地位 俄罗斯联邦的自治问题 俄罗斯联邦和联邦各主体的管辖范围 俄罗斯联邦和其各主体相互作用的形式 俄罗斯联邦各主体的地方行政结构 俄罗斯联邦民族和区域政策的宪法法律基础

**第六编 俄罗斯联邦选举制度**

第二十二章 俄罗斯联邦选举制度的概念、规范性法律基础和原则

基本概念和规范性法律基础 选举制度的原则

第二十三章 选举的举行

选举的确定 选区 投票点 选民名单 选举委员会 候选人及候选人名单的提出 候选人及候选人名单的登记 候选人的保障及限制 选举资讯和竞选宣传 投票 计票、确定投票结果和选举结果 第二轮投票、重新选举、补选 保障合法选举

**第七编 俄罗斯联邦总统**

第二十四章 俄罗斯联邦总统职位的确立

总统职位确立的原因 总统职位确立后俄罗斯苏维埃联邦社会主义共和国总统的地位 1991—1993年的俄罗斯联邦总统 俄罗斯联邦副总统

第二十五章 1993年宪法规定的俄罗斯联邦总统

地位基础 俄罗斯联邦总统的职权 俄罗斯联邦总统文件 俄罗斯联邦总统职权的不可侵犯性及其终止 俄罗斯联邦总统下设机关和俄罗斯联邦总统办公厅

# 《俄罗斯宪法(第4卷)》目录

**第八编 联邦会议——俄罗斯的议会**

第二十六章 通往现代议会之路及俄罗斯人民代表制形成的特点

议会在国家机关体系中的地位 常务原则 代议机关的属性和职能问题 议会两院的内部机构、设立程序和相互关系问题

第二十七章 俄罗斯联邦联邦会议议院的职权和权力行使程序

联邦委员会职权 国家杜马的职权

第二十八章 联邦会议两院内部结构和工作组织

联邦委员会 国家杜马

第二十九章 联邦会议的立法程序

俄罗斯联邦法律类型和立法程序的概念 立法过程的主要阶段

第三十章 联邦委员会成员和国家杜马议员的宪法法律地位

宪法法律地位的一般原则 联邦委员会成员和国家杜马议员的主要权力和活动保障

**第九编 联邦执行权力机构组织与活动的宪法原则**

第三十一章 俄罗斯联邦国家权力执行机构体系的一般特征

概念问题 联邦执行权力机构的体系

第三十二章 俄罗斯联邦政府

俄罗斯联邦政府地位的宪法法律基础与其在国家权力机构体系中的地位 俄罗斯联邦政府的组成及其形成方式 俄罗斯联邦政府的职能和行为 俄罗斯联邦政府的活动组织 俄罗斯联邦政府活动的保障

**第十编 俄罗斯联邦司法权与检察长地位的宪法基础**

第三十三章 俄罗斯联邦司法权的宪法基础

司法权的宪法法律性质与实质 俄罗斯联邦法院体系的宪法法律基础 俄罗斯联邦诉讼的宪法基本原则与类型 俄罗斯联邦法官地位的基础

第三十四章 俄罗斯联邦检察机关地位的宪法基础

检察机关与检察监督的宪法法律本质和意义 检察机关的体系

**第十一编 俄罗斯联邦宪法法院**

第三十五章 俄罗斯宪法监督的本质及其建立的特点

推行宪法监督制度之路 苏联宪法监察委员会 俄罗斯苏维埃联邦社会主义共和国宪法法院的建立

第三十六章 俄罗斯联邦宪法法院

俄罗斯联邦宪法法院活动的规范性法律基础 俄罗斯联邦宪法法院权

限及其实现问题　俄罗斯联邦宪法法院法官职务的任命程序和地位　俄罗斯联邦宪法法院活动的组织和结构　俄罗斯联邦宪法法院的一般诉讼规则　俄罗斯联邦宪法法院的判决：形式、通过、法律效力

### 第十二编　俄罗斯联邦主体的国家权力机关

#### 第三十七章　俄罗斯联邦主体国家权力机关体系的建立

俄罗斯地方权力机关体系形成简史　俄罗斯联邦各主体国家权力机关的现行体系、规范性法律原则、对组织与活动的一般要求

#### 第三十八章　俄罗斯联邦主体的国家立法（代表）机关

俄罗斯联邦主体国家权力立法（代表）机关的地位、形式、结构的一般原则　俄罗斯联邦主体权力立法（代表）机关的主要权力　俄罗斯联邦主体代表机构的内部组织与活动

#### 第三十九章　俄罗斯联邦主体的行政权力机关

一般原则　俄罗斯联邦主体的最高公职人员　俄罗斯联邦主体最高国家权力执行机构的活动原则

#### 第四十章　俄罗斯联邦各主体的宪法（宪章）法院

地位和权力范围的基础　组成与组织活动

### 第十三编　俄罗斯联邦地方自治的宪法原则

#### 第四十一章　俄罗斯联邦地方自治的形成与发展概要

地方自治　革命前俄罗斯的地方国家管理、地方与城市自治　苏联时期的地方权力组织　向地方自治制度的过渡

#### 第四十二章　俄罗斯联邦地方自治

地方自治组织的本质和基础　市政机构的权限　居民直接实行地方自治与参与地方自治的形式　地方自治的机构与公职人员　地方自治的经济基础　城市间的合作　地方自治机构与公职人员的责任

图书在版编目（CIP）数据

俄罗斯宪法.第2卷 /（俄罗斯）C.A.阿瓦基扬著；
周珩译 .— 上海：上海社会科学院出版社，2023
 ISBN 978-7-5520-3490-5

Ⅰ.①俄…　Ⅱ.①C…②周…　Ⅲ.①宪法—研究—俄罗斯　Ⅳ.①D951.21

中国国家版本馆CIP数据核字（2023）第074244号

上海市版权局著作权合同登记号：图字09-2021-0079

Конституционное право России. Учебный курс.
© by Авакьян Сурен Адибекович

俄罗斯宪法（第2卷）

著　　者：[俄] C.A.阿瓦基扬
译　　者：周　珩
责任编辑：董汉玲
封面设计：周清华
出版发行：上海社会科学院出版社
　　　　　上海顺昌路622号　邮编200025
　　　　　电话总机 021-63315947　销售热线 021-53063735
　　　　　http://www.sassp.cn　E-mail: sassp@sassp.cn
排　　版：南京展望文化发展有限公司
印　　刷：苏州市古得堡数码印刷有限公司
开　　本：710毫米×1010毫米　1/16
印　　张：26.75
字　　数：355千
版　　次：2023年6月第1版　2023年6月第1次印刷

ISBN 978-7-5520-3490-5 / D·684　　　　　定价：125.00元

版权所有　翻印必究